高等院校本科生优秀城市社会调查及交通创新作品集

——北京林业大学园林学院

李翅 钱云 等编著

中国建材工业出版社

图书在版编目（CIP）数据

高等院校本科生优秀城市社会调查及交通创新作品集：北京林业大学园林学院 / 李翅等编著. -- 北京：中国建材工业出版社，2019.5
ISBN 978-7-5160-2544-4

Ⅰ. ①高… Ⅱ. ①李… Ⅲ. ①大学生－社会调查－调查报告 Ⅳ. ① G642.45

中国版本图书馆 CIP 数据核字（2019）第 082795 号

高等院校本科生优秀城市社会调查及交通创新作品集——北京林业大学园林学院
Gaodeng Yuanxiao Benkesheng Youxiu Chengshi Shehui Diaocha Ji Jiaotong Chuangxin Zuopinji——Beijing Linye Daxue Yuanlin Xueyuan
李 翅 钱 云 等编著

出版发行：	中国建材工业出版社
地　　址：	北京市海淀区三里河路 1 号
邮政编码：	100044
经　　销：	全国各地新华书店
印　　刷：	北京天恒嘉业印刷有限公司
开　　本：	889mm×1194mm　1/16
印　　张：	20.25
字　　数：	450 千字
版　　次：	2019 年 5 月第 1 版
印　　次：	2019 年 5 月第 1 次
定　　价：	158.00 元

本社网址：www.jccbs.com，微信公众号：zgjcgycbs
请选用正版图书，采购、销售盗版图书属违法行为
版权专有，盗版必究。本社法律顾问：北京天驰君泰律师事务所，张杰律师
举报信箱：zhangjie@tiantailaw.com　　举报电话：（010）68343948
本书如有印装质量问题，由我社市场营销部负责调换，联系电话：（010）88386906

城市社会空间的探索、解读与展望

——城市社会调查教学回顾

2009年9月20日，在沈阳建筑大学召开的"全国高等院校城市规划专业教育指导委员会年会"上，北京林业大学园林学院城市规划专业三年级学生在本科学生作业评优中，城市社会调查报告三个作品都获得三等奖，这是我校城市规划专业本科学生第一次参加"全国高等院校城市规划专业指导委员会"城市规划本科学生作业评优，并取得了可喜的成绩。2009—2018年，城乡规划（城市规划）专业本科同学们连续参加了城市社会调查以及交通出行创新实践作业评优活动，共获得了22个奖项。回顾社会调查教学课程，实际上是培养新时代学生对城市"社会—空间"研究能力的探索。

探索：立足北京，内引外联，逐步积累的教学过程

北京是各大高校、研究机构和各类社会团体组织最为密集的城市，在这里每一天都有数百上千一流学者们发布新的研究思路，也在各处上演无数激烈的头脑风暴，全时段覆盖的学术会议、专业展览、高峰论坛更是令我们目不暇接……依托这样的优势，我们不断尝试采用越来越开放的方式，逐渐把"城乡社会调查研究"的教学探索从传统课堂向外拓展，形成了"前后延伸、横向交融"的教学体系。

目前，城乡规划本科必修课"城乡社会调查研究"安排在大四春季学期开设。相当数量的学生在大二以前就通过参与学校组织的"暑期社会实践"，在研究生和高年级同学的带领下积累了从走街串巷到问卷发放、群众访谈等丰富的社会调查经验。在大三前后，部分同学则结合国家级、北京市级以及学校级"大学生创新训练"项目，开始尝试从文献综述、研究方法框架搭建到研究计划申报书撰写、申请答辩等一系列学术训练过程。另一部分同学则利用课余和假期时间参与了如中国城市规划设计研究院、北京市城市规划设计研究院、清华同衡规划设计研究院、清华大学、北京大学、西城区历史文化名城保护中心等单位的诸多实践课题，感受到了城市研究中的真实氛围并接触到大量第一手城市信息。在大四第一学期，随着城市经济学、地理学、系统工程学等课程的开设，同学们不仅完善了各领域的理论修养，也进一步了解了统计学定量分析、开放大数据获取、GIS平台空间分析等研究工具；到了大四第二学期，同学们能够较为得心应手地自行开展调查研究工作，并在为期两周的"上海—苏州—南京"城市认识实习中，了解了不同城市的问题，使同学们开展多个城市间的比较研究或思考成为了可能。一些同学还将这种基于自己生活城市中的"社会—空间"调查研究，向后持续了相当长的历程，一些同学在五年级毕业设计期间依然持续了自己的研究，并能够写成严谨的学术论文发表在较为重磅的核心刊物上，甚至还进一步发展成为研究生期间学位论文的雏形，并在WPSC/APSA这样影响力巨

大的国际规划院校联合学术会议上交流研究成果。"城乡社会调查研究"系列教学过程，已经成为北京林业大学城乡规划专业教育中非常有特色的环节，也取得了相当多的成果。

解读：折射当代中国城市的"社会—空间"现象特征

回顾这几年的社会调查选题可以发现，学生们的调查基本都是对各类当今社会新生事物的关注，展示了时代的特征，留下了深刻的时代烙印。

2009年的社会调查报告，很多学生选题围绕后奥运时代的奥林匹克公园的发展问题展开探索，这些研究也为奥林匹克公园赛后利用提出了很好的建议。几年前的社会调查还经常围绕着当时方兴未艾的联合办公、拼车出行等新生事物展开，尽管时至今日这些现象及其影响已经发生了较为显著的变化。最近几年的调查作业，相当数量的作业都紧紧围绕着"创新发展"和"共享经济"这两个主题展开。2018年一份比较精彩的调查报告聚焦于作为"大众创新、万众创业"策源地的中关村创业大街，针对当前跨界融合创新中越来越重要的"非正式学习空间"展开描述和使用评估，其中的发现无疑为未来的创新型街区环境的构建提供了些许启发。一些调查报告聚焦于新近成为"网红"的"706青年公寓"的居住状况调查，而几年前还有一份调查则关注于"体验型书店"的兴起，或者说传统书店转型复兴的状况及原因，由此实现了从"工作""居住"和"文化体验"等覆盖多方面的对未来城市人居环境的探讨。

除了对新生事物的关注，大量的选题也集中体现了对当代大都市的社会分异现象，尤其是各类弱势群体聚集的特殊地域、边缘社区、城中村、"蚁族"、空心化村庄等，以及对回龙观、天通苑等超大社区中外来"老漂族"的社会融入的关注，对长辛店两个养老院老人心理孤独感的调查等。努力探索在社会调查报告中融入更多的人文关怀，释放更多的感染力。

除此以外，还有相当部分的调查研究报告依然聚焦于较为经典的社会空间现象，例如传统街区的绅士化、公共空间与承载活动的时空关联、不同社会群体的公共场所认知差异、街道空间的愉悦度探讨等。但这些调查已经较为广泛地尝试运用新时代的调查、分析和表达方法，主要包括网络开放数据的抓取、空间认知地图的栅格化叠加分析、海量图像的机器识别分析，以及将各类抽象数据和逻辑关系进行丰富生动的可视化表达。这些探索，实现了逐步深入和成熟，并为我们未来的工作提供了不断提升的空间。

展望：新时代社会调查的方向——资源分配与创新空间

社会大背景的变革决定了城乡规划实践的重心面临着从"增量布局"转向"存量调整"的局面。在新的时代，无论在发达国家还是发展中国家，"城市问题"大多不再与"建设增长"相关联，而更主要的来自因社会多元分化带来的各类群体需求和资源分配的矛盾，较为典型的包括：城市基础设施和公共服务的数量、类别和区位无法适应居民的需求；城市生活质量提升对自然环境造成不可逆的破坏；城市居民贫富差距的增加以及弱势群体逐步边缘化带来的社会不稳定；多元文化的混杂带来的社区意识模糊；机动车数量的极度增长与安全出行的矛盾等。

科技创新对中国社会的影响与日俱增。中国作为当下全世界城市化进程最快速的地区，城市越来越多的创新空间如雨后春笋般发展起来，在北京尤其如此。北京林业大学地处北京学院路地区，是时代科技教育的前沿。信息社会与传统生活方式的矛盾，以及高新技术对人们生活的影响，这些都是社会调查所要面临的重要话题。

"我并不认为教师的任务是在传授已有的知识,这些学生们自己可以从书本上去学习,而主要是在引导学生敢于向未知的领域进军。"

——费孝通《乡土中国》

北京林业大学城乡规划系开展"城乡社会调查研究"课程训练已有十年的历史,凝聚着无数老师的辛勤和汗水。参加城市社会调查以及交通出行创新实践指导的老师有:李翅、钱云、达婷、曹珊、王静文、董晶晶、于长明、向岚麟、刘祎绯、殷炜达、徐桐、刘东云等。他们在教学过程中不断创新,与时俱进,带领学生向未知的领域探索。

同时本书也凝聚了北京林业大学城乡规划专业莘莘学子的劳动成果,也深深地感受到北林学子们超强的执行力、创造力和责任感,也希望在未来的社会实践教学过程中取得更大的收获。

社会调查与交通出行创新获奖作品列表(2009—2018年)

编号	获奖等级	参赛题目	参加学生	指导老师	班级
1	三等奖	基于城市安全的旧城中心区可持续再生探讨——以北京景东社区为例	吴丹子 赵爽 李冰 闫晨	李翅 达婷	城规06
2	三等奖	辉煌与平淡——后奥运时代北京市奥林匹克森林公园可持续利用调研	武旭阳 陈笑凯 张琬	李翅 达婷	城规06
3	三等奖	都市"地道战"——城市地下通道流动商贩生存状况调研	陶悦姗 李尚乘 李洁 潘彦霖	刘东云 戴林琳	城规06
4	佳作奖	北京自行车租赁缘何叫好不叫座——北京自行车租赁规划问题调研报告	杨瑞 曾昭君 冯霁飞 郑泥	李翅 钱云	城规07
5	佳作奖	无处安放的青春——北京市唐家岭"蚁族"聚居环境调研	贺欢欢 郭琪 李璇	李翅 钱云	城规07
6	佳作奖	城市的记忆——北京中轴线重要景观节点调研	侯硕 邢晓娟	李翅 曹珊 达婷 钱云 董晶晶	城规08
7	佳作奖	"共享&共赢"——北京市馆际互借发展状况调查	廉冰洁 田琳琳 高丹 丁欣荣	李翅 曹珊 达婷 刘东云 钱云	城规09
8	二等奖	体验型书店吸引力评价——以北京"单向空间"书店为例	李穆琦 杨俐 索雯雯	钱云 徐桐 向岚麟 殷炜达	城规11
9	三等奖	别了,旧公交时代?!——大数据时代北京公交车智慧化转型调研	郑依彤 严易琳 林源 吴锦昱	李翅 王静文 于长明 钱云	城规12
10	三等奖	基于十一项潜在因子的历史街区城市意象研究——以北京东四片区为例	傅玮 薛博文 王思凡 伍洋宇	李翅 钱云 刘祎绯 向岚麟	城规12
11	三等奖	关于过去,关于现在——北京旧城东四南历史街区公共空间的变迁调查研究	林戈 李玥 韦婷娜 赵倩羽	钱云 刘祎绯 向岚麟	城规14
12	三等奖	情依咯赞其——基于居民和游客视角的新疆伊宁市前进街地方认同研究	潘劲东 何秉慧 蒲叶 叶雅飞	钱云 向岚麟	城规14
13	佳作奖	养老"心"观察——基于两个案例的机构养老群体孤独感调查	邢子博 王琪 王璐瑶 王岱蕾	钱云 向岚麟 徐桐	城规14

续表

编号	获奖等级	参赛题目	参加学生	指导老师	班级
14	佳作奖	联而不合——北京市典型联合办公的发展误区调查	王雨晴 宋莹 贾家妹	钱云 向岚麟	城规14
15	三等奖	学无止"境"——中关村创业大街非正式学习空间特征与提升策略	彭潇 吴昊阳 李诗尧 李玉婷	钱云 于长明 向岚麟	城规15
16	三等奖	青年"共同体"——青年共享社区公共活动的时空特征研究	翟洪文 王久钰 肖洁 周晓津	钱云 向岚麟 李翅	城规15
17	佳作奖	交互·多元·共享——大栅栏公共空间交叉使用研究	谷雨 刘瑾 刘艳林 吴禹澄	钱云 向岚麟	城规15
18	佳作奖	旅游影响下北京郊区传统村落空间集体记忆研究——以爨底下村、古北口村、灵水村、琉璃渠村为例	魏敏 杨若凡 郭晨曦 陈睿琳	钱云 向岚麟 李翅	城规15
19	佳作奖	P+R：公交优先的另一种表达方式——以北京郊区三个大型枢纽使用问题调查为例（城市交通出行创新实践竞赛）	刘文佳 李敏静	李翅 曹珊 王静文	城规08
20	佳作奖	"不能承受之轻"——北京市BRT-2号线站点效能调研报告（城市交通出行创新实践竞赛）	郑璐 成雪菲 孙思源 王辰	李翅 曹珊 王静文	城规09
21	三等奖	"5+R"——北京轨道交通"最后一公里"调研（城市交通出行创新实践竞赛）	高静娴 浦斌 马鑫雨 杨俐	李翅 王静文 向岚麟	城规11
22	佳作奖	为共享而生——"ofo"校园自行车网络即时租赁平台创新实践调研报告（城市交通出行创新实践竞赛）	何溪 杨洋琦 余秦 蔡宇琪 潘劲东	李翅 徐桐 钱云 董晶晶 达婷	城规13

编著者

2019年5月

目 录
CONTENTS

基于城市安全的旧城中心区可持续再生探讨——以北京景东社区为例　　　/ 001

辉煌与平淡——后奥运时代北京市奥林匹克森林公园可持续利用调研　　　/ 021

都市"地道战"——城市地下通道流动商贩生存状况调研　　　/ 036

北京自行车租赁缘何叫好不叫座——北京自行车租赁规划问题调研报告　　　/ 050

无处安放的青春——北京市唐家岭"蚁族"聚居环境调研　　　/ 066

城市的记忆——北京中轴线重要景观节点调研　　　/ 081

共享 & 共赢——北京市馆际互借发展状况调查　　　/ 094

体验型书店吸引力评价——以北京"单向空间"书店为例　　　/ 106

别了，旧公交时代？！——大数据时代北京公交车智慧化转型调研　　　/ 119

基于十一项潜在因子的历史街区城市意象研究——以北京东四片区为例　　　/ 132

关于过去，关于现在——北京旧城东四南历史街区公共空间的变迁调查研究 / 145

情依喀赞其——基于居民和游客视角的新疆伊宁市前进街地方认同研究 / 158

养老"心"观察——基于两个案例的机构养老群体孤独感调查 / 180

联而不合——北京市典型联合办公的发展误区调查 / 204

学无止"境"——中关村创业大街非正式学习空间特征与提升策略 / 220

青年"共同体"——青年共享社区公共活动的时空特征研究 / 240

交互·多元·共享——大栅栏公共空间交叉使用研究 / 255

旅游影响下北京郊区传统村落空间集体记忆研究
——以爨底下村、古北口村、灵水村、琉璃渠村为例 / 266

P+R: 公交优先的另一种表达方式——以北京郊区三个大型枢纽使用问题调查为例 / 279

"不能承受之轻"——北京市BRT-2号线站点效能调研报告 / 287

"5+R"——北京轨道交通"最后一公里"调研 / 296

为共享而生——"ofo"校园自行车网络即时租赁平台创新实践调研报告 / 307

基于城市安全的旧城中心区可持续再生探讨
——以北京景东社区为例

摘　要　本文选取北京景山东街旧城区——景东社区为研究对象，基于城市安全和旧城改建的主题，从旧城区的安全和可持续发展的角度进行调查研究，进而制定出一套有针对性、代表性、系统性的旧城区整改框架。调查发现，城市安全隐患在这片旧城区随处可见，与城市的可持续发展和居住安全理论相悖。针对这一问题，本文提出了一些意见和建议，以使安全问题最小化，居民生活高质量化，社区发展可持续化。

关键词　旧城区安全；旧城再生；可持续发展

1　研究背景

1.1　现状背景分析

作为北京 25 个历史文化保护区之一，位于北京皇城北部中轴线上的北京景山东街旧城区内存在着大量历史文化遗址、胡同和四合院。自新中国成立至今，北京旧城区一直处在"保护"与"发展"的矛盾之中，北京胡同的空间特征也经历了巨大的变化。由于历史悠久，存在着诸如房屋老化、年久失修、古文物破损等历史遗留问题。加之缺乏有效的管理和保护，目前私搭乱建等现象严重，还存在建筑连体等现象。因此，安全隐患频频出现，影响居民人身安全，居民居住质量较低。尤其在经历四川汶川"5·12"大地震之后，人们所关注的防火、防震、防窃、避灾空间狭小等隐患在旧城区中相当突出，同时还交织着社会、经济、文化层面的复杂问题。结合以上背景，深入调查景东社区各类安全隐患，并引入城市安全规划原理及旧城区的可持续发展理念（图1、图2、表1）。

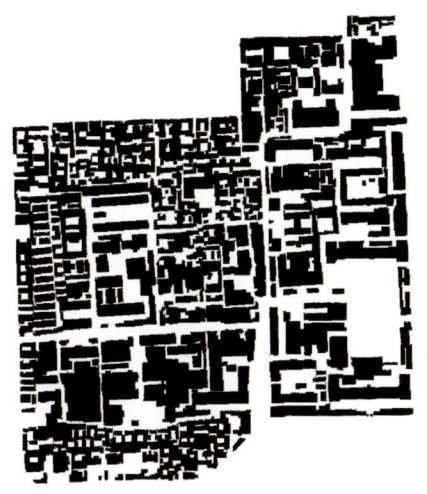

图 1　图底关系

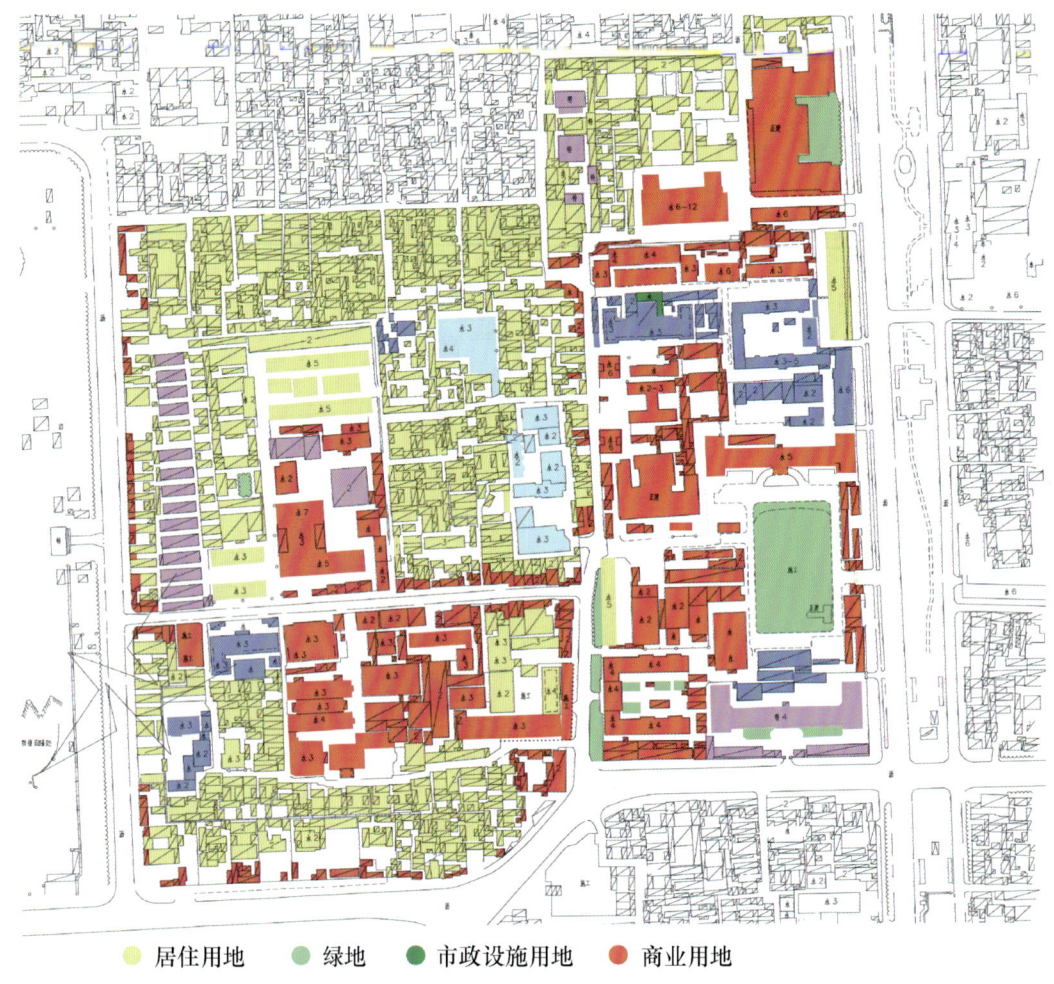

● 居住用地　● 绿地　● 市政设施用地　● 商业用地
● 教育科研用地　● 行政办公用地　● 文物古迹用地

图2　用地现状分类

表1　用地现状分析

项目 用地分类	面积 （万平方米）	占总用地面积百分比 （%）	用地现状评价
居住用地	14.41	50.10	密集，杂乱，使用率过高，内部绿化面积少
商业用地	9.31	32.35	分散，景观效果差
行政办公用地	2.21	7.68	分散
教育科研用地	0.71	2.47	面积狭小
市政设施用地	0.03	0.11	位置隐蔽，外立面造型不好
文物古迹用地	1.17	4.06	部分保存完好，部分损坏严重，整体风貌不好
绿地	0.94	3.16	面积少，覆盖率低，服务人群少

1.2 现状价值分析

1.2.1 历史价值

该地区始建于元代，距今已有近八百年的历史，虽历经沧桑，依然较完整地保留着明清时期的历史风貌（图3）。这里保留的众多文物古迹和民居街巷具有重要的史料研究价值（表2）。

图3　景山公园风貌

表2　历史价值

景点	红楼	京师大学堂	嵩祝寺	三眼井胡同	大学夹道
年代	1916	1898	1733	清朝中期	光绪二十四年
建筑风貌	好	差	一般	差	差
景观效果	较好	差	不好	一般	一般
开发前景	佳	佳	佳	佳	佳
历史价值	★★★	★★★	★★★	★★	★★

1.2.2 城市景观价值

北京明清古城平缓开阔，该保留区内灰色调的民居四合院建筑掩映在绿树之中，与景山、北海融为一体，相得益彰，衬托出金碧辉煌的皇家建筑——景山五亭和高耸的皇家私庙大高玄殿等建筑，主次分明，成为北京城市景观最具特色的地区（图4）。

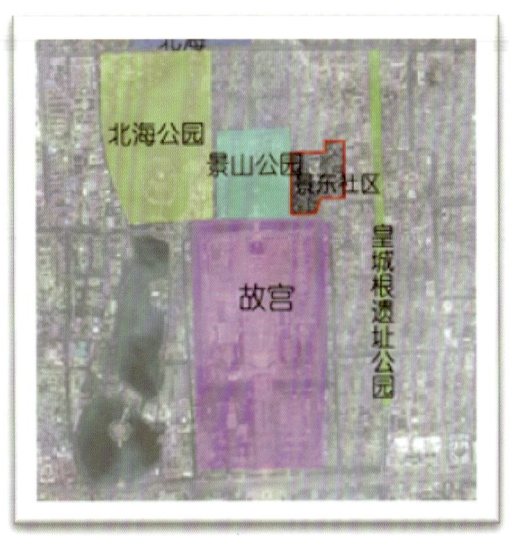

图 4　区位关系分析

1.2.3　文化艺术价值

该地区作为都城建设的艺术精品，体现了文明古国博大精深的文化艺术水平。无论是皇家建筑还是民居建筑，其建筑艺术、彩绘、雕刻等无不具有较高的文化艺术价值（图5）。

图 5　古民居大门装饰

1.2.4　旅游价值

以故宫、景山、北海为中心的皇城已成为全市游人最集中的地区。对民居街巷进行保护整修，以文化旅游的形式开设家庭旅馆、茶园、手工艺品店等项目，不仅提高经济效益，还能有效地扩大就业、增加居民的经济收入和提高文物保护意识，从而推动历史街区的发展，形成良性循环（表3、表4）。

表 3　旅游价值

景点	旅游形式	风貌	环境协调性	民众支持度	旅游价值
北大红楼	旅游观光	好	好	★★★	★★★

续表

景点	旅游形式	风貌	环境协调性	民众支持度	旅游价值
原北大数学楼	旅游观光	好	差	★★	★★
公主殿	饭馆、旅游观光	差	差	★	★★
京师大学堂	居住	差	差	★★	★★
沙滩后街	旅馆、餐馆、纪念品商店、零售杂货店	一般	差	★★	★
沙滩北街	行政办公、特色餐饮、零售杂货店	一般	差	★	★

表4 景点分析

分类	已经开发的景点	待开发的景点	新型旅游景点
景点	故宫	嵩祝寺、智珠寺	三眼井胡同文化街
	景山公园	原北大数学楼	传统民居四合院
	皇墙根公园	公主殿	特色商业街
	北大红楼	京师大学堂	沙滩后街

1.3 理论背景分析

景东历史街区的保护和发展需要与城市的可持续再生相结合。

历史旧城区的可持续城市再生理论具有以下内涵。（1）就再生的目标而言，旧城的可持续再生不是简单地消除旧城区衰败的空间，而是力求找到引起城市衰败的原因。（2）就再生的时机而言，可持续再生不是"死"后再生，而是在旧城区机能并未完全退化的情况下，提前采取行动，主动适应社会经济转型的需要，提升城市功能，维持城市社区的稳定性，使之具备持久的活力与生机。（3）就再生的内容而言，可持续再生强调的是在维持旧城区现有物质空间的基础上实现功能的升级，区别于传统通过空间的扩张、物质结构的拆除和重建来实现城市的发展。因此，它是一种"零用地增长"的发展模式，即城市的发展不是以物质空间的数量扩张与重建为基础，而是建立在社会经济职能改善和居民生活质量提高的基础之上。

综上，旧城的可持续再生强调通过赋予本地社区能力，实现旧城职能的转换和持续发展。此次的城市调查也是基于此理论进行的。

1.4 研究核心问题

本研究在城市安全理论的基础上，从可持续发展观出发，研究探讨旧城区存在的安全问题。以景山社区为例，从中提炼出一套针对旧城区安全整改的系统框架，该框架具有一定的代表性、针对性、系统完整性，对于其他旧城区改造同样具有可借鉴性和一定的参考价值（图6）。

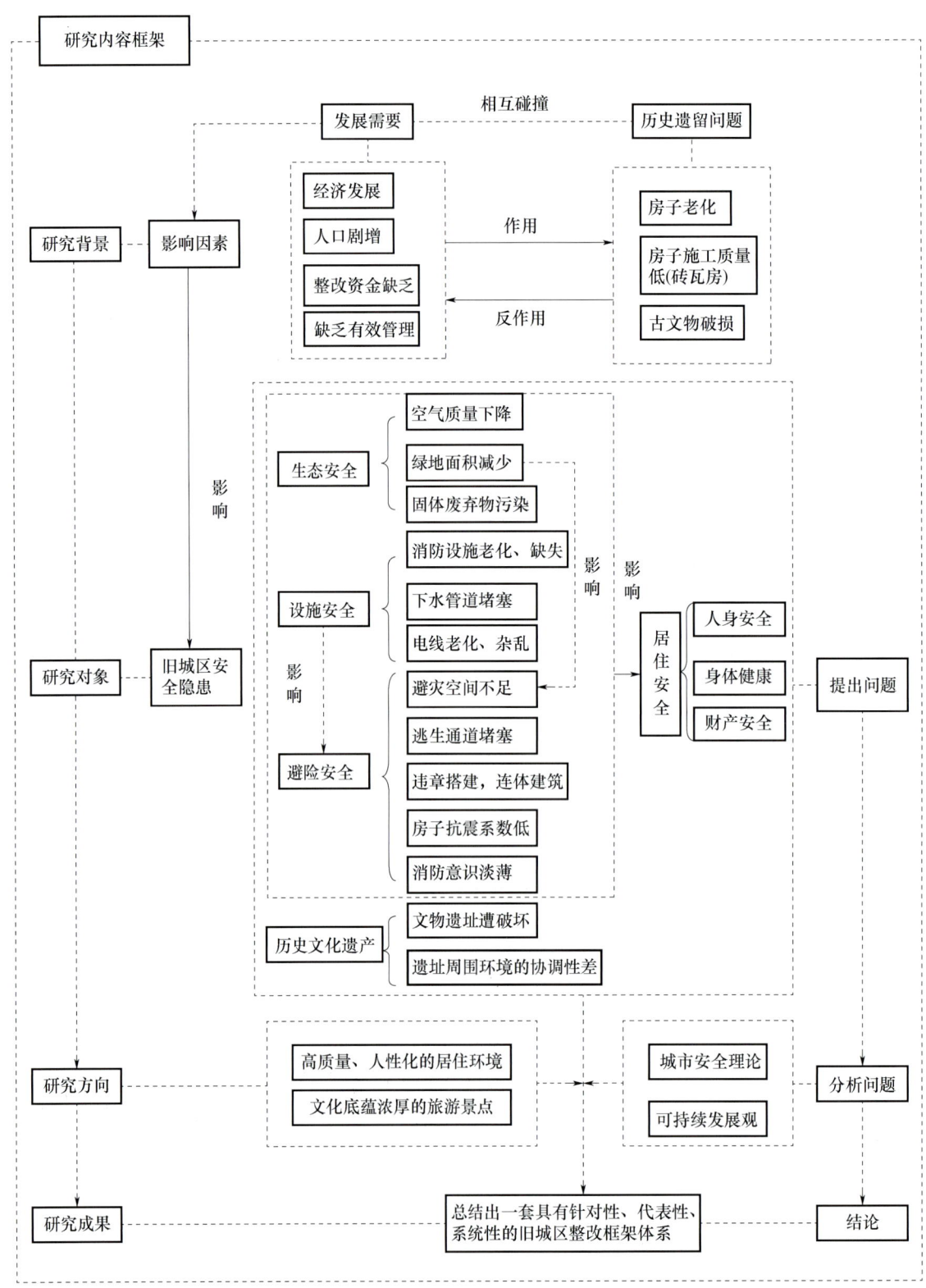

图6　研究内容框架

2 调研信息

景东社区临近北京的中轴线，位于文化核心地带。是极具历史气息的文化旧城区。故宫、景山公园、皇城根遗址公园、北海公园等众多古迹环绕于四周；北大红楼、京师大学堂旧址、公主府、嵩祝寺、清明时期的四合院等历史文化遗址皆坐落社区内部。整个社区就是一个极具特色的文化遗存（图7）。

2.1 调研地点

景东社区位于景山公园东侧，东临北河沿大街，南至五四大街，西毗景山东街，北起嵩祝院北巷和三眼井胡同，面积0.23平方千米（图8）。

本次调查研究对象所选取的景山社区是老北京最著名且又最具有特点的旧城区之一，南临故宫，东临景山公园，西邻皇城根遗址公园，地块内保留着大量历史文化遗迹和原汁原味的古老建筑，以及浓郁的老北京地方风土人情，古老的胡同和四合院里散发着浓厚的传统文化氛围，传承着悠久而又古老的历史文化。

2.2 调研内容

本次调研内容包括景东社区的用地现状、建筑质量、避灾空间、消防设施、绿化，以及历史文物保护情况等。尤其对景东社区的安全现状做了深入调研，包括：（1）生态安全。调查古树名木的保护情况及绿化面积，病虫害情况，水质、大气、地质等自然情况，垃圾废弃物的处理情况。（2）避险安全。调查防雷防震等设施的安置完善情况，调查当地的城市避灾空间和对居民居住安全的影响。（3）设施安全。调查旧城区消防设施及消防通道，下水道、电线、电力水力等公共设施现状。（4）历史文物安全。文化遗址的现状和周围环境的协调性。调查对象包括常住居民和游客。

调研人口范围：景东社区有2094户，总人数5581人，实际户数1446户，实际人数4355人。我们在调研的过程中发现，无论在工作时间还是周末时间都是50岁以上的离退休人员居多，他们在社区内的活动时间范围最大，而这类居民多半是在此居住20年以上的老住户（图9、图10、图11）。

图7　景东社区卫星图

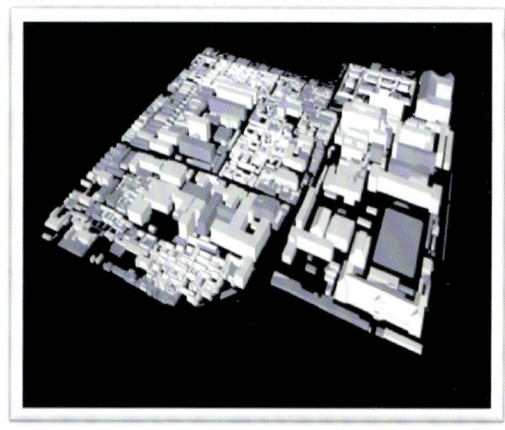

图8　现状鸟瞰模型

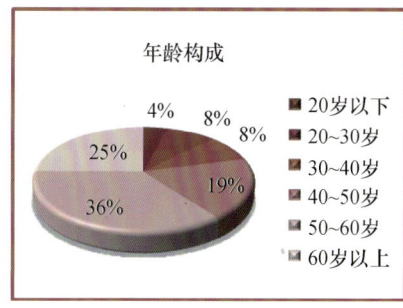

图9　调查对象年龄构成分析图

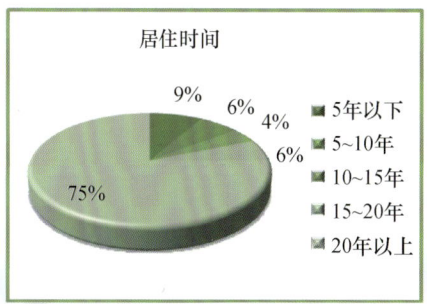

图10　调查对象居住时间分析图

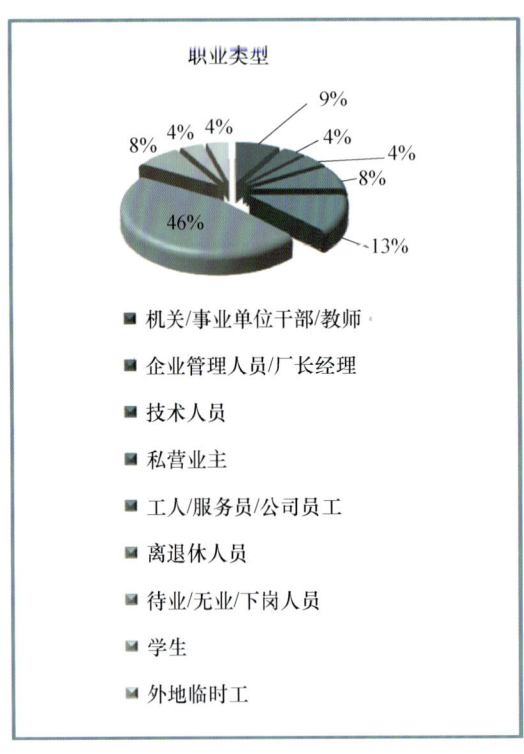

图 11　调查对象职业类型分析图

2.3　调研思路和方法

1. 深入走访

从整体到局部，层层深入。结合记录和照片，找出突出问题进行调查规划。

2. 问卷调查

（1）时间：调查问卷的发放时间选在周一到周五下午，以及周六日居民较多的时段。

（2）范围：涵盖整个景山东街社区。

（3）路线：调查路线由沙滩北街和沙滩后街沿线出发，逐步深入居民区域。

（4）问卷发放：实发 50 份，回收 48 份，有效问卷 48 份。

3. 深度访谈

（1）现在困扰您的最大居住安全隐患是什么？

（2）房屋整改后，有哪些好的改变？又有哪些问题未得到解决？

（3）请您说一个您认为可以提高景东社区整体品质的有效途径？

调查对象思路分析图如图 12 所示。

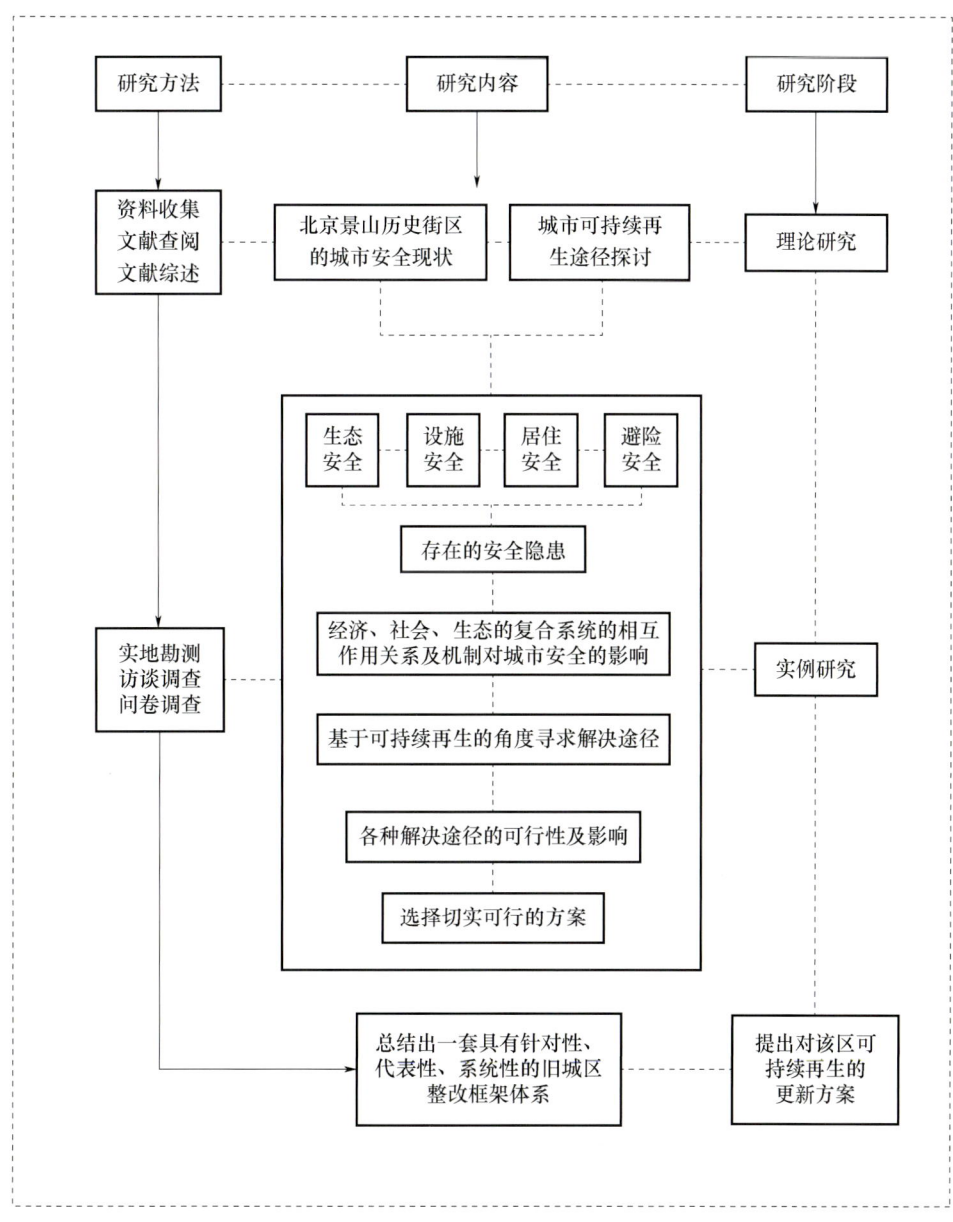

图 12　调查对象思路分析图

3　旧城区安全问题现状的理论分析

3.1　旧城区总体安全问题来源分析

在景山旧城区内存在着大量历史文化遗址、胡同和四合院，但由于缺乏有效的管理和保护，存在着大量严重破损的危险房屋，且私搭乱建等现象严重，在防灾抗震方面存在重大的安全隐患，严重影响居住安全，同时引起了避灾空间缺失的问题，城市安全没有保障且城市肌理混乱。管理缺失导致脏乱差现象突出，废弃物乱堆放造成环境污染。交通拥堵、人口超负荷使环境恶化。

3.2 景东社区生态安全现状分析

旧城区的生态安全实际上是基于整个城市的生态现状而考虑的。北京市在过去的几十年中发展迅速，生态环境受工业发展影响极大。另外，城市热岛效应直接影响了坐落于城市中心区的旧城区。高密度的建筑排布、日益增长的人口数量、逐渐被挤压的内部绿地空间、岌岌可危的古树名木，共同造就了旧城区亟待解决的生态安全问题。景东社区绿地覆盖率很低，为3%，分布在道路两旁及居住院内的古树、大树长势繁密，绿化覆盖率达到20%。景山东街绿化现状堪忧，最大的一块绿地在社区东南角，但为求是杂志社内部绿地空间，不向居民开放。居民可以使用的绿地空间只有沙滩北街沿街绿带一处，同时容纳的居民数量最多为30人，如此小的绿地点根本无法服务27万平方米的社区（图13、表5）。

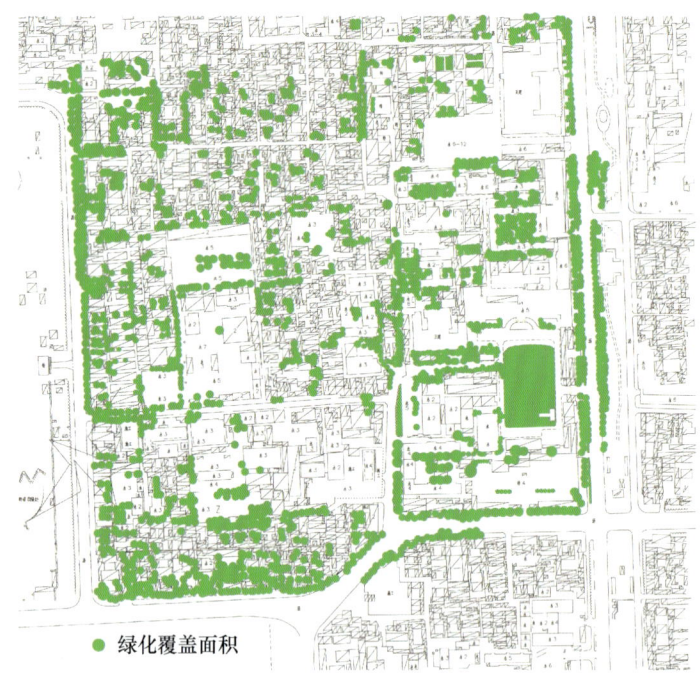

图 13　绿化覆盖现状图

表 5　景东社区内部主要街道绿化效果评定

项目 街道	乔木数量（棵）	百年以上古树数量（棵）	有病虫害的乔木数量（棵）	草坪面积平方米	绿化覆盖率（%）	当地居民评定绿化效果	综合评定绿化效果
三眼井胡同	21	0	1	0	16.7	★	★
大学夹道	9	2	0	0	5.0	★	★
东高房胡同	11	3	2	5	27.0	★★	★
沙滩后街	39	0	2	0	20.0	★	★
西老胡同	16	0	0	0	26.0	★	★★
中老胡同	44	5	6	0	75.0	★★	★★★
沙滩北街	62	2	3	105	55.0	★★★	★★★
嵩祝院北巷	6	1	0	0	4.0	★	★
嵩祝院西巷	29	6	2	0	62.0	★	★★

街道狭窄拥挤，缺少绿地空间，乔木树龄大、冠幅大、树间距小，修建难度大。枝条相互缠绕致使刮风下雨时常有碎枝掉落。树枝与电线缠绕，雷雨天气影响电路正常运行。

在访问过程中，当地居民对于古树有较深的情感，人们在感谢古树遮阴庇护的同时，对于古树常染病虫且影响居住空间有较多的意见（图14）。

纵观社区整体绿化情况，其主要分布在社区周围，并逐渐向内延展，且分布不均衡，社区内缺少足够的绿地空间。

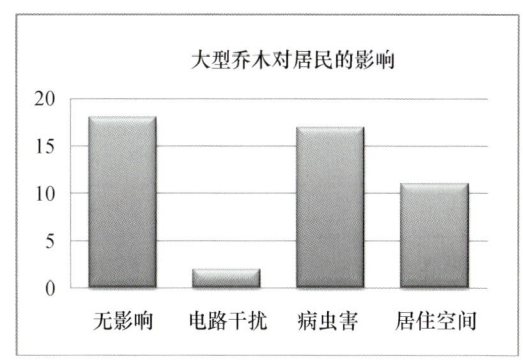

图14　乔木对居民影响分析图

3.3　景东社区设施安全现状分析

景东社区的设施问题主要包括：公建设施、消防设施和排水系统问题。从整体上看，下述问题综合性较强，对于研究这片社区有至关重要的作用。

在公共设施方面，由于缺乏物业管理和整改措施，电线杂乱不堪。电线受到极大侵蚀，严重老化；电线净高低，影响交通安全。街区内电线与树木交织缠绕易造成短路发生火灾。如图15所示，见表6。

表6　公共设施分析

各项分类 位置	电线保护程度	周边空间饱和度	主要问题现象	居民满意度	安全系数综合评定
宅间小路沿革	一般；侵蚀老化	底层沿街饱和	与树木和违章建筑缠绕	★★	★★★
居住院落内部	较差；侵蚀老化	底层饱和	线路网过多	★★	★★
机关单位院内	较差；侵蚀老化	空间较不饱和	大量电网缠绕	★★★★	★★

排水系统设施常见问题有：水道阻塞；排水孔位置不对，导致雨天积水严重；排水道周边地面塌陷严重，使管道阻塞。地下防空洞致使地面塌陷，影响排水管道；垃圾堆积和违章房屋致使道路拥挤，杂乱东西多，流入下水道；地面质量欠佳，且下水孔安置不合理。如图16所示，见表7。

图15　电路设施现状图

图16　排水设施现状图

表7 排水设施评定一览表

排水设施形式 \ 各项分类	排水设施设置密度	设施现状质量	平均排水流速（$v=R^{2/3} \times i^{1/2}/n$）	居民满意度	排水质量评定
地沟排水	1~2个/20平方米	塌陷；较差	利用公式$v=R^{2/3} \times i^{1/2}/n$可测算出排水流速，从而推出排水设施使用功效	★	★★
排水井	2~3个/20平方米	裂纹；一般		★★	★★★
墙体散水	2~3个/20平方米	塌陷；一般		★★★	★★★

取暖设施现状分析表见表8。

表8 取暖设施现状分析表

各项分类 \ 取暖类别	烧煤	电暖气	天然气	单位供暖
所占百分比	87.5%	8.3%	0%	4.2%
平均使用质量	较低	较高		较高
居民满意度	★	★★		★★★
使用安全系数	★★	★★★		★★★

消防设施安全景山东街社区灭火器普及率较高，经调查：一半人会使用灭火器，居委会定期更换灭火器（一年一次）。街道两旁少有消防知识宣传栏。如图17所示。

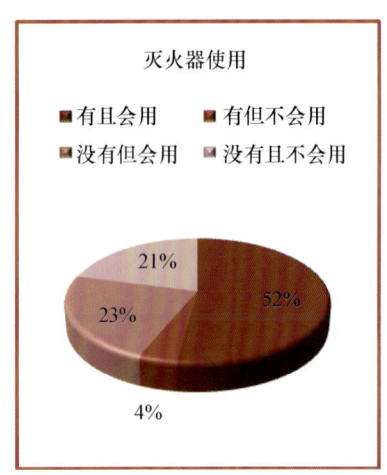

图17 灭火器使用现状分析图

3.4 景东社区避险安全现状分析

对于火灾、地震灾害的防范是旧城中心区较为突出的避险安全问题。这其中包含了两方面的问题：一是消防通道的设置是否合理；二是避灾空间的服务范围是否涵盖了整个景东社区。如图18所示。

可作为消防通道的道路宽度至少要达到6米以上，才能通过消防车。经过调查发现，景东社区内部道路可作为消防道路的只有6条，总长不超过1510米，如此窄短的消防道路根本无法服务整个景东社区。其内部密集的杂院式居住区一旦发生火灾，消防车将无法进入，木式结构的房屋极易烧毁，火势难以得到及时遏制。后果不堪设想。

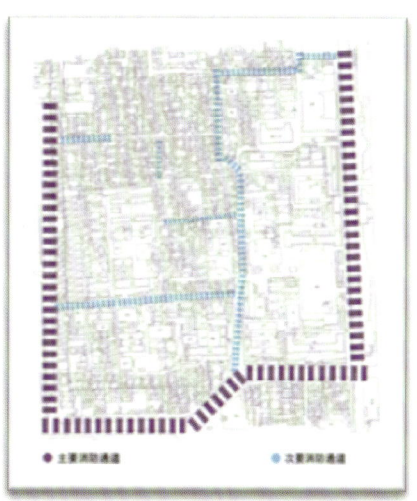

图 18　道路系统分析图

旧城区老式四合院的格局早已破损殆尽，取而代之的是杂乱无章的杂院式居住格局，院内拥挤，加盖房屋甚多。老式房屋抗震系数最高只能达到 4 级，其中不少百年老房在唐山大地震后也未得到根本性的震级加固，因担心余震而居住在老式四合院的居民在院内加盖简易房屋居住，震后并未拆除，久而久之便形成了如今的格局。如图 19 所示。

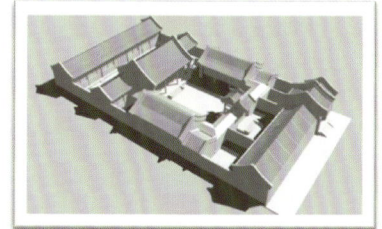
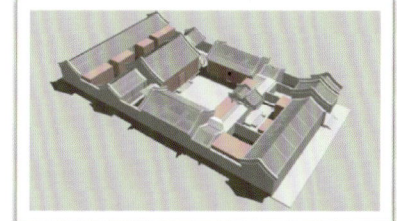
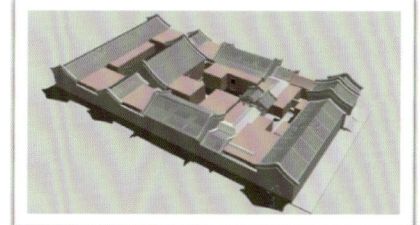

图 19　四合院加建过程分析图

如果发生灾害，景东社区居民可疏散的避灾空间只有西侧的景山公园和东侧的皇城根遗址公园。内部只有沙滩北街、沙滩后街可形成带状避灾空间，道路节点位置可形成几个点状的空间，其服务半径在 100 米以内（普通人半分钟内跑步到达）。实际可容纳的居民数量很少，大部分人员无法在最短的时间内撤离至安全地带，这将会加剧灾害的破坏性（图 20、表 9、表 10）。

表 9　避灾空间现状评定一览表

避灾节点性质 \ 分类	避灾节点数量	平均服务半径	平均步行到达时间	平均避灾容纳人数	周围建筑高度	避灾空间周围环境	避灾安全系数
居民区避灾节点	7 个	75 米	19 秒	1500～1600 人	较多平房	违章搭建占用空间	★★
商业区避灾节点	2 个	70 米	15 秒	1500～1600 人	较多平房	空间窄小	★★
市政区避灾节点	4 个	95 米	24 秒	2000～2100 人	较多中高层房屋	空间较充足	★★★
文保区避灾节点	3 个	70 米	15 秒	1500～1600 人	较多平房文物古迹	空间较充足	★★★

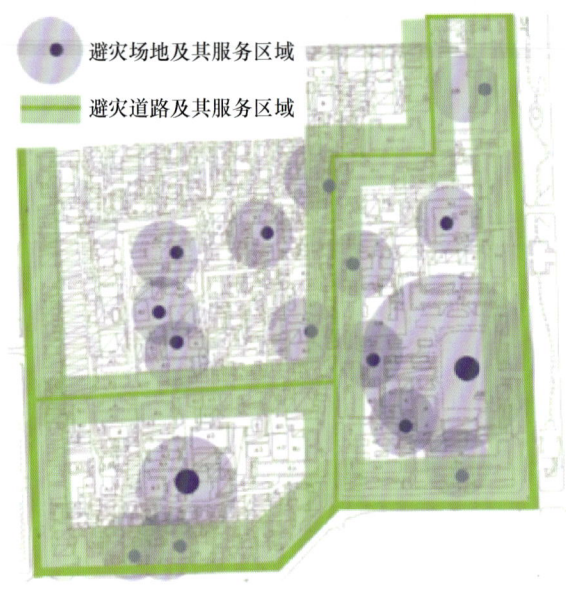

图 20　避灾空间服务半径现状分析图

表 10　避灾道路现状评定一览表

避灾道路 各项分类	景山东街	五四大街	三眼井胡同	沙滩后街	沙滩北街	嵩祝院北巷和西巷
服务范围	沿街商业区	沿街商业和文化区域	沿街居住区	沿街商业和市政区	沿街商业和居住区	沿街文化和居住区
消防车能否进入	能	能	能	能	能	能
沿街建筑高度	较多平房	较多平房和文化遗址	较多平房	较多平房和文化遗址	中高层建筑	中高层建筑
沿街设施质量	一般	一般	较差	很差	一般	较差
居民支持度	★★★	★★★	★★	★★	★★★	★★
避灾安全系数	★★★	★★★	★★★	★	★★	★

3.5　景东社区历史文物安全现状分析

旧城区历史文物安全与其所处位置和历史背景有关。景东社区位于旧城的核心，保留下来的众多文物古迹和民居街巷都具有重要的史料研究价值（图 21）。我们主要是从文化遗产本身的安全和它们与周围环境协调性两方面进行调查研究。

首先，景山东街地区历史文物均为市级或市级以上保护级别，如街道两侧的一些古老房屋、四合院就有文保单位的标识。嵩祝寺、京师大学堂属市级文保单位；北大红楼是全国重点文物保护单位。

由于历史的变迁，文化遗址现状有了极大变化，像嵩祝寺现为会所式高级餐馆，京师大学堂旧址现在也分属不同单位，有酒店、餐厅、宿舍及办公区，格局破坏严重；一些年代久远的四合院未被保护，已破旧不堪。文物本身受到的人为破坏较严重，缺乏有效的保护。相反，北大红楼的修善在保证红楼室内外原状和整个色调没有改变的前提下加固建筑，值得借鉴考究。

图 21　历史文物现状实景照片

其次，从文化遗址与周围环境的关系来看，协调性较差。嵩祝寺的建筑被很多单位、工厂、住户的破旧房屋包围；京师大学堂周围有许多现代高楼，被一些单位占用。相比较而言，新文化运动纪念馆（北大红楼）的建筑风貌与皇城根遗址公园和故宫相呼应，协调性较好（表11）。

表 11　文物古迹现状评定一览表

遗址＼分析	人为破损程度	遗址周围环境协调性	建筑老化程度	使用现状	现状保护措施
清晚期名院落	高	好	高	普通住宅	无
原北大数学楼	低	差	低	居民健身娱乐中心	修葺，改造为居民活动中心
京师大学堂宿舍楼	高	差	高	机关单位宿舍	无
新文化运动纪念馆	低	好	低	对外开放的旅游景点	设文保单位的标识
嵩祝寺和智珠寺	低	差	高	封闭	封闭保护

3.6　景东社区居住安全现状分析

在旧城区里，居民的日常起居及出行都存在很大的安全隐患。

从对当地居民的访谈中了解到，历史上的几次大地震迫使居民集体扩建临时住所，以至于这些违章搭盖的房屋遗留到现在演变成附属建筑；另外，大量扩建房屋占用了避灾场所的空间和道路空间，降低净空，增加隐患；在对旧城区的设施调查中发现，消防设施的老化、缺失，下水管道的堵塞等情况也对附近的居住安全产生了重要的影响，同时，设施杂乱无章的安置也影响了正常的居住空间（图22、图23）。

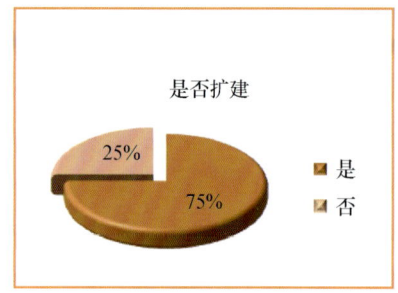
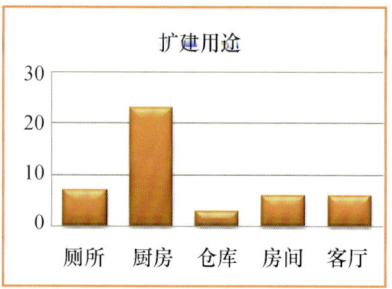

图 22　民居扩建现状分析图

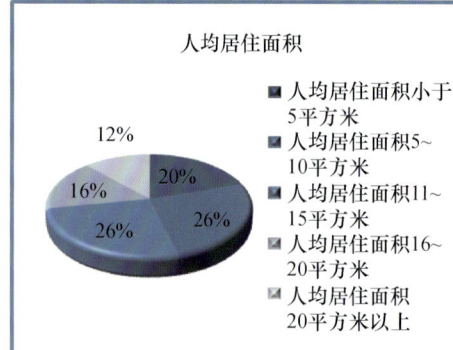
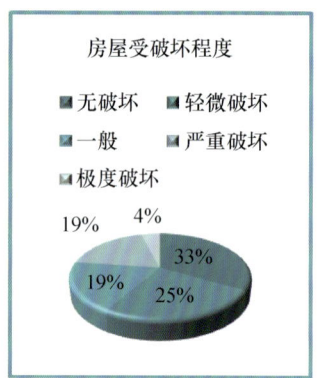

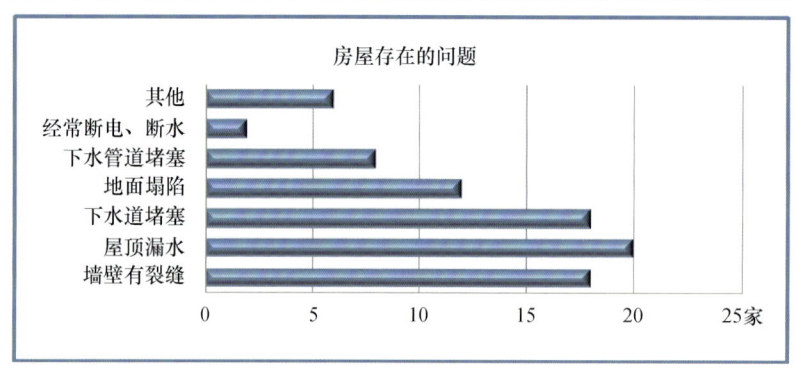

图 23　房屋现状分析图

当地除了常住人口，流动人口量也非常大，沙滩北街和沙滩后街一带由于人口多而且杂，偷盗事件时有发生，居民的人身安全和财产安全受到威胁；随着当地经济的发展，居住环境遭到了比较严重的破坏，空气质量下降、绿地面积缩减、固液体废弃物污染，居住安全难以保障。如图 24～图 27 所示。

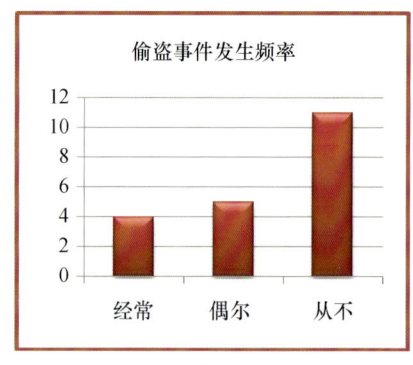
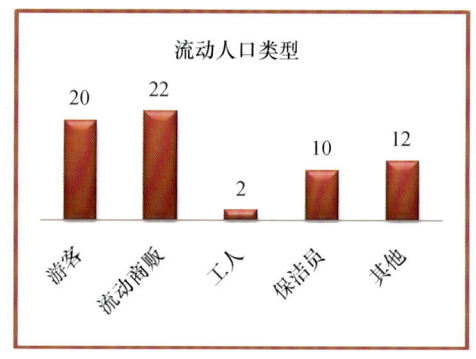

图 24　民居内部偷盗情况分析图　　　　图 25　流动人口现状分析图

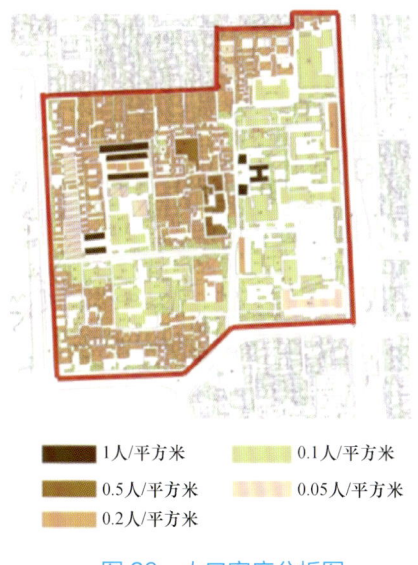

■ 1人/平方米	0.1人/平方米
0.5人/平方米	0.05人/平方米
0.2人/平方米	

图 26　人口密度分析图

人口密度大，居住空间窄，使得避灾空间减小，居民生活安全隐患增加。

居民　● 游客　● 流动商贩　● 单位员工

图 27　人流线路分析图

复杂人口类型影响了周边居民的居住安全，是偷盗事件频发的重要影响因素，居民的人身安全和财产安全也因此受到威胁。

由此可见，无论是避灾空间的不足、消防设施的不合格，还是居住环境的恶化，都严重威胁到居民的居住安全（图 28）。

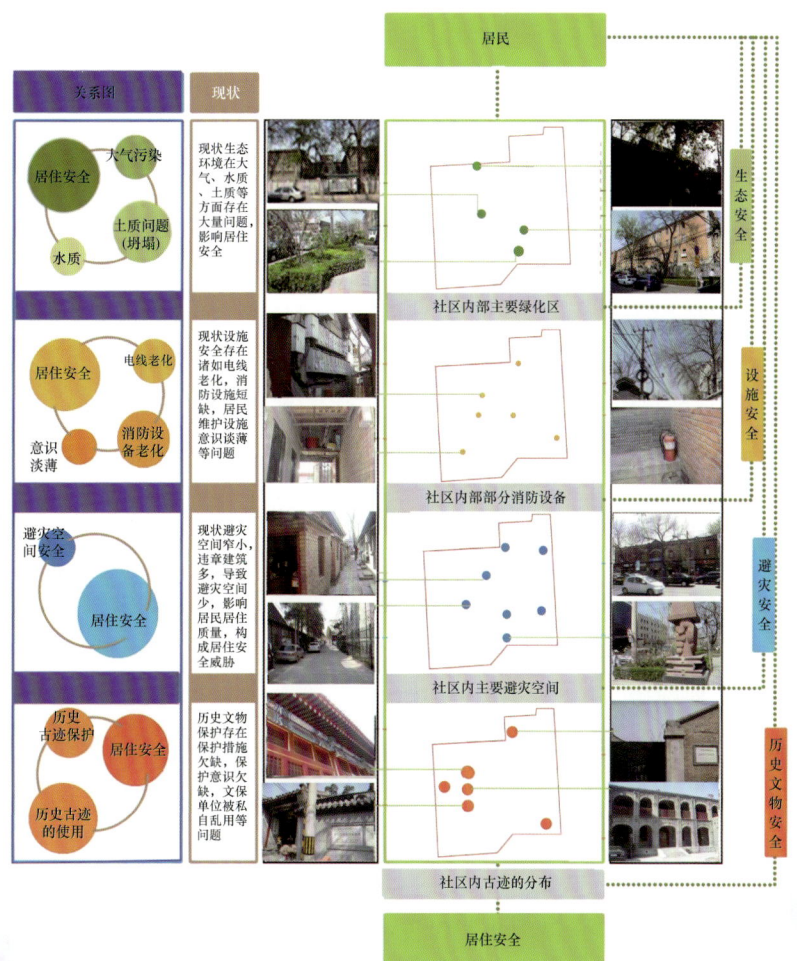

图 28　居住安全现状分析图

4 旧城区安全问题应用可持续再生理论分析

胡同可持续再生途径的研究，不是单纯的空间层次的规划整治，而是探索一个自上而下与自下而上相结合的机制。尝试超越物质形体的研究，从可持续发展视角剖析这个历史遗留—经济发展—城市安全的复杂问题，并探索一套新的机制来激发胡同自身蕴含的无限潜能，以构建一个自循环、和谐自治、有自生能力和活力的再生胡同系统（图29）。

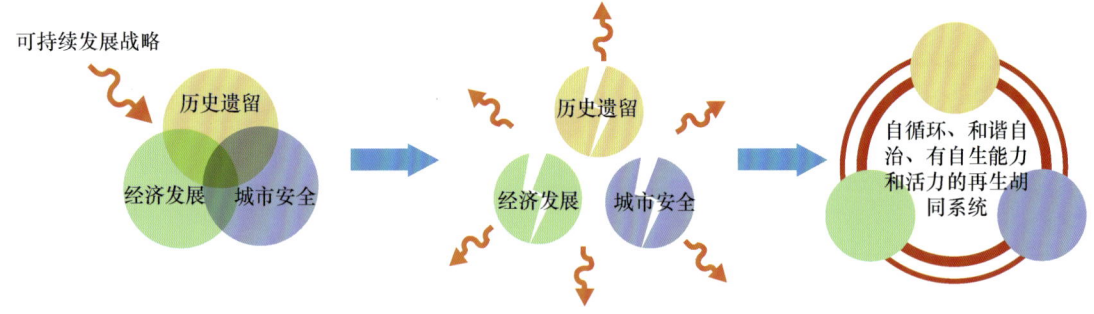

图29　旧城区安全问题应用可持续再生理论模型

4.1 可持续再生途径的整改目标

旧城的改造不再停留在"拆"与"留"的两难困境中，通过建筑的修复和整改，提高建筑和环境的质量，增加绿地率和活动空间，从而满足居民居住舒适度和避灾抗险的要求。通过对历史文化资源的开发增加新型的文化产业和环境风貌整治，提升整个地区的商业文化档次，使低收入群体找到自己谋生的途径而减少犯罪率，从而保障居民的人身财产安全。通过胡同的再生，获得产业提升、环境改善、稳定就业等预期效果，达到政府—原住居民—开发商（投资者）—外来客"多方共赢"的目标。其综合效益还体现在以下方面：

物质实体层面：历史风貌的整体保护，居住环境、交通状况、建筑、环境和设施安全的改善，增加公共活动空间和绿地率。

社会层面：提高地方产业活力，如北大红楼和京师大学堂等遗址旅游资源的开发，增加收入，创造就业机会，提高低收入群体的生活质量，丰富老年人生活，使居民"安居乐业"，促进人与社会的和谐。

精神文化层面：提高居民的素质修养，从而提高旅游行业的服务质量，继承该区的非物质风俗习惯、地方文脉的传承使该区成为一处世界了解中国的窗口，展示中国的传统文化和精神面貌。

管理方面：社区交通秩序井然，人人安居乐业，没有犯罪，生活、生产各项有条不紊地进行。各项公建和配套设施养护管理到位，达到最佳的使用状态。

使用方面：居民与游客和谐共生，居民维护的良好的环境质量既提高了居住的舒适度同时又吸引了更多的游客，游客增加带来的经济效益可以增加环境养护的资金，有利于环境质量的提高。

4.2 应对旧城区安全问题的多解途径探析

4.2.1 经济发展—历史文化遗产保护—城市安全三位一体的协调运转机制

在胡同再生途径的探讨中,一是以人为本,从人的角度出发,充分考虑居民的居住安全;二是协调好经济发展与文化遗迹保护,文化遗址和居民淳朴的日常生活场景是胡同生命力核心,应该在保留和继承的基础上,开发该区的历史文化资源价值(图30)。

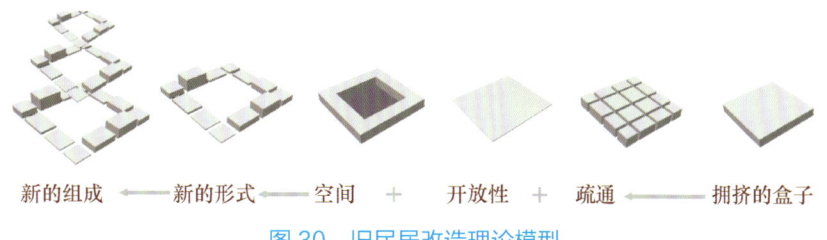

图30　旧民居改造理论模型

4.2.2 解决的策略——多解途径

(1)建筑空间实体的改造途径。例如,整改建筑外观、更新设备,加强结构支撑,增加活动空间的面积,改性质、用途等。

(2)社会层面的解决途径。例如,在居住方面增加老龄宜居社区和居民休闲娱乐设施,如健身器械等,增加绿地面积,提高环境质量。整改建筑风貌,提高房屋质量,提高居民居住的舒适度和安全性。增加设备设施的日常维护和管理,加强社区治安管理,减少犯罪率,保障居民的人身财产安全。古文物保护要与经济开发协调发展,发展胡同新产业,对外开放文化遗址,增加服务性产业,如住宿服务和纪念品传统手工业以及传统餐饮。解决问题的核心在于挖掘文脉,激发潜能,多元组合,协调发展。

5　总结

旧城区的安全问题可以通过对旧城的可持续发展改造,如整改建筑风貌,更新设备,加强结构支撑和增加老龄宜居社区和居民休闲娱乐设施,增加绿地面积,提高环境质量、居民居住的舒适度和安全性。增加设备设施的日常维护和管理,加强社区治安管理,减少犯罪率,保障居民的人身财产安全。通过开发旅游资源促进地区经济发展,提高生活质量和环境质量。实行经济发展—历史文化遗产保护—城市安全三位一体协调运转的机制。在胡同再生途径的探讨中,以人为本,从人的角度出发,充分考虑居民的居住安全。协调好经济发展与文化遗迹的保护,文化遗址和居民淳朴的日常生活场景是胡同生命力核心,应该在保留和继承的基础上,开发该区的历史文化资源的价值。古文物保护要与经济开发协调发展,发展胡同新产业,对外开放文化遗址,增加服务性产业、纪念品传统手工业以及传统餐饮等。解决问题的核心在于整改环境,加强管理维护,挖掘文脉,激发潜能,多元组合,协调发展。

参考文献

[1] 阮仪三. 城市建设与规划基础理论 (第 2 版)[M]. 天津科学技术出版社 ,1999.

[2] 陈秉钊. 试谈城市设计的可操作性 [J]. 城市规划汇刊 ,1992 (3).

[3] [美]E.N. 培根等. 城市设计 (第 1 版)[M]. 北京 : 中国建筑工业出版社 ,1989.

[4] 申予荣. 北京城垣的保护与拆除 [J]. 北京规划建设 ,1999(2).

[5] 方可. 北京旧城历史文化保护地区小规模居民自助改建初探 [J]. 北京规划建设 ,1998 (3).

[6] 梁航琳 , 杨昌鸣 , 梁亮 , 杨叶. 历史文化遗产保护与再利用研究 [J]. 天津大学学报 (社会科学版).2007 (3).

辉煌与平淡
——后奥运时代北京市奥林匹克森林公园可持续利用调研

摘　要　随着2008年北京奥运会的结束,后奥运时代已经到来。如何利用奥运会留下的各种场地、建筑、设施等公共设施资源,成为必须面对的问题。我们选择在北京奥运会期间不太被人们关注却对环境做出重大贡献的国家森林公园作为调查对象,通过大量的调查和分析,同时根据所发现的问题思考公园可持续利用的现实问题,探讨公园在未来转型的方向,并给出公园未来发展的建议。

关键词　后奥运时代；国家森林公园；转型；北京奥运会；可持续利用

1　绪论

北京奥运会的成功举办,让世界重新认识了中国。奥运会给举办地带来世界关注的同时,也带来了可观的经济效益,以及公共设施的提升。

而奥运会结束后,更多的人开始关注奥运场地、建筑、设施等资源在赛后的利用。改造得当,可以延续奥运会积极的影响。如何利用各种奥运设施,是当下城市建设的重要课题。我们选择的是在北京奥运会期间不太被人们关注却对环境做出重大贡献的奥林匹克森林公园作为调查对象,发现公园运行的问题,提出建议,最后探讨公园在未来的转型方向(图1)。

1.1　调研背景

图1　奥林匹克森林公园遥望鸟巢

1.1.1　现实背景

笔者曾在北京奥运会期间在奥林匹克森林公园做志愿服务。这座占地约680公顷的亚洲最大的城市绿化景观,是名副其实的城市"绿肺",源起于申奥时对世界做出的满足绿地率的承诺。奥运期间对于该公园的管理已暴露出很多问题,引起了我们的关注(图2)。

奥运会后，奥林匹克森林公园更名为国家森林公园，向公众免费开放。这座国家投入大量财力物力的公园似乎对于市民缺乏吸引力，在玉渊潭、北海等公园人满为患的时候，免费开放的国家森林公园却始终门可罗雀。另外，当初以森林公园标准建设和管理，如今是否已经达到应有的生态效益？面对奥运会后，奥运热潮的迅速退去，国家森林公园现状是怎样的？森林公园的改变难道真的就是"更名换姓"这样简单？本次调查以国家森林公园游人、管理者及周围居民为研究对象，以森林公园的使用状况为研究内容，探讨市民需求和国家森林公园之间的关系，在后奥运时代来临时这样的森林公园是否存在转型的必要，并给出建议与意见。

图2　奥林匹克森林公园入口喷泉

1.1.2　调研核心问题

本文以国家森林公园为研究对象：

（1）关注森林公园的社会效益，探讨制约森林公园发展的因素。

（2）调查分析现阶段公园使用状况，深入探究其服务对象的需求。

（3）调查奥运主题对公园发展的影响。

（4）研究森林公园这一定位对城市发展的影响。在上述调查研究的基础上提出相应的改进建议与措施。

（5）消弱后奥运效应对城市发展产生的不良反应。

1.2　调研信息

1.2.1　调研区域

本次调研的区域是国家森林公园南园，位于北京奥林匹克公园中心区的最北端，南邻科荟路，北临五环，东部是安立路，西部是北辰西路（图3、图4）。

图3　区位图　　　　　　　　　　　　　图4　调查区域

此地本为洼里乡所在地。从2000年申奥成功开始，洼里乡人民放弃农业种植，转而植树，洼里人为奥运种了1万2千多亩的树。它们构成了国家森林公园的雏形（图5）。

1.2.2 调研对象

公园游客、附近市民、公园管理者。

1.2.3 调查方法

本次调研通过定量分析的问卷调查法、定性分析的访谈法、固定区域的实地考察，查阅文献等方法进行深入调研，发现存在问题，并利用专业知识分析问题（图6）。

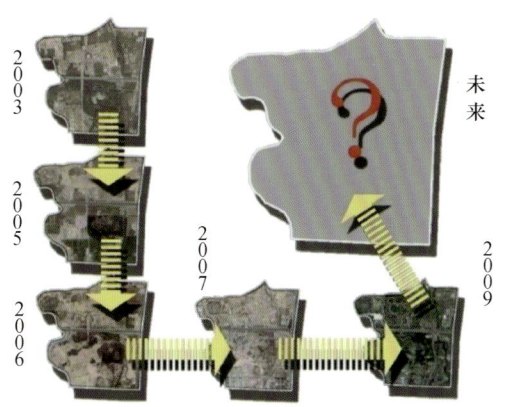

图5 奥林匹克森林公园历史演变图

图6 调研流程图

2 调研与分析

2.1 关于国家森林公园现状分析

北京奥运会已经结束，如今森林公园是奥林匹克中心区仅剩的完整的自然景观。奥运已去，绿色常在，森林公园的现状决定了它未来发展的潜质。

2.1.1 公园区位分析

国家森林公园位于北京中轴延长线的最北端，北五环路横穿公园中部，将公园分为南北两园，附近有天通苑、回龙观、万科星园等大型居住区（表1）。

国家森林公园周围围绕了大量的居住用地，居民总量大，绿化空间有限（表2）。

通过走访周边居民，了解到居民对公园绿地有很大的需求。在用地紧张的北京，国家森林公园作为周边最大的一块绿地，给居民提供了良好的游憩空间。除此之外，国家森林公园的规模、地理位置以及影响力决定它的影响范围会辐射到整个北京市。

表1 国家森林公园附近居住区概况表

居住区名称	人口数（万人）	用地面积（万平方米）	车程（分钟）
天通苑居住区	30	480	30~45
回龙观居住区	40	900	30
奥体西居住区	6	40	10~20
万科星园居住区	3	19.2	10

表2 国家森林公园附近居住区绿地概况表

国家森林公园周边居住区绿地表			
居住区名称	人口数（万人）	绿地面积（万平方米）	人均绿地面积（平方米）
天通苑居住区	30	108.3	3.61
回龙观居住区	40	176.1	4.40
奥体西居住区	6	13.1	2.18
万科星园居住区	3	7.7	2.57

"……周围有几十万的居民，森林公园这样的大型的公园很有必要……"

——1号被采访者

2.1.2 公园内部功能分析

南部定位为生态森林公园，以大型自然山水景观的构建为主，山环水抱，创造自然、诗意、大气的空间意境，重要景观区有入口门区、主山景区、主湖景区、现状森林区（原洼里公园、碧玉公园）、景观湿地区等（图7）。

图7 国家森林公园功能分析图

国家森林公园面积为609.6公顷，树木面积为238.48公顷，水体面积为50.8公顷，建筑和不透水层面积为92.95公顷，分别占全园面积的8%和15%，其余为草坪。奥林匹克森林公园中一共有149445棵植物，其中包含77个属150多种植物（表3）。

表3　公园主要植物名录表

	面积	所占比重
森林公园面积构成	树木的面积238.48公顷	占全园的39.28%
	灌木的面积104.6公顷	占全园的17.18%
	水体50.8公顷	占全园的8%
	建筑不透水层92.95公顷	占全园的15%
	树种	拉丁名
公园主要栽植树木	柳树	（Salix babylonica）
	油松	Pinus tabulaefonmis
	银杏	Ginkgo biloba
	白蜡	Fraxinusvelutina Torrbie
	槐树	Sophora japonica
	杨树	poplar
	洋槐	Robinia pseudoacacia
	侧柏	Platycladus orientalis
	臭椿	Ailanthus altissima Swingle
	白皮松	Pinus bungeana
	水杉	Metasequoia glyptostroboides
	元宝枫	Acer truncatum Bunge
	樱花	Prunus serrulata
	泡桐	Paulownia
	桧柏	Sabina chinensis
	云杉	Picea as perata Mastspruce
	洋白蜡	Fraxinus pennsyivanica
	桃树	Amygdalus persica
	海棠属	Begonia

2.1.3　公园的总体评价

清华城市规划院景观园林设计所所长胡洁评价其说："具有鲜明中国文化特色的森林公园将向世界展示中国山水公园的独特魅力。"国家森林公园环境好，景观富有中国特色，大多数被采访者对公园环境、景观效果表示认可，但都认为未能充分利用其景观环境的优势，是一种资源的浪费。

2.1.4 公园公共设施现状

国家森林公园建成不久，建造的标准是面向世界的大型公园，园内设施完备，功能齐全。在奥运会期间，森林公园开放时间非常少，这些设施很多都没能发挥作用。

奥运会结束后，森林公园向社会开放。从现场勘测的情况看，公园内设施有严重的破损：道路路面有损坏；公共厕所内管道破裂；路边的喷灌系统漏水。还有一些设施如小卖点无人经营，地图上的标识地点与实际严重不符。

园中设置的电瓶车利用率低。另外，作为森林公园，关于植物知识的普及是重要的方面，但此处的植物挂牌存在较多错误，如同一种树有两种植物铭牌，给游人误导（图8）。

对游人的问卷调查和访谈分析：

1. 公共厕所使用情况

我们对公园内公共厕所的方便性、打扫及时性、设施运作情况进行调查，公厕基本上能满足游人需求，但是不开放的蹲位较多。因此，在人流量大的时候不能满足游人需求（图9）。

图8 公园损坏设施情况一览表

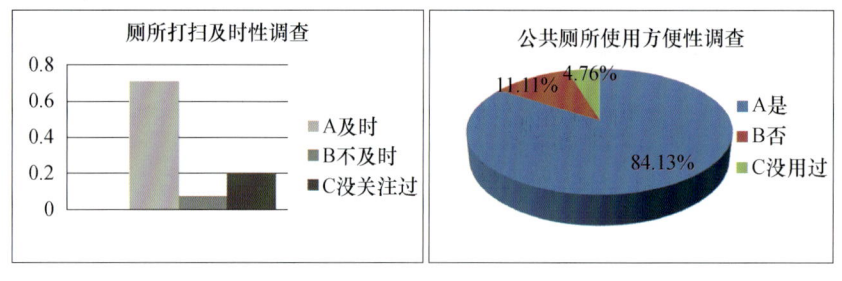

图9 公厕使用情况分析图

2. 电瓶车使用情况

大多数游人来此是基于锻炼或者游玩等，一般不使用电瓶车。而电瓶车的运营模式是一票制，除了东门、南门、北门有售票点外，园内其他的车站都没有售票点，没有售票点的车站无法使用电瓶车，即买一次票只能一上一下。另外，较高的价位也是人们不接受的原因（图10、图11）。

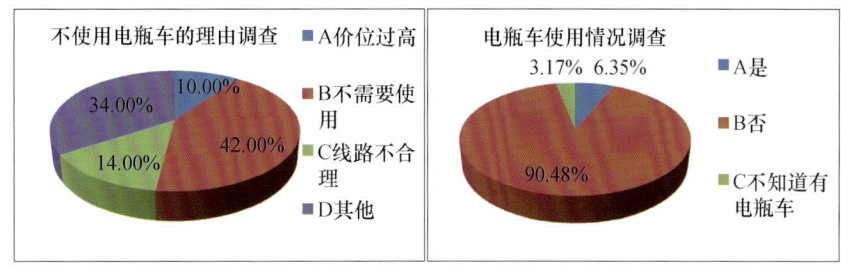

图 10　电瓶车使用情况分析图

图 11　电瓶车运营情况图

3. 小卖服务情况

设计为小卖服务的地点现已无人经营，包括售点、咖啡座休息区等。园内通过电瓶车装载一定的货物，进行售卖（图12），并且没有统一的管理（图13）。

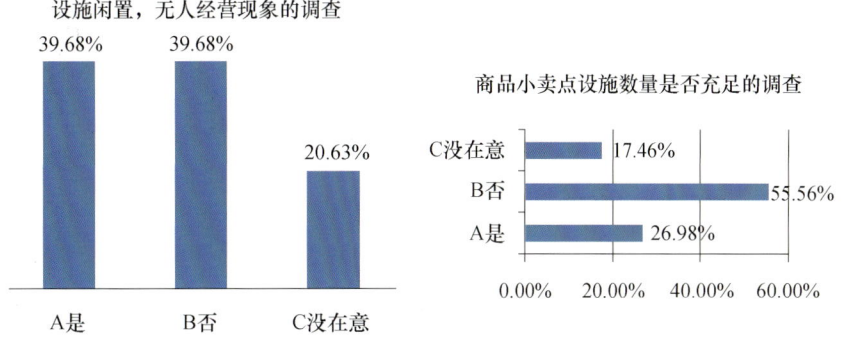

图 12　小卖服务情况分析图

4. 植物名录挂牌情况

森林公园有科普教育的职能，我们的调查显示，来森林公园的游客，绝大部分是关注植物挂牌的。如果植物的挂牌满是错误，必会产生极大的误导。这显然是管理上的严重失误（图14）。

图 13 小卖卫生间闲置分析图

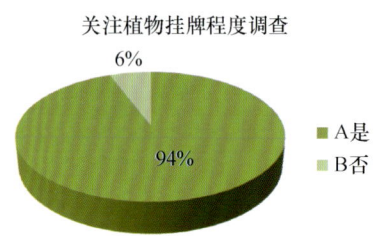

图 14 植物挂牌关注程度调查

2.1.5 公园免费开放

适当的门票收入可以增加公园经费，更好地维护园内公共设施。对于多数游人来说，不大于 10 元的门票是可以接受的。森林公园虽然免费开放，但是管理粗放，所以免门票对于公共设施的管理，可能是不良的（图 15）。

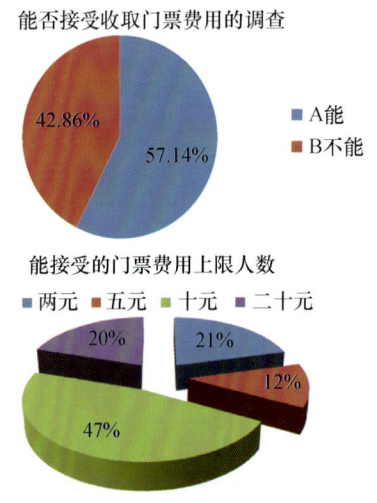

图 15 公园免费开放民意调查

同时有被访者希望如果森林公园收取门票，最好能够加入公园年卡的使用范围。

2.1.6 小结

公园的地理位置非常好，而且周边的居民也需要一座大型公园提供户外活动的场所，然而公园在奥运会后存在设施损坏以及使用率低下等情况，有很大的改进空间。

2.2 国家森林公园游人活动分析

游人的使用是公园自身价值的一个重要体现方式。奥运会结束后，森林公园的价值转变为满足人们的使用需求，因此，游人的评价就成为衡量公园好与不好的标准。

2.2.1 游人职业构成情况

被调查游人的职业构成明显随时间分布。工作日主要的游人是离退休人员，而周末除了离退休人员外，还有较多的上班族和学生。在发放调查问卷时，调查者发现，游客往往以家庭为单位出游，本地居民居多，而外地游客在我们随机的询问和访谈中所占比例微乎其微。所以，森林公园应以服务本地居民为首要任务（图16）。

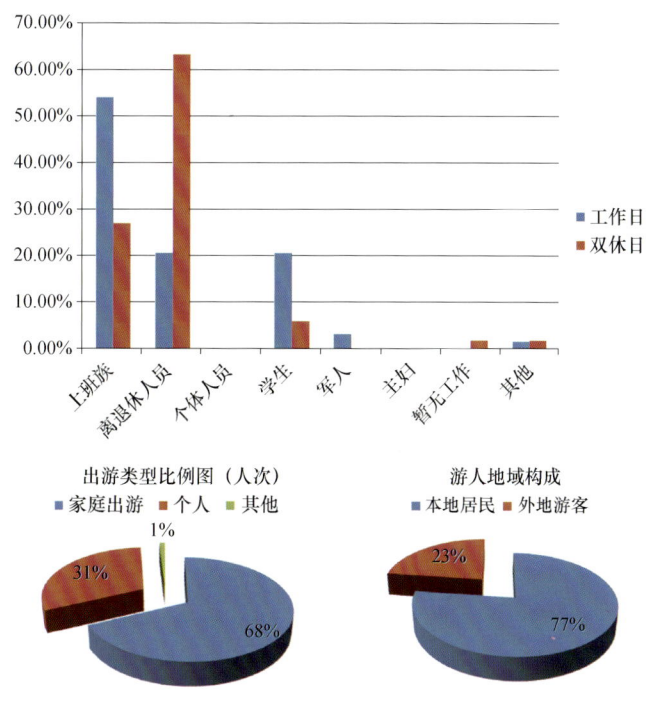

图16　游人职业构成情况

2.2.2　游人出游目的

参与调查的大部分游人表示其出游的主要目的是放松：呼吸新鲜空气，从繁杂的都市生活中解脱出来，寻求片刻宁静；跑步、散步，锻炼身体；带着孩子在公园中游玩，享受家庭出游的幸福；亲近自然，学习认识北京一些常见的植物。

也有一小部分游人是慕名而来的，专程来感受国家森林公园独特的景观（图17）。

图17所示活动几乎是森林公园所能提供的所有活动，它们的共同特性就是建立在自然景观的基础上，受自然环境的限制较大。

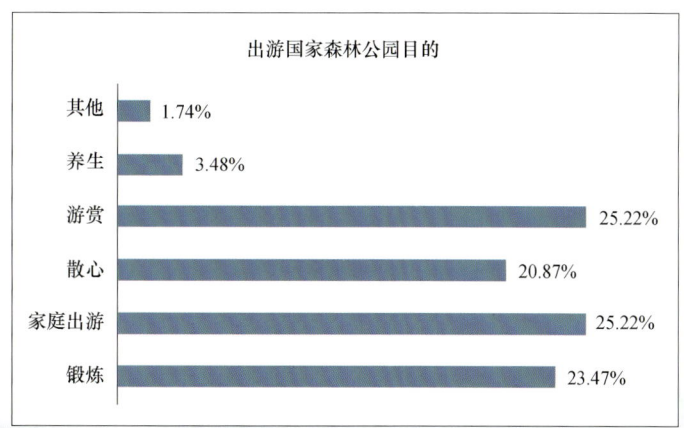

图17　游人出游目的情况

2.2.3 游人期望活动

基于上述情况：游人，特别是带着孩子出游的游人，希望增加儿童游乐设施，增加公园对孩子们的吸引力。公园水面广阔，原有的喷泉也不再使用，部分游人希望能在此划船。还有部分游人（多数是青年）希望在此可以进行烧烤、野营等丰富多彩的活动。另外，有游人表示增加一些奥运元素，让人们记住北京奥运会这一辉煌时刻，可让公园更具文化性（图18）。

现在的森林公园无法满足游人的期望，很多人来了一次就不想再来（图19），可见单一的自然景观已无法满足游人的需求。

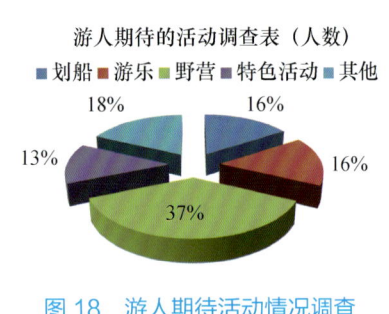

图 18　游人期待活动情况调查

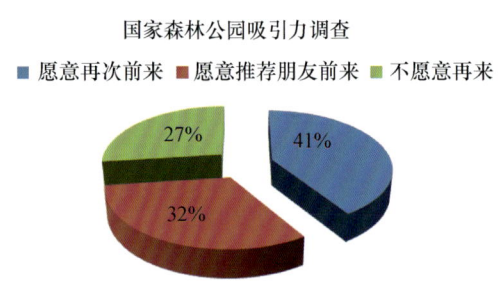

图 19　公园吸引力调查

"……今天带着小孙子过来玩，小孩子嘛，喜欢玩，如果公园中那个大湖面能划船就好了……"

——2号被采访者

2.2.4 交通问题

国家森林公园位于北五环，南北两区横跨五环路。设计提出，地铁8号线的"森林公园南门站"直达国家森林公园南入口。从北门进入，东边不远处就是5号线的北苑路北站。此外，在国家森林公园的规划中，预留了11个门区，将总共建设4000个停车位，满足所有游人的需求。

然而事实与预期相差很远，游人来此一般选择公共汽车、私家车或者步行，主要是从公园的东门、南门和北门进入。其他的门不对游人开放，迫使一些附近的居民（西门附近）不得不多花半小时以上的时间（图20）。

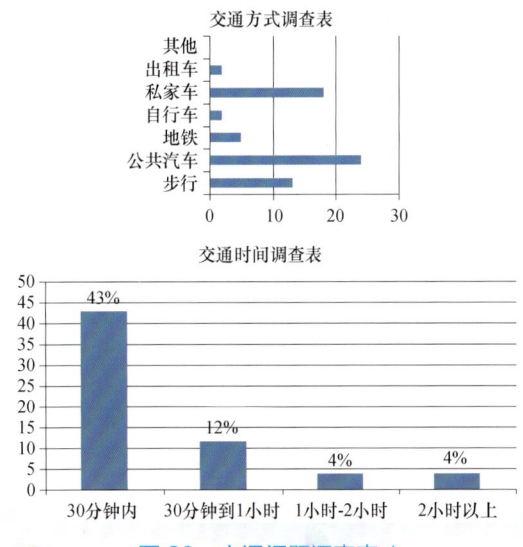

图 20　交通问题调查表 1

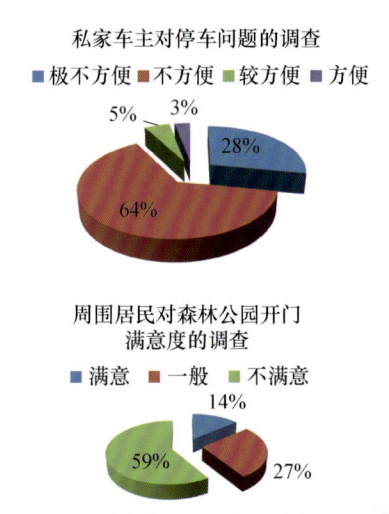

图 21　交通问题调查表 2

"我住在森林公园西门附近,但是西门却不开,每次过来都要从南门或者东门进入,很麻烦,建议以后西门可以开放一下,这样可以方便很多人……"

——3号被采访者

已有的停车位也因为各种各样的原因没有很好利用,停车难也成为公园利用率不高的一大因素。

国家森林公园在交通问题上安排不合理,无论从哪个门进入都会遇到各种各样的麻烦,降低了公园的吸引力(图21)。

2.2.5 开放时间问题

现行的国家森林公园开放时间是上午9:00至下午5:00。调查中大部分游人对这样的开放时间不满(图22)。在对森林公园期望开放时间的调查中,给与意见的回执者期望的时间集中在上午6:00—至晚上8:00。另外,部分游人也建议公园的开放时间应根据时令加以调整,比如可以分为"夏季"和"冬季"两种不同的开放时间运营(图23)。

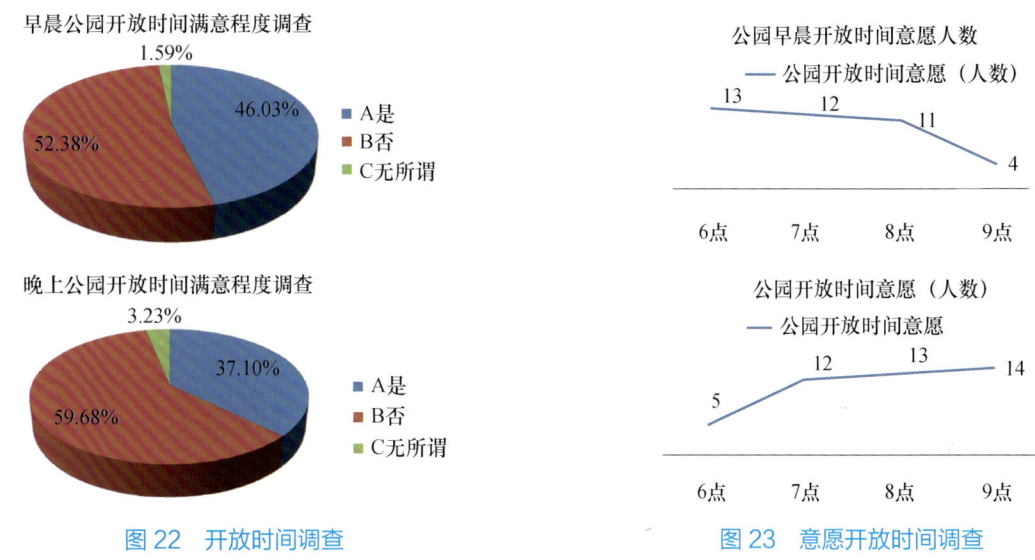

图22　开放时间调查　　　　　　　　图23　意愿开放时间调查

与北京市其他公园相比,国家森林公园工作日的开放时间对大多数人来说都是工作时间,不便于上班人群出游。

2.2.6 小结

公园现有的资源利用程度与人们日常生活的需求之间存在矛盾。不恰当的管理更是加剧了这个矛盾,降低了公园的吸引力。后奥运时代的森林公园,不能再仅以自身的奥运价值吸引游人,如果不能以自身功能吸引游人,必然也会和很多同类公园一样被市民遗弃。

2.3 国家森林公园的性质与使用情况的矛盾分析

2.3.1 国家森林公园定义的解读

森林公园是具有一定规模和质量的森林风景资源与环境条件,可以开展森林旅游与休闲,并按法定程序申报批准的森林地域。很明显,国家森林公园并不是原始的森林地域,虽然造园精巧,绿化充足,但还是没有办法达到原始的森林公园所带来的生态效应。所以,尽管名为森林公园,却不是一般意义的森林公园。可是对于很多在城市中的居民来说,国家森林公园确实可以提供一个静谧得像森林一样与世隔绝的自然环境。

2.3.2 游人对于城市公园与森林公园需求的探讨

城市公园首先要求在内容上、设施上较为完善,规模较大,质量较好,如露天剧场、俱乐部、茶室、餐馆等;其次还要有较明确的功能分区,如文化娱乐区、体育活动区、儿童游乐区等。而森林公园的游憩功能不同于城市公园,由于森林公园的主要效应是生态效应,而游憩的活动就会单一很多,过多的活动会破坏生态效应。因此,二者的功能要求存在很大的矛盾(表4)。

表4 城市公园与森林公园功能对比表

公园 项目	城市公园	森林公园
活动形式	形式多样已满足市民生活娱乐各种需求	形式较为单一,受到环境和场地的限制较多
场地需求	绿化率65%以上,要求有足够的铺装场地供市民开展活动	以森林生态环境为主体,突出自然野趣和保健等多种功能,因地制宜,发挥自身优势,形成独特风格和地方特色
人流上限	以其最大的容纳能力为限	合理环境容量必须符合在旅游活动中、在保证旅游资源质量不下降和生态环境不退化的条件下取得最佳经济效益的要求

2.3.3 公园性质和使用情况的矛盾

本次调查的区域有着很好的地理位置,然而又有着不同于其他公园的特征:它是完全由人工修建的森林公园,而现在看来无论绿量和物种的多样性,都很难达到森林公园的标准,这就和管理产生巨大的矛盾,虽然开发和发展的模式套用的是森林公园的管理模式,但实际上却肩负了城市综合公园的需求。

"家离这很近,这儿的空气比较好,景观也还好,但是公共游乐设施很少,知名度不够,人气不旺,公园9点开门太晚了,建议8点开门,我一般去香山、颐和园玩,只是偶尔带着孙子来这逛逛。"

——4号被采访者

由此不难看出,国家森林公园的发展模式制约了市民的参与程度。像4号被采访者这样舍近求远的情况不是个别现象。

同时在调查中发现,森林公园中有自然野趣的地段是游人最少的。在西部湿地景观区我们进行了简单的统计:在一个小时之内总共只有4位游览者到达。人们活动的主要区域还是集中在场地设置相对集中的南部区域。可见相对于森林公园,人们更愿意将其当作城市公园使用。

而人员集中的区域为了保护植被,安保人员在草地边缘拉起了警戒线,这样的景观在森林公园管理中,较为罕见。这些问题的出现集中反映了游人的需求和管理上的矛盾(图24)。

2.3.4 小结

森林公园的属性影响着管理模式,而不恰当的管理模式又制约了游人活动,同时也影响了公园自身吸引力。这也就关系到了国家森林公园在奥运会后如何定位。只有准确的定位才能保证公园今后可持续利用（图25）。

图24　草地周边围栏图

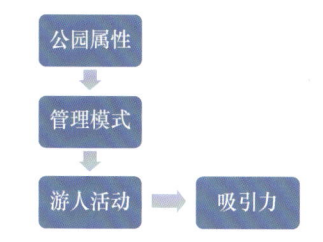

图25　公园性质对公园发展影响示意图

3　建议与措施

3.1　调研总结

通过本次实地调研、问卷调查、当面访谈，我们得出了如下结论：

3.1.1　公园设施现状令人担忧

人为的损坏越来越多，除了管理原因和使用消耗外，施工质量不佳也是原因之一。而且由于公园太大，损坏的地方维修也很不及时，给公园造成巨大的负面影响。

3.1.2　公园管理模式和理念不当

国家森林公园交由北京世奥森林公园公司经营，而这家公司似乎还没有找到一种合适的经营模式，从而出现了许多问题（表5）。粗放式的管理经营理念，造成游人活动受限制，公园吸引力不足。

表5　管理问题示意

管理项目	问题
运营的时间	不符合出游特点
交通问题	出入口设置及停车不便
公共设施	闲置损坏严重
电瓶车	经营无序

3.1.3　公园内可进行的活动单一，奥运气息很弱

大部分游人主要活动是走路，没有其他丰富多彩的活动。虽然进入后奥运时代，大部分游人认为国家森林公园结合一些奥运文化会更好。

从奥运会时期开始就默默无闻的国家森林公园已经逐渐为人们所使用，随着后奥运时代的到来，人们对于奥运热情的减退，因而，应重视公园的实用性。国家森林公园在奥运会后短暂的10个月里已经暴露出很多问题，转变原有的管理经营思路，这关系到公园的命运。

3.2　关于对国家森林公园的一些建议与意见

3.2.1　政府政策提高

所谓政策提高就是从宏观调控的角度入手，将后奥运时代遗留的问题纳入备忘录，吸取其他国家

的教训借鉴其经验（表6）。将国家森林公园纳入园林局管理，成立专门负责公园管理的机构对公园进行管理，吸取其他大型公园的成功经验。

表6 各国奥运会前后经济情况变化表

城市	会前	会后
雅典	总体费用超过100亿欧元，大大提出了先前46亿欧元的预算	财政赤字也随之增加并继续保持在国内生产总值的3%以上，2005年希腊的经济增长因此下降到了9年来的低点
悉尼	赛前新南威尔士州GDP增长最快，奥运会当年并没有实现最高增长率	2004年之后，奥运会的基础设施已经不再吸引任何人，却继续对纳税人造成沉重的负担，只是借助每年2680万欧元的津贴，这些场馆才能继续开放。由于负债130万欧元，超级圆顶体育馆的股东们不得不进行资产变卖
亚特兰大	1996年亚特兰大奥运会为举办地——美国佐治亚洲带来的总效益为51亿美元	但相对于巨额的支出来说，还是出现了几千万美元的亏损。尤其是酒店业在赛后出现了负增长，1998年以后虽然开始恢复，但增长率明显低于赛前的水平
巴塞罗那	260.48亿美元的经济效益。由于奥运会促进了城市基础设施等方面的建设，为巴塞罗那市经济持续增长创造了条件	从西班牙整个国家的经济状况看，政府消费和私人消费在奥运会前增速比较平稳，在奥运会前一年实现了最高增速，奥运年反而增幅减小，奥运会后逐渐恢复，但降低于赛前的增长水平

3.2.2 公园管理政策

1. 聘用一批有知识有经验的园林工人，以便较好地维护公园内的设施，以及科学地进行植物的养护管理，对于刚栽植的大苗尤其需要精心的养护管理。

2. 根据游人需求安排合适的交通流线（表7），各个出入口应根据需求增设交通设施。加强宣传，提高知名度，吸引人群。

表7 各出入口主要出行方式表

出入口	出行方式
东门	公交车、私家车
西门	步行
南门	地铁
北门	私家车、公交车

3. 改善公园内部的功能区。国家森林公园有必要改变现在单一的面貌，开辟新的活动场地，满足游人多样的需求。

4. 学习其他公园经验，开展特色活动，发挥公园优势，如玉渊潭的樱花节，北京植物园的桃花节等。

3.3 公园的转型定位

3.3.1 依靠生态优势向有特色的城市综合性公园转变

国家森林公园作为传统意义上的森林公园显然是不可行的，而森林公园依靠其生态优势，以及绝佳的地理位置——四周为密集居住区，交通路网发达，向以生态为主题的城市综合公园转型是未来的发展方向（图26）。

3.3.2 国家森林公园转型应该走中庸之道

转型是必要的，但不代表彻底颠覆。环境优美、安静、

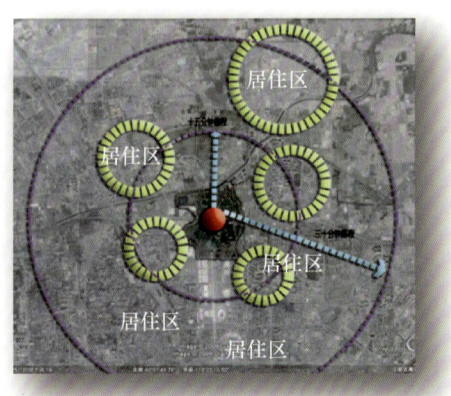

图26 服务概念图

清新，这些特质是公园的优势，应该予以保留，但为了满足城市公园的功能需要，应在可控制的范围内进行有目的、有计划的改造，其过程是扬长避短，这样的做法是学习中国古人的哲学，走中庸之道。

参考文献

[1] 杨赟丽. 城市园林绿地规划[M]. 北京：中国林业出版社，2006.

[2] 北京市园林局. 公园设计规范[M]. 北京：中国建筑工业出版社，2005.

[3] 北京北林地景园林规划设计院有限公司. 城市绿地分类标准[M]. 北京：中国建筑工业出版社，2002.

[4] 张杰，那守海，李雷鹏. 森林公园规划设计原理与方法[M]. 哈尔滨：东北林业大学出版社，2004.

[5] 卓武扬. 北京奥运会对我国经济的影响[J]. 经济论坛，2002(12).

[6] 单双. 北京后奥运经济效应影响研究[D]. 武汉体育学院，2006.

[7] 刘景奕. 青岛市后奥运时期经济社会发展研究[J]. 中国优秀硕士学位论文全文数据库，2008(2).

[8] 李艳. 悉尼奥运会旅游后续效应研究及对北京奥运旅游的启示[D]. 西南交通大学，2007.

[9] 金汕. 重视后奥运体育场馆的利用[J]. 北京社会科学，2006(4).

[10] 陈丽军. 国家级森林公园质量等级评价研究[D]. 哈尔滨：东北林业大学，2007.

都市"地道战"
——城市地下通道流动商贩生存状况调研

摘　要　本调研以北京动物园南门处地下通道为例，对城市地下通道流动商贩的生存状况进行了深入调查，系统归纳出三类活动主体——行人、流动商贩、城管的行为模式及其相互之间的依存与制约关系，并总结出城市地下通道内的商业活动对地下通道空间形态的影响机制，提出了地下通道空间中流动商贩"合理不合法"现象的"合法化"建议。本调研最后提出了"半流动摊位"的地下空间管理模式，及地下通道的规范化管理和环境改善等相关策略。

关键词　流动商贩；地下通道；空间形态；"半流动摊位"

1　绪论

1.1　调研背景及意义

1.1.1　调研背景

随着我国城市化进程的加快，大量农村人口涌入城市，造成城市劳动力富余、就业形势严峻的客观现实。为了谋求生存，很大一部分群体选择流动无照经营。由于地下通道人流量大、空间较隐蔽，也就成为这些流动商贩的主要经营活动场所之一。在行人川流不息的地下通道里，上演着一幕幕"合理"但"不合法"的"都市地道战"……

1.1.2　调研目的与意义

地下通道作为城市步行系统中的一部分，在日益紧张的城市交通中扮演着重要角色的同时，也吸引了各类流动商贩、流动艺人及行讨者来此聚集，并衍生出除了通行之外的多种行为模式。

因而，我们此次调研目的为：

（1）探究地下通道流动商贩的存在是否合理。

（2）探究行人、流动商贩、城管三者之间的相互依存与制约关系，试图找到一个平衡点，即行人的通行需求、流动商贩的经营谋生需求、城管负责的通道秩序需求都得到协调。

（3）探究城市地下通道的环境如何进一步改善。

（4）探讨是否有一种既合情合理又合法的地下通道经营模式。

1.2 调研区域

北京动物园（北京市西城区西外大街137号）南门前地下通道。该通道紧邻西直门四通八达的交通线：地铁、火车、公交各种交通方式在此换乘。

该处地下通道具有人流量大、交通重要性大、流动商贩多、矛盾冲突多的特点，具有一定的代表性，因此选择此处作为此次调研基地（图1）。

1.3 调研流程与方法

1.3.1 调查方法

（1）文献法：调查前查看相关书报和网络信息。

（2）观察法：直接观察设点状况，及活动人群特征（数目、分布、性别、年龄），发现问题。

（3）问卷法：共发放问卷165份，其中有效问卷148份，分别针对商贩和行人以及城管。

（4）访谈法：对城管和流动商贩进行访谈，主要针对流动摊位设置情况、行人赞同情况、相关管理规定。

1.3.2 调查思路

确定选题范围后，通过现场调研，进一步发现问题，明确调研对象和内容，结合以上调查方法，进而分析问题、提出方案和建议（图2）。

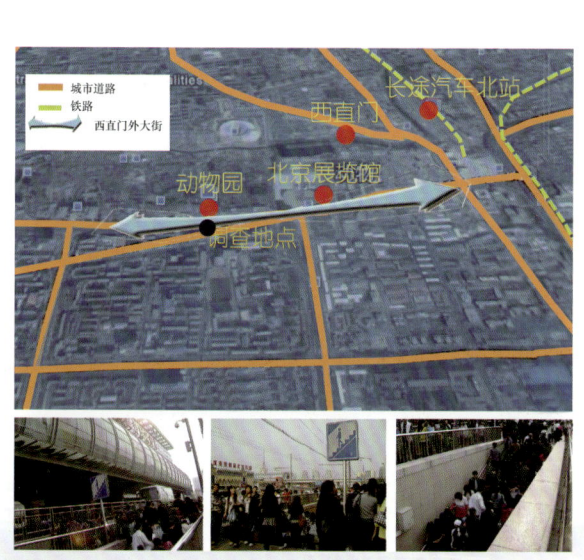

图1 现状交通分析图

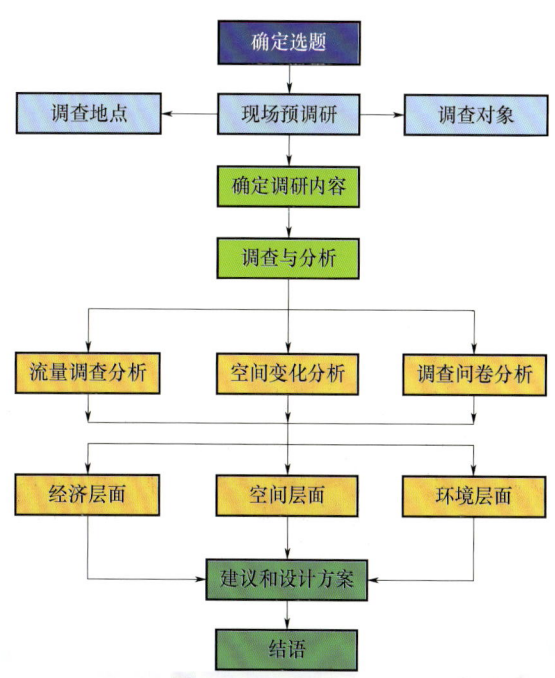

图2 调研流程图

2 调研情况及分析、总结

2.1 空间分析

2.1.1 动物园地下通道空间特点分析

（1）动物园南门前地下通道南北向长81.5米，东西向长8米，室内净高2.4米，连接公交枢纽站和动物园两大人流密集区。

（2）南北向的一边与地下公交枢纽站贯通，交通十分便捷。

（3）地面距墙2米处有两条宽40厘米的黑色带状铺装，将地面划分成三部分，流动商贩常沿此线布点经营（图3）。

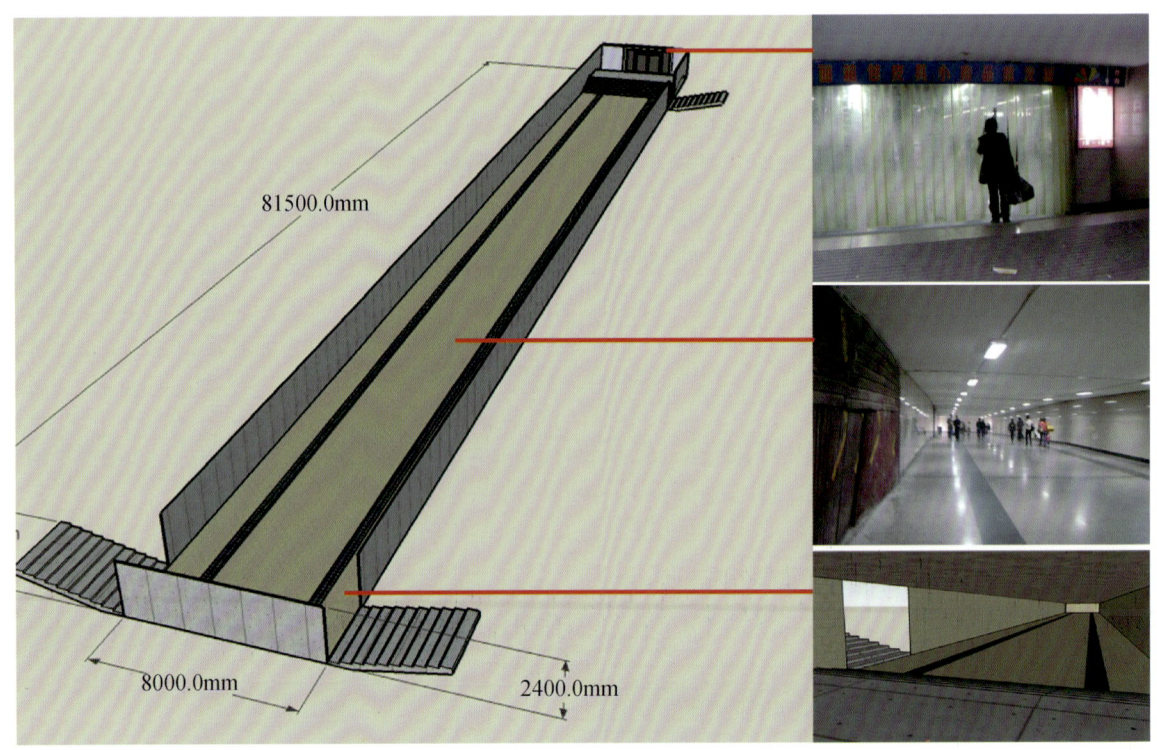

图3 地下通道空间特征图

2.1.2 商贩空间分布情况

在4个典型的时间段里（工作日上午9：00—12：00、下午2：00—7：00，休息日上午9：00—12：00、下午2：00—7：00），我们用不同颜色的点表示每小时内贩卖不同产品的流动商贩在地下通道内出现的位置和频率。在每个时间段中，每十五分钟记录一次南北两个出入口的人流量，用折线图表示（图4）。

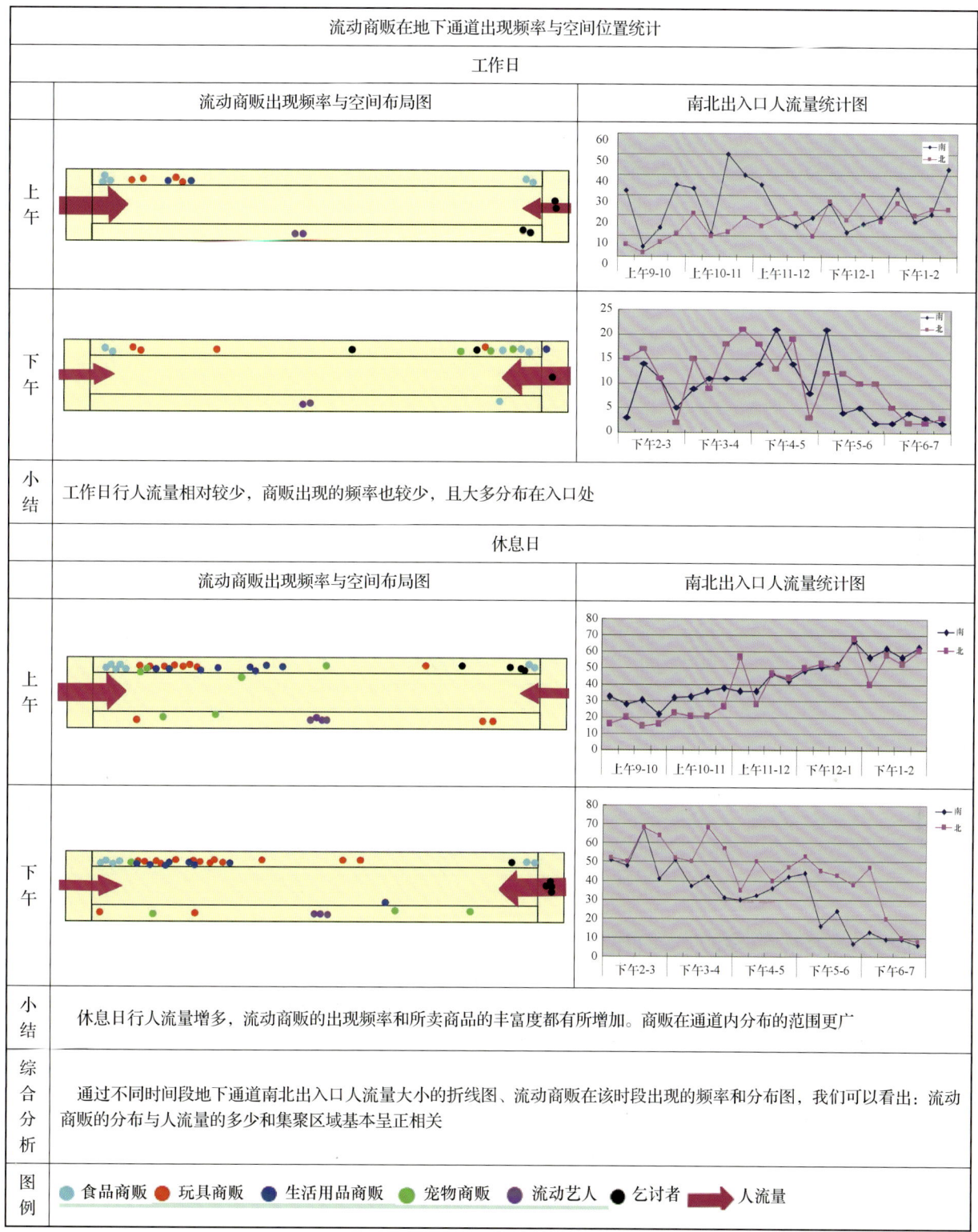

图4 流动商贩出现频率及空间分布图

2.1.3 流动商贩情况

商贩的"流动性"指流动商贩在经营时的位置变化幅度与频率，动物园南门前地下通道的流动商贩根据其流动性可分为三类：

（1）较固定的商贩。如卖食品、首饰、服装等商品的流动商贩，他们的经营需要陈列商品，因而位置较为固定；流动艺人和乞讨者的分布常选择较固定的地点，变化性也较小。

（2）流动性一般的商贩。包括卖小狗等宠物、小玩具等的流动商贩，他们可摆摊经营，也可随处搭售，有一定流动范围，经营形式较灵活。

（3）流动性较强的商贩。卖化妆品、充气玩具、旅游纪念品的流动商贩活动空间灵活自由，他们以随处搭售的形式为主，出售商品简便易携带，故经营时行走范围较大，流动性强（图5）。

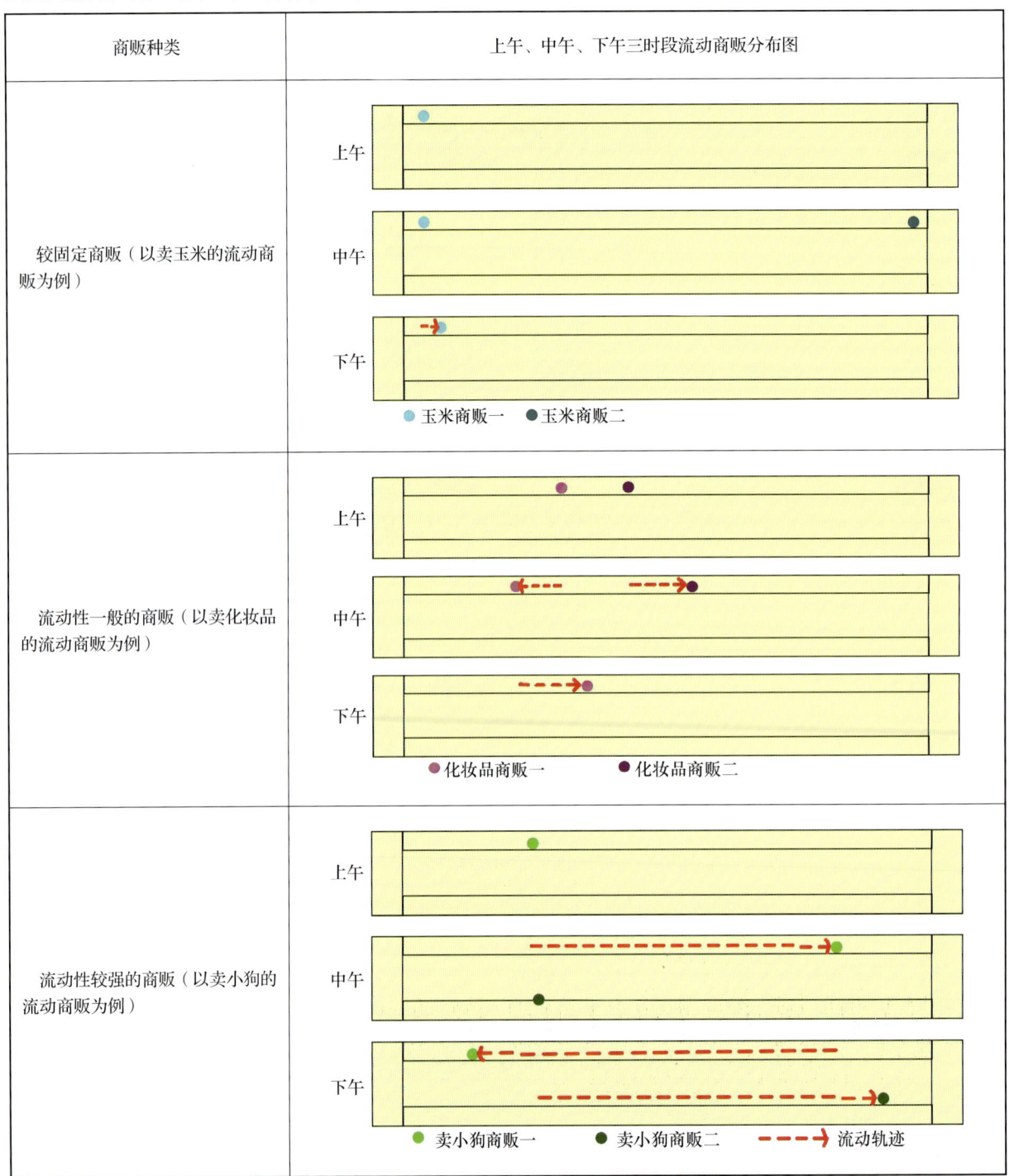

图5 商贩流动性示意图

2.2 流量分析

对地下通道行人、流动商贩及城管3类人群流量进行抽样统计。工作日和休息日都为上午9:00—2:00,下午2:00—7:00。每十五分钟记录一次。南北出入口人流量总和的总结统计与分析,如图6所示。

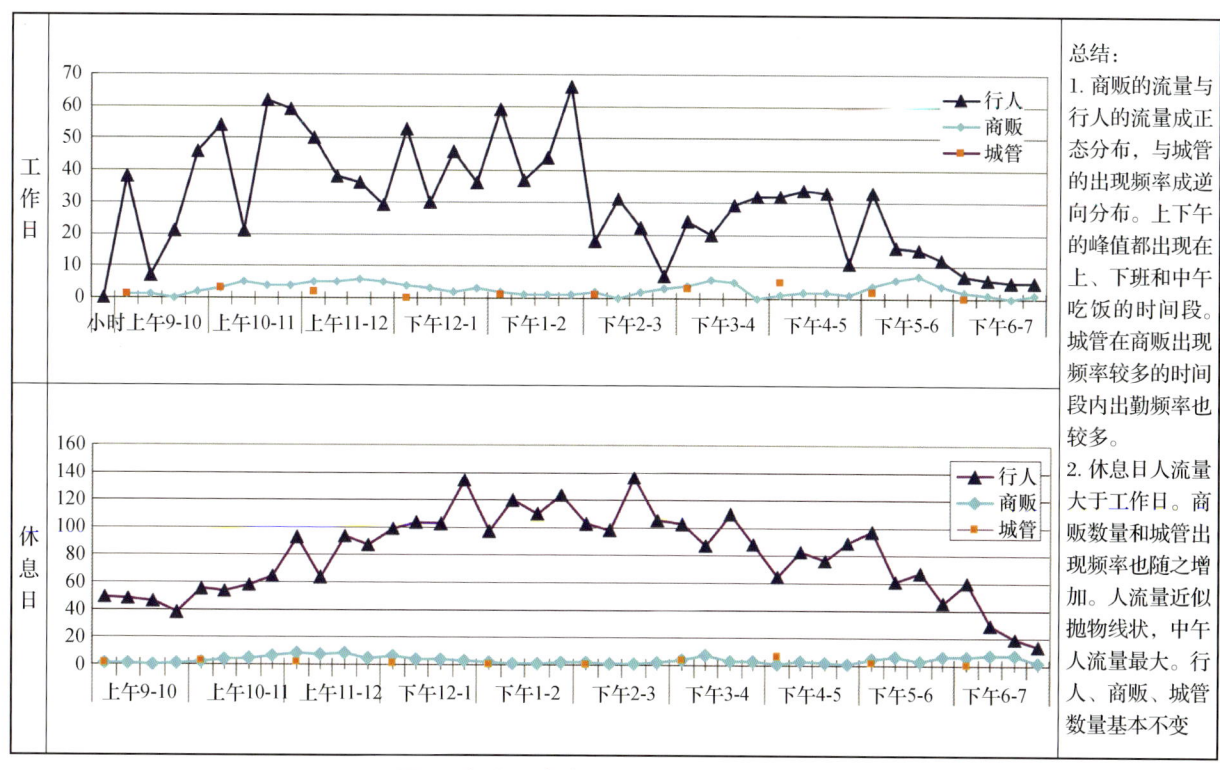

图6 行人、流动商贩、城管流量统计分析

2.3 观察及调查问卷分析

2.3.1 行人

很多受访行人反映,地下通道的购买环境较差,缺乏购物的心情。结合通道特点分析,这里的人们处于行走当中,要使他们停留或蹲下来去关注商品,要克服步行速度产生的"惯性"。

通过统计该地下通道中人们的步行速度得出:通道中人的步速在4.3～8.3米/秒之间,其中作为主要购买群体的年轻人,步行速度为4.5～6.5米/秒。在这种克服向前惯性状态下进行购买的理由有两个,一是摊贩商品的新奇性带来的好奇心,二是商品价格较便宜。

从行人调查问卷统计中,我们可以得出如下结论(图7):

(1)充沛的人流量是导致流动商贩较多的主要原因。该通道因为连接动物园和北京最大的服装批发市场,人流量很大,抽样值为工作日20～35人/分钟,节假日为35～75人/分钟,特别是节假日和上下班高峰期可达60～75人/分钟。

(2)购买人群特点是经济条件不宽裕,好奇心强的年轻人。购买人群主要为18～30岁的年轻女性,大概占到65%,并且其中多为外来务工者或学生,儿童主要由家长代买(主要为玩具)占20%,原因是紧邻动物园,参观儿童较多;此外,中午和下午接近吃饭点行人购买食物较多。

（3）近半行人认为该通道环境有待提高。行人觉得流动商贩带来的环境问题依次为：噪声污染、交通拥堵、市场秩序差、卫生差、影响市容等问题。

（4）商品质量无法保证是行人购买时的最大顾虑。这种流动性的经营模式给购买者带来一种不信任、不安全感。在问卷调查中我们对于半流动摊位的建议，有很多行人支持在地下通道中引入这种新的商业模式。

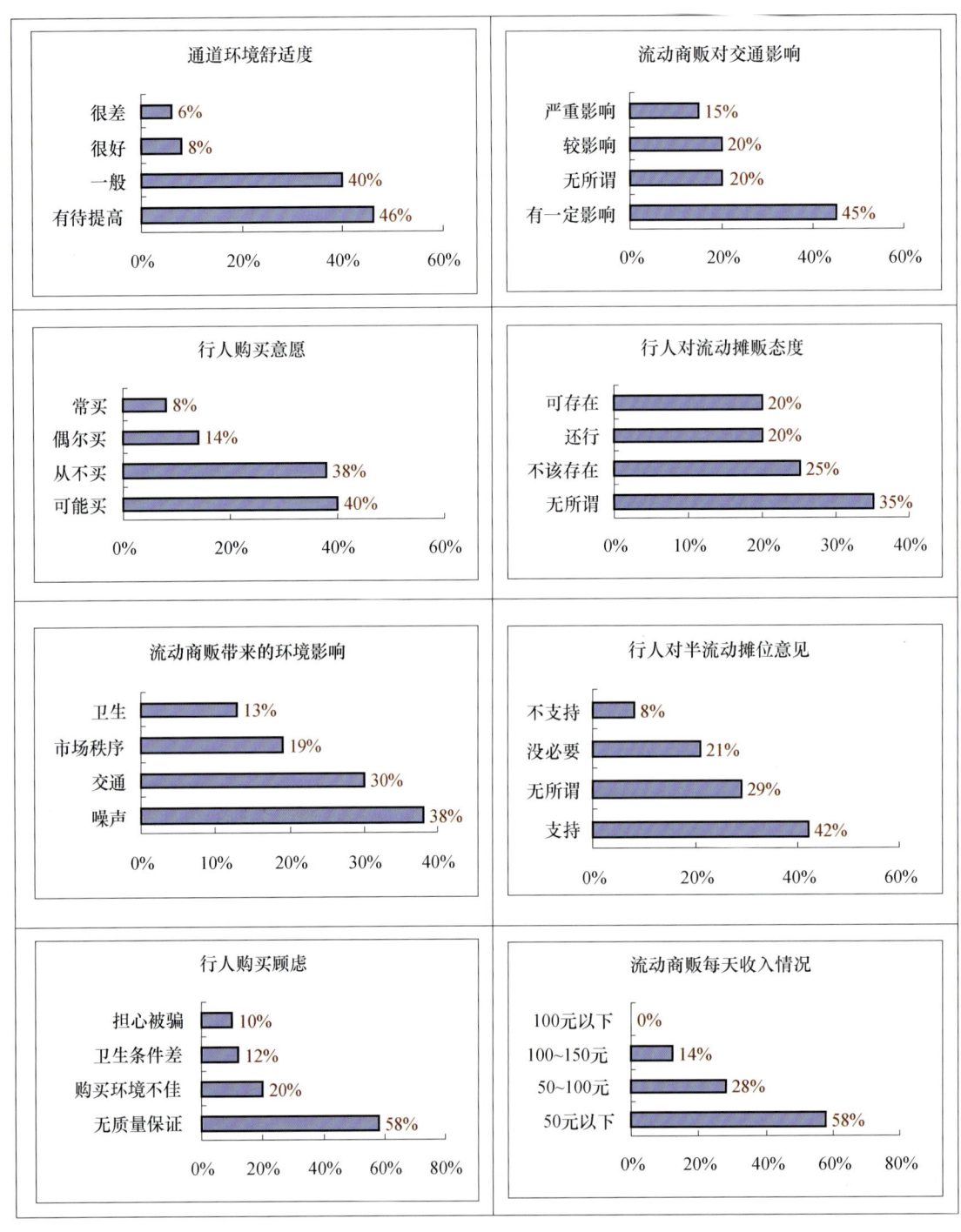

图7　行人调查问卷统计

2.3.2 流动商贩

流动商贩十分警觉，互相之间帮着"望风"，城管一来他们就躲。他们中的大多数在与地下商场入口相连的通道南端贩卖商品，因为躲藏方便，并且通道尽头通往商场入口的围帘可提供遮挡，便于观察城管巡查情况。

从流动商贩调查问卷统计中，我们可以得出如下结论（图8）：

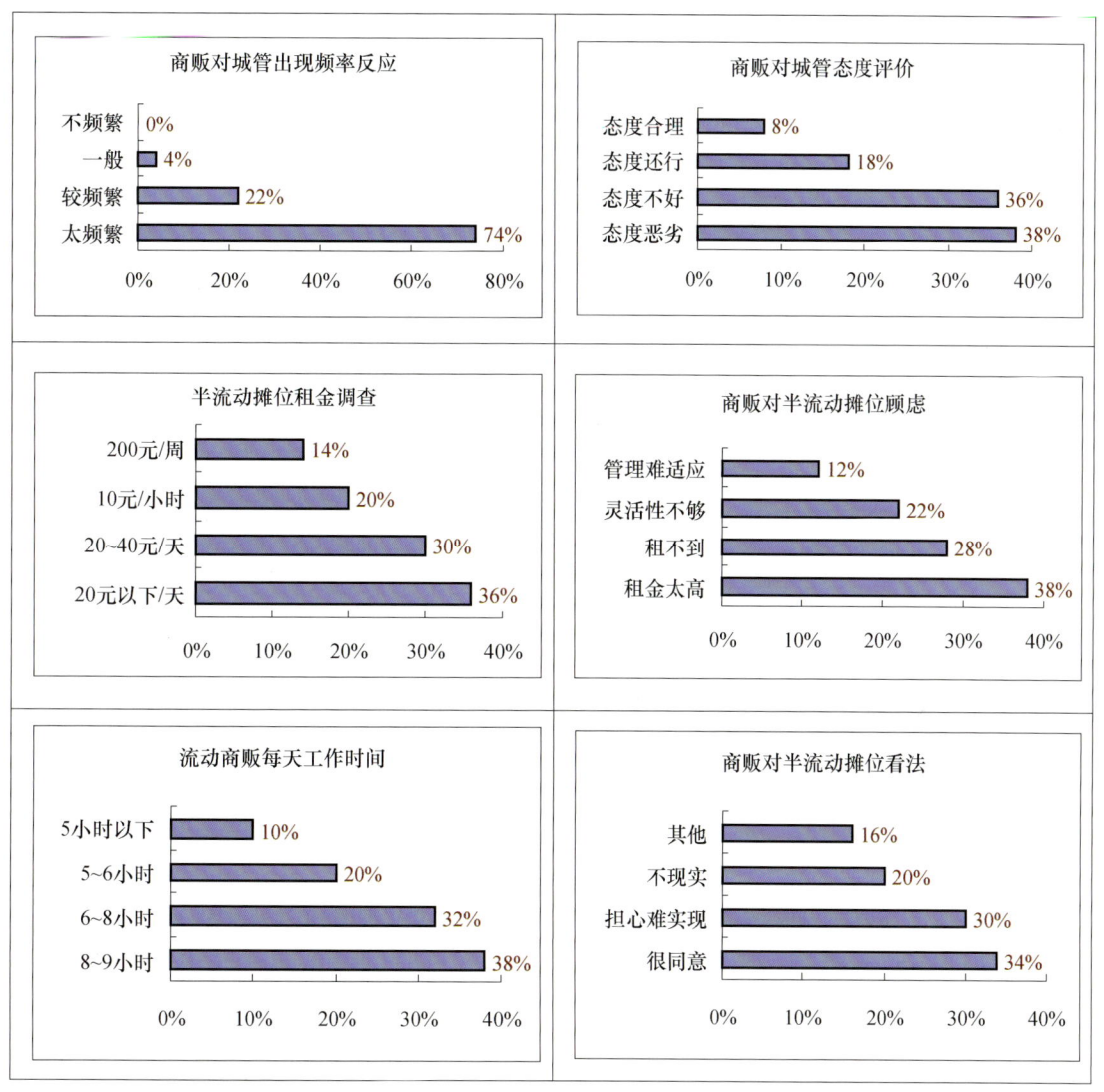

图8　商贩调查问卷统计

（1）流动商贩每天收入不高且收入相当不稳定。他们每天大多早出晚归，但收入受各种因素（包括天气、行人流量、城管巡查等）影响较大，且收入大部分都在每天50元以下。

（2）大多数流动商贩反映城管的态度不好。商贩普遍觉得城管巡查太频繁，他们很难"做生意"，反映出一种明显的抵触心理。

（3）流动商贩对半流动摊位的反应比较积极。他们很向往有一处可以让他们安心做生意的空间，而不必这样像打"地道战"般躲藏。但同时他们的最大顾虑是租金太高，怕竞争激烈，能租到的机会小，同时也殷切希望真能有一种为他们"量身定制"的制度来解决他们的问题。

2.3.3 城管

城管工作时间为早上7:00至傍晚6:00。该处地下通道人流量较大,同时又处于重要交通枢纽地段,为了加强管理力度,城管雇佣便衣保安对该处流动商贩进行管理。

从城管调查问卷统计中,我们可以得出如下结论(图9):

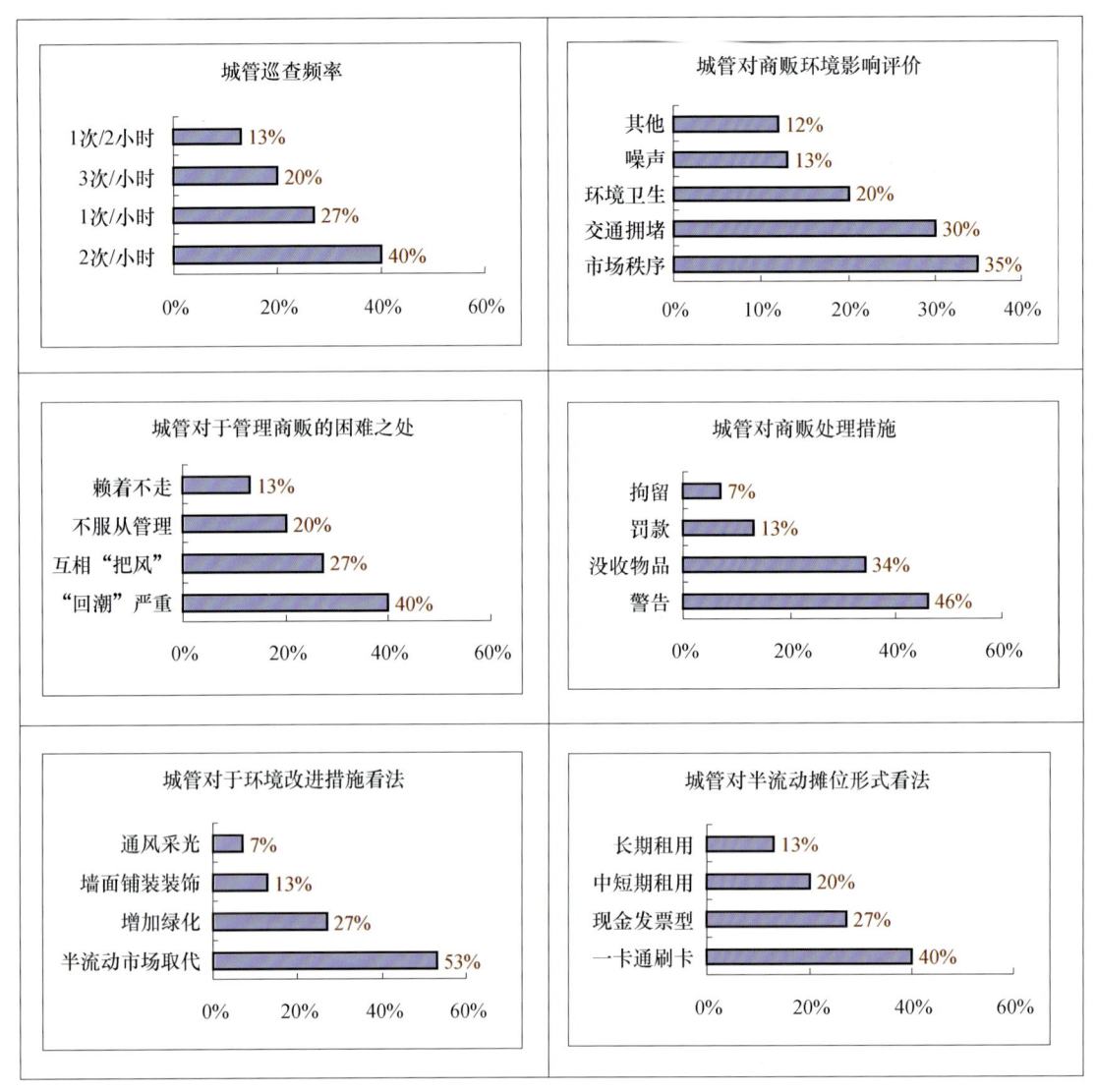

图9 城管调查问卷统计

(1)地下通道里的流动摊贩也是城管工作中的一大难题。地下通道流动商贩多而杂,特别在节假日人流量较大时,为了保证地下通道有序,他们每小时要巡查2~3次。而且流动摊贩的"回潮"现象严重,互相"把风"而造成管理上的障碍。

(2)城管也希望有更好的措施,使这种"管""贩"间的对立关系有所缓解。他们也认为警告和没收物品只有一定的威吓作用,难以解决根本问题。

(3)城管对半流动摊位有一定的期望。可见在这种旧的矛盾关系中,"管""贩"双方都愿意尝试引入一种新的模式以寻求一个新的平衡点。半流动摊位可以尝试作为一种双方都能接受的解决方法。

2.4 各类商品受欢迎程度调查

调研发现，流动商贩的经营情况不一，销售不同商品的成本、利润和受欢迎程度存在差别。调查者观察、统计出行人对于各类商品的购买频率，得出各类商品受欢迎程度（图10）。

在动物园地下通道中，食品类的商品购买频率较大，如玉米、热狗等，路人询问、购买的次数较多；其次，因其位置特殊性——处于动物园前，来往儿童较多，故各类玩具及小宠物也较受欢迎，售出率较高；化妆品、衣服等销售情况不如前者，与路人的身份、地域特征、人的普遍心理有关系，它们都是对质量要求较高的一类商品，因此化妆品、衣服等作为流动商贩的商品需具备一定优势。

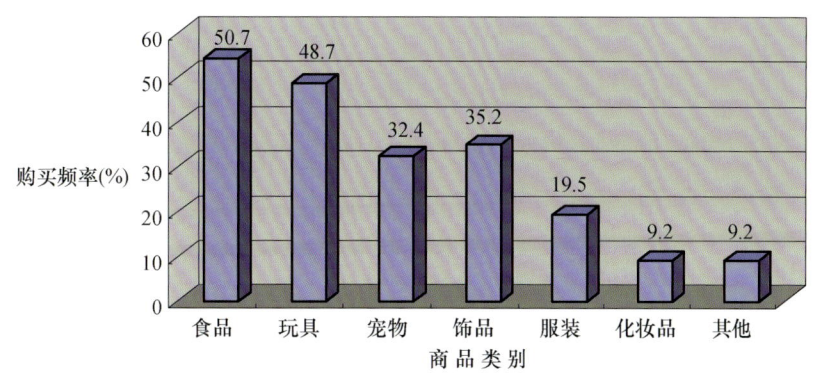

图10　各类商品受欢迎调查表

3 流动商贩的行为模式探究

3.1 流动商贩与社会经济层面

3.1.1 流动商贩的存在源于求得生计

作为城市化进程中的特殊群体，流动商贩多数出身农村，背后维系着一个家庭的生活。其原因来自于社会层面的诸多问题。他们流动在各类"市场"，地下通道成为他们经常聚集经营的场所之一。

3.1.2 长期形成的城市管理模式决定流动商贩的经营现状

流动商贩意味着"污染市容""扰民"，故管理者有时会强制管理流动摊贩。这种"禁与躲"的矛盾关系所引发的冲突甚至暴力事件在该处通道也时有上演。

对比一些发达国家如美国、日本，其流动商贩的管理有可借鉴之处，比如在美国洛杉矶街头，管理者按照不同的季节，或每天不同时段划出了一些半固定区域，租给一些市民作为半流动摊位点。半流动摊位点区别于街头报刊亭、售货亭的地方在于其空间、时间及商品分配上具有极大的灵活性。

因此，我国流动商贩经营管理不和谐的原因在于管理者以及被管理者长期持有的排斥观念。要想改变现状，应在城市管理的理念上加以改进，挖掘流动商贩为市场带来的积极作用——从"驱赶"流动商贩到"引导"流动商贩。

3.1.3 流动商贩廉价市场的存在价值

（1）流动商贩深入到城市角落的服务覆盖率给城市商品服务带来便捷性。

（2）流动商贩具有高度灵活性，能快速自发地调节商品种类的分配，在一定程度上弥补了市场缺口。

（3）流动商贩的经营模式一定程度上增加了市场的丰富性。

（4）从局部上刺激了消费，解决了部分就业问题。

3.1.4 流动商品分析

（1）商品价格分析

同类商品中，流动商贩的商品销售价格比商场的商品销售价格可低至50%，在流动商贩处购买者普遍为打工者等低收入人群，因此这种廉价市场满足了众多普通百姓的需要。另外，从空间布局可看出这一廉价市场灵活性较强，销售形式简单。

（2）商品质量分析

商品质量问题在某些商品上体现得较明显，需要改进，如化妆品等，其销售量较低与行人担心质量保障有关。此外流动商贩销售形式虽灵活简单，但不稳定的因素也给商品交易带来影响。

（3）市场秩序性分析

为使这一廉价市场更加完善，应采取各种措施使流动商贩的经营活动合法化、正规化，划定区域和时段，让其有序经营。

3.2 流动商贩与社会交通空间层面——对地下通道交通的影响分析

由于距墙有2米的带状铺装，流动商贩的空间布局有一定规律，在东西向的间距约为6米（图11）。一个人行走所需的空间宽度约为70～80厘米，在工作日及周末的上午，来往行人较少，交通影响不大；但在周末中午、下午及节假日，人流量大且流动商贩多，人流易聚集在流动商贩周围，形成一个个人流"磁场圈"（图12），给交通带来不便，造成人流阻滞、空间混乱等问题（图13）。

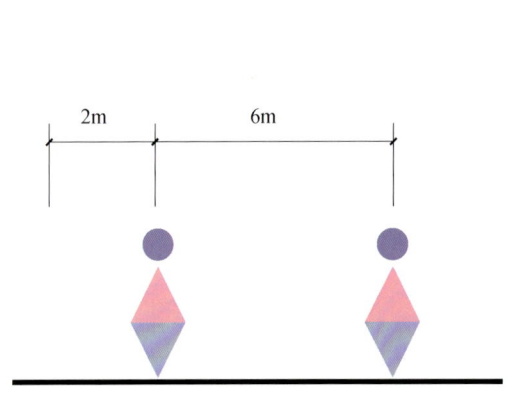

图11　商贩东西向间距布局图

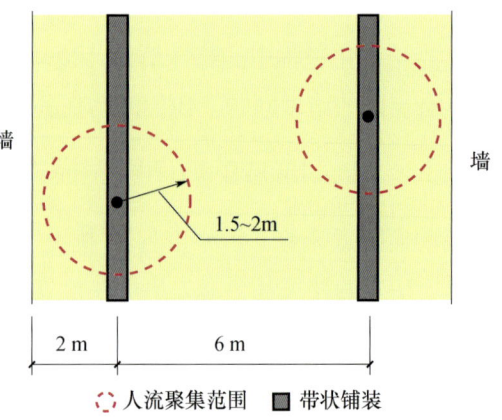

图12　人流量大时布局示意图

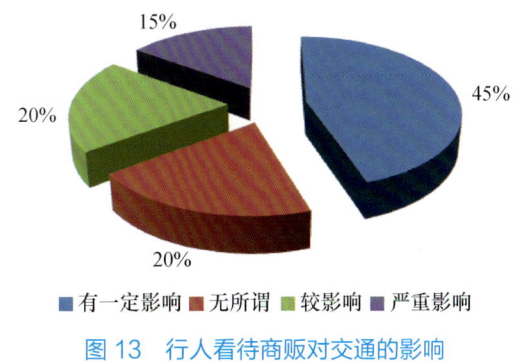

图 13　行人看待商贩对交通的影响

3.3　流动商贩与社会环境层面——地下通道的环境分析

流动商贩几乎整天都待在通道内，而地下通道普遍狭长封闭，造成空气不流通，会有憋闷、压抑的感觉，且地下通道作为城市的一个副空间，易产生垃圾堆积、环境脏乱的情况。

4　建议与改进措施初探

综合考虑上述调研情况，进行分析、总结，并统计整合了行人、流动商贩、城管三方面的意见（图14），我们在改善地下人行通道内的环境（包括环境卫生、环境装饰）和商业模式等方面提出一些初步建议与管理模式。

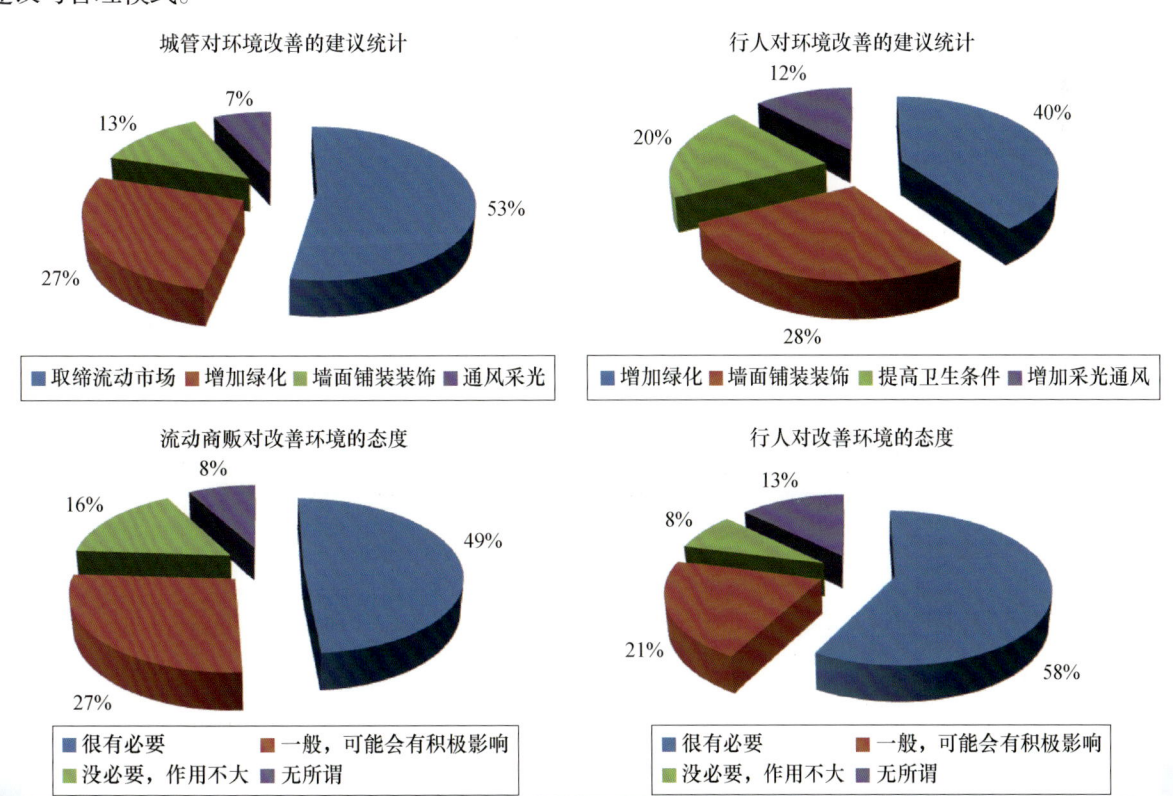

图 14　地下通道内环境改善建议统计图

4.1 改善地下通道环境

在设计规划方面首先应讲究科学合理、人性化、美观。

主要建议措施为：

（1）地面和墙面材料可选择一些防滑、环保、装饰性强的面材。

（2）在商业氛围营造方面，可以加入一些简单的景观设计，包括借助现代化的灯光设施等，以打破地下通道原有的单调、沉闷的空间氛围。

（3）为方便行人消费，增加舒适感，可合理安排一两处简单的休息椅、公用电话等公共设施。

4.2 设立"半流动摊位"

4.2.1 概念设计说明

"半流动"摊位借鉴"公交一卡通"的形式，来满足流动商贩的"流动性"需求（图15）。

（1）办卡：通过办理"半流动摊位卡"，往里面充值，然后每次按规定刷卡来租取摊位（收费金额按地段、节假日及每天时段的不同分类收取），该卡办理还可按不同区位分类。

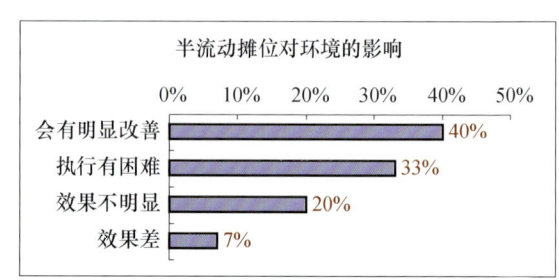

图15 "半流动摊位"概念统计图

（2）租摊时间：可灵活按照不同通道情况以每半天甚至每小时为单位。

（3）管理：可以几个通道设一个管理员，进行统一刷卡管理，并发放"半流动摊位工作服"以示区分。实行"四定一保洁"管理，即规定摊位、规定经营时限、依规定办理诚信证、依规定领取摆卖摊位证和对经营产生的垃圾进行清扫、保洁。

4.2.2 摊位布局

（1）摊位靠边设，交通中间行

该地下通道宽8米，用黑色铺装划分左右各2米，中间宽4米。因调查发现流动商贩多在左右两米区域内经营（图16）。如此安排既不影响交通，也有足够的摆摊区域。

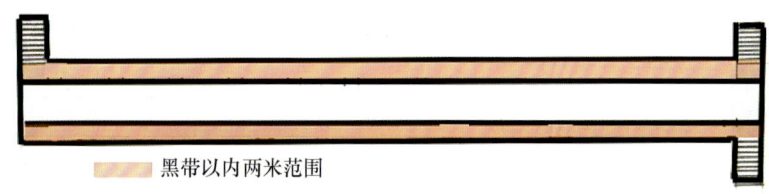

图16 摊位布局示意图

（2）摊位交叉设，方便购买者

从行人视线习惯角度讲，摊位交叉设置（图17）便于行人在行进中左右交替观看。

从交通角度讲，可避免因摊位围观人数过多，而造成的通道交通堵塞（图18）。

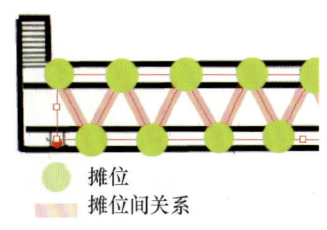

图17 摊位间关系示意图

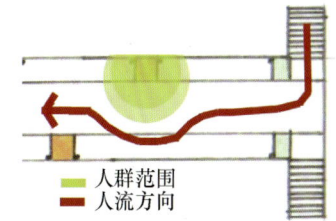

图18 摊位与人流关系示意图

4.3 经营方式参考建议

根据调查结果统计，不同商贩种类及所需摊位大小占总数的百分比见表1。

表1 不同商贩摊位大小比例统计

摊位规模	商品种类	百分比
小摊位（1.2米）	食品、化妆品等	41.2%
中摊位（1.5米）	饰品、玩具、宠物等	47.1%
大摊位（2.0米）	服装、手工艺品等	11.7%

4.4 半流动摊位效果实施

（1）墙壁、天花板及地面统一化设计。

（2）摊位间摆放盆栽，既划定了商贩界限，也绿化了硬质地面。

（3）设计摊位规模：大（2米×2米）：中（2米×1.5米）：小（2米×1.2米）约为1：4：4，共计18个摊位。如图19、图20所示。

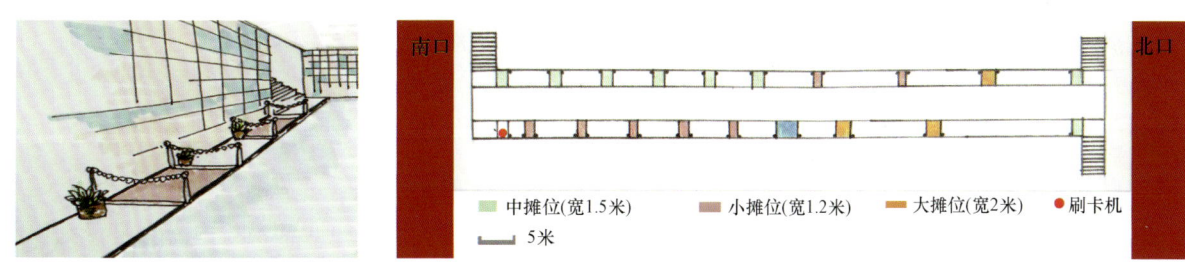

图19 效果实施透视图　　图20 半流动摊位设计平面图

通过对地下通道的合理经营、管理，相信今日的城市"地道战"终有一天会转变为一首和谐的"地下通道交响乐"。

参考文献

[1] 陈志龙，王玉北.城市地下空间规划［M］.东南大学出版社，2005.

[2] 彭一刚.地下建筑空间组合论［M］.中国建筑工业出版社，2000.

[3] 李和平，李浩.城市规划社会调查方法［M］.中国建筑工业出版社，2004.

[4] 虞绍青.对城市流动商贩定位和管理的思考［J］.城建监察，2007（1）.

[5] 嵇立琴.浅析城市地下通道的商业潜力［J］.商场现代化，2008（33）.

北京自行车租赁缘何叫好不叫座

——北京自行车租赁规划问题调研报告

💧 引言

资料一

北京自行车租赁点再次增多方便市民出行——慧聪网

北京全部社区将建自行车免费租赁点 每车安装GPS定位——法制网

北京提出2015年自行车出行比例超两成——京华时报

租赁自行车将可刷"一卡通"方便市民出行——北京日报

资料二

北京自行车租赁网点不够密集　不如坐公交车省钱——中国经济网

公共自行车进社区叫好不叫座　希望调整租车时间——北京青年报

北京市民抱怨：自行车租赁卡十个月没用一次——中新网

网点分布不均等问题凸显　公共自行车推广不乐观——千龙网

北京政府不断出台新的政策促进自行车租赁在市民中推广，可市民却抱怨不断，究竟是什么原因导致自行车租赁无法在北京市民中得到普及（图1、图2）？

图1　自行车租赁点一

图2　自行车租赁点二

摘　要　探讨阻碍北京自行车租赁发展的因素；调查分析站点位置和数量；深入研究具体的单个站点的车辆配置、布置方式、配套设施等。在上述调查研究的基础上提出一种理想的站点布设模式，希望为北京自行车租赁的发展提供一定的借鉴。

关键词　站点规划；站点布设；车辆配置；配套设施

1　研究背景

1.1　理论基础

北京自行车租赁行业几近停滞，政府采取的积极措施没有成效。尽管有学者采用因子评价法判断北京适合发展自行车交通，外国媒体评选出世界上十大最适合骑自行车的城市北京列第九位；但是自行车出行在北京市居民出行方式中所占比例却逐年降低，与自行车租赁发展较好的发达国家相比也明显偏低（图3、图4）。

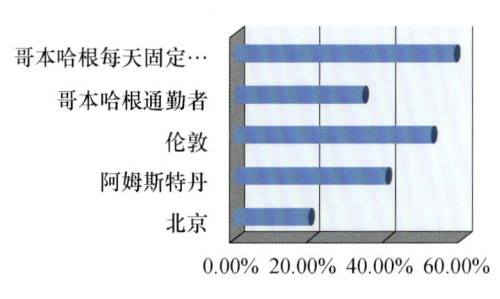

图3　世界各地自行车出行比例对比

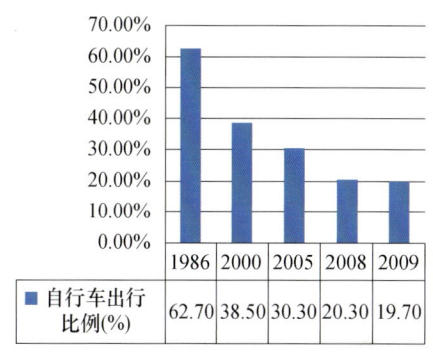

图4　北京市民自行车出行比例

有学者在研究城市公共自行车交通系统实施机制中指出，应该从规划与管理、社会意识与宣传、经营与运作以及技术支撑四个方面保障公共自行车系统的推广。北京自行车租赁在这四个方面做得怎么样，是不是哪个方面出了问题，导致自行车租赁停滞不前，这对北京今后自行车租赁的发展有着重要的意义。

1.2　研究的核心问题

在保障城市公共自行车交通系统实施的四个机制中，有学者指出，租赁场地设置是影响自行车租赁使用率是否高效的重要因素。基于此理论，我们将本次调查研究的核心放在规划与管理这个重要的机制上。

2　调研信息

2.1　调研区域

调研区域（图5）的特点：

（1）交通：处在北京三环内，集中了西直门、复兴门等交通枢纽，地铁1号、2号、4号、13号线汇集于此，区内总共布设了多达11个地铁站点，交通流量大。

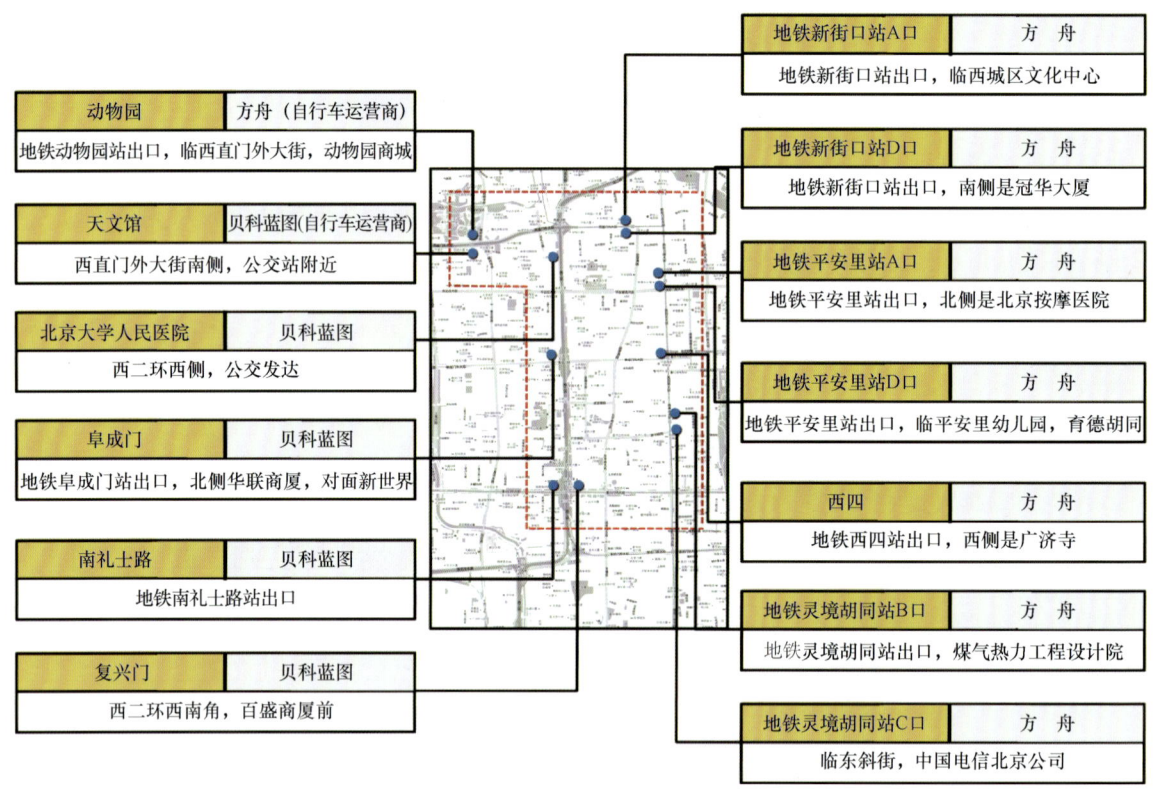

图5　选点图

（2）商业：商业办公活动集中，有西单、西直门等商业区，商业经济活动频繁，资金流动量大。

（3）文化：区域内集聚了梅兰芳纪念馆、中国地质博物馆、鲁迅博物馆、北京展览馆等文化设施，以及外交学院、北京建筑大学等文教设施，文化交流量大。

2.2　调研对象

当地市民：在北京长期居住及暂住人口。

自行车租赁管理人员：长期驻扎在租赁网点的管理服务人员。

自行车租赁经营者：北京贝科蓝图公共单车租凭服务有限公司（贝科蓝图）、方舟自行车服务（北京）有限公司（方舟）。

2.3 调研框架

调研框架如图6所示。

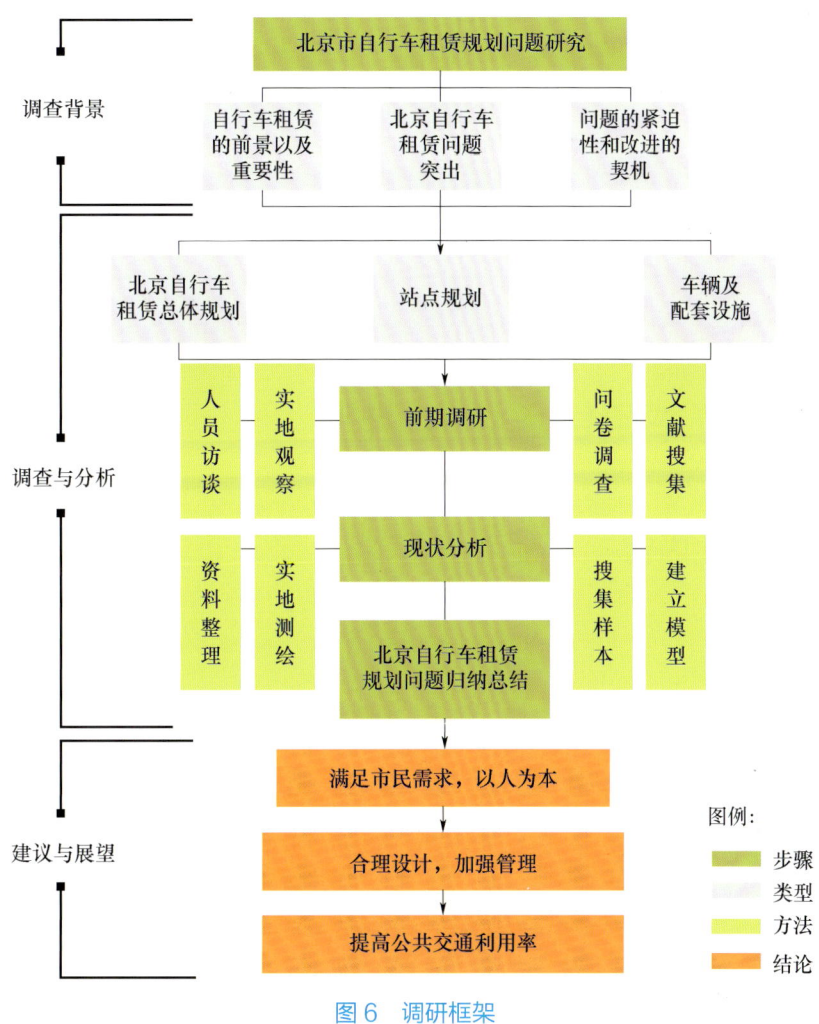

图6 调研框架

2.4 调研方法

本次调研通过问卷调查法、深度访谈法以及在指定区域内对固定自行车租赁网点进行实地考察，并结合查阅文献和对比国内外优秀案例等方法，对区域内自行车租赁点以及租赁情况进行深入调查研究，得出相关数据与结论，发现存在的问题，结合理论知识，得出解决自行车租赁业停滞不前问题的方法（表1）。

在调查中，我们根据不同人群采用不同的调查方法：对于当地市民，采用问卷形式进行调查，采取随机抽样发放的形式，除了现场发放问卷外，还通过网络的形式发放问卷；对于自行车租赁管理人员、租车人以及经营者，采用深度访谈的形式进行调研。

在进行数据分析时，我们运用了SPSS等统计软件，使得结果更加科学客观。

表 1 调研方法

方法＼内容	北京自行车租赁总体规划	站点规划	车辆及配套设施
列举对比法			
调查问卷法			
深度访谈法			
实地考察法			
查阅文献法			

3 北京自行车租赁总体规划

3.1 规划中相关内容

现状描述

北京政府已经出台了一系列的相关规划、政策，促进自行车出行。

现状分析

相关规划政策的出台，促进了北京自行车出行。哥本哈根发展良好的自行车租赁行业也是建立在一系列规划政策出台的基础上（表2）。北京在这方面做出了一些成绩，但需要持久执行下去才能有成效（表3）。

表 2 哥本哈根自行车租赁政策

时间	相关规划与政策	内容
2004 年	《北京市城市总体规划（2004—2020 年）》	提倡自行车交通方式，为自行车使用者创造安全、便捷和舒适的交通环境
2009 年	北京市建设人文交通科技交通绿色交通行动计划（2009—2015 年）	步行和自行车交通服务工程。建设自行车专用道和行人步道网络，加强路权管理。在客流集中地区增设自行车停车场，依托轨道交通站点和公交枢纽，设置1000个左右自行车租赁点，形成5万辆以上租赁规模。在中关村西区等重点地区、重点大街和历史文化保护区，规划建设一批步行、自行车交通示范街区
2010 年	"绿色北京"行动计划（2010—2012 年）	修订或废止不利于自行车交通的管理规定，将自行车纳入全市交通规划，完善道路两侧非机动车道；在地铁站、公交枢纽等重点地区大力扶持自行车租赁业发展，到2012年形成约500个租赁点，2万辆以上租赁规模

表3 北京自行车租赁政策

时间	相关规划与政策
1997年	《交通与环境规划》
1998年	《公共交通规划（1998）》
2000年	《城市交通改善计划》之《改善自行车使用条件子计划》
2001年	《城市规划（2001）》
2001年	《自行车道优先计划》（2001—2016）
2002年	哥本哈根自行车交通政策（2002—2012）
	《哥本哈根交通安全规划》
	《市中心交通沉静化报告》

3.2 自行车专用道规划

现状描述

通过对区域中租赁点周边道路情况进行实地调研，发现有40%的道路缺乏专用自行车道。机非混行现象比较普遍。自行车使用者的安全难以得到保障（图7、图8）。

图7 机非混行现象（一）

图8 机非混行现象（二）

北京市政协委员、北京麋鹿生态实验中心副主任郭耕表示，目前北京自行车出行状况堪忧，"我太太每天都骑车上下班，越来越感到危险，骑着骑着自行车道就被公交站台，或者被机动车停车位给占用了，只能冒险到机动车道骑。"郭耕说，仅凭呼吁或者倡导是无法吸引市民去选择自行车出行的，政府应该加大硬件建设，为自行车开辟专用道，做到小汽车、公交车、自行车各行其道。

现状分析

自行车专用道对自行车使用者的安全起到了保障作用，在北京拥挤的道路上，自行车、公交车、人行道混杂在一起的情况随处可见，自行车使用者的安全受到了严重的威胁。然而，在荷兰已经形成了自行车道路网，总长3万多千米的自行车专用道路，占荷兰全国道路总长度的30.6%，居世界第一位。其他自行车租赁发展较好的国家，自行车专用道也已经形成了一定的规模（图9）。北京在这方面还需要改善（图10）。

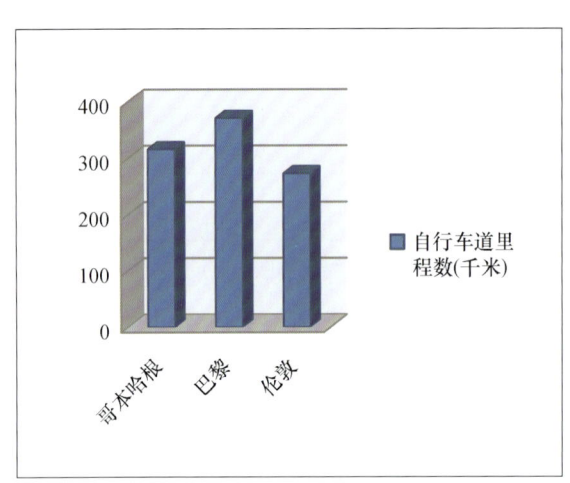

图9　世界各地自行车道里程数

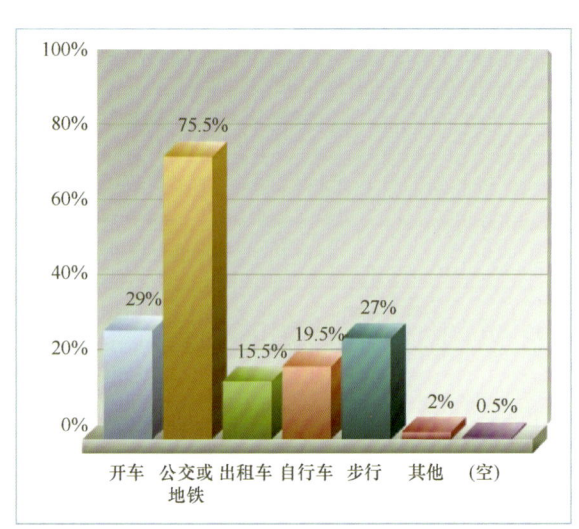

图10　北京市市民出行方式

4　站点规划

4.1　站点位置

现状描述

选区内租赁点大多紧挨地铁站布设，且多个地铁站具备两个租赁点，与轨道交通紧密衔接。正是由于紧挨地铁站，租赁点周边人流、车流密集。

现状分析

通过走访各租赁点管理人员，我们发现大多数租赁者为紧邻写字楼以及附近单位的工作人员，他们工作地点到对应租赁点的直线距离均不超过200米。因此，租赁点服务范围普遍较小（图11），服务对象多为周边紧邻的单位、写字楼、大型公建等。通过实地调研发现：

（1）租赁点依附地铁站布设，多处地铁站周边有两个租赁点，服务范围重叠，造成区域分布过于密集，个别租赁点闲置不能得到充分利用的现象。

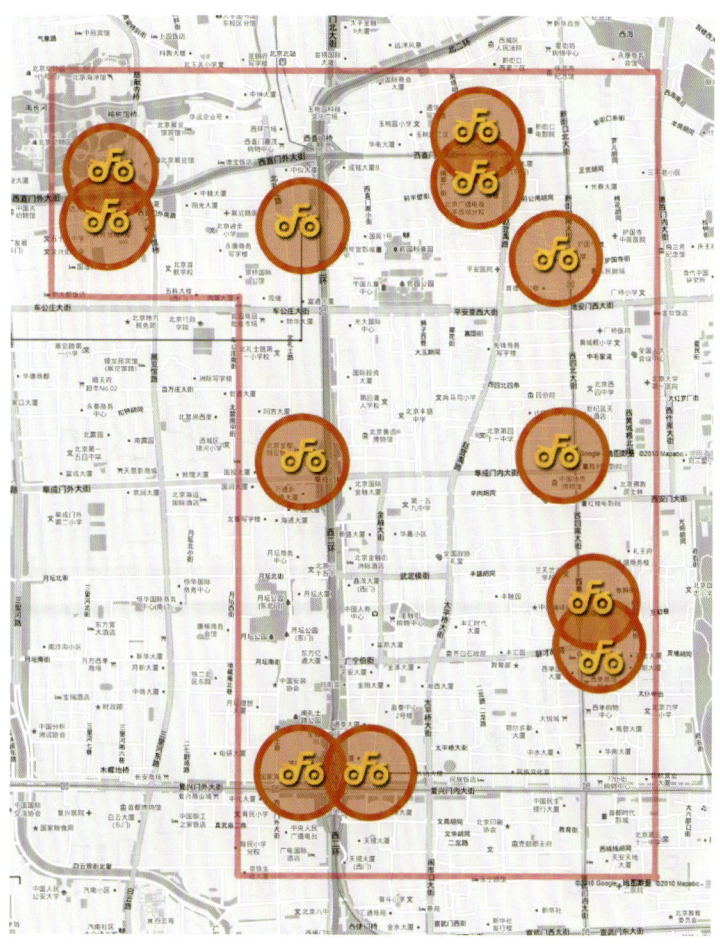

图 11　选区内自行车租赁点服务范围

（2）租赁点布设过于重视与轨道交通的衔接，扎堆布置于地铁站旁。忽视了公交车站、学校、商场等其他人流量大、活动密集的区域，而这些区域往往有着较大的需求（图12）。

（3）现有租赁点的网点覆盖范围较小，不能满足人们的需求，大约3/4被访者的家或单位周围没有租赁点，或是不清楚是否有租赁点（图13）。

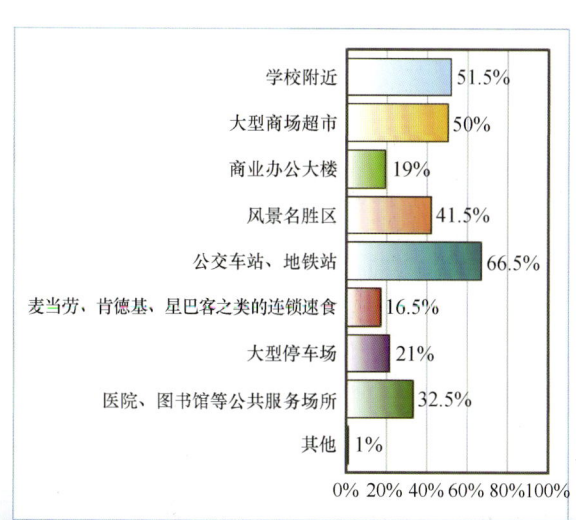

图 12　北京市市民理想自行车租赁点位置

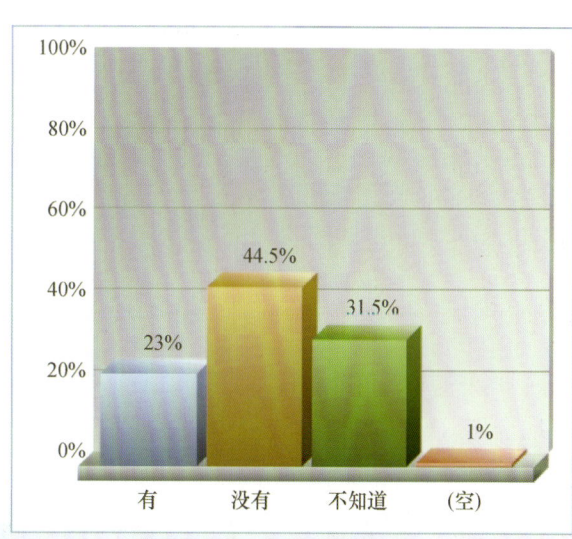

图 13　家或工作单位周围是否有租赁点情况

4.2 站点布设

现状描述

选区中租赁点的布设位置只有天文馆处设置在人行道上，其余各处都设置在人行道内侧场地。租赁点面积普遍在120～150平方米之间，用围栏或者绿篱进行围合（图14）。租赁点有一个出入口，管理岗亭设置在出入口一旁。

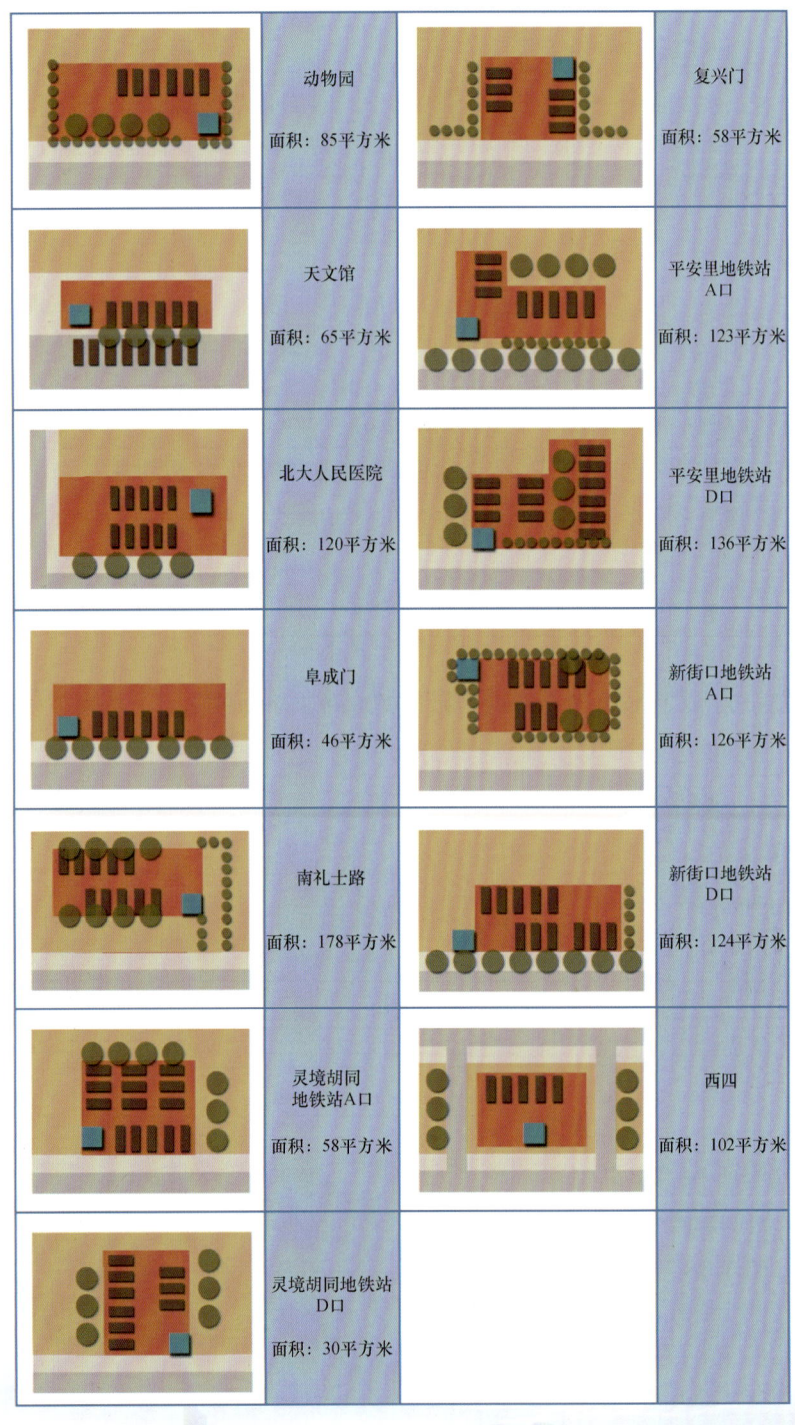

图14　各站点布设示意

现状分析

（1）租赁点过多占用人行道，影响行人正常通行。个别站点侵占机动车道，阻碍道路畅通且影响交通安全。

（2）租赁点出入口位置不合理，降低了租车过程的便捷性。

（3）个别租赁点与行道树结合布设，造成空间拥挤现象。同时树上鸟类排泄物会弄脏自行车。

5 车辆及配套设施

5.1 自行车数量、车况及种类

5.1.1 自行车数量

1. 现状描述

（1）数量

根据网点规模以及周边环境的不同，网点内自行车的数量也不相同，天文馆附近的租赁点、北京大学人民医院门口的租赁点，客源丰富，使用者多，所以站点内自行车数量也较多（图15）。而灵境胡同地铁站B口，由于使用者较少，只有7辆自行车，而能供人租赁的自行车却只有1辆（图16）。其他网点也是根据运营状况进行自行车数量的调整。

图15　北大人民医院门口

图16　灵境胡同地铁站B口

（2）种类

自行车的种类，不同的公司种类不同，方舟提供的是普通车（图17），贝科蓝图提供的自行车分为男车、女车（图18）。

2. 现状分析

通过实地调研以及对管理者和经营者的深度访谈发现，自行车数量并不能等于可使用自行车数量，站点自行车数量的配置取决于经营情况和客源情况。

根据问卷调查得到的统计结果，可以看出市民对各类自行车都有一定的需求，而现状中自行车的种类较为单一,没有明显区别。租赁者自己架设小孩座椅(图19)。

图17 方舟提供的自行车

图18 贝科蓝图提供的自行车

图19 租赁者自设小孩座椅

受访者2号,"有次要送儿子去幼儿园,想租辆自行车,可是没有能带小孩的车,最后还是坐出租车去的学校。"

受访者3号,"我身高不到160cm,但这里只有男车可以租,骑得很不舒服,应该增加点女式用车。"

市民希望租赁的自行车类型如图20所示。

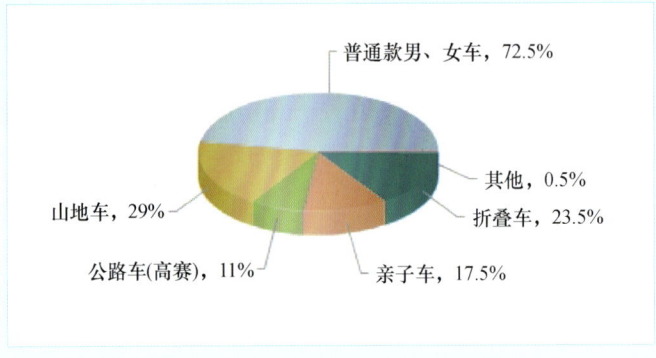

图20 市民希望租赁的自行车类型

现状中存在的问题有以下几点：

1. 网点自行车虽然有一定数量，但是真正能用于租赁的较少。
2. 有些网点因租赁者少而减少自行车的配置，这样会导致该网点逐步萎缩直至消失。
3. 自行车种类单一，不能满足潜在租赁者的要求。

5.1.2 车况

现状描述

每个站点无锁、无铃的现象普遍，无筐的情况还好些。自行车的车况普遍偏差。在经营较好、客源丰富的站点，使用率较高，同时车况也相对较好（表4）。

表4 自行车车况

站点名称	无锁	无铃	无筐	现有车辆数	站点名称	无锁	无铃	无筐	现有车辆数
动物园	8	15	0	39	新街口地铁站D口	9	5	1	17
天文馆	0	8	0	52	平安里地铁站A口	3	2	3	21
北大人民医院北门	0	6	0	25	平安里地铁站D口	8	6	2	18
灵境胡同地铁站B口	6	0	0	7	复兴门	5	3	2	23
灵境胡同地铁站C口	12	4	0	14	阜成门	3	9	3	20
西四	7	8	0	16	南礼士路	5	7	1	25
新街口地铁站A口	17	6	3	34	总计	83	79	15	311

现状分析

根据实地调查获得的无锁、无铃、无筐的情况（图21），统计后利用EXCEL进行分析得出各个站点具体情况的比率，以及总体情况的百分比，如图22所示。

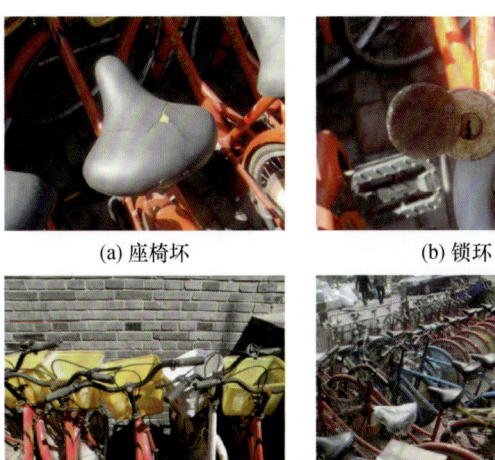

(a) 座椅坏　　　　(b) 锁环

(c) 无铃　　　　(d) 无筐

图21 车况现状

受访者4号，21岁，男，"哎哟！这车太破了，要不没铃，要不没锁，哎！"

从表4和图22中可以看出，无锁、无铃、无筐的情况在各个站点普遍存在，无锁和无铃的情况较之无筐要严重。总地来说，无筐的自行车约占总数的5%，无锁、无铃的自行车所占比例则高达1/4。

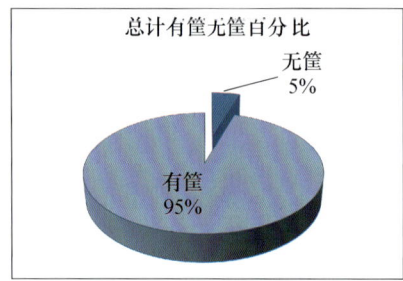
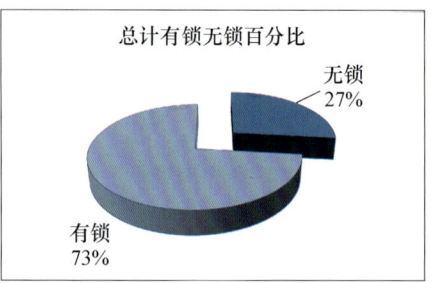
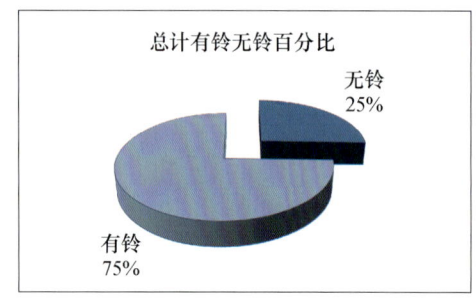

图22　车况统计图

对问卷调查表进行分析，可以看出，人们对自行车的性能较为关注，普遍认为现状自行车的性能较差（图23）。

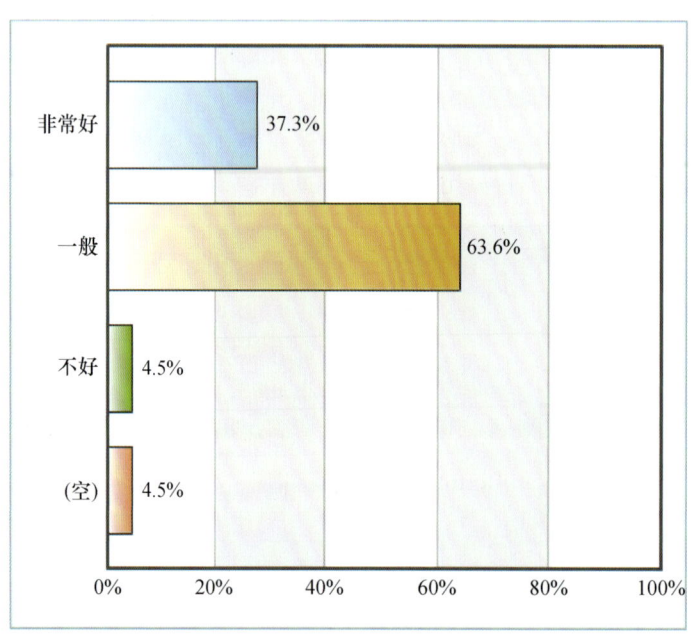

图23　被访者对自行车性能评价

由上述分析可发现现状中存在以下问题：

1. 虽然每个站点都有一定数量的自行车，但是由于无锁、无铃、无筐的原因，导致真正能被使用的自行车比率较低。
2. 无锁、无铃、无筐的自行车没有得到及时修理。
3. 较差的自行车性能直接影响人们的租赁行为。

5.2 配套设施

现状描述

通过走访以及对工作人员的询问，我们了解到选区内的所有租赁点都具备专业刷卡机、打气筒等基础设备。个别租赁点配备了钳子等维护修理工具。为了防止车辆丢失，工作人员使用铁链将自行车锁在一起（图24）。

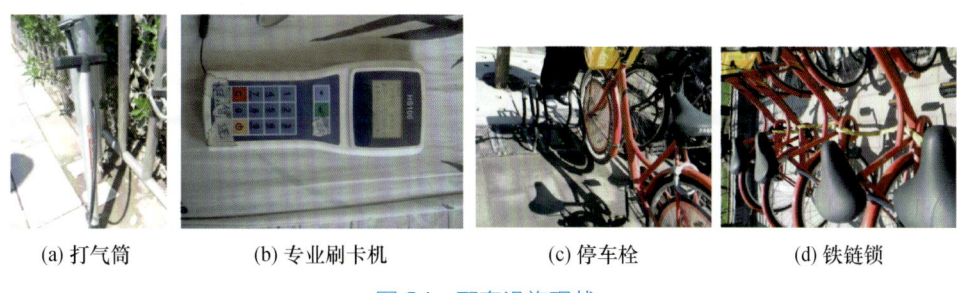

(a) 打气筒　　(b) 专业刷卡机　　(c) 停车栓　　(d) 铁链锁

图24　配套设施现状

现状分析

租车刷卡用的POS机使用复杂，且需要工作人员亲自操作。国外优秀案例，如法国巴黎出现的是另一种形式的租赁终端——终端机。市民租赁自行车直接在终端机上刷卡后便可解锁终端机将车骑走。同时，租赁点缺乏自行车基本维护工具，影响租赁效率，且缺乏正规防盗装置。

6 总结与建议

6.1 总结

1. 非机动车道匮乏将恶化骑行环境，会直接阻碍自行车租赁的发展。
2. 站点位置一味依附地铁，忽略了其他区域对自行车租赁的需求。
3. 站点布设缺乏人性化设计。
4. 忽视市民的需求，缺乏高效率的配套设施。

6.2 建议

1. 正确定位公共自行车交通，满足居民的多样化交通需求。

北京市将公共自行车交通定位为"解决公共交通最后一公里"。根据国内外经验，市民在一次出行中同时使用公共交通与自行车所占比例并不高,在城市一般不超过10%,因为短距离出行时,采取换乘的方式会增加出行时间5~10分钟,仅有部分长距离出行才适合采用自行车与公共交通换乘的方式。而城市居民每天50%~60%的出行是不超过6千米的短距离出行,骑自行车的出行时间不超过30分钟。因此,自行车换乘公共交通的比例较低也就不足为奇了。公交车站以及地铁附近均设置公共自行车租赁点,不仅不能满足市民的真正需要,还使车站、地铁站附近本来就十分拥挤的空间更加局促。自行车租赁是自行车交通服务的一种表现形式,不能脱离自行车交通的定位。它是城市综合交通体系中的重要组成部分,是公共交通的接驳工具,是中短距离出行的理想交通方式,同时也是健身、休闲的一种方式。租赁点应结合这些功能定位,依据城市人口和就业岗位密度,综合考虑用地性质、建筑密度、居民出行特征、布点间距、城市交通特征等,将点位设置在商业、公建、居住小区、公交枢纽、地铁站等建筑和人流聚集区域,以满足市民的多样化需求(图25)。

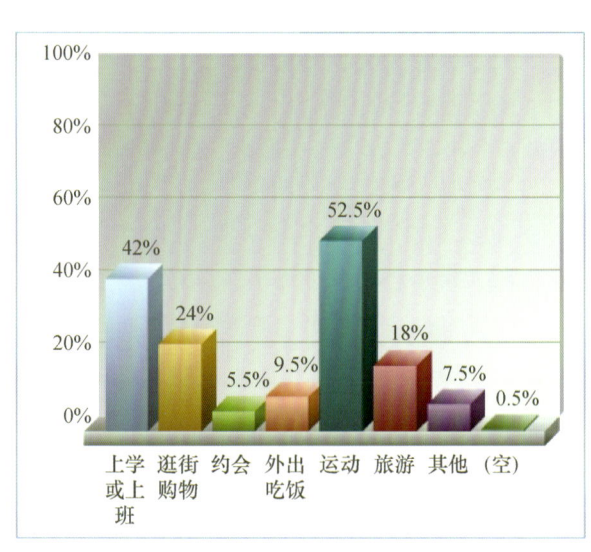

图25 租赁自行车用途

2. 合理布设租赁点,避免引发新的交通问题。

在人行道上布设的租赁点不能占据行人的步行空间。根据调查资料,巴黎自行车租赁点只有30%布设在人行道上,相应的人行道宽度要求大于6米。而北京市因选点难度大,绝大多数租赁点设置在了人行道上。在人行道上设置租赁点主要有两方面问题:一是市民出行的起点与终点是居住区或者公共建筑的出入口,而到达人行道存取自行车势必增加步行的距离;二是北京市的建设长期关注机动化的发展,人行道空间不断被侵占和压缩,很多人行道已经"举步维艰"。虽然自行车交通是非常值得鼓励的交通方式,但是不能为了促进其发展而引发新的交通问题,尤为重要的是,不能再压缩本不宽阔的人行道,影响步行交通的舒适性与安全性。租赁点的布设空间可以考虑设置在行道树间、非机动车道、建筑后退红线地带、校园、小区内部等区域,还可以采用与绿化融合、与路边停车结合等方式。根据耿雪等人在《巴黎公共自行车租赁点规划设计》中提出的布设方式,我们提出以下三种适合北京的自行车租赁点布设模式,如图26~图28所示。

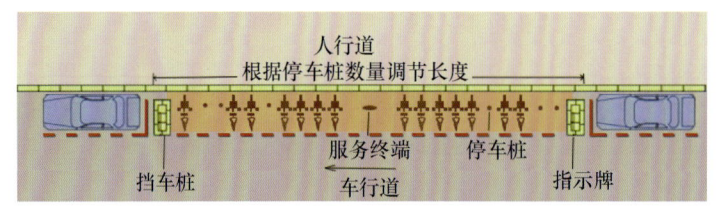

图26 路边租赁点布设

3. 租赁点设施应遵循精致、简洁、实用和留有余地的原则。

租赁点设施一般包括自行车、服务终端和停车桩,这些基本设施能够满足运营的需求。如果额外增设亭、棚等设施,一方面会占用空间,另一方面也会影响城市景观。一个租赁系统若想在短时间内投入运营,做到方便市民使用、减少投资,同时与景观融洽,必须坚持简单原则。我国在技术上并无障碍，可以将停车桩间距做到 0.6 米以上，租赁点宽度达到 1.6 ~ 1.8 米之间，不仅可以灵活安排点位，还有利于节省用地。服务终端的设计也应本着能够满足基本需求的原则即可，控制其体量与外观。自行车的设计应精致实用，取材耐用，特别是车架和车筐。另外，停车桩应有适当比例的空余，一方面为扩容预留出空间，另一方面又可改善市民"还车难"的状况。市民存取车直接接触租赁点设施，人性化的设计可以提高租赁系统的实用性，使其真正成为缓解交通拥堵、提高交通服务水平以及改善人居环境的一剂良方。

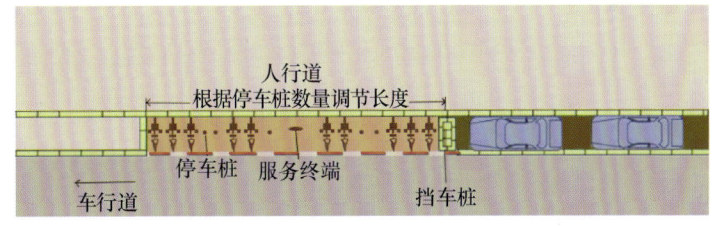

图 27　有机动车停车泊位的租赁点布设

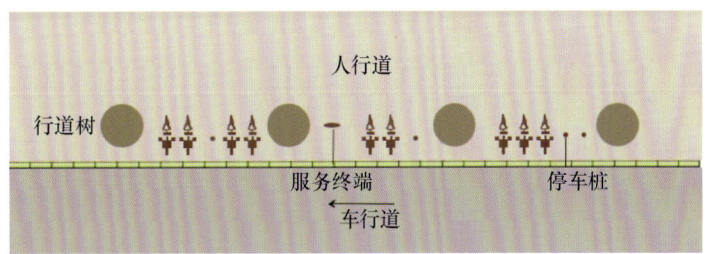

图 28　行道树间租赁点布设

参考文献

[1] 龚迪嘉，朱忠东. 城市公共自行车交通系统实施机制［J］. 城市交通，2008，6（6）：27-32.

[2] 组图：适合骑自行车的十大城市. [2009-11-20] http://www.dzwww.com/rollnews/news/200911/t20091120_5126764.htm.

[3] 周庆禄，姜莹. 试论城市自行车使用管理［J］. 公安大学学报（自然科学版），2002（3）：35-38.

[4] 耿雪，田凯，张宇，黎晴. 巴黎公共自行车租赁点规划设计［J］. 城市交通，2009，7（7）：21-29，77.

无处安放的青春
——北京市唐家岭"蚁族"聚居环境调研

引言

2009年,《蚁族》一书出版并热销。该书作者廉思敏锐地将目光投向了一个庞大的、曾经沉默的城市群体——80后大学毕业生低收入聚居群体。通过总结其生活状况与蚂蚁的三个共同点后,"蚁族"这个形象沉重而饱含感情色彩的汉语词语迅速成为2009年度十大热门词汇。在媒体的宣传下,"蚁族"似乎成了苦难的代名词,他们远离生活便利的城市,居住在被垃圾包围的危房里……2010年3月,北京市政府开启了全市最大的"蚁族"聚居区——唐家岭村的整体腾退改造工程,蚁族们也开始上演一幕幕的"出大唐记"(图1~图2)。然而,我们作为在校的大学生,对这样的现象不禁要多一分关注。在著名的唐家岭蚁族聚居地即将成为历史的前夕,我们在这里进行了"抢救性"的调研,希望解开我们心中的一个个疑团:"蚁族在唐家岭聚居的原因是什么?""蚁族居住生活的具体状况究竟如何?""他们是否需要同情的泪水?""搬迁后他们又将去向何方?"在调研中,我们在解开疑惑的同时,也深深感受到了蚁族们的精神——满怀理想、雄心勃勃,坚忍着、积累着,期待着未来的爆发……

图1 唐家岭村口

图2 唐家岭在北京市位置

摘　要　本调查聚焦唐家岭聚居村蚁族聚居现状，从物质空间环境、住户社会经济状况、住户居住满意度及意愿三个方面进行调查研究，归纳总结以上三方面的现状特征，剖析存在的问题，探讨唐家岭地区居住环境改善策略。并结合国外案例，对唐家岭作为城中村改造的典型范例，大学毕业生低收入群体廉租房模式的首个试点提出建议。

关键词　蚁族；唐家岭；空间环境；人群特征；心理感受；廉租公寓

1　绪论

1.1　调研背景

20世纪末，唐家岭周边软件科技园开始成型，一所名为中国软件管理学院的民办学校，在其西边落成，在校学生成了唐家岭最早一批租户。之后，求租学生增多，村民纷纷在自家宅基地盖起了二层楼。随着上地软件园的成熟，越来越多求职大学生来到唐家岭，村民们也开始把二层小楼改成四层甚至更高（图3），以容纳更多租户。这个本地人口不足3000，外来人口却超过5万的村落，是北京典型的城中村，也将成为北京大学毕业生廉租房首个试点（图4）。

图3　多次加盖的房屋

图4　唐家岭新城鸟瞰图

1.2　研究核心问题

本文在实地调查研究的基础上，试解决以下问题：(1) 蚁族聚居村唐家岭实际居住环境怎样？(2) 被称为"蚁族"人群有什么社会经济方面的特征？(3) 他们对所处环境的居住满意度怎样？哪些因素他们最为重视？他们在居住问题上有什么意愿？

1.3　研究意义

对"蚁族"聚居的空间环境做更为明晰、更为理性的呈现，探讨唐家岭地区居住环境改善策略，给解决"蚁族"居住这一问题提出建议，更好发挥他们在城市建设中的作用，维护社会和谐与稳定，并且唐家岭作为城中村改造的典型范例，大学毕业生低收入聚居人群廉租房模式的首个试点，它的整体改造对之后的城市建设有重要的借鉴意义。

1.4 调研方法及技术路线

运用勘查调查法问卷调查法和访谈调查法，深入了解居民情况。

（1）勘查调查法：深入住户，分析研究室内外居住环境。

（2）问卷调查法：对住户发放问卷88份，收回有效问卷80份。

（3）访谈调查法：针对居住心理感受及意愿进行访谈。

整体调研流程如图5所示。

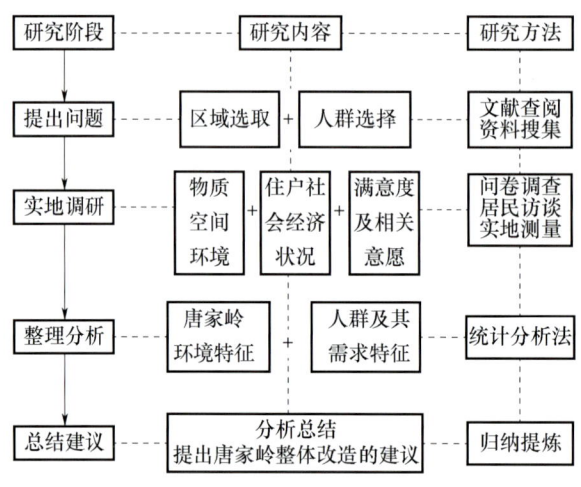

图5　调研流程图

2 物质空间环境分析

本次调研选取的区域，是位于北京市区西北五环外的西北旺镇唐家岭村。

2.1 唐家岭区位环境分析

1. 区位分析

现状描述：唐家岭，位于北京市区西北五环外的西北旺镇，东邻昌平区的回龙观，西邻土井村，南邻后厂村、杨庄子、东北旺，北邻辛店村和昌平区的二拨子村，包含靠近航天城的邓庄子，是比较典型的城乡结合部（图6）。其周边有医院、学校、商业等基础设施（图7），大型办公点（图8）。

现状剖析：唐家岭独特的区位环境和低廉的出租价格是吸引蚁族的一个重要原因。有些住户就在周边的软件园、

图6　唐家岭卫星图片

科技园工作，其日常工作出行时间相较于永丰等城乡结合部要节省不少，且商业、学校、医院等公共设施分布其周围，相对方便。

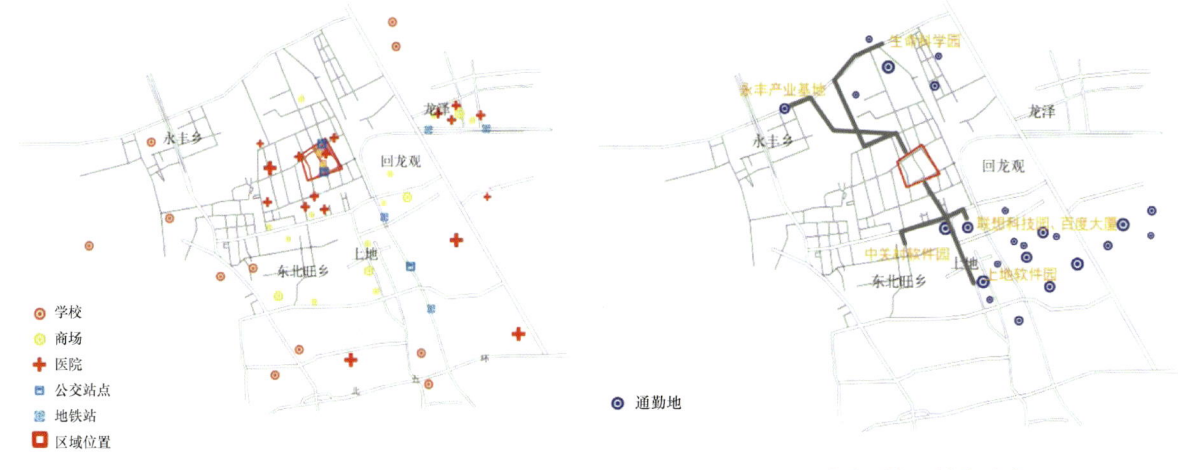

图7　周边基础设施分布图　　　　　　　图8　周边大型办公地点分布图

2. 交通分析

现状描述：有多路公共车通往各个方向的地铁站。东西南北四个方向的交通依次可以到达：大型办公场所软件园区、软件学校、航天城、二环交通中心西直门（图9）。

现状剖析：总体来说，交通比较方便，能与城市中心区紧密相连。通往各个方向的各路汽车连接了租户工作—生活的网络。

3. 功能分析

现状描述：一条南北走向的中心马路联系着唐家岭地区和其周边，原区块房屋主要以农民自住为主，而现在是以出租为主，商业为辅，而四周是被农田包围的典型的城乡结合部形式（图10）。

现状剖析：大量的农民在自建房的宅基地及村集体建设用地上加建楼层，使得唐家岭的人口容量不断增大，5万的外来人口租赁该处房屋，也带来了沿街商业的发展。北侧是村委会所在地，东侧为唐家岭小学。

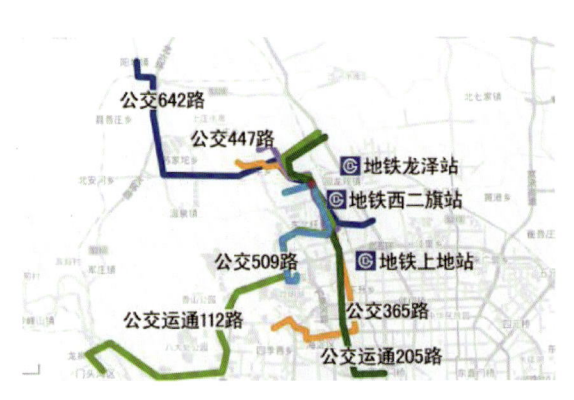
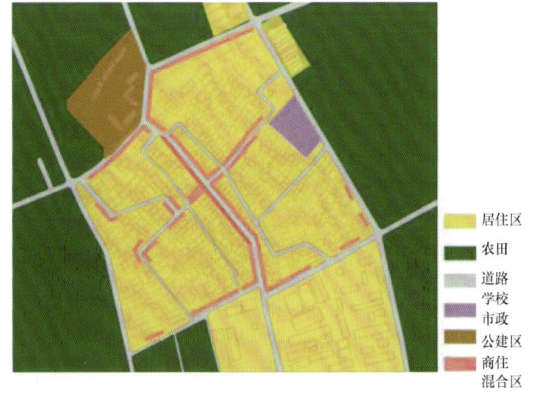

图9　公交地铁分布图　　　　　　　　　图10　功能分区图

2.2 村落形态分析

1. 建筑形态

现状描述：唐家岭地区建筑密度很大，且建筑整体风貌较差，质量参差不齐，空间狭窄，有火灾等安全隐患，但部分新建楼房外观、质量有显著提高，有的甚至与商品住宅相差无几。区域内建筑多为当地居民在自家宅基地上改建或加建的清水房，有些甚至达到了六七层之高，有各个方向的朝向。笔者根据调研资料对全村建筑形态和密度进行了计算机建模分析，人口密度约为6.85平方米/人（图11）。

现状剖析：唐家岭村民私搭乱建现象十分严重，很多人从2000年以后开始以出租房屋为主要经济来源，部分人拥有的出租房数量达几百间。村里人大多尝到出租房屋的甜头，集中在2006年、2007年疯狂建房，改变了原只用于居住的土地性质（图12）。

图11　建筑分布图

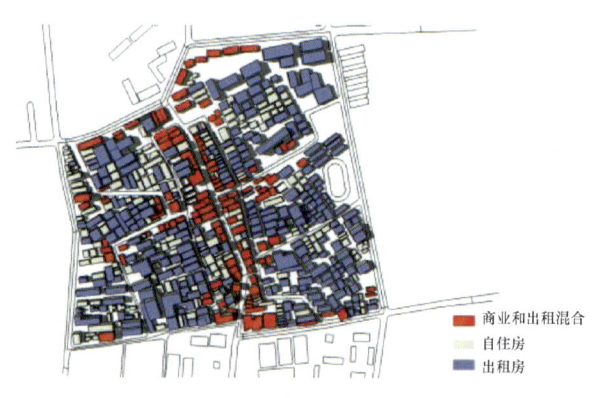
图12　建筑性质分布图

2. 户外环境

现状描述：作为一个容纳了五万多人的"居住区"，缺少绿化空间、公共休闲场所等，且整体环境脏乱（图13）。

图13　卫生环境现状

现状剖析：街道拥堵、卫生条件差等构成了唐家岭户外环境的主要特征。与其他的城中村相似，这里完全没有所谓的"物业"去管理公共事务，没有"清洁队"去及时清理，且房屋间距小，绿化率极低。然而，与其他城中村有所不同的是，这里虽然人员众多，但由于其文化素质较高，因此治安状况比较理想。

3. 基础设施分布

现状描述：区域内有一所小学，一所幼儿园；较大型的诊所三处，无照经营的诊所若干；较大型菜市场三处（图14）。

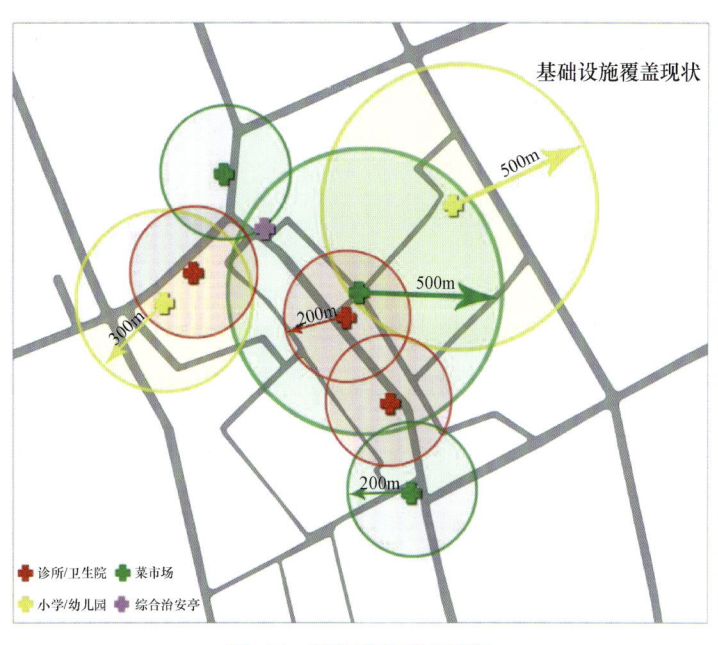

图14　基础设施覆盖现状

现状剖析：因租户多为尚未养育子女的年轻人，因此教育设施的面向人群为原住村民，但由图14可以看出，一所小学和一所幼儿园不足以满足实际需求。三处菜市场分布较为均匀，能满足人们日常需要，这可能由其周边的农业用地性质所决定，且区域内散布着不少零售商铺或流动摊点。三处诊所设施良好，但在如此高密度的人群下床位略显不足，而且以看日常疾病为主，较严重疾病只能选择去邻近的大医院就诊。

4. 商业分布

现状描述：商业沿城市道路呈带状分布，沿区域内部道路呈点状散布，在十字路口多有临时移动摊位，物品多以水果、蔬菜等日常生活所需为主，价格低廉。综合来看，商业服务可以满足居民日常生活所需。以其主街——唐家岭路为主要研究对象，各类商铺很齐全，如有理发店、小饰品店、提供手机通信服务的店铺、眼镜店等，且供应衣食等日常用品商店最多（图15）。

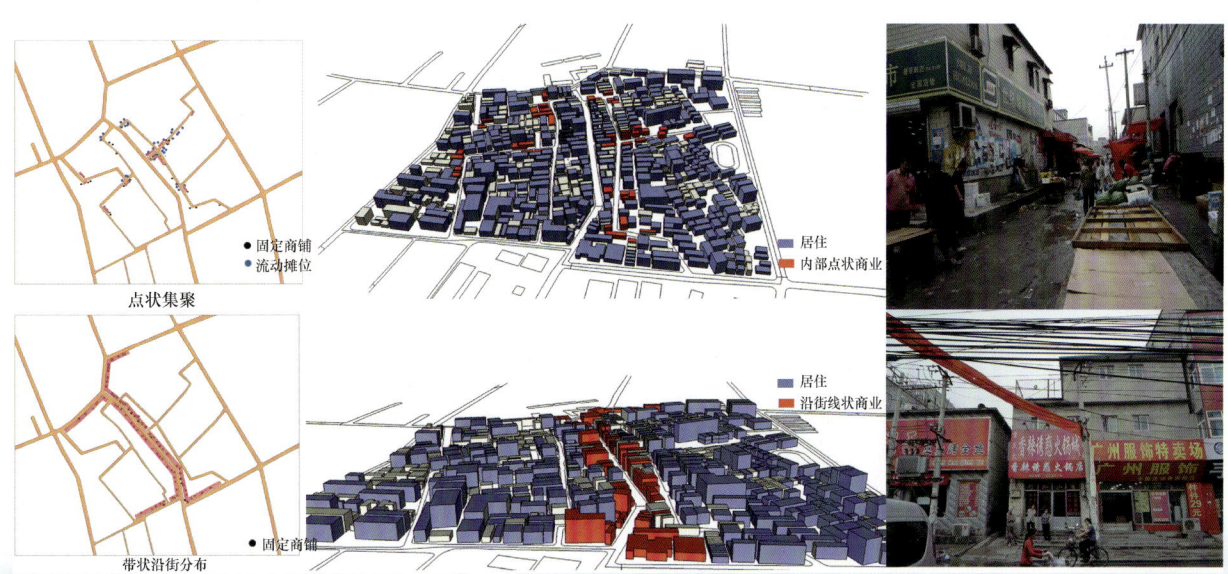

图15　商业分布模式图

现状剖析：商业呈一种自发生长的态势，在人流集中的地方多有分布。尽管购买日常生活用品比较方便，但是整个区域难以满足精神文化等较高层次的需求。并且，对大多受过高等教育的租户来说，文化的需求非常迫切，如图书馆，这点在下文也会提到。

2.3 住所空间分析

现状描述：廉租公寓多为清水墙面，无过多外立面修饰（图16）；公寓房间在平面布局上类似于普通学生宿舍，横向或纵向简单排列，通风采光不好，户型小，内部大致相同；为了解决下层采光问题，多将走廊换成透明玻璃板（图17）；户型面积普遍较小，设施配备逐渐齐全，普遍都能提供网线接入（图18）。

图16　廉租公寓外观

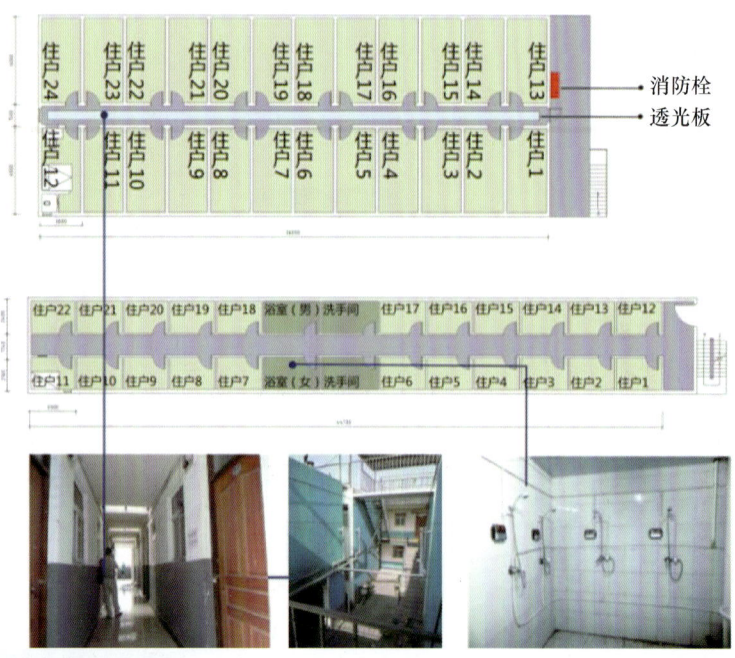

图17　典型公寓

现状剖析：外观的简单化节省了建设成本，平面排布方式节省了大量面积，在更少的土地上为出租者带来更多的经济效益。

编号	平面示意图	概况	基本说明	照片	综合评价
1	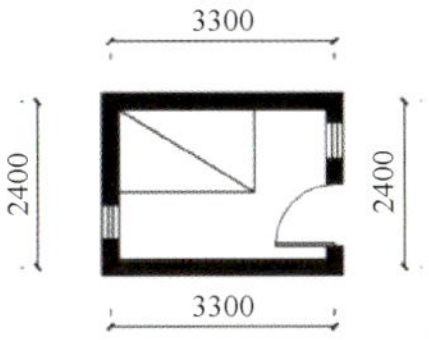 （平面示意图：3300×2400）	面积：8平方米 价格：260元/月	卫生间：无 厨房：无 热水器：无 洗衣机等电器设备：无 供暖供气：无 网线接入：有		面积过小，内部很拥挤，空间狭小，不方便。且墙壁没有抹灰，建筑质量很差
2	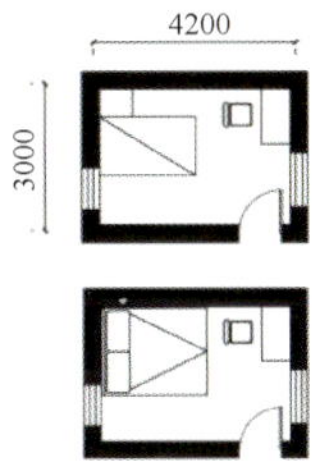 （平面示意图：4200×3000）	面积：12平方米 价格：380元/月	卫生间：无 厨房：无 热水器：无 洗衣机等电器设备：无 供暖供气：无 网线接入：有		除了放桌椅以外，没有多余的空间，且没有洗手间，生活不方便。且建筑外观和质量通常很差
3	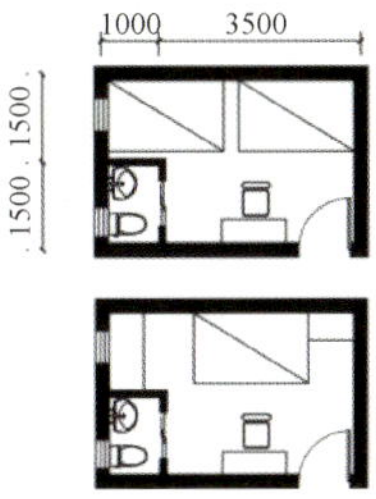 （平面示意图：1000+3500, 1500+1500）	面积：13.5平方米 价格：450元/月	卫生间：有 厨房：无 热水器：无 洗衣机等电器设备：无 供暖供气：无 网线接入：有	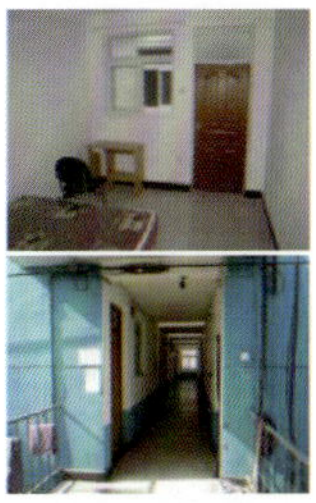	450元以上的房屋占比较大的比例，通常带有洗手间，能满足最基本的生活需要，需求量较大
4	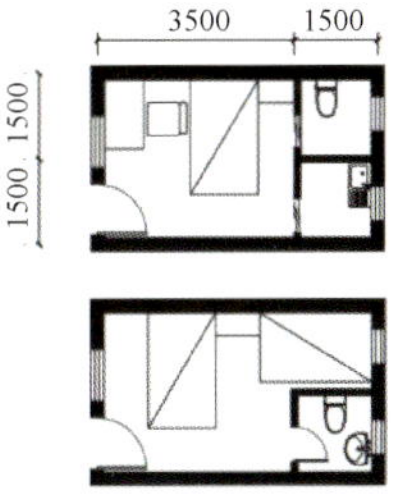 （平面示意图：3500+1500, 1500+1500）	面积：15平方米 价格：500元/月	卫生间：有 厨房：部分有 热水器：无 洗衣机等电器设备：无 供暖供气：部分有烧电片 网线接入：有		15平方米的房子有双人合租和自己独住形式，与450元的房子仅在面积上有些差别，但采光不理想
5	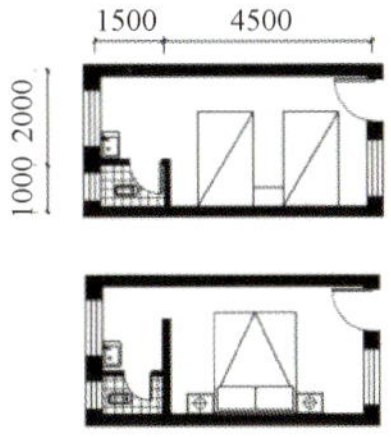 （平面示意图：1500+4500, 1000+2000）	面积：18平方米 价格：600元/月	卫生间：有 厨房：有 热水器：少部分有 洗衣机等电器设备：无 供暖供气：有 网线接入：有		建筑质量一般，有独立卫生间、厨房、热水器等，空间相对宽松，适合居住
6	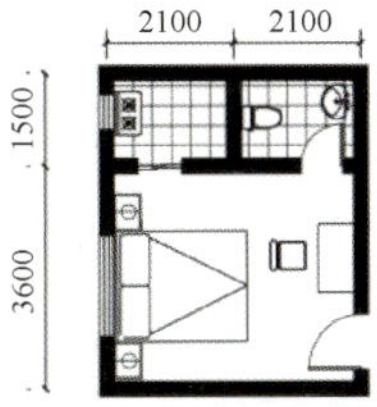 （平面示意图：2100+2100, 1500+3600）	面积：22平方米 价格：700元/月	卫生间：有 厨房：有 热水器：有 洗衣机等电器设备：大部分没有 供暖供气：有 网线接入：有		建筑质量稍好，采光也不错。有独立厨房和卫生间。环境相对干净清爽

图18　典型户型基本情况及相关评价

2.4 小结

综合各项数据及现场调研结果来看,唐家岭交通方便,周边遍布着大型办公基地,日常衣食等基础服务业发达;区域内90%的房屋用于出租,一般为小户型,价格低廉,从200~700元不等,面积从8~22平方米不等。但是整体建筑质量差、通风采光条件不好,教育医疗等基础设施不完善,建筑密度大,有较多安全隐患,整体外环境脏乱,且难以满足居民休闲、娱乐、学习等需要。

3 住户社会经济状况分析

3.1 群体构成

1. 年龄构成

现状描述:在该调查中,租户年龄主要集中在20~30岁之间,24~26岁占半数以上(图19)。

现状剖析:唐家岭聚居人群一般比较年轻,多数为毕业不久的大学生。大城市的集聚效应使他们不满足于二线、三线城市,而独自出来打拼。

2. 文化程度

现状描述:超过半数以上的人拥有本科学历,专科人数也达到了三分之一(图20)。

现状剖析:这个以高学历为主的群体,有较强的自我觉醒意识,希望通过自己的双手创造生活。他们中有重点大学的毕业生,但多数毕业于非重点大学,这个原因也一定程度上影响到了他们的求职之路。

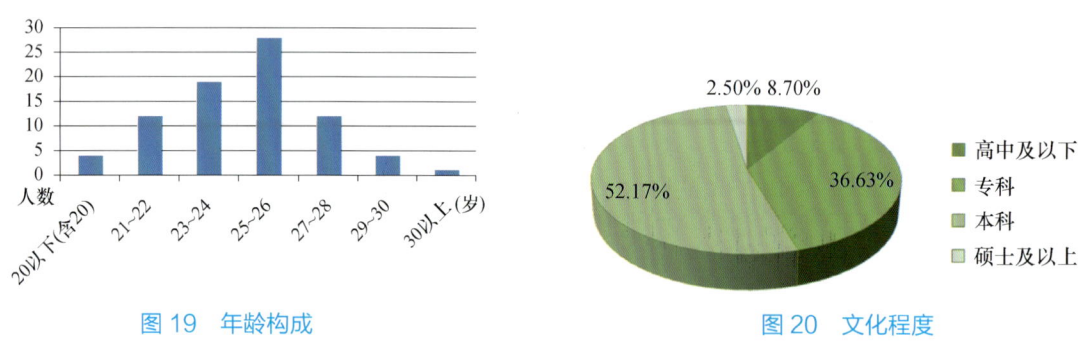

图19 年龄构成　　　　　　　　　图20 文化程度

3. 家庭构成

现状描述:调查显示,未婚人群占百分之九十以上,其中38.75%的人是单身(图21)。

现状剖析:调查人群现处于事业打拼期,多数人未组建家庭。

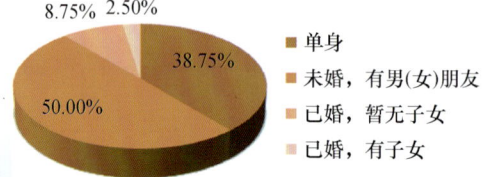

图21 家庭构成

3.2 月收入情况

现状描述：月收入在 2000～3000 元的人所占比例最大，但也存在低于 1000 元以及高于 5000 元的情况（图 22）。

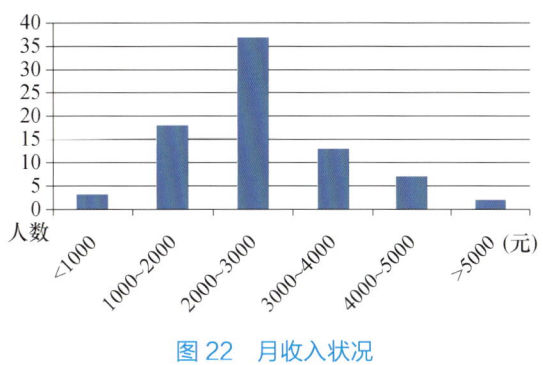

图 22　月收入状况

现状剖析：唐家岭周边存在大型办公场所，在其中工作的高收入人群为求工作方便来此居住；也有部分低收入者，为减少生活成本来此居住。

3.3 生活状况

1. 房租花费

现状描述：区域内月房租支出集中在 400～600 元，200～400 元也较多（图 23）。

现状剖析：房租相较于城区价格较为便宜，但有差别。差价主要体现在住宅面积、有无厨卫等，建筑质量、户外环境等差别不大。而且地处城郊，日常生活花销低。

2. 居住方式

现状描述：调查人群中，独自居住的人占多数，此外与他人（朋友或陌生人）合租者也较多，另有三分之一选择与家人或男女朋友合租（图 24）。

现状剖析：聚居人群多为年轻的外地打工者，他们多独自在外打拼，独自居住或与他人合租。

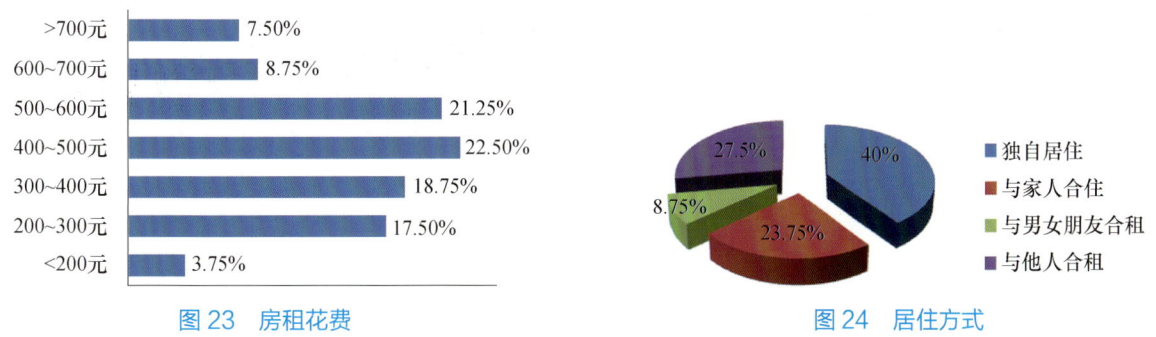

图 23　房租花费　　　　　图 24　居住方式

3. 交通出行

现状描述：住户交通出行首要选择为公交，此外有部分在附近工作的人选择骑自行车或步行（图 25）。其中，交通出行花费时间（图 26）多集中在 1 到 1 个半小时之间。

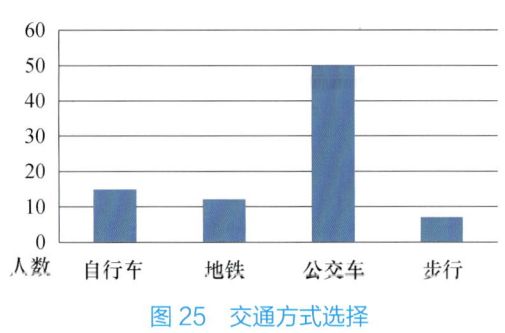

图25　交通方式选择

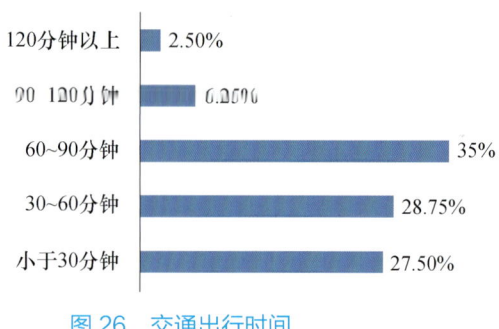

图26　交通出行时间

现状剖析：区域内公交线路多，住户多利用公交出行，出行花费时间较为合理，体现了区域作为环城带交通便利的优势。

4. 日常休闲娱乐活动

现状描述：调查人群业余时间的休闲娱乐活动，占比最多的为上网，其次是看电视，较少进行户外运动和健身（图27）。

现状剖析：年轻人对网络的依赖性，也反映了区域内文化、体育等相关设施的缺乏。

5. 邻里关系

现状描述：80%的人与自己的邻居不认识或仅限于点头之交；20%的人表示与邻居有较频繁的来往（图28）。

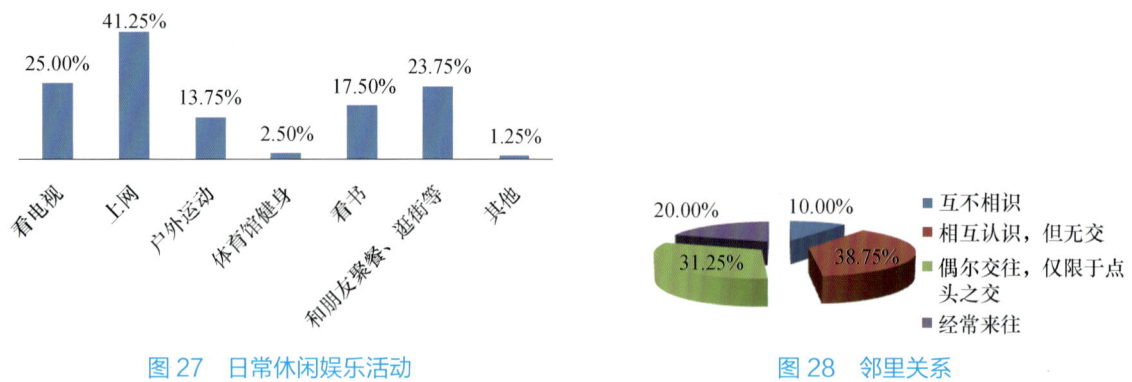

图27　日常休闲娱乐活动　　　　　　　　　图28　邻里关系

现状剖析：整体而言，区域内交往缺失比较严重，住户普遍只把唐家岭当成一个住处，而没有家的感觉。

3.4　小结

聚居人群年龄多在 20～30 岁之间，月收入集中在 2000～3000 元，在市区租房较贵，因此聚居在生活成本相对低廉的城乡结合部，并借助于公交汽车往返于工作单位和住所；区域内交流缺失，住户空闲时间大多在屋内上网。

4 住户满意度及意愿调查

4.1 总体满意度评价

被调查人群超过半数表示对目前的居住状况感到基本满意，另有接近五分之一人群表示很满意，有五分之一人群明确表示不满意（图29）。聚居人群对基本生活要求普遍较低，能适应唐家岭的生活。

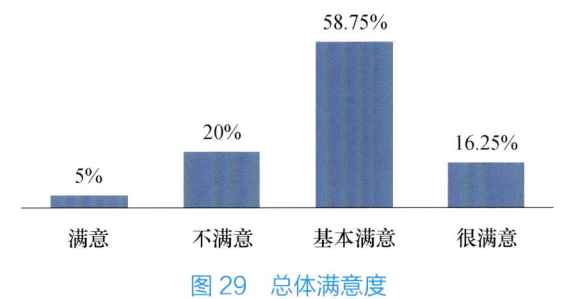

图29 总体满意度

4.2 满意度影响因素

在满意度调查中被调查人最为看中房屋通风采光、交通便捷性，其次是厨卫条件、住宅面积大小，对配套设施建筑质量等要求不高（图30），他们视唐家岭为一个暂时的住所而不是理想中的家。

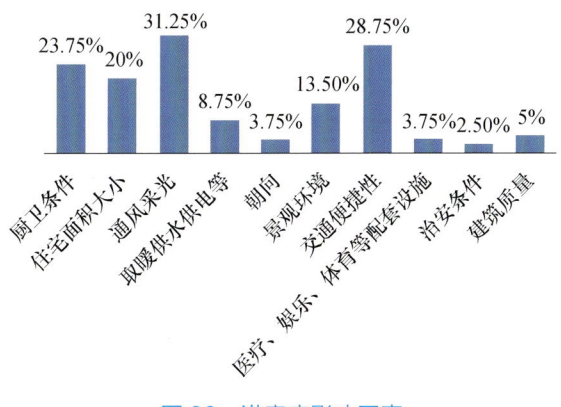

图30 满意度影响因素

4.3 住户意愿调查

针对唐家岭地区住房空间有限，租户收入有限，基础设施及休闲娱乐等精神需求得不到很好满足等几个主要问题，调查居民的改善意愿。

1. 理想户型

在现有的经济条件下，48.75%的住户理想户型为一室带厨房卫生间，33.75%的居民进一步希望再多有一个厅，少数人希望有更多的房间，5%的人选择多人宿舍式的户型（图31）。群体对户型的期待仅限于满足自身的需求，户型简单，独门独户。

2. 外环境意愿

大部分人期待租金价格的增加用于交通和环境的改善，其中43.75%的人倾向于交通，33.75%的居民倾向于环境卫生，而对配套设施、安全和景观等方面没有太高的期待（图32）。被调查群体比较年轻，处于事业奋斗期，工作使得他们对交通的要求迫切，此外唐家岭的环境卫生现状过于脏乱，亟需解决。

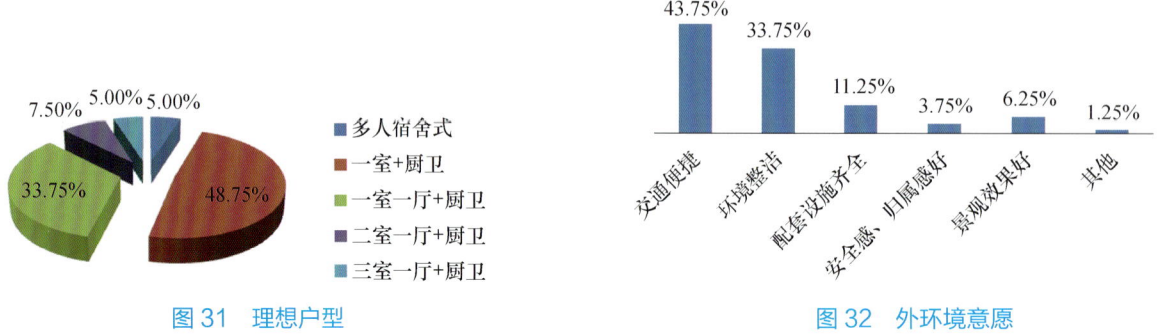

图31　理想户型　　　　　　　　　　　　图32　外环境意愿

3. 内环境意愿

对于居住内环境，若价格增加，41.25%的租户希望改善通风采光，22.5%的租户希望住房面积有所提升，20%的租户期待户型得到改变，而对于改善朝向、供暖等的租户分别不到10%（图33）。出租公寓的房屋建造者为了节约空间将各个方向的面积高度利用，因此户型小，通风采光状况不佳。

4. 配套设施意愿

对于住所附近配套设施的改善，居民对菜市场、公园、健身场所、商业区及医院等都有一定的期待，而对学校或幼托的期待较少，需求最高的是满足日常生活需要的菜市场、基础商业等。但值得重视的是，作为具有较高学历的一群人，被调查群体对文化、体育、休闲等设施的需求也较高，而唐家岭的现状满足不了这点（图34）。

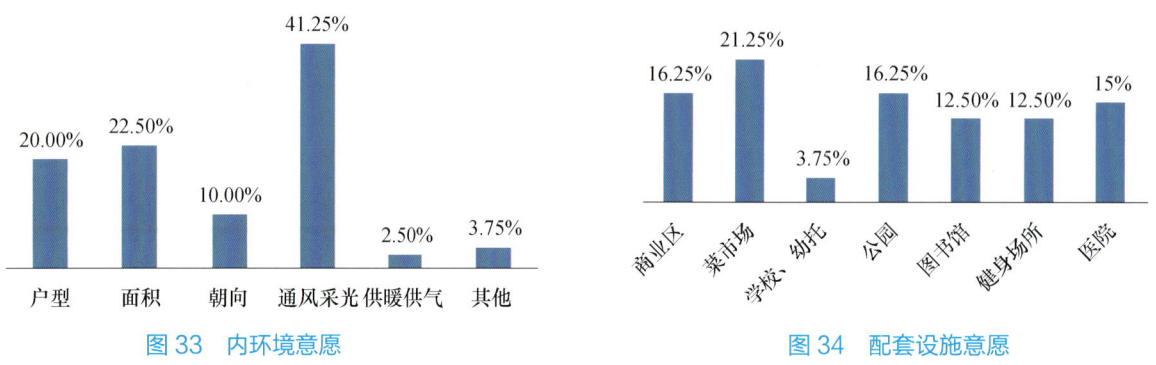

图33　内环境意愿　　　　　　　　　　　　图34　配套设施意愿

4.4　小结

被调查人群普遍对现居住状况满意度较高，他们为毕业不久的大学生，生活质量要求较低；他们普遍比较看中交通和通风采光，前者是他们选择唐家岭的重要原因，后者是他们居住现状亟需解决的一个方面；人群倾向于将更多的花费投入到交通、卫生环境和室内的通风采光方面；他们多期望一室+厨+卫的小户型，面积在20平方米左右；希望周边有菜市场、公园、健身场所、图书馆等配套设施，以满足他们基本生活和放松、学习的需要。

5 总结与建议

5.1 调研总结

通过本次调查，经过实地调研、问卷调查、访谈、数据分析等，得出如下结论：

1. 唐家岭大量的自建房为聚居者以较为低廉的价格提供了能满足基本生活条件的住房，并能较方便地到达工作地点。这无疑是该蚁族聚居区迅速形成壮大的主要原因。

2. 由于需求巨大，唐家岭的自建房建设量快速膨胀，90%的房屋建到了两层以上，最高的达到7层，且多为违章房，大多建筑质量差、室内狭窄、通风采光条件不好。此外，该聚居区卫生环境差，缺少开放空间，火灾隐患突出，教育医疗等设施落后，文化、体育等较高层次设施缺失，上班高峰期公共交通拥挤不堪。这些都极大地影响了该聚居区的形象。

3. 该区聚居者多为大学毕业不久的低收入人群，年龄在20～30岁之间，自身的经济条件使得他们对居住的期待不高，居住质量要求相对低，因此他们大多对于目前的居住现状感到基本满意。

4. 在聚居着对未来住宅的期望中，交通条件和通风采光被列为需要提高的首要问题，且对文化、体育等设施有潜在需求，而在唐家岭极为普遍的"一室＋厨＋卫"仍被选为理想的户型模式。

5.2 关于唐家岭改造的思考

按照北京市政府制订的时间表，唐家岭村在2010年起进行整体改造，并作为"公共租赁住房"建设的首个试点，为聚居的蚁族建造一批全新的、符合建设标准的住房。这一过程与美国在城市化初期，为缓解城市新增人口住房问题，改善城市移民居住环境，曾经推出风靡一时的"哑铃公寓"极为类似（图35）。"哑铃公寓"的设计和建造在当时看来是极具建设性的。它为城市化初期的美国提供了一种标准式的城市廉租公寓。这种标准主要体现在以下两个方面：第一，确立了人均最低居住面积的标准。1867年纽约的《住宅法》规定，住宅的建筑面积不得超过25英尺×100英尺的标准。"哑铃公寓"的建筑面积正是按照这个标准而建，约人均12～18平方米之间。第二，确立了廉租公寓必须具备的基础生活设施标准。"哑铃公寓"的基础生活设施包括采光、通风、卫生、消防。"哑铃公寓"在有限的空间为每个房间设有至少一个窗户，保证了每个房间有最起码的阳光和采光；专门的通风井和消防通道，能够保证楼内空气的流通，而且一旦发生火灾，有紧急逃生的出口；两个盥洗室已经采用了当时先进的抽水冲洗污物的功能，能够及时排除粪便和垃圾，减少健康卫生的隐患。

"哑铃公寓"的模式曾经迅速推广到美国其他城市，如芝加哥、波士顿等。但是之后人们逐渐发现，这种理想化的设计并不符合当时低收入住户的需要。为了节省生活成本，移民们就几户合租一个单元，原来一个单元一户变成了一个单元几户，使得"哑铃公寓"排污困难、犯罪率增加、火灾隐患突出、疾病滋生，人口的密集使它成为城市彻彻底底的贫民区。

美国"哑铃公寓"的失败为唐家岭新住区的建设提供了活生生的教训。我们必须意识到，特色居住环境的生成是由聚居群体特殊的要求决定的，因此我们对唐家岭居住环境和意愿的调查，就显得极为重要。

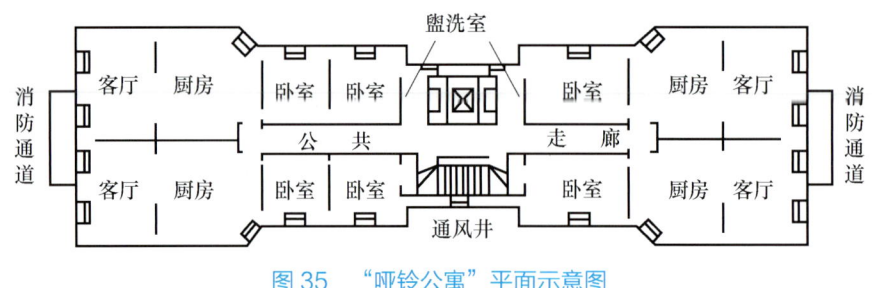

图 35 "哑铃公寓"平面示意图

5.3 对唐家岭新住区建设的一些建议

结合前述调查结果，我们提出了一种较为理想的唐家岭新住区的改造模式：

1. 在政府大力支持下，以市场为主导，避免大拆大建。对唐家岭现有住房进行全面细致的调查，对居住各项条件，比如建筑质量、环境卫生设施等进行分项评价，并充分吸收住户意见，对各项改造分别确定不同的优先度以分阶段、分片区进行改造。

2. 严格控制租赁住房的建造面积，多建小户型（如一室＋厨＋卫），在服务设施改造上也充分考虑其经济运行成本。

3. 进一步加强对外交通的便捷程度，特别是满足早晚通勤高峰的需求。

4. 规范管理制度，在保持良好社会治安的同时，完善对重要的公共事务，比如公共卫生和设施维护的各项规定等。

> "青春向下，梦想向上"是"蚁族"青年的真实写照，对于这群有梦想有行动的人，应该为其生存发展提供良好的条件，"蚁族"生活只是他们人生的一个过程，正如他们所说的"来到聚居村是为了离开聚居村"，他们为青春积聚能量，期待未来的爆发。

参考文献

［1］廉思. 蚁族［M］. 广西：广西师范大学出版社，2009.

［2］王训国，丁永生. 居住区环境质量评价体系的构建及其应用［C］. 第六届中国青年运筹与管理学者大会论文集，2004.

［3］高媛. 发展惠及大学毕业生的廉租房保障模式［J］. 经济与法，2009（11）.

［4］高芳英. 美国城市化初期的贫民住宅——"哑铃公寓"［J］. 扬州大学学报，2009（03）.

［5］黄浙英. 杭州住宅满意度评价体系的研究［D］. 杭州：浙江理工大学，2005.

城市的记忆
——北京中轴线重要景观节点调研

摘 要 北京城市中轴线是北京古城格局中具有特色的部分，从南往北串起多个具有历史文化意义的重要城市节点。在北京打造21世纪"世界城市"的背景下，本文选取北京中轴线永定门至奥林匹克森林公园段上的十个景观节点作为研究对象，从保护力度、价值体现程度、居民参与程度、空间环境状况、宣传力度、交通可达程度六个影响城市记忆的因素考查，调查居民对十个景观节点记忆程度的高低排名，结合数据的相关性分析，对北京中轴线的发展、北京城市记忆的延续提出建议。

关键词 城市记忆；北京中轴线；景观节点

1 调研背景

北京城市中轴线（图1）是北京城市格局中最值得保持、最富有原创精神的城市规划基准。在新的时代背景下，亟待创造出既能够延续城市历史文脉又能够托起21世纪国际化大都市格局的中轴线。现实状态中，沿中轴线方向建设的新的完整意义上的现代化城市中心，与旧城中轴线体系共生。因此，调查新的中轴线格局下人们的城市记忆，发掘适应该时代背景下的中轴线意象具有重要意义。

城市记忆是一个不断发展变化、持续更新的过程，是对过去的一种总结，也是对未来的一种指导。研究北京中轴线的城市记忆，对于指导北京市城市建设，保护古都特色，传承历史文脉具有十分重要的意义。增强城市记忆，还有利于增强城市居民的认同感与凝聚力，增加城市软实力，塑造城市的场所精神与文化。2002年，青岛市率先提出"城市记忆工程"，其后武汉、柳州、大连、上海等城市也相继开展了这一工程。2007年底，北京开展了首个城市记忆规划招标——"宣武区城市历史文化记忆规划"。

本文旨在研究核心问题，通过调研调查中轴线重要景观节点的城市记忆度以及影响其城市记忆度的因素，为加强中轴线整体城市记忆度提出有效建议。

图 1　北京市中轴线

2　调研方法与对象

2.1　理论研究

城市记忆是人们集体记忆的场所,是人对城市各个时间断面内所有有形环境和无形文脉的记忆。M·哈布瓦赫在其《论集体记忆》中就写到了有关城市记忆的居民参与的重要性。保罗·康纳顿也在其《社会如何记忆》一书中提到了人们记性记忆的方式。东南大学朱荣博士的论文《城市记忆与城市形态》中引入了城市以及载体,并有机结合"主体—客体""使用者—表现者""时间—空间"等方面的研究来从心理学、社会学视角探讨城市历史文化的延续。《城市记忆的测度与传承——以杭州小营巷为例》中引入了影响城市记忆度的影响因素。

通过对文献的分析以及对城市规划专业人士的访谈,我们得到了影响城市记忆度的六个因素,分别是保护力度、价值体现程度、居民参与程度、空间环境状况、宣传力度、交通可达性,我们以此为依据展开调研。

2.2　调研地点

该调研地段起于北京永定门,止于奥林匹克森林公园,全长 18 千米。调研重点选取该中轴线上 10 个景观节点,其基本信息如图 2 所示。

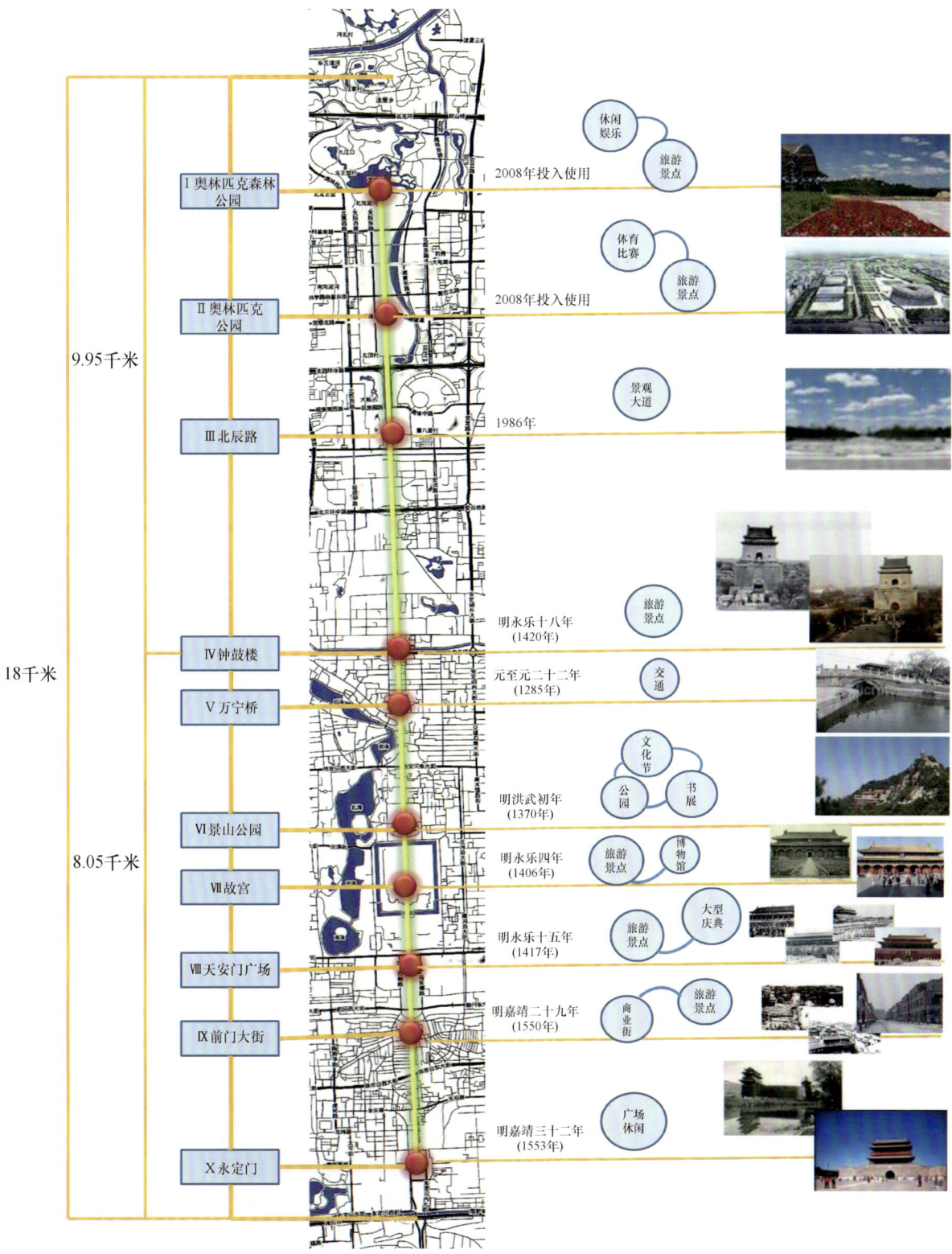

图2 中轴线景观节点信息

2.3 调研思路

调研思路如图3所示。

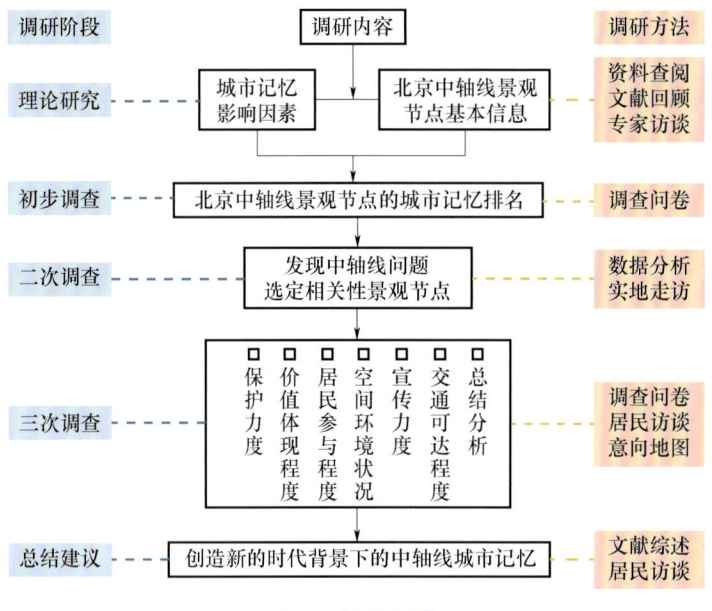

图3 调研思路

2.4 调研方法

2.4.1 调研对象

本次调研的对象包括北京中轴线附近的居住居民和前来游览的游客。由于调研范围较大，我们采取随机访问的方法选取调研对象进行访问。调研共发放调研问卷120份，收回113份。经过统计，被访对象中46～55岁的中年人居多（32%），如图4所示；而居住时间上，居住满20年以上的居民居多（26%），如图5所示。

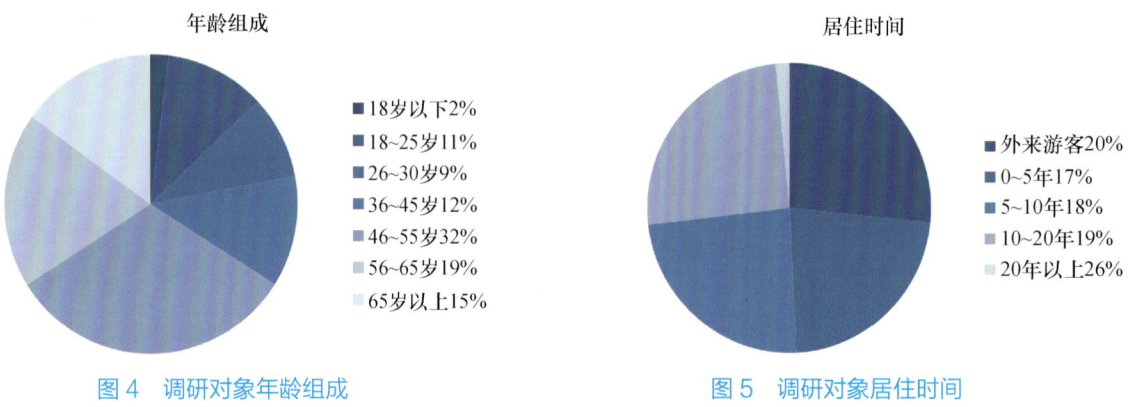

图4 调研对象年龄组成　　　　图5 调研对象居住时间

2.4.2 城市记忆度测评方法

此次调研选取的保护力度、价值体现程度、居民参与程度、空间环境状况、宣传力度、交通可达性六方面因素对于城市记忆的影响程度并不相同。因此，特别邀请了城市规划专业人士10人对其进行权重分析。六项因素对城市记忆的影响总分为10分，专业人士对其影响程度的高低分别进行打分，取平均分得出权重结论，见表1。

表1 记忆度影响因素权重分析结果

评测指标（i）	（1）保护力度	（2）价值体现程度	（3）居民参与程度	（4）空间环境状况	（5）宣传力度	（6）交通可达程度
权重（f）	2	2	2	1	1.5	1.5

调研共发放调研问卷120份，收回113份。被调查人员分别对每个节点的六个指标给予打分，分数为0、1、2、3、4、5六个档次。指标程度高，则分数高。例如：该地对中轴线格局的价值体现程度极高，则在价值体现程度一栏给予5分；若没有体现，则给予0分。

计算调查问卷每项所得平均分，得出各项节点的各项指标分数，见表2。

表2 影响城市记忆六大因素分析结果

指标体系 景观节点	（1）保护力度	（2）价值体现程度	（3）居民参与程度	（4）空间环境状况	（5）宣传力度	（6）交通可达程度
永定门	0.4	1.2	3.4	4.1	1.2	2.2
前门大街	3.0	2.5	4.2	4.8	4.2	4.3
天安门广场	3.9	4.9	4.7	4.6	4.3	4.3
故宫	4.3	4.6	3.4	3.4	4.2	4.1
景山公园	3.5	3.4	4.9	4.0	3.2	3.4
万宁桥	3.1	0.2	0.9	1.2	2.3	2.4
钟鼓楼	3.2	4.0	1.2	3.2	4.0	2.3
北辰路	1.4	0.1	1.6	1.2	3.4	2.3
奥林匹克公园	3.1	4.2	4.2	3.0	3.6	3.1
奥林匹克森林公园	3.2	4.7	4.6	3.2	4.7	3.4

根据表2数据计算其各个景观节点的城市记忆 $M(n) = \sum_{i=1}^{6}[F(i) \div 10] \times M(i)$。其中，$M(n)$ 表示节点 n 的城市记忆，$F(i)$ 表示测评指标 i 的权重，$M(i)$ 表示对于景观节点 n 的测评指标 i 的城市记忆分数。

3 各个景观节点的城市记忆度

根据图6我们可以看出，天安门的城市记忆度在十个景观节点中排名第一，万宁桥的排名是第十名。十个景观节点的城市记忆度不尽相同，分析已得数据，我们不难发现造成这个结果的原因。经过数据的整理分析，选定相关联的景观节点，指导我们下一步的调研。我们主要运用了深度访谈和意象地图的方法，着重分析两个相关性景观节点在对其城市记忆结果影响最大的某项因素上处理方式的优劣。在此阶段我们对50个市民进行了一对一的深度访谈，并要求绘制了北京中轴线意象地图。

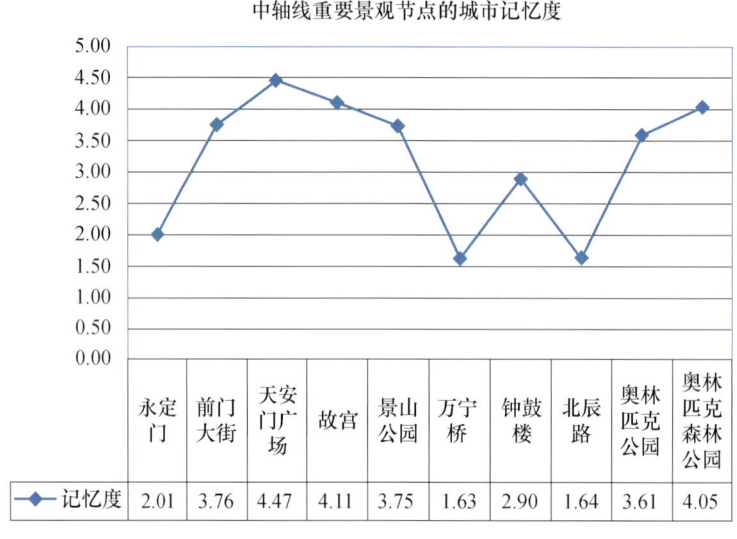

图6 中轴线重要景观节点城市记忆度

通过调研，我们发现在被调查的居民中，不同年龄段的居民对于中轴线景观节点的记忆度不同，如图7、图8所示，45岁以上的居民对中轴线的记忆度明显高于45岁以下居民的记忆度，因此在宣传中轴线的过程中，重视对青少年的宣传是十分必要的。

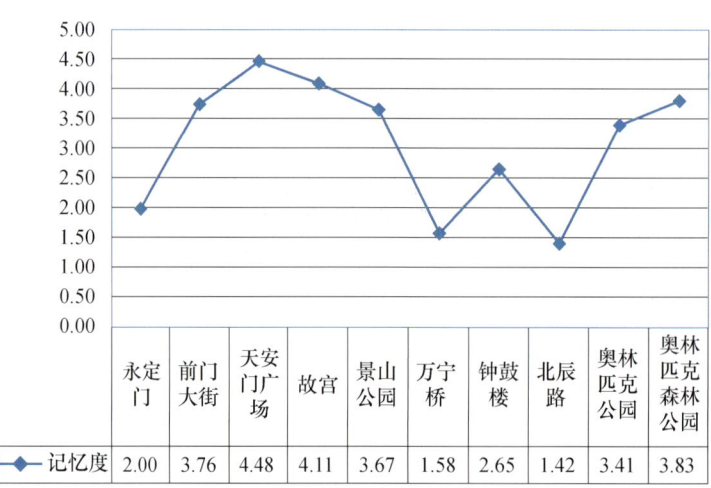

图7 45岁以上居民城市记忆度

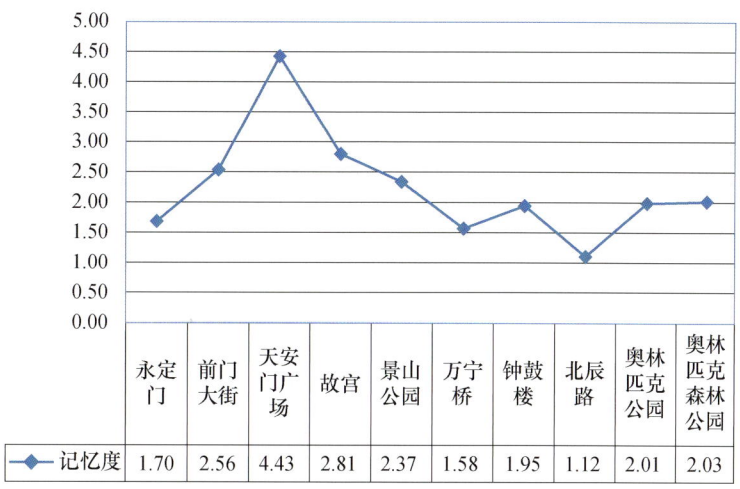

图8　45岁以下居民城市记忆度

4　调研分析

4.1　保护力度分析

通过图9对故宫和永定门的对比数据，我们发现，分数差距最大的影响因素是保护力度，因此特别针对这个方面进行了调查。

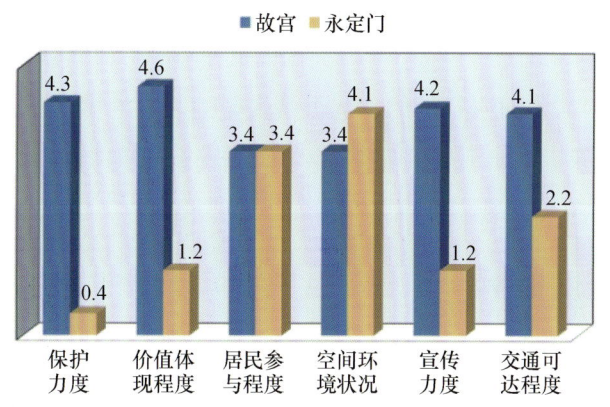

图9　故宫、永定门城市记忆影响因素分析

故宫是1961年经国务院批准被定为全国第一批重点文物保护单位。1987年，北京故宫被联合国教科文组织列入世界文化遗产名录。其保护与改造过程中均在较大程度上保护了其原貌。永定门是明清外城中规模最大、最重要的城门，是古代北京格局中轴线南端的起点。1957年，永定门城楼、箭楼、瓮城全部拆除，2004年复建。复建过程并没有按照原貌进行，只是在原箭楼的位置建立了城楼，如图10所示。

> 永定门瓮城箭楼都拆了，没有以前那么雄伟了，也失去了古代防御的价值，已经不是原来的永定门了。
>
> ——男，72岁，北京居住71年，档案馆工作

图 10　故宫和永定门改造过程

通过访谈，我们发现，人们对永定门的复建很是失望的。它的重建不仅破坏了原有的空间格局，而且破坏了其重要的价值，失去了原本建筑的雄伟风貌，造成了文化保护、延续历史的记忆断层。因此，对于古城历史文化遗产，在改造和维护过程中需要实质性地尊重其原貌，深刻挖掘其价值韵味。

4.2　价值体现程度分析

人们对天安门与万宁桥的城市记忆差距最大，根据两者的数据对比，不难发现其在价值体现程度一项中差距极大，如图 11 所示。

追溯历史，分析原因。在明清时期，天安门广场为国家主要统治机构六部及各院所在地，是帝国统治机构的中枢。新中国成立以后进行了天安门改造，天安门广场成为了一个代表民主与自由的广场，进行各种集会、游行、庆典以及展览，天安门城楼也于 1988 年开始收费开放，如图 12 所示。尽管改造并没有完全按照原有的空间格局进行，但是新的时代赋予了天安门广场新的功能与价值，使其不至于在改变中没落。

万宁桥（又名海子桥、后门桥），历史上它是京杭大运河最北边的一个闸口，进入北京皇城的漕运船只必须通过这里。随着时代的发展，其价值功能不复存在。对于万宁桥，一直在不断地整修，但是并没有唤起人们的尊重与保护，况且以一座桥为景观节点略显单薄，很可能随时间的流逝被人们遗忘。

因此，不妨以万宁桥为中心，扩充这个中轴线景观节点，建成一个新的市民广场，重点展现京杭大运河的文化，赋予其新的价值意义，从而提高其记忆度。

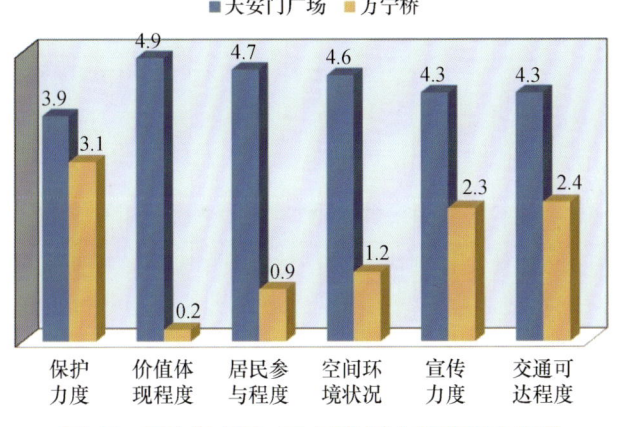

图11　天安门广场、万宁桥城市记忆度影响分析

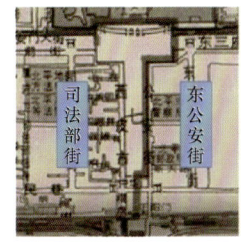

图12　民国时期、二十世纪八十年代天安门改造

4.3　居民参与程度分析

对比相邻节点景山公园与钟鼓楼，其城市记忆度差距不是很大，可是在居民参与程度指标中，两个节点有很大的差距，如图13所示。特别对此进行调查分析。

如今的景山公园不再是皇家公园，而是一个居民最爱去的全市性公园之一。只是站在景山的万春亭上总览中轴线全景就足以吸引足够多的居民。经北京市公园管理中心调查，景山公园每天的客流量都逾万人次。然而，就在离景山公园不远的钟鼓楼的游客数量却很少。图14表示了两个节点人口活动分布状况，可以直观感受两个景观节点的居民参与情况。

> 原来过年都能听见钟鼓声，很远都可以听见，可现在就这么俩楼摆在那，没有钟鼓声，一点老北京的味儿都没了，哪还有人去看？
>
> ——女，56岁，北京居住56年，居委会工作

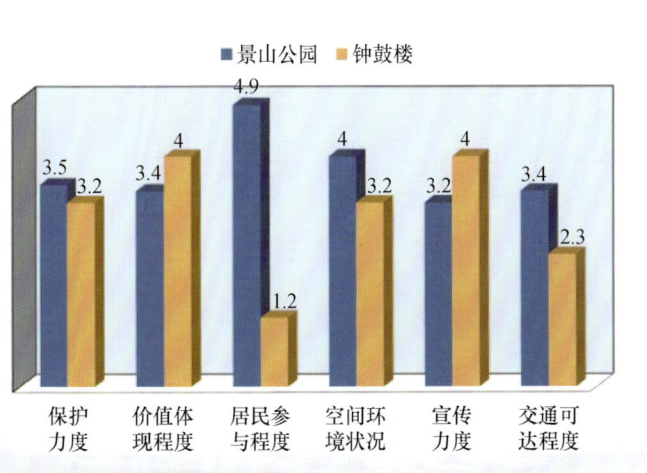

图13　景山公园、钟鼓楼城市记忆度影响因素分析

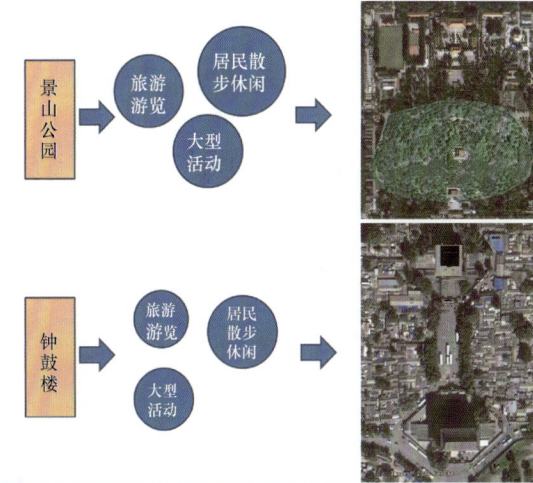

图14　游客居民活动类型分布

通过访谈，我们发现人们非常怀念老北京城的钟鼓声，它体现了浓厚的京味儿文化。相对于单纯的游览走访，人们更愿意参与其中。因此，在发掘中轴线重要景观节点的功能价值过程中，应着重考虑人们的可参与性，在亲身体验下延续人们古老而深刻的记忆。

4.4 空间环境尺度分析

在选取的中段中轴线与北中轴线各有一段线状节点，其城市记忆度差距很大。对比发现，其空间环境尺度相差甚大，如图15所示。

如图16所示，分析两地的空间环境状况，发现前门大街作为商业步行街，道路两侧由诸多店铺围合，设置了供居民休息的基础服务设施；北辰路留有宽阔的街道建造中间的景观大道，机动交通分行两侧，没有足够的基础设施，绿化条件严重不足。

> 我喜欢去前门大街，那里有很多老字号，有很多商铺，可以逛街购物，尤其是大栅栏，那里很有气氛，可是北辰路感觉很空，没有什么能逛的地方
> ——女，22岁，北京居住11年，大学生

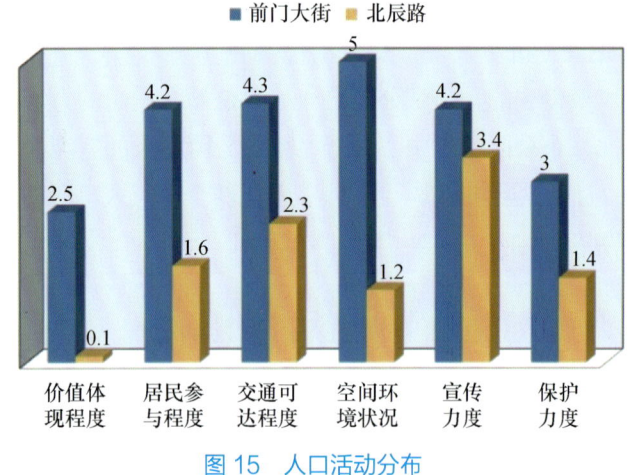

图15 人口活动分布

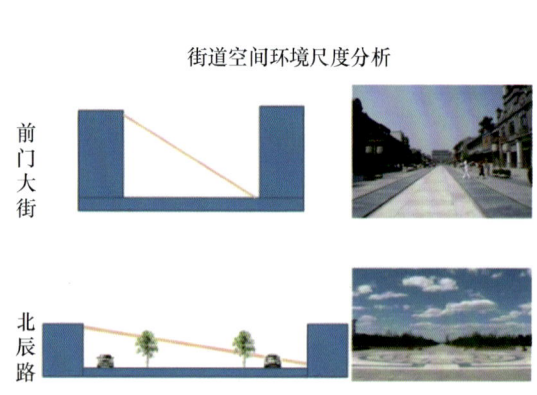

图16 街道空间尺度分析

通过访谈，不难发现，北辰路的尺度过大，缺少绿化、基础设施以及吸引人的景观或建筑。应特别注意尺度问题，注重设计围合景观节点的周边环境，增加基础设施，思考如何通过良好的景观与功能多样的建筑增加人气。

4.5 宣传力度分析

对于北京中轴线来说，有很多种宣传途径。通过图17的意愿调查，我们发现人们更愿意通过实地走访来了解中轴线。

> 我不爱去博物馆看老北京的故事，也不喜欢看书，那样都不能真实的感受到，我喜欢自己去转转，走在中轴线上像是生活在老北京一样。
> ——女，15岁，北京居住15年，中学生

通过访谈，我们发现实地走访给人们的感觉完全不同于博物馆、书籍、影视、网络，能让人们真切地体验参与其中。在中轴线的现实状况中，天安门、故宫、奥林匹克公园有固定的旅游团会去游览，而景山公园、钟鼓楼、永定门等，没有引入旅游机制，只有附近的居民会进行休闲活动。

建设多条中轴线的旅游线路是了解北京中轴线魅力最直观的方式，通过调查，90%以上的人们非常愿意整体游览北京中轴线。

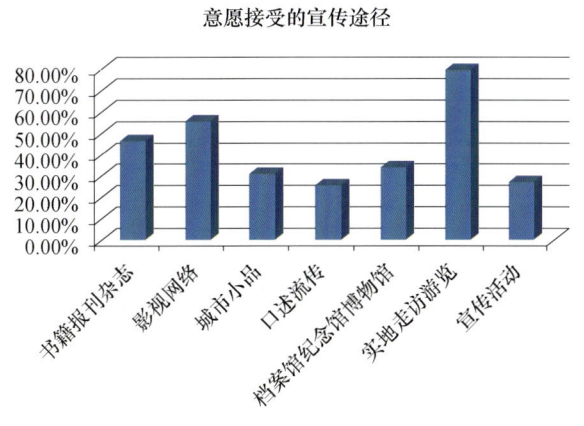

图 17　意愿接受的宣传途径分析

4.6　交通可达程度分析

人们十分愿意整体游览中轴线，然而通过调查，游览中轴线存在的最大的阻碍便是交通，如图 18 所示。

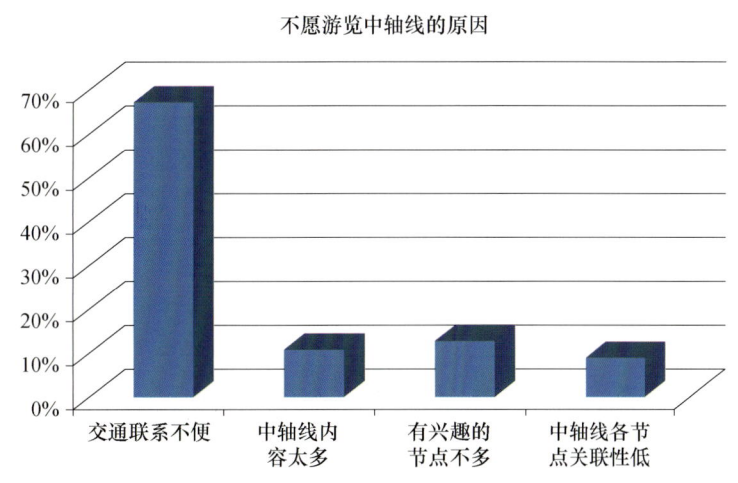

图 18　不愿游览中轴线的原因

从图 19 我们可以看出，真正影响交通连续性的是城市主干道和次干道。据统计，中轴线被多达 30 条主次干道分隔，十字路口导致中轴线交通被阻断，使人们不能感受到中轴线的完整性，如图 20 所示，通过意象地图的绘制，我们也可以看出由于道路阻断，人们对中轴线的记忆并不完整。

其次，通过调查访谈，如图 21 所示，我们发现人们更喜欢通过自行车或步行的方式来游览。这段中轴线全长 18 千米，完全非机动交通的方式并不合理。如图 18 所示，前门大街至景山公园一段线路短但景点多，可采用非机动交通；而永定门至前门与鼓楼至奥林匹克公园为两条主干道，长度都达到了十几公里，显然非机动交通是不可行的，应考虑设置公交系统。

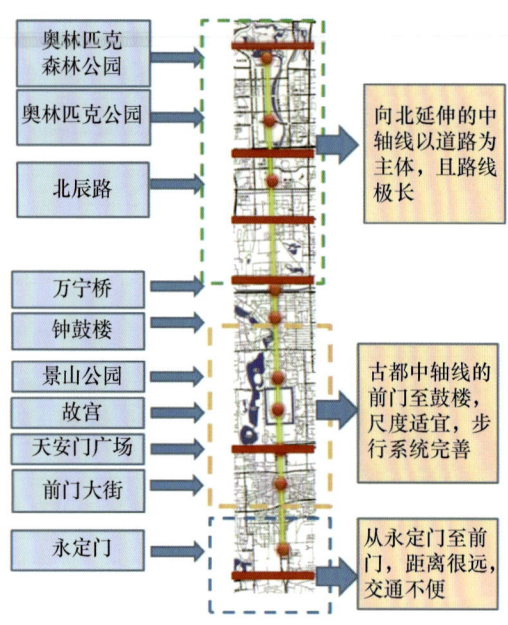

图 19　中轴线交通情况分析

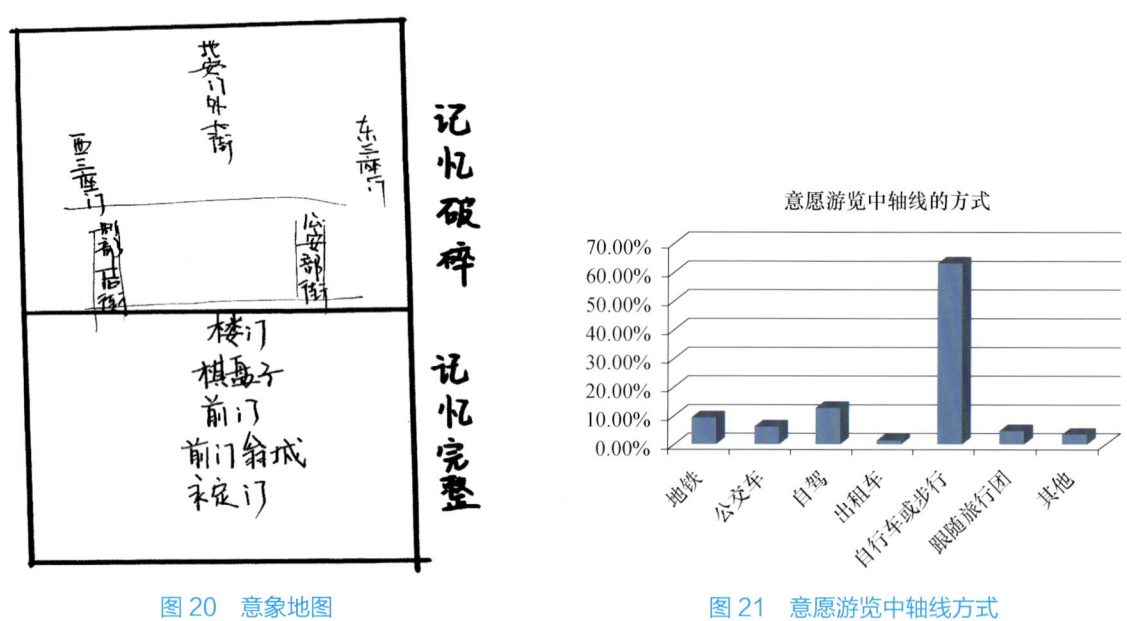

图 20　意象地图　　　　　　　　图 21　意愿游览中轴线方式

5　总结建议

5.1　制定完善的宣传保护措施，传承历史文化遗产

通过调研，针对中轴线宣传与保护过程中存在的诸多问题导致记忆不完整的现象，我们特提出措施如下：（1）对于中轴线上任何景观的关于拆除、重建、复建、新建等问题需要经过严格的审查与考

核方能实施，最大程度地保持其原貌；（2）建立中轴线记忆档案馆，存放有关中轴线的实物、书籍、影像等各种形式资料，场景再现让人们切身感受北京中轴线的时空转换；（3）建立中轴线指示系统，在中轴线各个节点设置成体系的宣传构筑物，使人们身处任何一个节点都可以感受到中轴线的连续与完整，感受到北京最有灵气的历史文脉；（4）加强对青少年的宣传力度，让中轴线文化得以延续。

5.2 赋予新的功能价值，在使用中保护景观节点

在进行景观节点改造过程中，可赋予其新的功能价值。例如，针对万宁桥这一景观节点，可以扩展为新的市民广场，将古老的运河文化与现代的全民健身文化相结合，赋予其新的功能，提升自身的价值，从而增强其城市记忆度。

历史文化遗产在新的时代背景下，总会因其缺乏人的参与性而变成一个单纯的景观无人问津。因此，在使用中保护，在改造中赋予新的功能价值尤为重要。

对于中轴线上的城门和城楼，就可以做到使用中保护，发挥其在城市中的实际作用，以利于其长久存在，增强人们的记忆度。

5.3 建立连贯的公交与非机动交通系统，构建旅游路线

根据人们的意愿，建立中轴线旅游路线。一方面可以引导当地人对城市记忆的寻访与重构，一方面可以引导外来游客的体验与共鸣，让更多人共同见证一座城市的历史演变和发展。

首先，对于前门大街至钟鼓楼一段，节点很多线路长度有限，步行是十分必要的。可以加强软硬件设施的配套服务，方便人们进行游览，如自行车租赁服务等。而有些线路，景观节点少路长，需增加公交线路，也可以利用存有人们记忆的叮当车、有轨电车等。

其次，与中轴线十字交叉的街道，也是破坏中轴线连续性的重要因素。现在的处理手法是在交通量大的东西向街道下建立地下交通。但是地下交通隐蔽且不安全，因此，可以考虑建立有古都特色的地上天桥，从物质空间上连续中轴线，方便人们游览。

[参考文献]

[1] 彭梅.北京城市中轴线空间的变迁[J].华中建筑，2009,27(1).

[2] 王建国.城市传统空间轴线研究[N].建筑学报，2003.5.

[3] 朱荣.城市记忆与城市形态[D].南京：东南大学，2006.3.

[4] 段进.城市空间特色的认知规律与调研分析[R].南京：东南大学，2002.1.

[5] 李王鸣，江佳遥，沈婷婷.城市记忆的测度与传承[J].城市问题，2010.1.

[6] 王芳，严琳，吴必虎.城市记忆规划研究［J］.国际城市规划，2010，25(1).

[7] 培根等著.城市设计[M].黄富厢等编译.北京：中国建筑工业出版社,1989.

[8] 齐康.城市建筑[M].南京：东南大学出版社，2001.

[9] 王建国.城市设计[M].南京：东南大学出版社，1999.

[10][法]M·哈布瓦赫.论集体记忆[M].毕然，郭金华译.上海：上海人民出版社，2002.

[11][美]保罗·康纳顿.社会如何记忆[M].纳日碧力戈译.上海：上海人民出版社，1997:161.

[12]Rossi Aldo.The architecture of the city[M].Cambridge.MIT Press,1982:130.

共享 & 共赢
——北京市馆际互借发展状况调查

摘 要 为满足广大师生的信息需求，完善图书馆建设，在北京高校间出现了馆际互借这项服务。本次社会调研是以八所北京高校的学生及图书馆负责老师为对象，通过问卷调查及访谈等形式，对北京市馆际互借的认知度、制度、操作系统和服务质量进行分析。通过对使用现状的归纳，分析馆际互借存在的必要形式以及其在信息时代背景下所发挥的独特社会意义。

关键词 北京市馆际互借服务；优势分析；社会影响

1 背景介绍

1.1 调研背景

高等院校是国家重要的人才培养基地和科研阵地。高校图书馆是高校师生获得最新、最全面的信息，学习和发展的重要场所。高校图书馆也是学校教学和科研工作的重要组成部分，进行情报资料搜集、整理的场所。

北京市虽然各类高校众多，但由于国家对各个学校的经费支持不同，以及各学校在图书馆建设分配资金时的差异，导致每所高校图书馆馆藏量和馆藏书目的类别差别巨大。在此背景下，为缓解图书馆资源分配不均，充分满足高校师生的信息需求，实现各高校图书资源共享，馆际互借服务应运而生。

1.2 调研地点及对象

本次调研的地点选在海淀区的八大院校，即中国人民大学、北京邮电大学、北京航空航天大学、北京交通大学、中国地质大学、中国农业大学、清华大学、北京林业大学。

调研对象为在校学生以及图书馆负责老师。

1.3 调研目的及意义

通过对北京市高校馆际互借的使用情况的调研，了解馆际互借的发展现状，总结其存在的优势以及其对北京市高校图书馆资源分配不均的意义，并探讨其对社会的重要影响，使其更好地发展，真正达到资源共享的目的，实现共赢。

1.4 调研方法及工作框架

此次调研的方法：

（1）对各高校学生发放调研问卷，其中发放问卷330份，回收有效问卷319份，问卷有效率为96.7%。

（2）对各校图书馆老师及使用过馆际互借借阅书籍的学生进行访谈。

研究框架如图1所示。

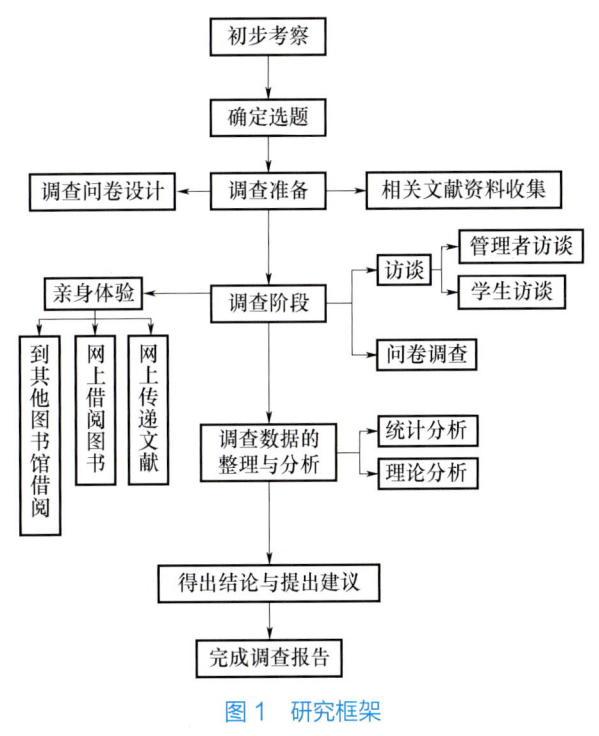

图1 研究框架

2 八大院校图书馆资源现状

经过对八大院校图书馆资源的比较可知，各校馆藏量差异很大，其中馆藏量最大的是中国人民大学，其现有馆藏文献有350万册，而中国地质大学的现有馆藏量只有73万册，两者的馆藏量差距巨大。而数据库的数量除了清华大学和中国人民大学达到300个外，其他院校的数据库数量都较少，部分院校的数据库数量还未能达到10个，其差异也较大（表1）。

表1 八大院校图书馆概况

学校	现有馆藏文献（万册）	数据库（个）	馆舍总建筑面积（万平方米）	馆员（人）
中国人民大学	350	300	5.6	150
北京邮电大学	344	31	1.4	64
北京航空航天大学	128	60	2	85
北京交通大学	268	9	1.35	75
中国地质大学	73	5	2.2	100
中国农业大学	170	11	2.16	116
清华大学	344	380	2.8	240
北京林业大学	205	7	2.34	108

3 北京市高校馆际互借

3.1 馆际互借的概况

北京市高校馆际互借服务目前主要有三种方式，分别为高校联合体馆际互借、BALIS 馆际互借和 BALIS 原文传递。

高校联合体馆际互借是北京市出现最早的馆际互借服务形式，由学院路附近的矿业大学、地质大学、科技大学、航空航天大学、林业大学、农业大学、语言大学、石油大学自发成立，经过 11 年的发展，如今已经被大家所熟知，并且得到了较好的利用。

BALIS（北京地区高校图书馆文献资源保障体系）成立于 2007 年 11 月 30 日，采用集中式门户平台和分布式服务相结合的方式，充分利用北京高校丰富的馆藏资源和便捷的网络环境，为北京地区高校读者提供馆际互借服务。经过 4 年多的发展，BALIS 已经逐步被大家所了解，成为一种高校在校学生获取资源的途径。

3.2 馆际互借的使用现状分析

在此次调研过程中，我们共收到有效问卷 319 份，其中本科生 222 份，硕士 85 份，博士 11 份，其他 1 份。根据对学生获取校外资源的途径的数据统计（图 2），发现现在在校学生主要通过网络免费资源和搜索引擎获取校外资源，很少有学生使用馆际互借服务，由此可看出，馆际互借服务并没有被大多数学生熟知与使用。

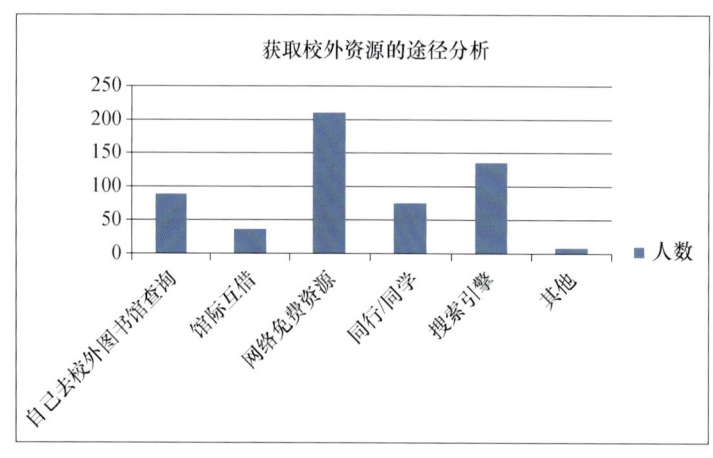

图 2 获取校外资源的途经分析

就这一现象，我们对北京市现有的三种馆际互借方式进行了分析。

3.2.1 认知度分析

通过搜集资料，我们将高校联合体的馆际互借量和 BALIS 的提交请求量做了对比（图 3），发现在高校联合体和 BALIS 成立的最初三年中，其认知度都有所增长，但联合体的增长率最小，原文传递的增长率最大，从而可以看出网络化的馆际互借更容易被大多数学生所接受。

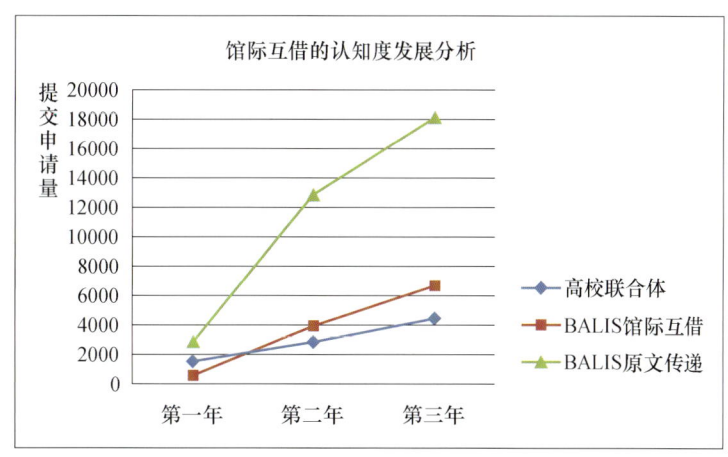

图3　馆际互借的认知度发展分析

在有效的319份调查问卷中，有170人是知道馆际互借的，占总人数的53%（图4），而这其中有46人是使用过馆际互借的，占总人数的14.4%（图5）。

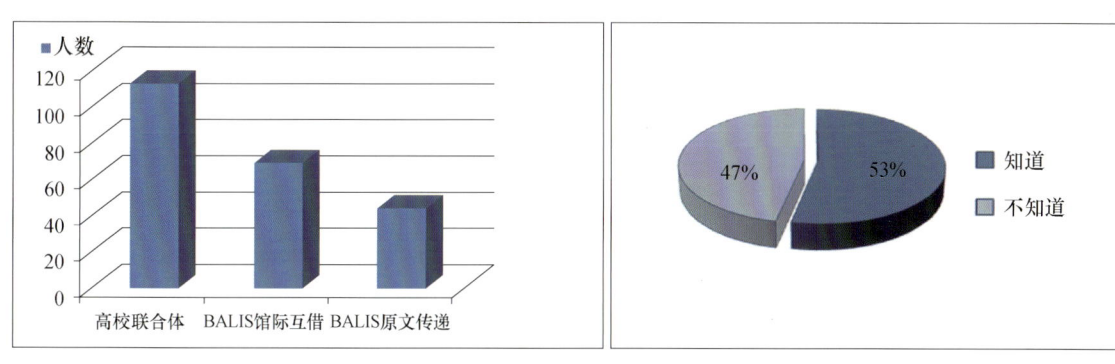

图4　馆际互借的认知度分析

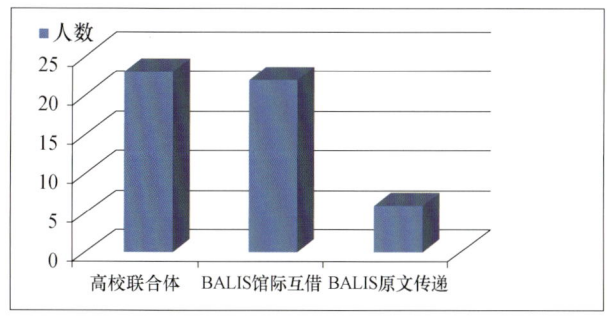
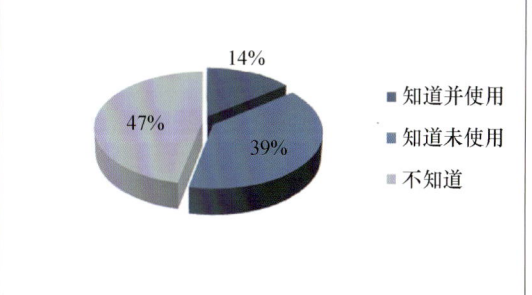

图5　馆际互借的使用率分析

从以上调查可以看出，在刚起步的这几年中，已经有一半以上的学生了解馆际互借这项服务，并且有14.4%的学生开始尝试使用这一服务。

我们对8所高校分别开展了调查（图6），结果显示认知度与学校的宣传力度有关，宣传最好的学校，其学生的认知度高达78%。所以加强学校的宣传力度是提高学生认知度的主要途径。

通过对馆际互借的宣传途径的调研，我们发现69%的学生是通过同学或老师介绍和图书馆网站了解到这项服务的（图7），由此可以通过增加老师对馆际互借的了解以及加强图书馆网站相关板块的建设来宣传馆际互借。大多数学生认为，通过学校图书馆宣传的方式会更有利于馆际互借的普及（图8）。

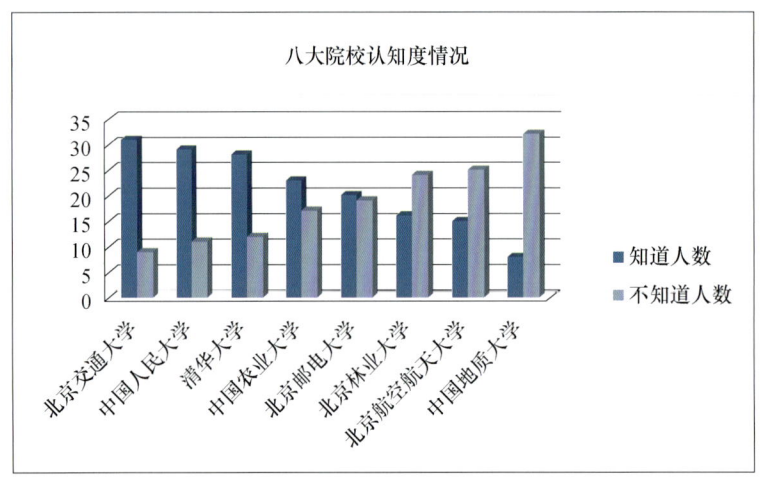

图6 八大院校认知度分析

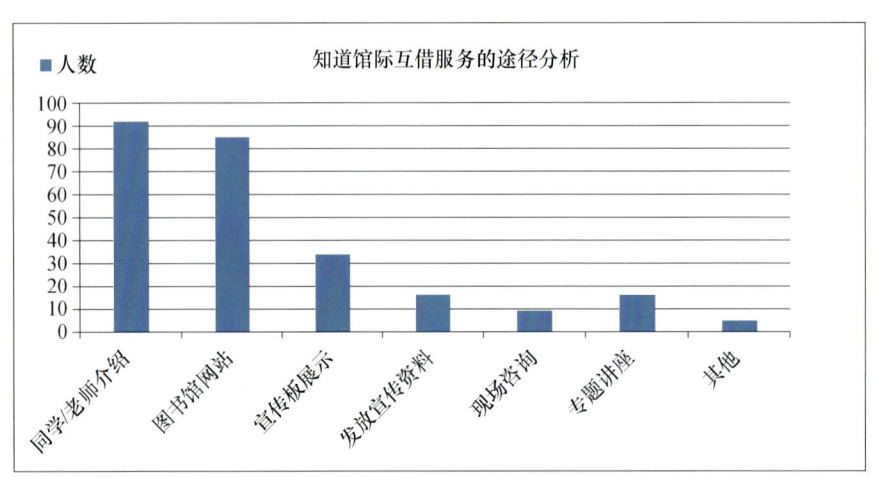

图7 知道馆际互借服务的途径分析

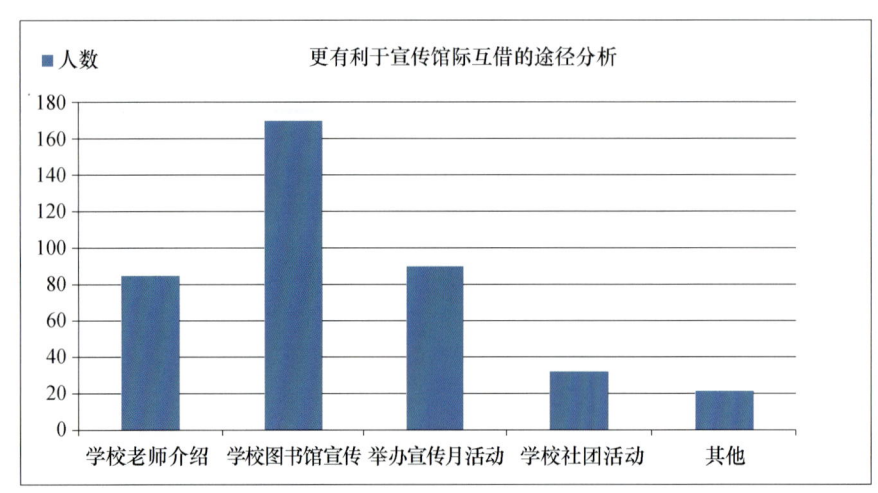

图8 更有利于宣传馆际互借的途径分析

3.2.2 制度分析

北京市高校联合体馆际互借是非官方组织，各成员馆达成一致协议，为其他学校学生提供到馆借阅图书的服务。BALIS 是由北京市教委组织成立的，其分为中心馆和成员馆，中心馆负责协调各成员馆间的馆际互借服务，统计各成员馆馆际互借量，提供技术服务支持和经费补贴。各成员馆均设有馆际互借员，其直接面向最终用户，负责处理与读者间的馆际互借事务。

以下是分别对 3 种馆际互借方式制度的分析。

北京市高校联合体馆际互借，每家成员馆持有其他各个成员馆的 10 个借阅证，需要学生本人持证件去出借馆借书，借期为一个月，不能续借，而且所借图书也必须归还到出借馆。对于需要将图书归还到出借馆的规定，有 54.5% 的学生认为这种方式还好，但最好能够提供其他的还书方式（图 9）。

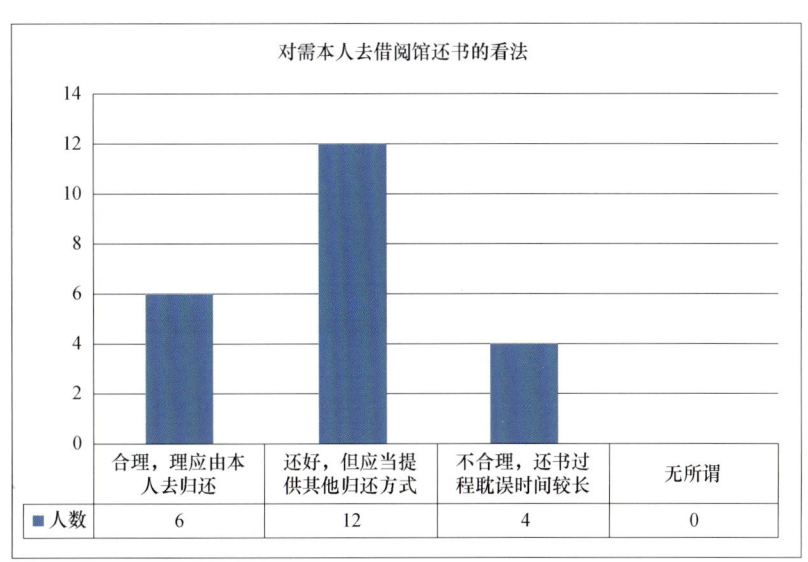

图 9　对需本人去借阅馆还书的看法

BALIS 馆际互借是通过网上注册，提交申请，等待审核后即可借阅图书，借期为一个月，不能续借，归还时只需还到本校图书馆即可。在图书的运送过程中产生了快递的费用现阶段由北京市教委承担。

BALIS 原文传递服务主要提供电子版的文献和论文的传递，但考虑到版权问题，现阶段只能获得所需图书的前 1/3，论文的前 14 页或同一期刊中的 4 篇文章。

3.2.3　操作系统分析

北京高校联合体馆际互借，其操作流程简单（图 10），只需要到本校图书馆借所需院校的图书借阅证，即可自行到出借馆借阅图书，图书使用完毕，需要在借期内归还出借馆。然而，在计算机网络化不断发展的今天，这种传统的馆际互借方式已经不能顺应时代的要求。

BALIS 馆际互借和原文传递是在传统馆际互借的基础上发展起来的，其通过计算机网络系统为读者提供了更加便利的借还书的方式。这种方式与当今的先进技术相结合，使馆际互借的过程更为便捷。其操作流程如图 11、图 12 所示。

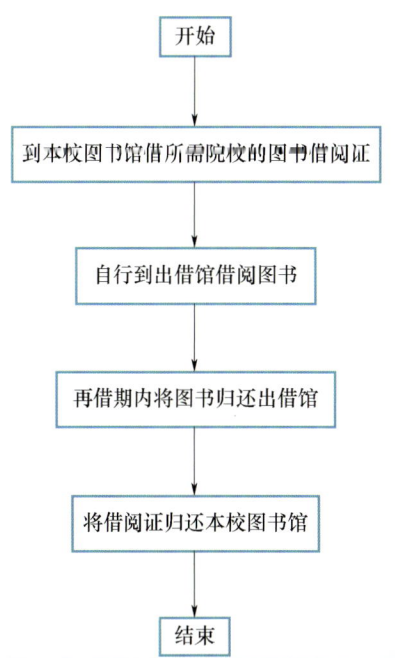

图 10　高校联合体馆际互借操作流程图

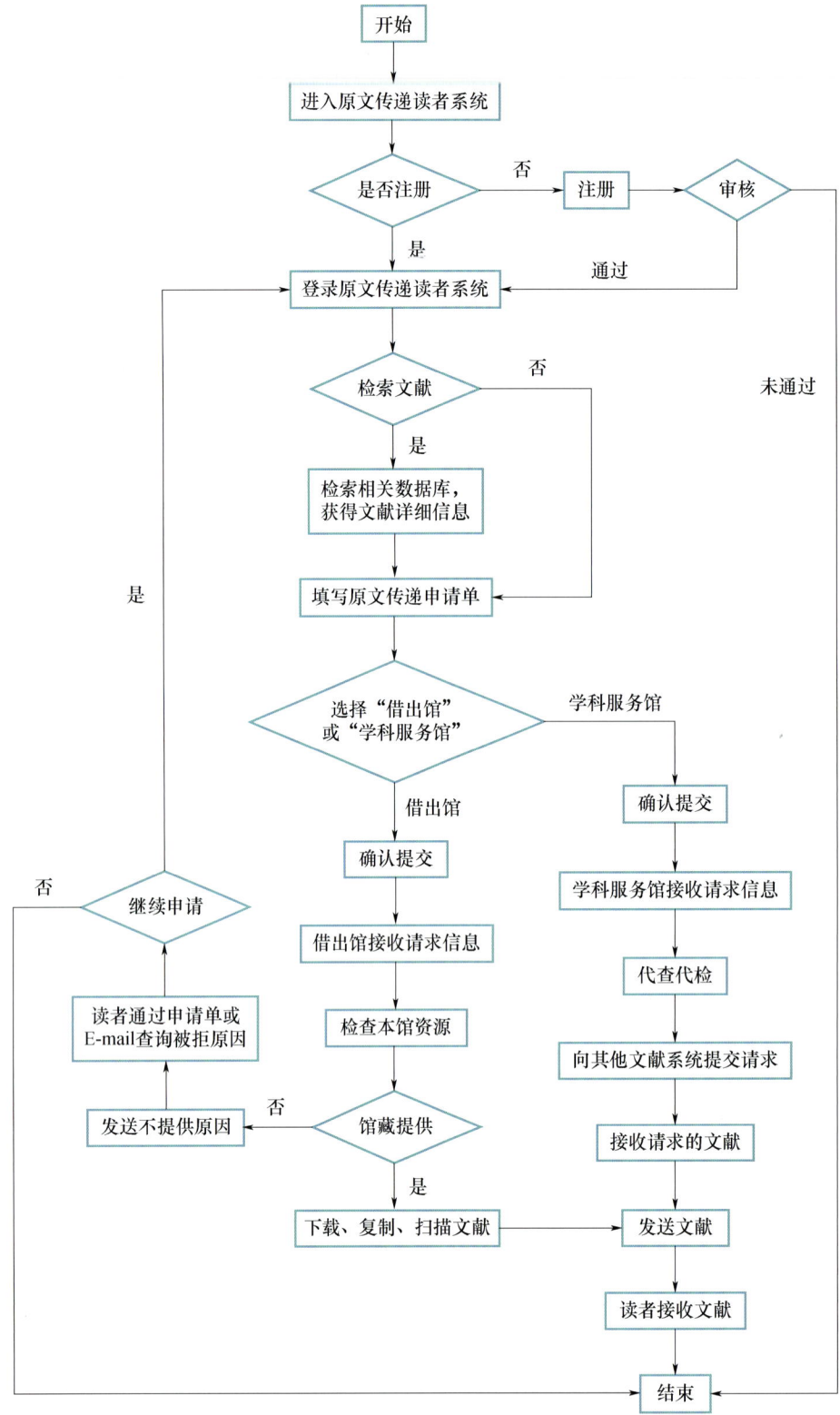

图 11　BALIS 馆际互借操作流程图

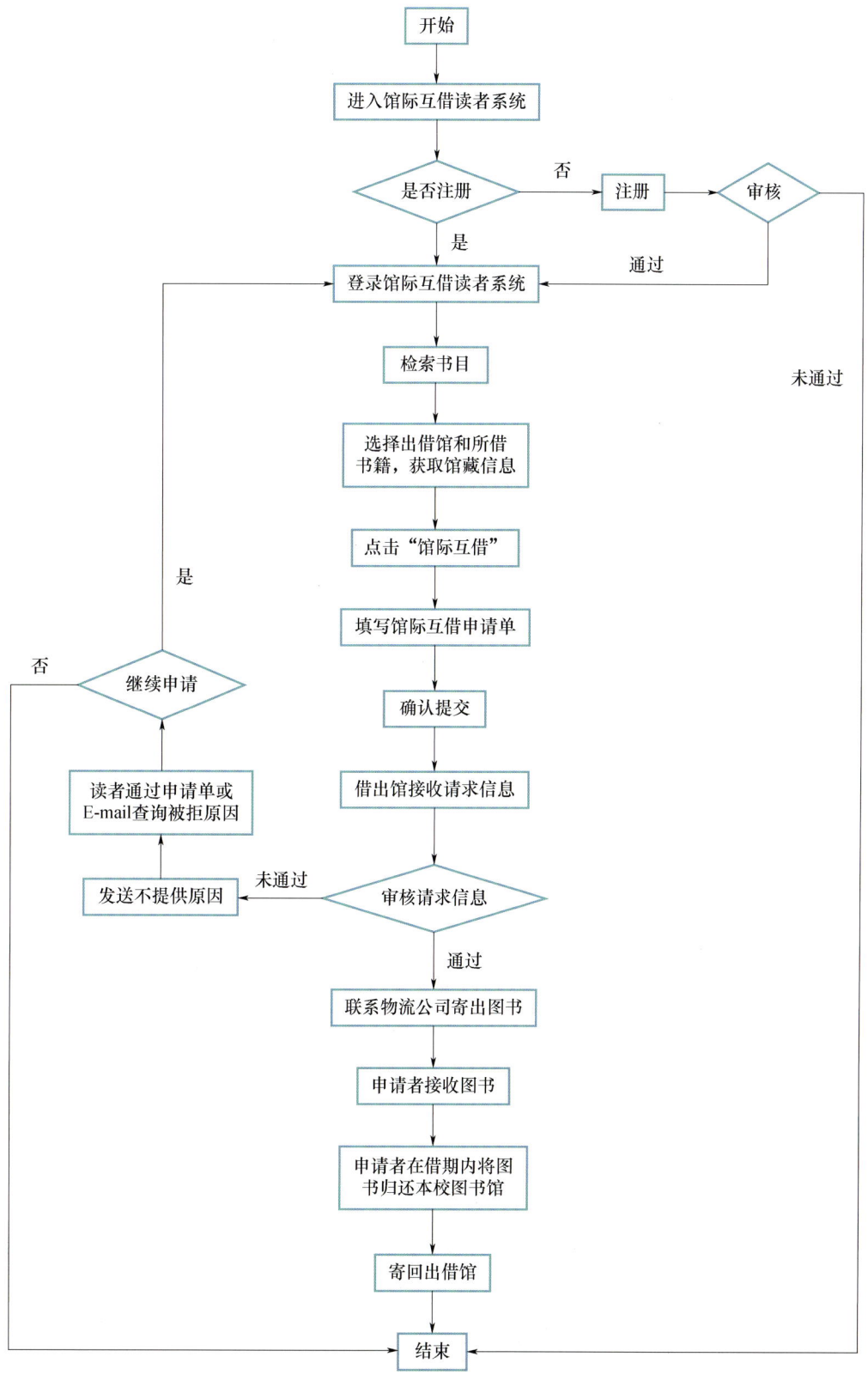

图 12　BALIS 原文传递操作流程图

3.2.4 服务质量分析

管理大师德鲁克曾经说过,"无法度量就无法管理。"在本次的调研过程中,我们主要通过调查馆际互借服务的满足率,以及申请回复速度两个方面来对馆际互借服务质量进行评估与分析,以期能找到更好地提升服务质量的策略。

在 BALIS 馆际互借及原文传递服务开展以来,其读者注册人数,系统请求数,满足量在一直增加(图 13、图 14)。使用者反映得最多的影响他们使用馆际互借服务的因素有两点:一是馆际互借申请回复速度,二是馆际互借满足率。我们小组成员也亲身体验了一下馆际互借服务。我们得知提交申请到收到申请受理回复的过程是在三个工作日内完成的。

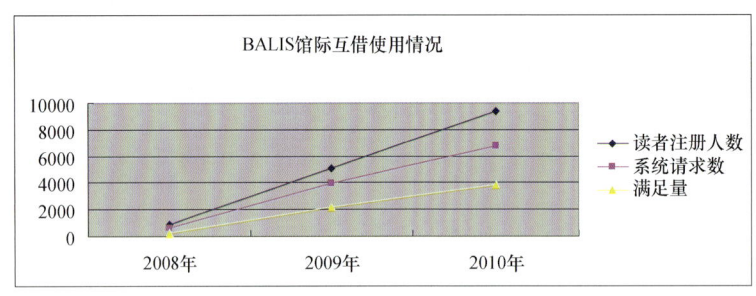

图 13　BALIS 馆际互借使用情况

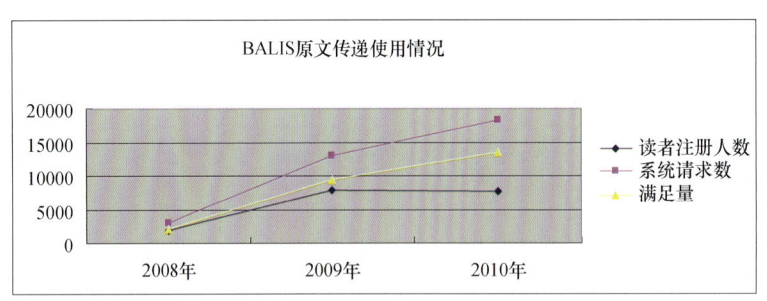

图 14　BALIS 原文传递使用情况

在调研过程中,我们针对 BALIS 服务系统的满足率进行了统计。满足率是指读者申请总数与满足请求数量的比率,它是文献传递服务满足读者需求程度的直接反应。BALIS 馆际互借服务开通三年以来,文献传递满足率有所增长但增长速度较为缓慢(图 15),有待进一步提高。

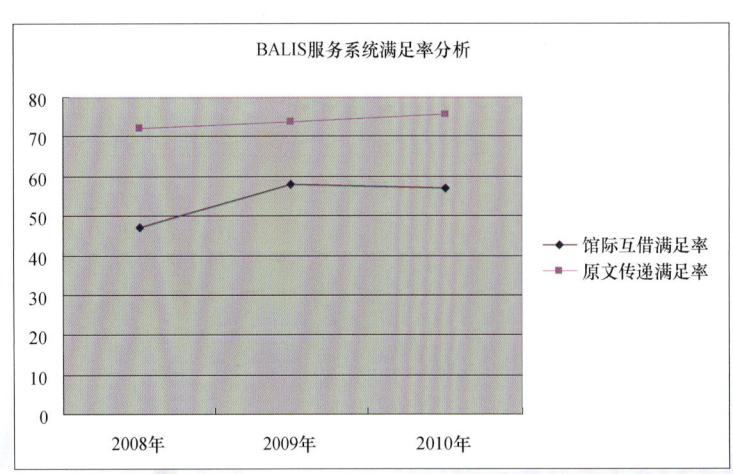

图 15　BALIS 服务系统满足率分析图

3.3 馆际互借服务的优势分析

馆际互借服务使得北京市各高校的学生可以共享各校图书馆资源，为学生获取知识提供便利，加强各高校图书馆之间的合作，缓解了图书资源分配不均的现状。其优势为：

第一，认知度方面

首先，馆际互借的服务对象为高校师生，文化水平较高，对于新生事物的接受能力较强；其次，数字化已经逐步融入到社会的各个领域，成为人们生活中不可或缺的一部分。这样可以增加馆际互借的受益人群，提高其认知度，有利于馆际互借的普及和发展。

第二，制度方面

（1）馆际互借扩大了单个图书馆的服务范围，加强了中心馆以及成员馆之间的信息流通，避免了图书馆图书资源的重复购置，其节约的资金可用于图书馆其他方面的建设。

（2）只要有网络的支撑，使用者可以随时随地地查阅图书资源，并在一定条件下获取图书资源，便于千百万读者共享，打破了它的局域性，使用者获取资源的范围不再仅限于本校图书馆，而是扩展到所有加入 BALIS 的成员馆。

（3）数字化的馆际互借使得纸质版的图书资源变为电子版，减少图书的印刷量，节约纸张，同时减少了图书的印刷、运输等费用。

（4）将印刷型资源转化为电子资源更利于图书以及文献的保护，特别是对一些珍本、善本和历史遗物的保护；电子资源不占用馆藏空间，不易丢失，没有签收、上架、整架等环节，不受时间限制，不存在闭馆问题。

第三，操作系统方面

（1）高校联合体馆际互借使使用者可以直观地浏览所需书籍，避免产生不必要的借阅过程，同时可以感受其他学校的文化氛围。

（2）数字化的馆际互借通过计算机软件系统实现了对整个借阅流程的全程跟踪，其具有检索及图书馆资源之间相互链接的功能，尤其是检索全文电子期刊，不仅能检索到全文，还能检索到参考文献、引证文献等。

（3）获取图书资源高效便捷，电子资源比印刷型资料更便于检索和查询，能够让使用者通过网络对图书资源进行海量搜索，在短时间内获取其需要的信息。

馆际互借是向着数字化的方向发展的，它实现了资源的数字化、网络化和共享化，通过信息技术建立网络空间数据，从而实现数字化的馆际互借；数字城市的建设是以建立数据库、数据处理平台以及数据共享平台等为基础来逐步实现的，馆际互借为其提供了基础和发展平台，可以通过馆际互借来实现资源共享，使城市成为有利于人类生存与可持续发展的空间。

4 结论

通过调研结果不难看出，馆际互借确实可以为学生提供宝贵的学习科研资源，大多数学生在未来还是非常愿意去尝试这种借阅方式的；同时，这种方式节约了人力、物力、财力，使使用者更高效便捷地获取图书资源，并且保护了图书资源。在以后的发展过程中，应优化馆际互借的操作系统，提高其服务质量，加强各高校间的合作，做到真正方便快捷的资源共享，实现各方面的共赢。

4.1　馆际互借改进建议

第一，以学校图书馆宣传为主，加大对馆际互借服务的宣传。如在图书馆内长期放置宣传板等。各成员馆还应加强面向读者开展文献信息检索培训、专题讲座、文献传递服务介绍等活动，启发读者潜在的信息需求，提高读者的检索能力。

第二，提供多元化的借还书方式。如可以划定服务半径，相隔距离较近的学校可以让读者自行去出借馆借还图书；相隔距离较远的学校，可以通过快递的方式将图书送达借阅者手中。

第三，完善其检索系统，建立统一的检索目录，方便使用者对文献进行检索；简化系统界面，增强系统操作的导向性，让使用者更明确下一步操作。

4.2　馆际互借对社会的影响

馆际互借无论是对学生还是高校都产生了不同程度的影响，这种服务方式使得各高校图书馆之间形成了网络，其每个高校的图书馆都相当于一个节点，而馆际互借服务就相当于虚拟的链条，各高校的图书馆经过这些链条互相连接起来，形成了一个"网"，图书馆的资源可以通过这个"网"互相传递，达到共享。这个"网"构成一种虚拟的城市空间，是数字城市的一种体现，它可以间接地促进数字城市的建设。馆际互借对社会的影响具体如下：

（1）培养大学生的信息素养

随着网络的遍及化和大众化，上网已成为人们生活的一部分，而大学生又是使用网络最活跃的群体，因此，利用数字化的馆际互借向大学生传播知识和信息，是他们乐于接受的方式。同时，这种方式还可以培养学生的信息素养，即利用计算机等现代信息工具获取信息、整理、加工信息，从而综合利用信息，提高工作与学习效能。因此，学校应有意识地对大学生进行引导，以培养学生的自学能力、数据库检索的能力，最终成为一个独立的学习者。

（2）提升校园文化

图书馆本身就是校园文化的一个象征。曾任哈佛大学图书馆馆长的保罗·柏克指出："一座很好的图书馆是吸引优秀人才到一个大学里来的重要因素。"图书馆馆际互借在资源、服务以及空间方面具有独特的优势，从而扩大了高校师生获取知识的机会和途径，对于提高师生的文明素质、丰富师生的精神生活，提升校园市文化无疑具有重大的意义。

（3）减小各校图书馆资源差异

目前，部分高校教育供给存在不足的现象，图书馆资源的差异较大，亟需其他高校教育资源的补充，这为馆际互借的发挥提供了广阔的发展空间。高校之间的馆际互借使得使用者可以享受到同等的图书资源，充分满足高校师生对信息的需求。这不仅减少了各高校图书馆的资源的差异，也在一定程度上缓解了各高校教育资源的不均。

（4）建设更全面的数字图书馆

数字化是现代图书馆的发展方向，而馆际互借是现阶段高校图书馆数字化的一种体现，以其为基础，不仅能促进单个图书馆的数字化，还能使各个图书馆形成网络，构成一种虚拟的城市空间，有利于更全面地建设数字图书馆。

（5）促进数字城市的建设

数字城市是现代城市发展的方向，是城市的终极目标。数字图书馆是一个城市的数字资源中心，国务院信息化专家组专家曲成义发表演讲，在城市信息化建设中的几个问题中就提到"对城市公益性信息资源的开发，包括各种数字的文献，数字图书馆资源等。"可见，数字图书馆在数字城市的建设过程中起着重要的支持作用。数字图书馆的建设，加强了城市的信息基础设施，提供信息服务、实现资源优化配置，为数字城市的发展奠定了基础。数字城市几乎能够使城市中的每一个人都公平地享受社会中的部分资源，更有利于城市的发展。

参考文献

[1] 王茜.基于系统的 BALIS 返还式馆际互借服务研究 [J].图书馆学研究.2009(6).

[2] 董晓霞，王茜.BALIS 返还式文献馆际互借的研究和探讨 [J].现代图书情报技术.2008(4).

[3] 周婕,崔海媛,张红军.北京高校图书馆联合体合作实践与发展研究 [J].图书情报工作.2007(3).

[4] 杜惠平,杜慰纯,武志宏.纸质资源与电子资源的协调发展 [J].图书情报工作.2009 年增刊 (2).

[5] 成晓东.国外图书馆馆际互借服务及借鉴 [J].现代情报.2010(1).

[6] 回增春.高校图书馆信息资源共建共享初探 [J].城市建设理论研究.2011(23).

[7] 王茜，董晓霞.BALIS 馆际互借运营管理研究 [J].图书馆学研究.2011(6).

[8] 吴丽华.数字图书馆对城市发展的影响分析 [J].农业图书情报学刊.2005(10).

体验型书店吸引力评价
——以北京"单向空间"书店为例

摘　要　随着网络文化的冲击，实体书店在夹缝中寻求转型，体验型书店是其一大出路，它常和咖啡厅、沙龙等结合成为体验型服务的一部分。调研以体验型书店为对象，通过文献筛选及 50 份问卷提取体验型书店吸引力的影响因子；在北京"单向空间"书店中发放 50 份问卷以确定各因子权重，并进行因子的具体描述；最后通过 200 份网络普查问卷，确定各因子对体验型书店吸引力的关键要素。结论确定体验型书店吸引力的 14 个影响因子，并归纳为区位特征、基本要素、视觉效果、人群影响和多元体验 5 个主因子。体验型书店吸引力的提高需注意多种因子的同步构建，其中提升服务质量与多种功能的复合是最重要的。

关键词　体验型书店；吸引力；影响因子；单向空间

1　体验型书店吸引力研究框架

1.1　体验型书店发展中的疑惑

随着当今社会网络文化的传播，传统实体书店运营遭受了巨大的冲击[1]。在突破实体书店现有框架的过程中，发展出多种实体书店形式，其中体验型书店以其多样的功能和丰富的空间脱颖而出。但由于体验型书店处于初步发展阶段，缺乏深入研究，导致如今的体验型书店吸引力不足。

那么体验型书店的吸引力表现在哪些方面？如何增强其吸引力？

为此，我们选取了北京市体验型书店为主要研究对象，并希望通过研究实现以下目的：

（1）根据调研方法的综合，提取体验型书店影响因子，并通过实例验证影响因子的提取及其在书店中的应用与改进方向。

（2）为进一步确定书店吸引力影响因子的关键要素，通过普查提出影响因子的权重并进行应用分析。

1.2 调研对象

本次调研的对象为体验型书店，其理念源自体验型消费。体验型消费中指出，体验不是一种客观的经济产品，更不是由企业创造和提供的产品[2]。而是指消费者为了获得某种消费情绪，亲身去特定的消费环境中进行消费的行为产品。

体验消费对象包括体验型自然景观、体验型人文景观、体验型主题项目活动等 8 大类型。其中体验型书店正是体验型主题项目活动中的一种。体验型书店中体验的不仅是书，还是一种阅读环境、生活方式的体验，书只是引子，体验的是人与书之间、人与环境之间、商业艺术与自然的关系。

1.3 调研方法与流程

调研过程中主要采用环境心理学[3]为理论基础，研究体验型书店中人与书店环境之间的关系。在环境心理学中，环境可分为物理、生物、社会、文化和心理环境五个方面[4]。

调研主要采用以下方式、方法：现场勘踏、拍照、数据统计分析、定量分析的问卷调查和定性总结分析等，通过上述方法收集数据进行因子的提取与分析评价（图1）。

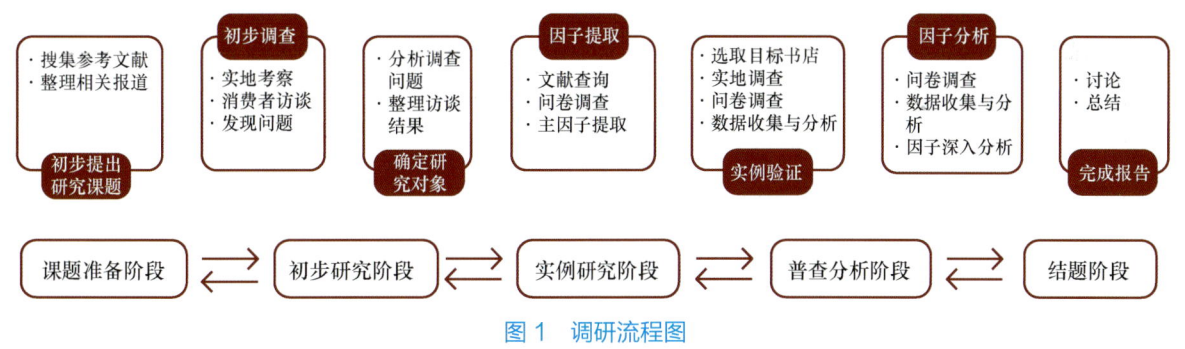

图 1　调研流程图

2　体验型书店吸引力影响因子提取

2.1 从既往文献提取

根据既有的研究，查询知网上与体验型书店相关的所有文献[5-23]，总结出 24 个与体验型书店相关的影响因子，分别为空间高宽比、材质、创意、灯光、氛围、风水、服务员、工艺品、功能、面积、建筑质量、经营者、可达性、可识别性、历史、品牌、其他消费者、书籍、香味、音乐、营业时间、周边用地、装饰风格、面积。

这 24 个影响因子在文献中出现的次数分别从 1 次至 12 次不等，由于因子次数是知网所有书店相关文献的总结，可具参考性，根据影响因子的出现次数对它们进行筛选。

筛选在文献中出现 3 次以上（含 3 次）的影响因子，作为与书店相关性强的影响因子。最终筛选出 13 个影响因子：材质、灯光、服务员、工艺品、功能、面积、经营者、可达性、可识别性、品牌、书籍、周边用地与装饰风格（图2）。

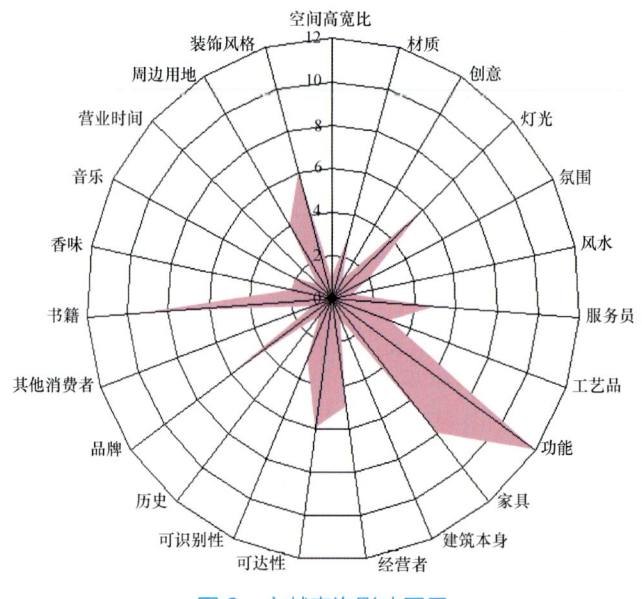

图2　文献查询影响因子

2.2　从调查问卷提取

根据24个影响因子设计调查问卷，在北京三家典型的体验型书店——"单向空间"书店、万圣书园以及"字里行间"书店中发放共计50份，于休息日的晚6:00—8:00进行。受访者可以选取24个影响因子中他们认为对体验型书店影响最大的5项影响因子。

在50份问卷中，被调查者的男女比例为男性43%，女性57%，比例协调，且收入与年龄分布平均。

在问卷调查结果分析中，筛选出选择率20%及以上的影响因子，作为与书店空间相关性强的影响因子。最终筛选出影响因子10个：服务员、其他工艺品、功能、面积、经营者、可达性、品牌、书籍、其他消费者与装饰风格（图3）。

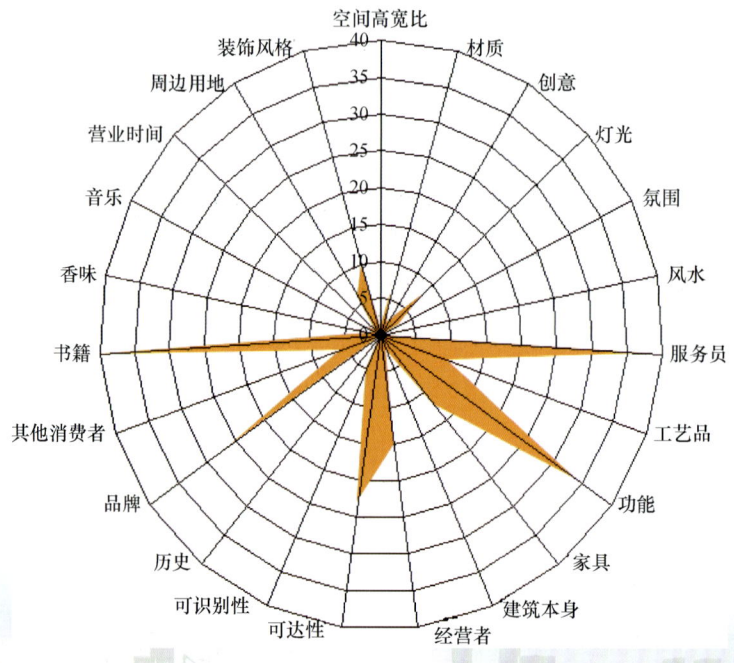

图3　问卷调查影响因子

2.3 主因子提取

综合文献与问卷得到14个影响因子：可达性、周边用地、可识别性、品牌、面积、装饰风格、材质、灯光、服务员、经营者、其他消费者、功能、书籍与工艺品。

通过主因子提取法，对14个影响因子进行分析，得到5个主因子。主因子一的荷载排序为可达性、周边用地、可识别性，可归纳为区位特征因子；主因子二的荷载排序为品牌、面积，可归纳为基本要素因子；主因子三的荷载排序为材质、装饰风格、灯光，可归纳为视觉效果因子；主因子四的荷载排序为服务员、经营者、其他消费者，可归纳为人群影响因子；主因子五的荷载排序为功能、书籍、工艺品，可归纳为多元体验因子（表1）。

表1 体验型书店吸引力影响因子提取

项目	论文篇数	问卷调查	因子总结	主因子	项目	论文篇数	问卷调查	因子总结	主因子
空间高宽比	1	1			可达性	6	23	△	区位特征
材质	3	6	△	视觉效果	可识别性	3	5	△	区位特征
创意	1	2			历史	1	0		
灯光	6	8	△	视觉效果	品牌	6	26	△	基本要素
氛围	2	3			其他消费者	1	3	△	人群影响
风水	1	0			书籍	9	40	△	多元影响
服务员	5	37	△	人群影响	香味	2	2		
工艺品	3	10	△	多元影响	音乐	2	4		
功能	12	34	△	多元影响	营业时间	1	1		
家具	8	12	△	基本要素	周边用地	4	6	△	区位特征
建筑本身	1	2			装饰风格	6	10	△	视觉效果
经营者	5	15	△	人群影响					

△：综合文献与问卷而提取的体验型书店影响因子

3 "单向空间"书店概况与影响因子表现

3.1 "单向空间"书店概况

基于初次调研的结果，选择了最具有体验型书店代表性的大悦城"单向空间"书店作为调研对象。从2005年到2015年，"单向空间"书店辐射的领域已经不仅仅是书店，还包括沙龙活动、美食、饮食文化、线上音频节目等。

北京朝阳大悦城位于四环与五环之间,邻近青年路和朝阳北路,紧邻地铁六号线青年路站。

"单向空间"书店位于北京朝阳大悦城(图4)五层北侧的"悦界"街区内(图5),占地300平方米。

图4 大悦城区位

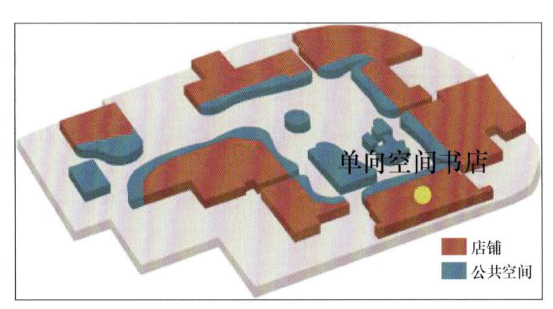

图5 单向空间在"悦界"的位置

"单向空间"书店所处的"悦界"街区,正是一个体验型主题化街区,它不仅是购物的场所,还是消费者能够直接参与、进行休闲社交的空间。因此区内设计大量公共空间,包括店内与店前空间。"单向空间"书店也不例外,消费者可在内外空间内进行休息、交流、讲座与阅读。

3.2 影响因子在"单向空间"书店中的表现

区位特征因子中,"单向空间"书店可达性较强,它邻近城市主干道,紧邻城市地铁站,方便到达。关于周边用地因子,"单向空间"书店位于朝阳大悦城五层"悦界"内,与其他31个别具特色的品牌商户业态组合混搭,共同营造一个不只是释放购物需求的地方,更是一个兼具主题、话题和人文关怀的生活空间。可识别性因子主要为"单向空间"书店的入门空间及其招牌,它主要有两个入门空间,分别位于店面两侧,招牌与店面融合度高(图6)。

图6 "单向空间"店前空间及店面

基本要素因子中,品牌正是"单向空间"书店独特之处,它是北京的文化地标,由单谈(沙龙品牌)、单读(出版物)、单厨(餐饮品牌)、单选(原创设计品牌)组成,已具有自己的品牌体系(图7)。

  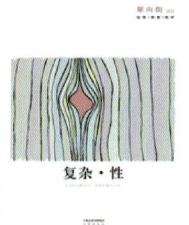 

图7 品牌、单读及单厨

视觉效果因子中,"单向空间"书店主要以木色为主,风格简约。书架、桌椅、格栅等均为木质,临窗座椅材质为布艺,灯光为暖色,给人以亲和感(图8)。

图8　室内桌椅、格栅布置

人群影响因子中,"单向空间"书店的设计元素能让消费者对经营者的品味有一定了解。服务员对于消费者有足够耐心,并有能力解决一定的问题。消费者大体分为购书人群、看书人群以及听取讲座人群,他们可在"单向空间"书店中形成空间上的集聚,从而产生志同道合的感情(图9)。

图9　书店经营者、服务员及其他消费者

多元体验因子中,"单向空间"书店内功能多元,其功能可以分为书籍区、工艺品区、室内阅览区、室外交流区及沙龙区。书籍区主要为单读书籍与其他书籍放置处,书籍国别、种类均较多元丰富。工艺品区主要为单选相关产品与进口文具商品区。室内阅览区占"单向空间"书店几乎一半的面积,主要为消费者休憩、读书的区域。室外阅览区位于"单向空间"书店外,主要用于消费者间讨论交流。沙龙区为"单向空间"书店的一大特色功能,每周这里会举行免费沙龙,为消费者提供与不同领域名人交流讨论的机会(图10)。

图10　单向空间书店功能区平面布置图

4 "单向空间"书店影响因子权重分析

为调研14个因子及5个主因子对"单向空间"书店的影响,分早、中、晚在"单向空间"书店发放了50份问卷,回收50份,有效问卷50份。问卷中将14个因子对书店的影响度分为五个等级,并赋予其分数。通过消费者对其选择的比例可以确定14个因子的相关权重,进而确定5个主因子的权重,并根据权重对各影响因子进行深入分析。

4.1 "单向空间"书店人群分析

问卷中调研了性别、年龄、教育程度、月收入及目的人群,得到结果:性别比例差异不大;人群年龄比例中20岁到30岁的青年占比66%,同时已经有经济基本要素的中年人占比33%,主要人群为中青年消费者;教育程度中本科及以上比例为78%,来此多为文化素质较高的消费者;月收入中,5000及以上占比最多,消费者主要为中产阶层;目的比例中,购书者比例远大于其他两项,买书其次,交流的则最少。说明虽为多功能复合型空间,但是与书相关的行为仍占主导(图11)。

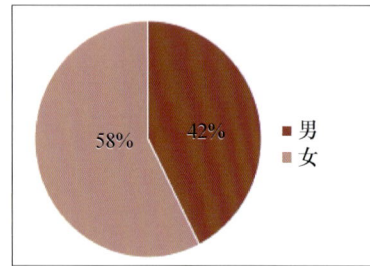
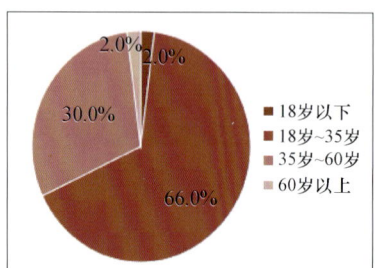
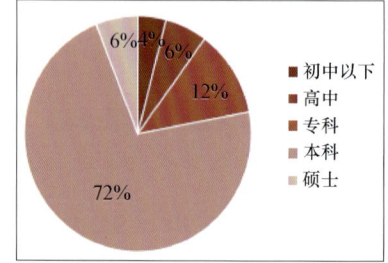
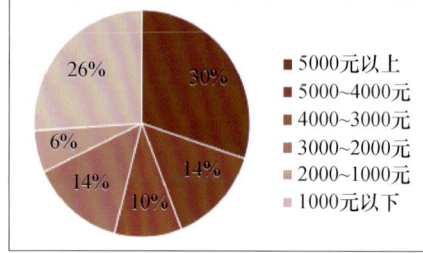
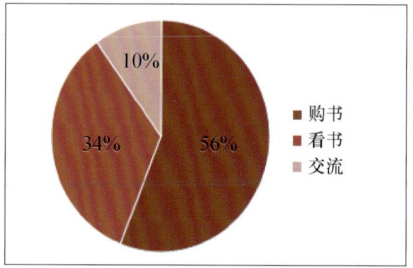

图11 受访者人群比例

4.2 "单向空间"书店影响因子分析

在"单向空间"书店中,主因子权重分别为区位特征0.19、基本要素0.14、视觉效果0.22、人群影响0.23和多元体验0.22(表2)。其中,人群影响所占比例最高,多元体验与视觉效果次之,而基本要素为所占比例最低的主因子(图12)。

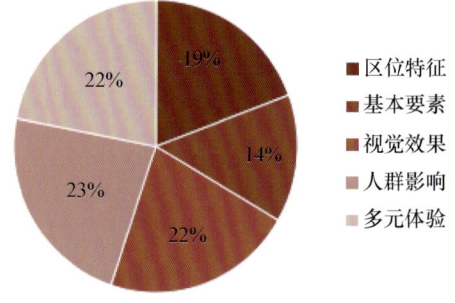

图12 "单向空间"书店主因子比例

表2 "单向空间"书店影响因子权重表

评价因子	权重	二级因子	5分	4分	3分	2分	1分
区位特征	0.19	可达性	0.32	0.35	0.21	0.09	0.03
		周边用地	0.23	0.31	0.31	0.1	0.05
		识别性	0.21	0.19	0.26	0.21	0.13
基本要素	0.14	品牌	0.72	0.17	0.05	0.04	0.02
		面积	0.11	0.25	0.39	0.16	0.09
视觉效果	0.22	装饰风格	0.29	0.55	0.11	0.03	0.02
		材质	0.21	0.39	0.23	0.11	0.06
		灯光	0.49	0.26	0.15	0.09	0.01
人群影响	0.23	经营者	0.54	0.21	0.12	0.08	0.05
		服务者	0.65	0.22	0.05	0.05	0.03
		其他消费者	0.42	0.21	0.21	0.14	0.02
多元影响	0.22	功能	0.44	0.31	0.19	0.05	0.01
		书籍	0.42	0.33	0.21	0.04	0
		工艺品	0.21	0.37	0.34	0.07	0.01

4.2.1 区位特征因子

现代交通的便捷使得书店的可达性提高，因此，区位特征在体验式书店中影响程度降低，而由主因子分析可以看到，区位特征因子权重比在主因子分析中为第四，比重较小（图13）。

"单向空间"书店的交通便利，公共交通与私家车等各种交通方式均可便捷到达。其周边为商业区，消费水平高。而在区位特征二级影响因子中，可识别性因子占比最低，可达性和周边用地的权重比例较高，且两者相近，与其权重比例相符。

因此，在体验式书店的区位选择中，不需要选择繁华地段或是中心地段，只需保证其交通的可达性，让书店与周边用地性质相融即可。

4.2.2 基本要素因子

基本要素因子是所有主因子中比例最低，影响程度最小的因子。可能是由于消费者在不同体验型书店中对基本要素因子的需求不同。如，"单向空间"书店中，消费者既需要私密的小空间，又需要自由的大空间。因此，基本要素因子弹性大，影响程度最小（图14）。

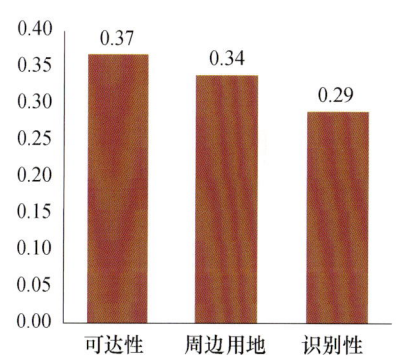

图13 区位特征二级因子

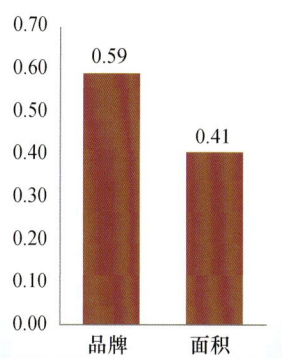

图14 基本要素二级因子

但基本要素二级影响因子中,品牌因子的权重比例大。根据对体验型书店的文献查询中,"单向空间"书店均为网上推荐书店,且在调研过程中,可见不少慕名而来的顾客。

由此可见,虽然基本要素因子的权重较小,但品牌效应发挥的作用大。因此,在体验型书店的建设中,对品牌效应的构建应该是着重注意之处。

4.2.3 视觉效果因子

视觉效果因子为权重比重第二的因子,且其二级因子的权重分布较平均。但因为视觉效果因子有多样可能性,而"单向空间"书店中的视觉效果均以舒适性、亲和性为主。因此,视觉效果因子只需满足设计需求即可。

4.2.4 人群影响因子

人群为"单向空间"书店中消费者主要接触对象,而消费者在与单厨和单谈中,与服务员产生最直接的接触。经营者的品味与书店最初印象紧密联系。最后,只有在书店中进行长时间活动后,才受其他消费者的影响。

因此,受消费者与书店内部人群接触时间先后与长短的影响,在人群影响的二级因子分析中,权重比:服务员 > 经营者 > 其他消费者(图15)。

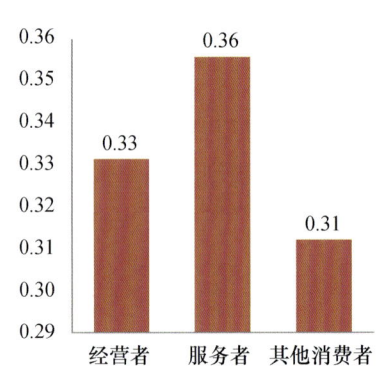

图15 人群影响二级因子

4.2.5 多元体验因子

多元体验因子所涉及的活动是消费者在书店中进行的主要活动,与消费者的目的息息相关。所以是权重排序中位居第二位的影响因子。且权重值与人群影响因子差距不大。因此,人群影响因子与多元体验因子是最影响体验型书店构建的影响因子。

在多元体验二级因子中,书籍作为一个书店的主要组成因子,其种类、排布与数量是消费者最关注的影响因子。"单向空间"书店单厨、单谈等多样的功能,是消费者体验的主要组成部分,影响程度较高。而工艺品作为商品的辅助,影响程度最低(图16)。

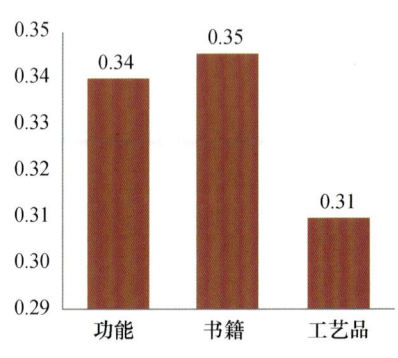

图16 多元体验二级因子

由此可知,书店消费者最注重的仍是书籍,其次才是体验功能的多样性。因此,在体验型书店的建设中,应防止本末倒置。

5 体验型书店吸引力影响因子的关键要素

我们通过"单向空间"书店的研究,对体验型书店的影响因子有了初步的研究与认知。为保证研究结果的深入性、严谨性与普遍性,我们设计了对北京市体验型书店空间影响因子的 200 份网络问卷调查。

问卷通过消费者对 14 个因子提出的影响度问题同意与否,分为五个等级,可以确定 14 个二级因子的相关权重,进而确定 5 个主因子的权重,并根据权重对各影响因子进行深入分析(表 3)。

表 3　体验型书店影响因子权重

一级因子	权重	二级因子	权重	统一纲量
区位特征	0.20	可达性	0.36	0.07
		周边用地	0.33	0.07
		识别性	0.31	0.06
基本要素	0.17	品牌	0.54	0.09
		面积	0.46	0.08
视觉效果	0.18	装饰风格	0.34	0.06
		材质	0.30	0.06
		灯光	0.36	0.07
人群影响	0.24	经营者	0.33	0.08
		服务者	0.36	0.08
		其他消费者	0.31	0.07
多元体验	0.21	功能	0.33	0.07
		书籍	0.35	0.08
		工艺品	0.32	0.07

5.1 主因子分析

经问卷调查可得五个主因子分布比例由小到大依次为基本要素 0.17、视觉效果 0.18、区位特征 0.20、多元体验 0.21、人群影响 0.24。人群影响所占比例最高,基本要素所占比例最小(图 17)。

在五个主因子中,基本要素、视觉效果、多元体验、人群影响是消费者在书店空间内直接感受到的,区位特征则是无法直接感受到的,因此,在感知度上区位特征表现稍弱。而在可直观感受到的四个因子中,人群影响权重最高,这可能是由于消费者对人群接触最多,且人群中经营者、服务员、其他消费者的情感变化可以被消费者直接感受到,故其影响性较大,所占比重最大。多元体验商品是消费者来书店的主要目的,故其权重第二。

对区位特征、视觉效果、基本要素三个因子的分析中可知区位特征 > 视觉效果 > 基本要素(图 18),与"单向空间"书店的权重比不同。其主要原因可能是"单向空间"书店中视觉效果比区位特征因子构建的更出色,店内消费者接受度更高。而在普查中,区位特征是先于见到书店实物前就能感受到的，它体现在到达书店的便捷性、周边环境等间接可感知因素上，对于消费者选择书店来说，这些影响相较于视觉效果的装潢和面积更重要，而视觉效果、面积则是到达书店之后才能给人留下印象。

综上所述，对消费者来说，在影响体验型书店的五个主要因子中，感受越直接，接触次数越多，对其的影响性就越大。在构造书店空间时，不仅要注重书店内部客观因子如视觉效果、基本要素、多元体验，主观因子如人群影响等，还要注意书店与周边区域的联系。书店的影响因子并不仅仅局限于室内空间，它亦与城市区域相关联，是一个更广义的空间。

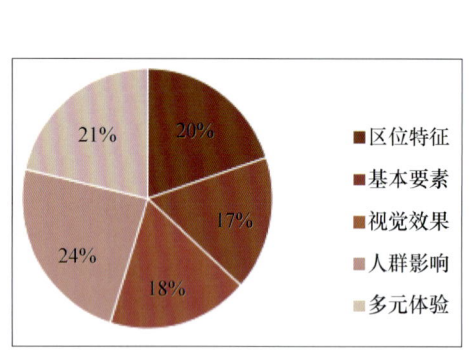

图 17　体验型书店影响因子权重

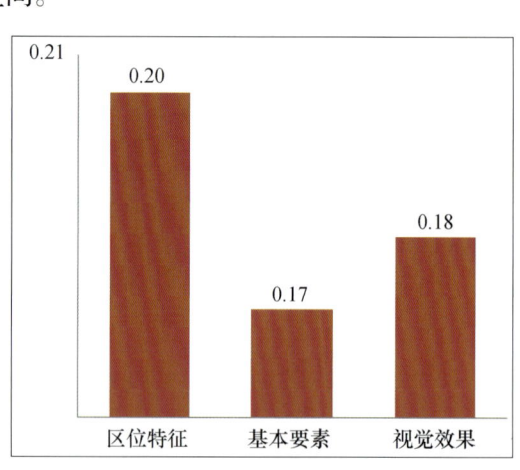

图 18　区位特征、视觉效果、基本要素权重

5.2　二级因子分析

对 14 个二级因子权重进行统一纲量处理并排序，发现其权重比多在 0.06 ~ 0.08 之间波动，仅有材质极低至 0.06，品牌最高至 0.09，分布总体来说差别不大（图 19）。

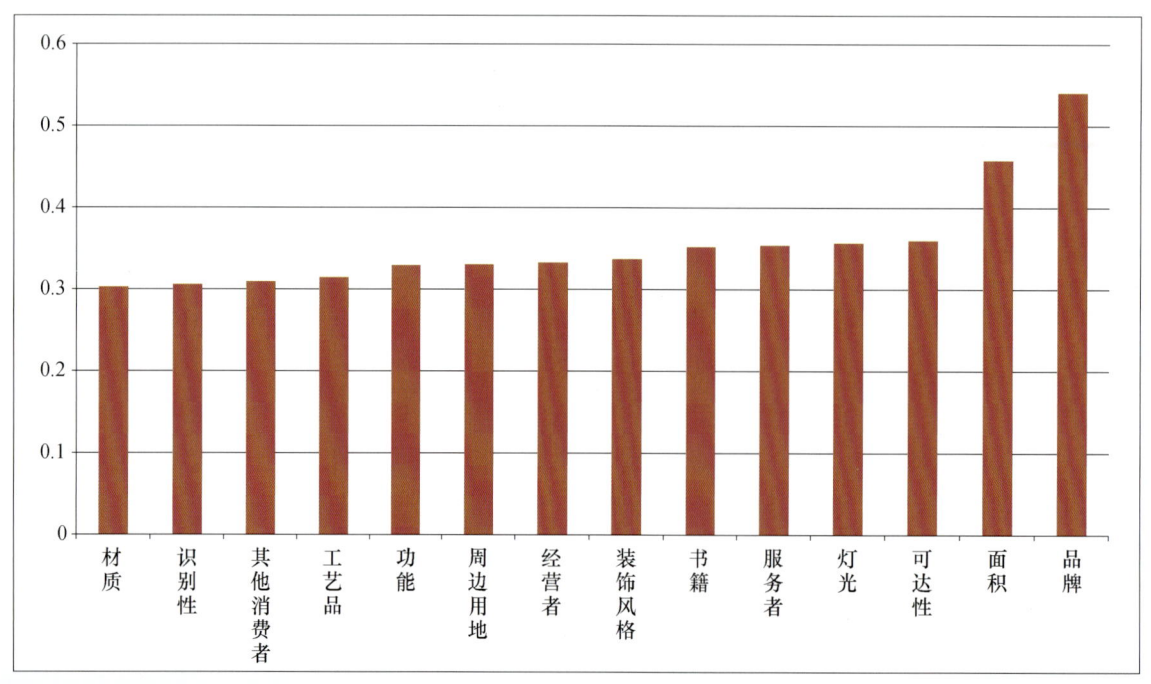

图 19　二级因子权重图

14 个二级因子波动较小，表明大多因子对书店影响较均质，不存在某项因子对书店具有突出作用的情况，因此书店的构建应是多方面同时进行的。在所有因子权重比中，材质最小，为 0.06，即人们对书店家具的选择关注度较小，并不因为其是视觉效果直接的观察对象而受重视。这表明在书店的体验过程中，人们仍更关心与书有直接相关的因素。而 14 个因子中，与预估差距最大的是，占比重最大的是品牌因子。这从另一方面说明，体验型书店不只通过真实载体来构建，还通过品牌等虚拟方式来呈现。

5.3 吸引力关键要素小结

在体验型书店的影响因子中，人们关注的不只体现在实体因子，还包括品牌等虚拟相关因子。体验型书店的构造不应只关心消费者能直接看到的因子，也应注重无形的资产累计。同时，较均匀的因子分布表明，多方因子共同作用才能构建完善的书店空间，仅关注个体因素无法构造一个成熟的体验型书店。

6 结论

在如今大量实体书店倒闭，传统型书店成为实体书店发展的大势所趋的背景下，本文通过文献查询与初次问卷调查提取了体验型书店的 14 个影响因子，并使用主因子分析法将其归纳为 5 个主因子，分别为：区位特征、基本要素、视觉效果、人群影响和多元体验。

选取北京"单向空间"书店为研究对象，实地考察 14 个影响因子的表现，验证影响因子的可行性。通过二次问卷调研与数据分析得到影响因子权重，其中主因子的人群影响因子权重最高，基本要素因子权重最低。而 14 个二级影响因子中，品牌因子权重最高，材质因子权重最低。同时，在三次普查问卷调研中因子权重得到充分验证。

本文为体验型书店的构建提供了系统性的理论框架。在体验型书店的构建中，多个因子同步构建是首要要求。其次，将构建重点放在培养体验型书店服务员等相关人群因子和为消费者提供多样的书籍和功能体验中。最后，构建过程中也应该注重品牌营销等虚拟因子的累积。总之，体验型书店可以通过本文有针对性地对自身增加塑造力度，增强对消费者的吸引力。如此，既提升了实体书店的存活率，又补足了城市公共文化空间的"缺口"，为城市提供高品质的城市文化空间。

参考文献

[1] 李桂君，王楚. 北京市实体书店的分布现状与存在的问题 [J]. 出版发行研究，2011 (08)：16–19.

[2] 葛鲁嘉. 对心理学研究中环境的理解 [J]. 人文杂志，2007 (5)：39–43.

[3] 陈师. 实体书店建筑空间形态及发展模式探讨 [D]. 合肥：合肥工业大学，2013.

[4] 吕晓松，葛鲁嘉：环境心理学的理论审视 [D]，长春：吉林大学，2013.

[5] 梁娜. 创意书店的形象设计 [D]. 青岛：青岛大学，2012.

[6] 谢晓如. 对文化微空间的感知与认同研究——以广州太古汇方所文化书店为例 [J]. 地理学报，2014(02)：184–198.

[7] 关于书店设计中的空间配置 [EB/OL]. http://www.360doc.com/content/14/0104/01/6557971_342468446.shtml.

[8] 李志鹏，阎波杰，陈业滨. 基于 GIS 的福州大学城大型书店分布适宜性分析 [J]. 江南大学学报，2012(06)：647–652.

[9] 郭东萍. 浅谈现代书店的"情感空间"设计 [J]. 轻工科技，2014(11)：88–89.

[10] 逯光玄. 商业文化中的设计因素——书店案例分析 [J]. 太原理工大学学报，2007：42–44.

[11] 王子博. 实体书店的困局与转机——北京实体书店生存现状及出路调查研究 [J]. 编辑之友，2013：83–86.

[12] 周正兵. 实体书店向何处去——基于巴诺书店转型经验的对比分析 [J]. 出版发行研究，2011(08)：20–23.

[13] 侯月川. 试论书店照明设计特点 [J]. 今日科苑，2012：122–123.

[14] 梅娜. 书·城——作为城市空间的书店 [D]. 合肥：安徽大学，2014.

[15] 莫敷建，陈菲菲. 书店"意"向——浅谈主题书店的展示创意设计方法 [J]. 出版广角，2012(08)：68–69.

[16] 温书明. 书店空间环境的体验化设计研究 [D]. 南京：南京林业大学，2012.

[17] 李超平，黎娇，刘杰. 台湾小型图书馆空间改造运动研究 [J]. 国家图书馆学刊，2014：39–46.

[18] 李多. 我国民营实体书店的生存空间探索 [D]. 北京：北京印刷学院，2014.

[19] 戴学珍，闫晶. 我国实体书店空间分布特征及影响因素分析 [J]. 出版发行研究，2012(12)：44–47.

[20] 杨璐. 我国实体书店业态转型研究 [D]. 济南：山东大学，2012.

[21] 张超. 数字时代的实体书店创意行销研究 [D]. 福州：福建师范大学，2014.

[22] 王晓丽，赵旭. 传统书店消费者行为特征分析 [J]. 中国商贸，2011：38–39.

别了，旧公交时代？！
——大数据时代北京公交车智慧化转型调研

摘　要　大数据对传统行业的冲击显现在诸多领域，公共交通领域的智慧化转型便是其中之一。本次调研以北京市公交车智慧化转型过程为调查对象，通过对管理者、司机、售票员、乘客、私家车车主等进行访谈、问卷等多种调查方式获取一手信息。调查数据显示，北京公交车系统智慧化转型并不如人们预期的那样迅速，现状存在的问题主要集中在线路规划、信息发布、空间转换以及设施配备四个方面，调查报告分析了问题产生的原因，并提出针对性解决策略。核心观点认为需建立公众参与平台，通过"人"与"车"相连的大数据技术手段，使市民参与到公交系统迭代更新的历史进程中，实现从"旧公交"到"新公交"时代转换。

关键词　大数据；智慧公交；北京公交智慧化转型；公众参与

1　大数据将带来公交的变革吗

1.1　都说"数据"，"大"在哪里

提到"大数据"，很多人会被它的名字所迷惑，神化它的作用或对它保持敬畏之心。然而"大数据"仅是互联网发展到现阶段的一种表象或特征，在以云计算为代表的创新技术下，很多原本很难收集和使用的数据开始容易被利用起来了。总之，它是一种技术的革新的表现，像瓦特的"蒸汽机"带我们走向了工业化，"云计算"等创新技术对巨量数据的处理将带我们迎接一个对"数据"认知的新时代。

"大数据"时代到底"大"在哪里？其意义在于，"大数据"技术怎样与传统行业相融合，对有意义的数据进行专业化处理，利用信息通信技术以及互联网平台，使得互联网与传统行业进行深度融合，让大数据带领我们走向各行各业的未来。

1.2　"旧公交"与"新公交"交替的时代

我们说的"旧公交"时代，是各种大数据应用手段融入公交系统之前的时代。随着大数据时代的来临，

传统公交行业受到巨大冲击，暴露出在线路规划、线路信息发布、公交基础设施设置等方面规划设计模式自上而下，缺乏公众参与，以及无论从管理层，还是使用层都对公交数据信息无法掌握和运用等问题。

随着大数据技术手段的不断加入，传统公交行业又与其相互融合，一个新的公交时代应运而生。在"新公交"时代，公交数据的价值被发掘，公交数据信息被运用在了管理、规划和使用等各个层面。产生自下而上的线路制订机制；乘客可以获得公交实时信息；以及运用新的自媒体技术，传统公交车的空间意义也随之发生变化，转变成为移动交往空间。然而"新公交"的发展在大数据的时代也必将迎来新的机遇和挑战。

"旧公交"时代的发展如今面临着怎样的挑战？"新公交"时代的未来又将如何？这两个问题是我们所关注的。

1.3 调查框架、方法和数据

1.3.1 调查框架

调查框架示意图如图1所示。

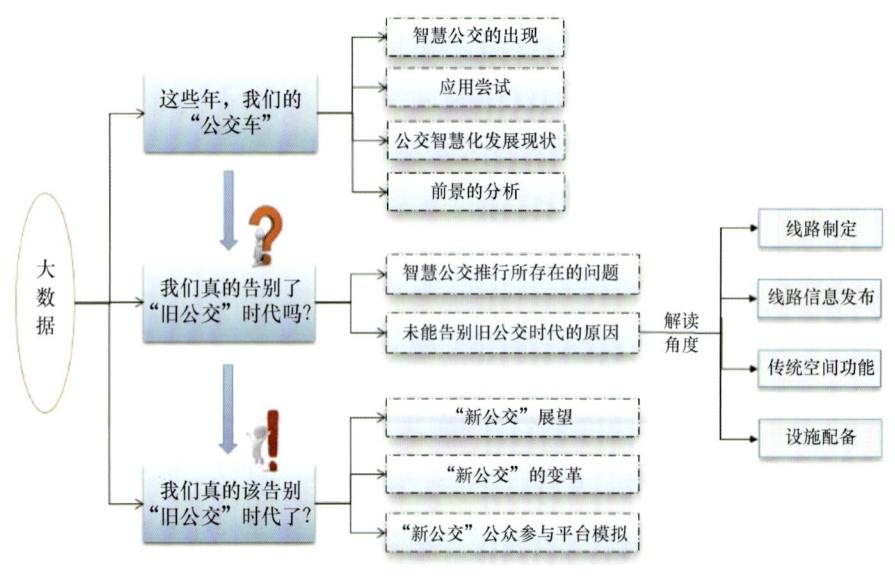

图1 调查框架示意图

1.3.2 调查方法与目的

调查方法与目的见表1。

表1 调查方法与目的

调查对象	调查方法	数据容量	目的
手机应用端工作人员	访谈	容量：2	了解智慧公交手机应用的总体使用情况，收集的反馈情况，以及手机应用未来的发展前景
公交车司机	访谈	容量：2	调查公交车司机群体对智慧公交在应用中的看法

续表

调查对象		调查方法	数据容量		目的
公交车乘客	老年	访谈 调查问卷 追踪调查	容量：184（96份来自网络）	23	调查智慧公交手机应用普及率、使用率 调查智慧公交的现存问题 调查公交车乘客乘车感知感受 通过调研数据，模拟平台
	青年			152	
	孩子			9	
私家车主		访谈	容量：2		作为比较组

1.3.3 调查数据有效性

调研问卷分两次发放，第一次针对北京实时公交信息手机应用现状进行实地调研，共发放50份问卷，其中46份为有效问卷，第二次针对乘客对公交车内环境设施的感知进行调研，共发放141份问卷，其中96份来自网络，45份为实地发放，全部为有效问卷。

2 这些年我们的"公交车"

"新公交"时代，我们的公交车处于向智慧化转型的阶段。为解决北京交通拥堵问题，优化公交车，从1998年开始北京推行智能公交系统，随着大数据时代GIS、GPS、地理信息数据等技术手段的融合，公交车实时定位、道路拥堵预测成为可能，北京建设"智慧公交"系统，注重公交车实时信息的发布，将乘客与公交车联系起来。

2.1 智慧公交概况

"智慧公交"运营系统就是形成"数据采集＋智慧调度（管理）＋市民感知"立体互动的公共交通管理体系。利用大数据技术手段，采集公交车基础信息和运营信息，进行智慧决策和调度，优化线路规划，最大程度整合车辆资源，实现公交快速反应，同时通过信息发布和显示功能，为乘客提供乘车实时信息，避免"干等车"等现象，挖掘了潜藏在数据中的交通服务价值。

智慧公交乘车实时信息发布形式主要为电子智能站牌和手机移动端。

国内外对智慧公交做出了一些积极的尝试，可以为北京公交车智慧化转型提供蓝本。

2.2 北京公交车智慧化转型

2.2.1 北京智慧公交车现状

北京公共交通智慧化的转型，是从手机实时公交查询客户端开始的。北京市交通信息中心在2013年11月14日发布了"北京实时公交"手机软件，提供公交到站的实时查询服务，方便乘客实时了解公交车与自己的距离。随着实时公交受到越来越多的关注，北京涌现出众多实时公交信息平台，如手机软件、微信公众平台。截至目前共提供359条线路实时公交信息的查询。北京市区内共有848条公交线路，这些平台提供实时信息的线路铺盖率达42%（表2和图2）。

表2 实时公交手机应用对比表

项目	实时公交信息	线路查询	车辆到站提醒	一键回家	末班车查询	公交社交圈	绿色出行贡献	信息反馈奖励	乘客播报分享	换乘查询	附近查询
北京实时公交	●	●								●	
爱帮公交	●	●	●	●		●	●	●	●		●
车来了	●										●
彩虹公交		●	●	●	●	●	●	●			●

备注：目前这些平台呈现出功能复合的特点，如爱帮公交不仅提供"车在哪"实时信息查询，还包括换乘查询、站点查询、到站提醒以及用户反馈、乘客乘车播报奖励等功能。

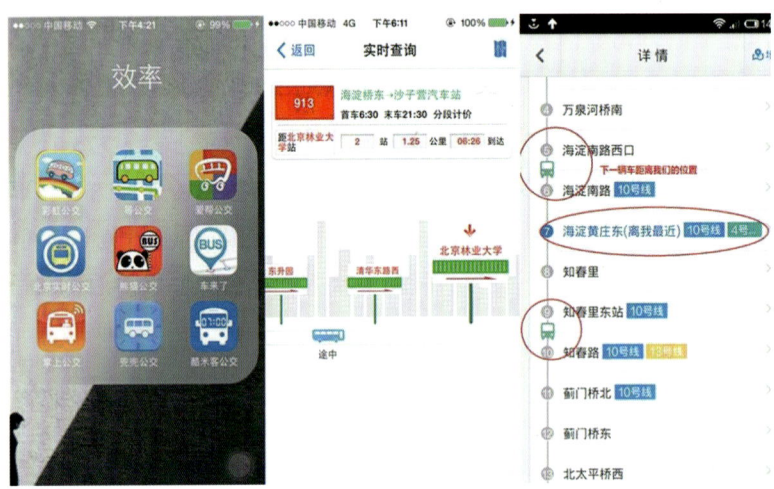

图2 多种实时公交手机应用及界面（图片来源：手机截图与网络）

2.2.2 北京智慧公交——极低使用率

尽管北京公交车智慧化的发展已经小有成果，出现了琳琅满目的手机应用，为了了解北京智慧公交在使用层的普及程度，我们对目前的实时公交信息查询手机客户端（微信、APP）进行了调研。

在五道口地铁公交站我们随机访问了50名在附近上班的白领，其中仅有一人表示用过此类手机应用，41%的乘客表示并没有听说过"实时公交"。高新技术企业的白领作为社会接受新事物最快、接受率最高的社会群体，其他群体的使用率只会更低（图3）。

通过对爱帮公交应用端工作人员访谈，我们得知爱帮公交的下载次数仅有16万次，相较百度地图应用235万的下载次数普及率远不及传统手机公交应用。对公交司机的访谈，我们发现甚至有些司机对"实时公交"没有了解。

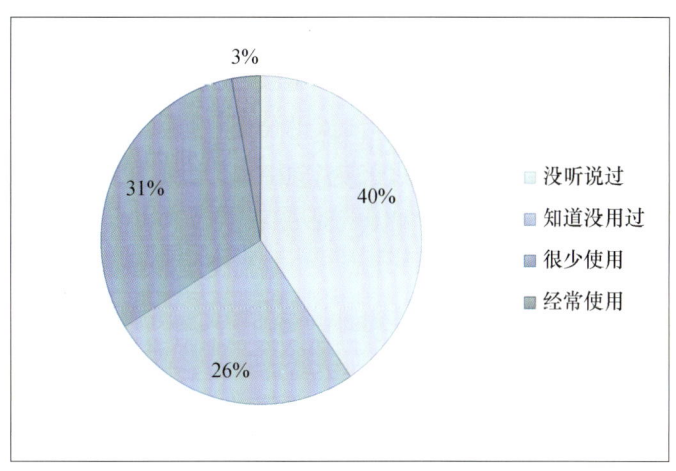

图 3　实时公交手机应用使用率

2.2.3　北京智慧公交——极高需求度

如此低的使用率难道是因为公众对实时公交的拒绝和怀疑？带着这样的疑问，我们继续选择五道口作为调研地点，对不同社会群体的公交乘客进行了访谈。调研显示，大家一致认为缺乏实时公交信息是北京公共交通系统中的现存问题，也一致认为掌握"实时公交"信息可以给生活带来便利，可以更自主地安排出行时间。在"智慧公交"上，又反映出了极高的需求度。

极高需求度与极低使用率这两个矛盾综合体之间的问题值得我们思考（图4）。

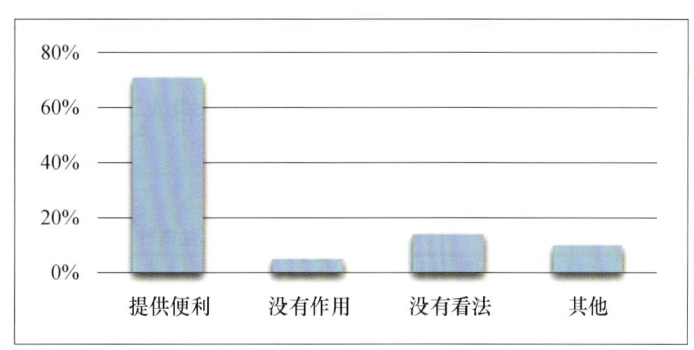

图 4　对实时公交推行的看法

3　别了"旧公交"时代？

北京智慧公交系统建设多年，"十二五"期间市政府也已落实投入了五十多亿元的资金。一个崭新的"新公交"时代看似已经准备到来，但在今天我们真的告别"旧公交"时代了吗？

3.1　线路规划——自上而下，缺乏公众参与

"旧公交"时代，公交车线路的规划是按照城市发展趋势和路网规划，根据周边居民的预测出行需求确定的。这样"自上而下"的规划线路带来了诸多问题。经对乘客的电话访谈和问卷调研，我们发

现从公交乘客的角度来看，问题主要包括：

1. 预测的出行量与实际出行量存在偏差，导致某条线路的公交车需求量很大而车辆数目较少，致使乘客候车时间较长，可选线路过少。

2. 线路设计没有考虑人群的出行行为，相关联交通点之间缺少直接的线路设计，需要换乘多次（图5）。

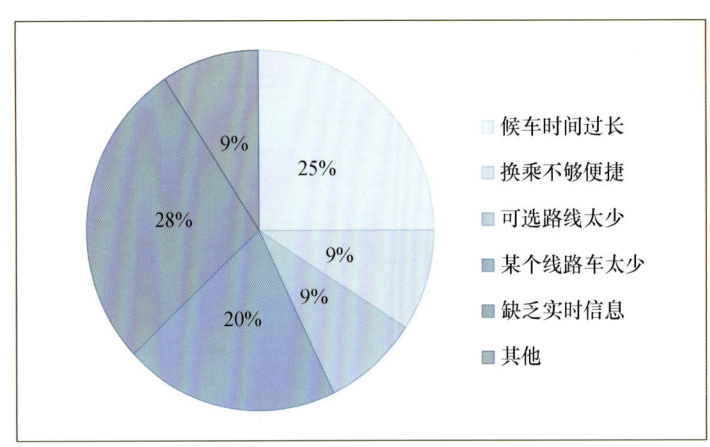

图5　公交线路设置问题

尽管目前已经出现"定制公交"应用，满足用户多样化的线路需求。但"定制公交"只考虑了远距离通勤客户需求，解决部分人群早晚高峰在居住区和工作区之间的乘车需求。没有考虑城市内部的公共交通。

因此，我们说"旧公交"时代并未走远，线路规划无法满足实际出行以及缺少公众参与的问题依然存在。

3.2　线路信息——实时更新机制失灵

我们通过对北京公交车智慧化转型的调研发现：实时公交的应用虽已投入了实际的运用中，但由于它极低的普及率和存在的问题，使得开发端投入了大量精力所做的"公交实时信息发布平台"，并没有真正地改变所谓"旧公交"时代存在的缺少实时公交信息的问题，改变人们的出行，机制不完整是主要原因，没有得到来自公众的回应，因此我们的这一步尝试走得"不彻底"。

3.3　传统空间——"零"交流

3.3.1　乘客与乘客

通过对部分乘客进行交流访谈，我们发现大家普遍反映出在公交车上乘客之间缺乏交流，公交车内气氛沉闷的问题。

公交车就是一个移动大空间，每一个乘客都是其中一个小的个体，而彼此不熟悉的个体都形成了一个个小的空间。虽然人都处在车内这个环境中，但是人与人之间有陌生感，无法跨越这种陌生感而产生交流。因此，小空间是封闭的，彼此之间是没有交流的，这个大空间是沉默的。

> 公交车嘛，和别人也没法说话，大家都看手机，你不认识人家说个让一下都不好意思。（郑女士，50岁，退休）

> 在车上很难和别人交流，有时候碰到小孩或者带小孩的家长会聊几句，但几乎就是没什么聊天。有一次看到老外在车上随着音乐跳舞，很想和他一块，也没敢冲上去说话。（林同学，18岁，大学生）

3.3.2 乘客与服务人员

而在乘车过程中，乘客反映也只有在上车刷卡、买票时，会与公交服务人员有些许交流，但在整个乘车过程中，就像是两个相互不关联的群体，彼此之间的交流甚少。

这些问题即使在今天"新公交"的时代里也并没有得到改善。

> 我们司机就是开车，公交车环境这么差，就怕和乘客吵架，也有和我们聊聊天的，挺高兴问我热不热啊，有时候提醒一下给老人让座就算交流了。开车这件事吧，挺不好说，其实挺寂寞的，你想啊天天开车。（吴师傅，46岁，公交司机）

3.4 设施环境——关键在于渠道

公交车内乘车环境是否舒适、车内设施是否舒适，直接关系到乘客的公交出行质量。通过调研我们发现在乘车过程中乘客很容易感知环境、设施带来的不便，产生负面情绪，但是并不能将这些感受反馈给"公交车"（图6）。

图6 公交车内环境设施现状

3.4.1 公交车设施环境现状问题

为了了解公众对公交车环境设施的感知感受，我们实地追踪两位在校大学生乘车全过程，对乘车过程中两位的感受做了记录；又分年龄层次对三位女士进行电话访谈，讲述她们这些年对公交环境和设施设置的整体印象；实地和网络发放问卷。通过乘客感受，总结得到公交车环境设施的不便之处。

访谈整理：

问：您坐公交车的时候觉得车内环境怎么样？

A 答：环境挺不好，开着窗户也感觉挺热，有好多公交车还没有空调，应该都给改成空调。而且车厢里空气不流通，尤其是到了夏天，气味较重。我感觉还挺差的，在总站没见过他们刷车，也没见他们清扫。

B 答：还行，但是会漏风、漏雨，但是也没办法。

C 答：夏天环境太差，空气不流通，很臭，很闷，而且有些老车内没有空调。冬天还好。

问：那您觉得车内拥挤吗？平时坐车会有座位吗？

A 答：早上上班从总站坐就能坐过去，要是从门口坐就得站过去。上班高峰期的时候还是挺拥挤的。

B 答：还好，节假日的时候还是挺挤的。

C 答：上下班高峰期的时候当然挤啊。现在上岁数还好点，有时候年轻人给你让座。

公交车厢内部环境：

1. 车厢内空气不流通，有异味，夏天尤其明显。
2. 部分老旧公交车内没有设置空调。

服务设施设置：

1. 座椅数量不合理，部分公交车座椅朝向不舒适（与行车方向相反）。
2. 扶手存在过高或缺少现象。
3. 上下车箱台阶过高，与候车站台衔接不顺。

3.4.2 原因：设计与乘客需求脱节

调研显示人们对公交车的内部环境、设施设置的满意度并不高，这说明公交车设计与使用者感受脱节，乘客需求没有表达出来。这源于乘客本身没有表达的渠道，公交车的设计自然无法真正地人性化。虽然公交车本身也存在一些管理问题，但公交车环境设施改善的关键还是在于乘客需要表达需求的渠道。

3.5 为什么迟迟未别

综上看来，北京智慧公交发展虽处在转型阶段，但由于目前"旧公交"时代存在的问题并没有在新技术应用进入的"新公交"时代得到相应妥善的解决，"旧公交"与我们的生活迟迟未别。

1. 自上而下的线路规划模式并没有彻底改变，不能满足人们边界出行的行为需求，"定制公交"虽已实行但影响力小，推行范围不够全面。
2. 实时公交信息发布平台普及率低，公众宣传普及方面工作力度不够，没有达到应有的效果。
3. 传统公交"零"交流的问题没有相应措施出现，公交车还是一个"移动盒子"。
4. 乘客对公交车设施环境的感知没有表达的渠道，公交设计与乘客需求脱节。

4 别了"旧公交"时代！

4.1 规划设计模式转型——自下而上

通过对公交乘客参与线路制定和设施改善意愿的调研，我们发现，大部分乘客有参与意愿。因此，在"新公交"时代，我们可以增设公众表达需求的渠道，收集乘客意愿，从而对公交线路制订、设施配备规划做出改善。这个规划模式是"自下而上"，从乘客实际的出行需求和心理需求出发（图7）。

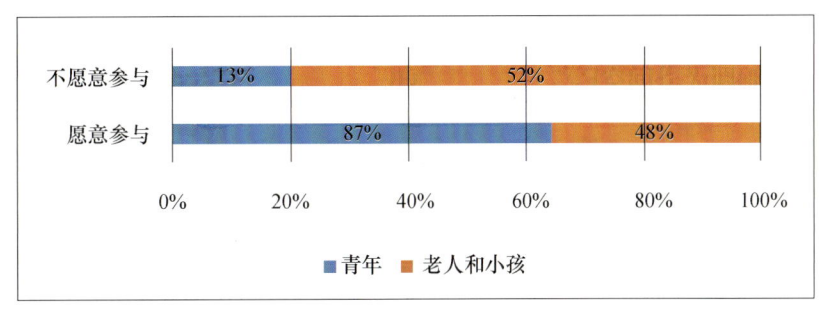

图7 公众参与公交改善意愿

比如，为特殊出行目的和特殊需求人群，在他们经常出行的站点定制路线，特殊群体定制公交车座位。

4.2 信息传递方式更新——实时互动

乘客通过手机端（微博、微信、APP等）建立车内和网络实时交流的空间，供人们发表对车内情况和车内设施的看法。这些想法和意见可以即时地在手机端看见，甚至可以从车内设施如显示频、电视机上显示，引发同车人和网络上及时的回复。

网络的实时互动还不光局限于同一车内的乘客之间的互动，还包括不同时间段、不同地点的乘客，甚至可以包括乘务员、公交公司人员等的互动。

4.3 传统空间重新定义——公交车变身移动交往空间

"旧公交"时代，公交车车厢功能单一，搭载乘客在目的地间进行移动活动，同时为乘客提供必要的基础设施的服务。车厢内部是沉闷的公共空间，乘客在其中缺少交流。

"新公交"时代，通过微博、微信，乘客实时互动页面的建立，同线乘客通过平台互动交流乘车感知感受，成为"公交伙伴"，如爱帮公交、彩虹公交等APP已建立这样的移动交往空间。这样的技术应用，使得公交车车厢的空间功能得到转变，由单一的缺少交流的"盒子"，转变为一个可展开积极交流的"移动交往空间"（图8）。

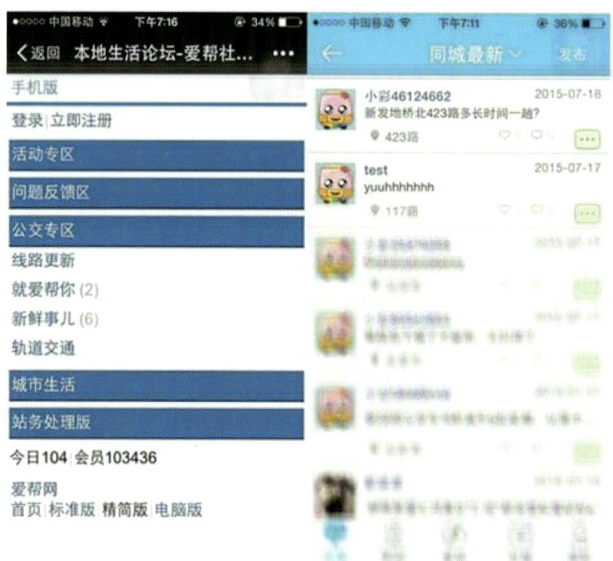

图 8　手机端的互动平台

4.4 "新公交"的公众参与平台

4.4.1 "新公交"公众参与平台架构建议

我们提出了建立乘客感知发布平台，感知平台搭载在已经投入使用的实时公交信息查询手机应用和其他网络社交平台（微博、微信等）上，乘客在这个平台上发布自己的心理感受、心理需求和路线信息，手机定位获取乘客所在的位置。信息发布在平台上后，就会得到其他有共鸣的人的回复和关注。以这样的方式收集来自不同人的感知，并且引发对此的讨论，建立良性的平台，反映给规划师，对此做出调整（图9）。

图 9　公众参与平台模拟示意图

4.4.2 "新公交"公众参与平台模拟探讨

我们将调研中的电话访谈和实地追踪访谈得到的信息，与调研问卷得到的数据进行拟合，并且分人群分析数据特征。这个过程模拟了平台的操作，电话访谈者和被追踪者乘坐公交车，将自己的感知感受发到公众平台（调查问卷），从而引发大家的讨论，发布者可以得到支持赞同和反对的声音，从而被终端关注，反馈问题，实践解决（图10）。

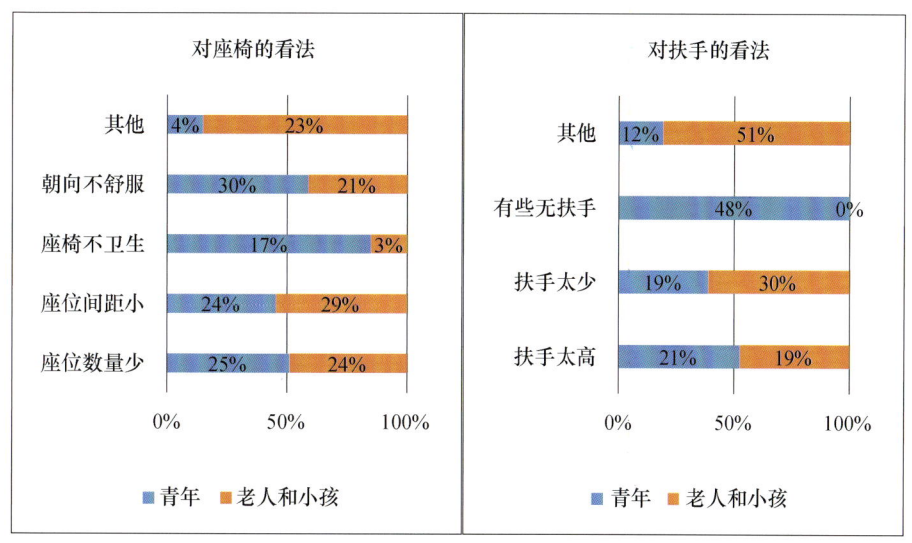

图 10　不同人群对公交车内设施的看法

我们发现以下几点（图11）：

1. 当乘客发布问题时，激发出很多不同声音的出现。这是"旧公交"时代所听不到的声音，其存在能够提示管理部门关注到异质化人群需求，更理性地认知公共交通的社会性。

2. 关于公交基础设施设计，会因不同群体自身特点而导致明显不同。如性别导致身高差异，从而影响对扶手设置的感受。而通过新的参与平台的建立，突出不同人群的需求，这样的问题能够关注解决。

3. 存在个别调查结果与期待值相差较大。如公交车的台阶设置太高，我们预计在老年群体中会得到很多的赞同的声音，但却只有21%的老人觉得台阶设置高度太高，与之对应在年轻人群体中我们却得到了大于老年人群体的24%的支持率。这是由于样本容量过小导致的，因此通过建立网络平台提高样本容量的范围是必要的。

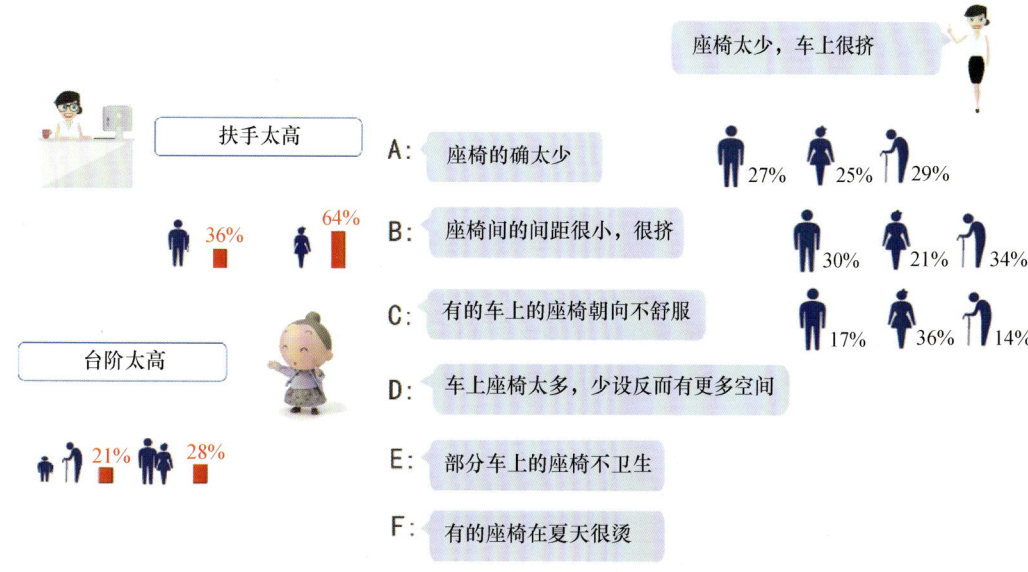

图 11　广大人群对某一问题的回应

通过模拟分析一些数据我们发现，当乘客将感知感受发布后，更多的公众会参与到其中，并有自己的感知，通过平台收集乘客的这些感知的方法是可行的。

5 你好"新公交"

我们通过对北京智慧公交转型现状的调查,对"旧公交"时代与"新公交"时代的特点进行比较分析,得出以下几个层面的结论:

1. 在现状层面,北京公交智慧化转型已经小有成果,各种实时公交手机应用丰富,但是低普及率和高需求率之间的矛盾依然存在。

2. 就现状分析得知,北京公交系统依然存在一部分"旧公交"时代的问题,如线路规划模式"自上而下",缺乏公众参与,缺少公交实时信息,公交空间"零"交流,缺少渠道来汇总乘客对公交设施环境的感受和需求等。而只有解决这些问题,"新公交"时代才会真的来临。

3. 针对公众参与的渠道,我们提出建立公众参与平台。乘客在这个平台上发布自己的心理感受、心理需求和路线信息,引发关注,从而反馈给规划师、设计师对公交做出改善设计。

北京公交车智慧化转型是一个漫长的过程,其中将遇到很多的机遇和挑战,但是它的建设和发展一直受到人们的期待和关注,相信在不久的将来,理想中的"新公交"时代终将来临。

参考文献

[1] 于露. 基于大数据的智慧公交运营系统功能框架思考与设计 [J]. 黑龙江科技信息, 2014, 33:19-20.

[2] 熊伟, 陈柏松, 付卓, 卢存锋. 北京市智慧公交建设探析 [J]. 测绘与空间地理信息, 2013, 05:140-142.

[3] 李士虎. "智慧城市深度观察"系列报道之五 公交车的智慧曙光 [J]. 经济, 2013, 09:142-143.

[4] 杨振山, 龙瀛, Nicolas DOUAY. 大数据对人文–经济地理学研究的促进与局限 [J]. 地理科学进展, 2015, 04:410-417.

[5] 詹海林, 范喜慧. 智慧公交破解城市"拥堵症"交运温馨巴士打造智慧交通系统 助推青岛公交都市建设 [J]. 运输经理世界, 2014, 23:18-21.

[6] 龙瀛, 张宇, 崔承印. 利用公交刷卡数据分析北京职住关系和通勤出行 [J]. 地理学报, 2012, 10:1339-1352.

[7] 谢群慧. "智慧公交"离百姓还有多远 [J]. 浦东开发, 2011, 10:22-23.

[8] 陆化普. 日本智能公共交通系统的开发应用现状与展望 [J]. 国外城市规划, 1999, 01:5-8, 42.

[9] 李治国. 上海:"智慧公交"带来高效生活 [N]. 经济日报, 2011-04010.

[10] 邬丽娜. 苏州市智能公交的现状和发展 [J]. 交通企业管理, 2011, 09:12-13.

[11] 蒋冰蕾. 美国智能公共交通领域发展近况 [J]. 国外城市规划, 1999, 01:9-13+42.

[12] 林祥兴, 陈思恩, 俞辉. 大数据多维度下的智慧交通 [J]. 中外企业家, 2015, 04:31-34.

[13] 汪娟, 陈学武, 王庆. 出行者心理需求对城市公共交通发展的影响分析 [A]. 中华人民共和国科技部、上海市人民政府、全国智能交通运输系统协调指导小组. 第一届中国智能交通年会论文集 [C]. 中华人民共和国科技部、上海市人民政府、全国智能交通运输系统协调指导小组, 2005:5.

[14] 高永, 褚琴, 翟雅峤, 姚毅. 公共交通乘客出行特征大数据分析 [A]. 中国智能交通协会. 2014第九届中国智能交通年会大会论文集 [C]. 中国智能交通协会, 2014:7.

[15] 彭昌淑, 周雪梅, 张道智, 林南南, 宋兴昊. 基于乘客感知的公交服务质量影响因素分析 [J]. 交通信息与安全, 2013,04:40-44.

[16]Chun Yi Liu，Kuo Tai Tang,Shrane Koung Chou. A Study of Smart Bus Dynamic Transit System [J]. Applied Mechanics and Materials, 2012, 1810.

[17]Anonymous.Smarter buses[J].Professional Engineering, 2010, 23（4）：39.

基于十一项潜在因子的历史街区城市意象研究
——以北京东四片区为例

摘　要　历史街区的城市意象研究有助于理解公众直观感知历史地段的方式，进而指导以人为本的历史街区规划设计。本研究以兼具历史性与生活性特色的北京东四片区为研究对象，首先以认知地图和网络问卷确定了63处主要意象点及其评分，然后选定3类11项可能影响意象形成与意象强弱的潜在因子，以田野调查、现场访谈、网络信息收集等方式确定其分级依据及院落得分。随后通过两组相关性分析探讨意象形成与意象强弱的成因，其中意象形成的相关性分析对比了东四片区与东四三条至八条历史文化保护区两个意象范围，意象强弱的相关性分析则对比了区域内人群和区域外人群两类意象主体。最后，从城市意象角度出发，为东四片区及其他历史街区的未来规划设计提出建议。

关键词　城市意象；历史街区；潜在因子；相关性分析；东四片区

1　研究背景、范围与框架

1.1　研究背景

历史街区是指保存文物特别丰富、历史建筑集中成片、能够较完整和真实地体现传统格局和历史风貌，并有一定规模的区域[1]。随着城市化进程的快速推进，历史街区不但不断受外来文化的冲击影响，且内部的现代城市功能的植入与居住人群的更替都进一步促成历史街区城市意象的模糊与混乱。历史街区城市意象的记录与研究不仅将有益于对现存历史街区的保护和延续，也有助于推进以人为本的历史街区规划与设计探索。

凯文·林奇开创性地把心理学领域的意象研究拓展到城市研究领域当中，最先创立了城市意象理论，认为人们通过观察城市的环境形体，认知城市并形成意象，其中区域、边界、节点、地标和道路5要素形成结构性的城市总体形态，加上作为个体的建筑的主体外形，共同组成城市形体环境的视觉秩序[2-3]。城市意象理论在过去几十年间得到了国际范围内的广泛应用[4]。目前我国城市意象的研究有广州、武汉、北京等城市整体空间意象的实证研究[5-6]，也有榆林景观规划、沈阳工业遗产旅游形象塑造、上海都市空间旅游等城市特色空间形态的研究[7-9]。但对历史街区的城市意象尚属缺乏，且以意象归纳与总结为主，如周泽渥等的原住民回忆中的大栅栏地区意象特征归纳[10]，李红以城市意象五要素解读福宝古镇空间格局[11]，王垚等探讨西安北院门历史街区风貌规划中如何运用城市意象理论[12]。综上，国内涉及历史街区的意象研究总量极少，且缺乏意象内在成因的探究。

1.2 研究对象

选择位于北京旧城东城区的东四片区为研究对象，南起朝阳门内大街，北至东四十条，东起朝阳门北小街，西至东四北大街，占地72.3公顷，共有778处院落，宅院规模较大，明清时多为官僚宅邸[13]。

东四片区的历史性突出，包含1个历史文化保护区，2处国家级文物保护单位，1处市级文物保护单位和5处区级文保单位，如图1所示。其中的东四三条至东四八条是北京市首批历史文化保护区，占地54.4公顷，含580处院落。

与此同时，东四片区的生活性也很突出，生活性场所多沿东四北小街、东四十条与朝阳门北小街分布，生活性功能丰富，尤其在历史文化保护区范围内，生活着大量本地居民，如图2所示。

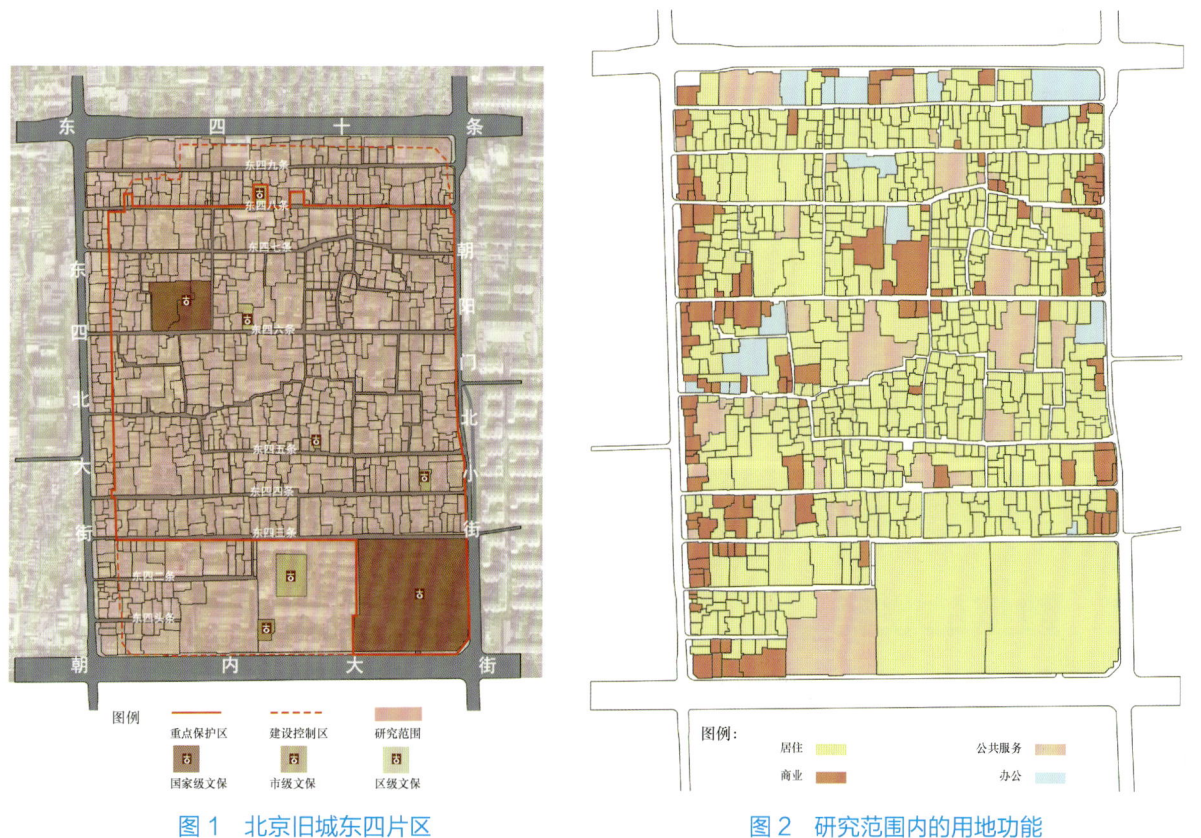

图1 北京旧城东四片区　　　　图2 研究范围内的用地功能

综上，东四片区是以传统四合院落肌理为主的居住性历史街区，既保留了较好的历史风貌，也兼具极强的生活服务功能，对于开展现代城市中的生活性历史街区城市意象研究具有重要价值。

1.3 研究框架

研究框架如图3所示，本次研究以东四片区的778处院落为基本单元，首先以认知地图和网络问卷的方式确定63处主要意象点及其意象评分，然后选定11项可能影响意象形成与意象强弱的潜在因子。之后，通过田野调研、现场访谈、网络信息收集等方式确定11项潜在因子的分级依据，并判断各院落的相应得分。随后通过两组相关性分析探讨意象形成与意象强弱的成因，其中意象形成的相关性分析对比了东四片区（778处院落）与东四三条至八条历史文化保护区（580处院落）两个意象范围；意象强弱的相关性分析，则针对历史文化保护区范围内30处院落，对比了区域内人群和区域外人群两类意象主体。最后，从城市意象角度出发，为东四片区及其生活性历史街区的未来规划设计提出建议。

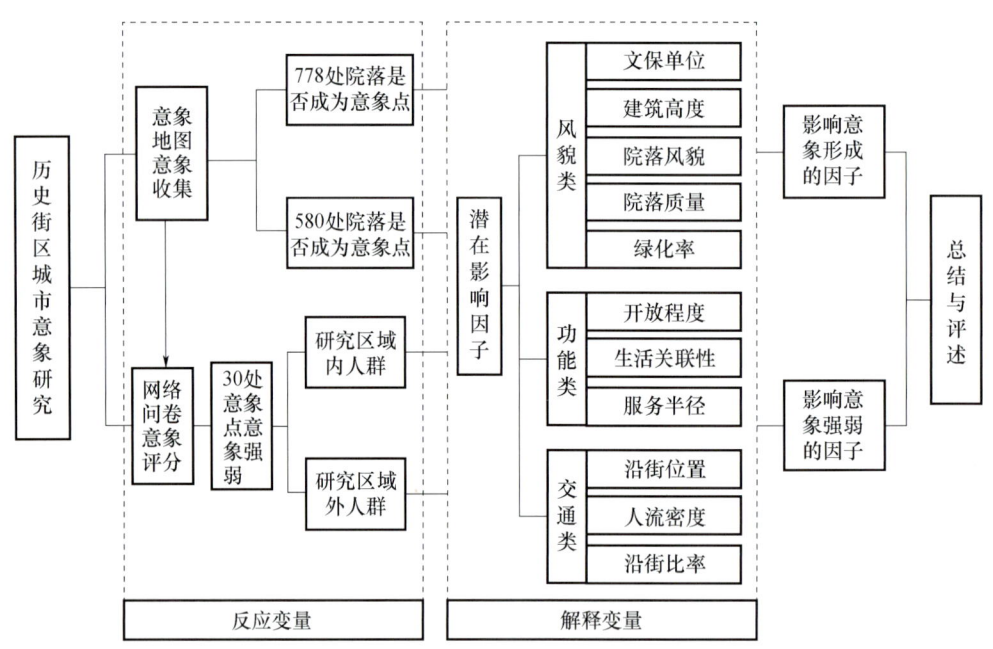

图3 研究框架

2 数据的收集

2.1 反应变量的获取

2.1.1 意象地图的收集与意象获取

本研究于现场调研中收集整理了共38份意象地图，如图4所示。通过对意象地图中出现的意象频率的统计分析，共归纳出63处意象点，其中有30处位于历史文化保护区范围内，如图5所示。

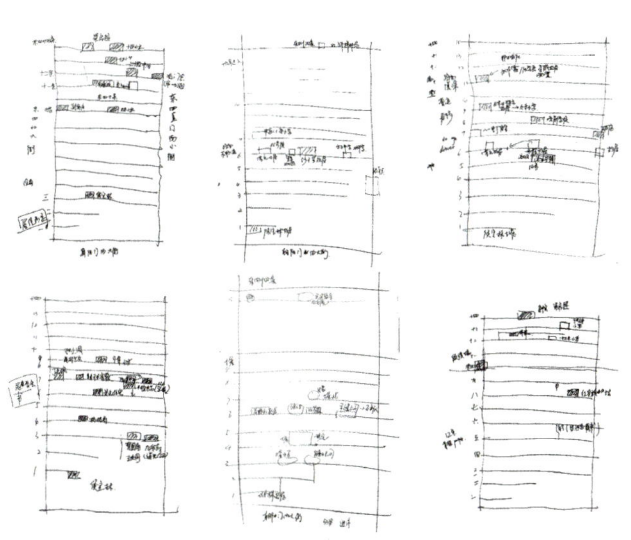

图4 收集的意象地图

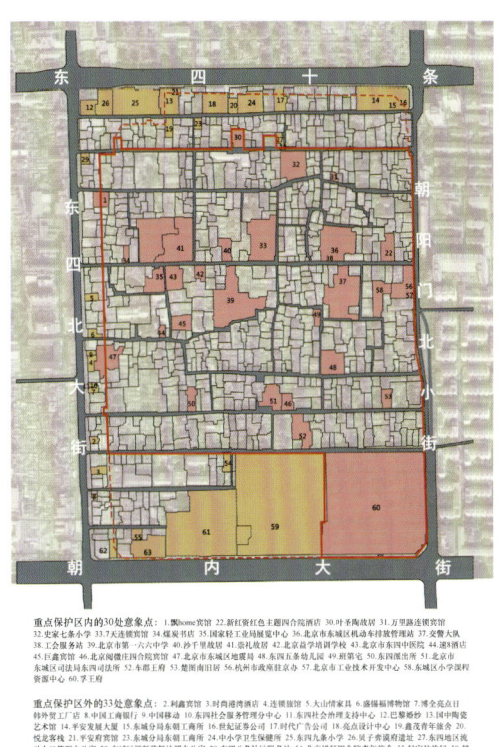

图5 63处意象点分布图

2.1.2 网络问卷的意象评分获取

为了进一步探究意象强弱与潜在因子的相关性，研究小组将意象地图收集中获取的30个历史文化保护区内意象点进行网络问卷调查，受访人群对各意象点进行打分，印象深刻打2分，有印象打1分，无印象打0分，最后统计得到每个意象点的平均得分。

收集到的82份有效问卷中，参与调查人群的基本信息如图6所示，其年龄结构、性别比例合理，职业分布广泛，符合研究区域的人群特征，具有代表性。

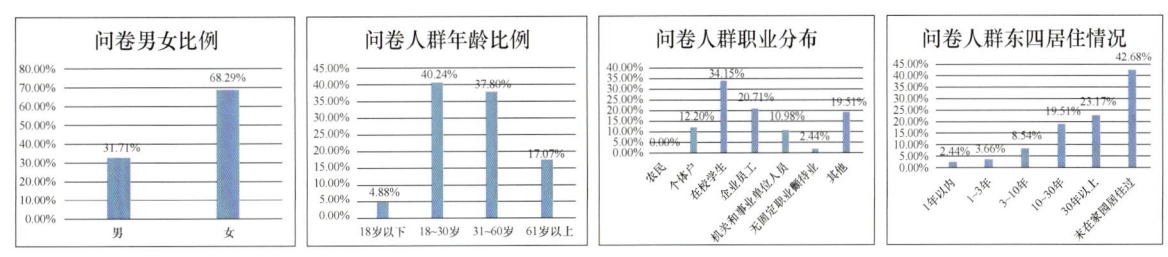

图6 参与网络问卷人群基本信息

2.2 解释变量的获取

本次研究，根据现场的多次调研，确定了风貌类、功能类、交通类3个潜在影响因子的大类，以及文保单位、建筑高度、院落风貌、院落质量、绿化程度、开放程度、生活关联性、服务半径、沿街位置、人流密度、沿街比率11个小类。并结合网络资料收集、文献查阅、田野调查、实地访谈等多种研究方法，制订各小类的分类标准与分类等级，见表1。根据各潜在意象因子的分类标准，对研究区域内的

778个院落各自进行评价、赋值，如图7所示。

表1 十一项潜在影响因子的分级依据与采集依据

大类	相关因素	分级依据	等级划分				采集依据
风貌类	文保单位	法定的院落文物保护单位等级	全国重点文物保护单位 5分		市级文物保护单位4分		相关单位东四街区普查登记院落保护现状统计、网络搜索
			区级文物保护单位 3分		普查登记文物 2分		
			重点保护区内建筑 1分				
	建筑高度	院落内主体建筑物的高度	6层以上建筑 4分		4~6层建筑 3分		田野调查
			2~3层建筑 2分		1层建筑 1分		
	院落风貌	院落维持历史或传统风貌的情况，及其与周边传统院落的协调程度	文物保护单位 4分		传统风貌院落3分		
			与传统风貌协调的院落 2分		与传统风貌不协调的院落 1分		
	院落质量	院落内建筑与环境的综合质量情况	院落质量较好 3分		质量一般 2分		
			质量较差 1分				
	绿化程度	院落内绿化覆盖程度	绿化程度很高 4分		绿化程度较高 3分		田野调查、卫星地图观察
			绿化程度较弱 2分		绿化程度很弱 1分		

续表

大类	相关因素	分级依据	等级划分				采集依据
功能类	开放程度	院落功能决定的公众可进入性	开放程度强 4 分		开放程度较强 3 分		田野调查
			开放程度较弱 2 分		开放程度很弱 1 分		
	生活关联性	院落功能的居民日常生活的使用频率	每日使用 4 分		经常使用 3 分		田野调查、访谈
			非经常使用 2 分		几乎不使用 1 分		
	服务半径	院落对外功能可服务范围的半径	1000 米以上 4 分		600~1000 米 3 分		田野调查、卫星地图观察、访谈
			200~600 米 2 分		小于 200 米 1 分		
交通类	沿街位置	院落区位所毗邻的街道或胡同等级	根据道路等级将其分为次要胡同、主要胡同、城市次干道、城市主干道 4 个等级，分别赋予数值 1~4；再根据院落与不同等级道路的位置关系，将位于相邻街道来角意象的数值相加		0~1—1分 2~3—2分 4~5—3分 6~7—4分 8~9—5分		田野调查、计算
	人流密度	院落大门所面向的街道或胡同位置的相应人群聚集强度	人流密度很大 5 分		人流密度较大 4 分		田野调查、百度热力图
			人流密度适中 3 分		人流密度较小 2 分		
			人流密度很小 1 分				
	沿街比率	院落的四至边界中与街道或胡同相邻的长度与院落总周长的比值	沿街比率 $=a/(a+b+c+d+e+f+g)$		0~0.15—1分 0.15~0.3—2分 0.3~0.6—3分 0.6以上—4分		测绘图、计算

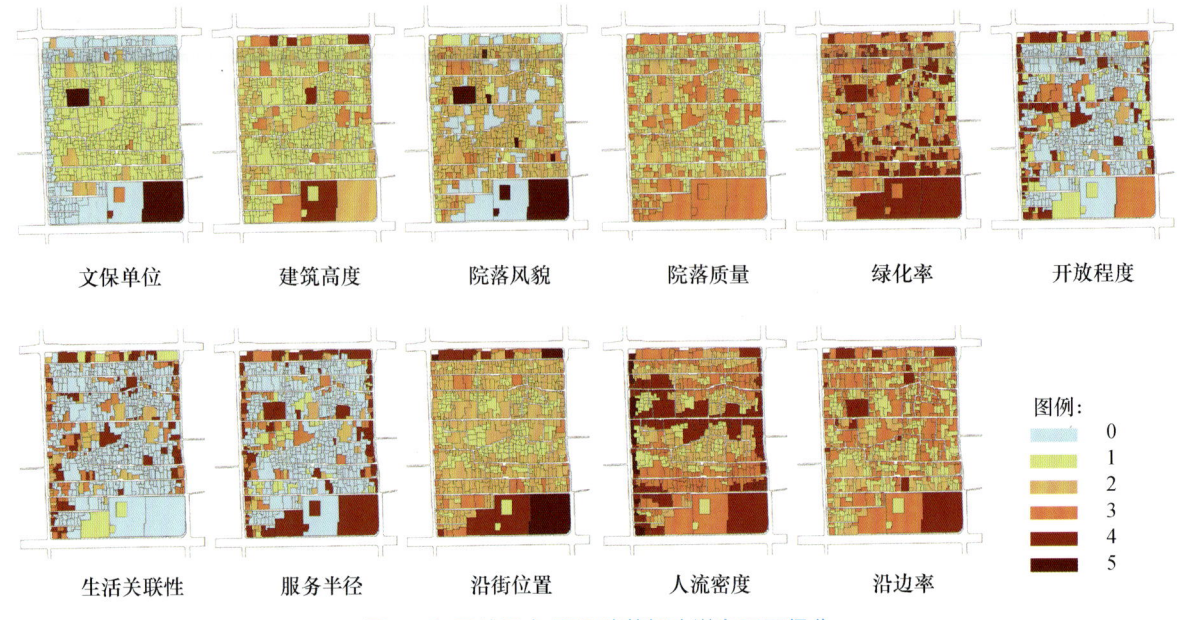

图 7　东四片区内 778 院落相应潜在因子得分

3 相关性分析与总结

3.1 影响意象形成原因分析

为了探究历史街区的意象形成的原因，亦即在历史街区中究竟是何因素致使公众记住某处场所，研究将所有院落按照是否记住，赋值为 1 和 0，与 11 项潜在因子进行 SPSS 相关性分析。首先分析东四片区中 778 个院落，然后为了更进一步探寻各潜在因子的深层关系及在不同范围内的不同影响，尤其是在历史性更加突出的保护区范围内的情况，再将现代城市氛围较浓厚的区域移除，重新分析历史文化保护区范围内的 580 个院落。依照严格的评定标准：若某一因子层的显著性 < 0.05，相关系数 > 0.3 即具有一定相关性，相关系数 > 0.5 即为比较相关；其中当相关系数 < 0 时，表示该因子与意象得分存在负相关的关系，相关性结果见表 2。

结果显示，对于东四片区的研究范围，建筑高度、院落开放程度、服务范围和沿街位置 4 个因子，满足相关性成立条件。对于历史文化保护区 580 个院落，文保单位等级、建筑高度和开放范围 3 个因子具有相关性。对比两组结果，对上述存在相关性的潜在因子进行了具体的原因分析：

（1）文保单位

在整个街区范围内，各级文保单位与街区意象的形成不存在相关性；而在历史文化保护区范围内，则存在相关性。这很大程度上是由于历史文化保护区的划定限制了保护区内部的开发与建设，当地街区历来的生活与商业场所建设都集中在了历史文化保护区边界的外部区域，体现出了历史文化保护区划定与文保单位认定共同作用时所起到的保护作用与造成的意象意义，要强于文保单位单独作用的区域。

（2）建筑高度

东四片区是以平层低层建筑为主的历史街区，故高层建筑很容易凸显出来，给公众留下深刻印象，如平安发展大厦、东四派出所等。经过上述分析对比可以发现，在两个研究范围中建筑高度的影响都至关重要，而历史文化保护区中更甚。但应引起注意的是，由于建筑高度过高对历史风貌的破坏，及其体量和立面处理的不当，造成的多是负面的意象，从侧面反映出保护区控高手段的极大必要性。

（3）开放程度

场所的开放程度直接影响了人们在其中的参与程度与直观感受。一些开放程度较高的院落，如酒店、餐馆等，公众更容易记住，而东城区小学课程资源中心、北京市工业技术开发中心等则往往容易被忽视。可知，如若选择适当功能植入历史街区，适度提高院落的开放程度，可能成为加强公众对历史街区中城市意象认知的一种方式。

表2 是否形成意象与11项潜在因子的相关性分析表

大类	因子层划分小类	东四片区（778处院落）		东四片区范围	历史文化保护区（580处院落）		历史文化保护区范围
		相关系数	显著性	相关性分析	相关系数	显著性	相关性分析
风貌	各级文保单位	0.041	0.253	×	0.516	0	√
	建筑风貌	−0.17	0	×	−0.079	0.057	×
	建筑高度	0.418	0	√	0.472	0	√
	建筑质量	0.273	0	×	0.249	0	×
	绿化率	−0.117	0.01	×	0.247	0	×
功能	开放程度	0.687	0	√	0.35	0	√
	生活关联性	0.158	0	×	0.153	0	×
	服务范围	0.47	0	√	−0.008	0.856	×
	沿街位置	0.347	0	√	0.209	0	×
交通	沿边率	0.126	0	×	0.066	0.112	×
	人流密度	0.23	0	×	0.203	0	×

（4）服务范围

该因子在东四片区范围内存在相关性，而在历史文化保护区内则不存在相关性。东四片区中有不少院落具有较强的对外服务功能，且服务范围很广，如东四中医院、国务院发展研究中心等，随着服务范围的增加，意象形成程度也在增加，这是现代城市生活给意象形成带来的影响，与街区的历史性关联很弱，而这些服务范围较广的场所，也多位于历史文化保护区外，故保护区范围内并未呈现出相关性。

（5）沿街位置

该因子在东四片区范围内存在相关性，而在历史文化保护区范围内则不存在相关性。原因可能是：很多场所因为其位于整个街区的边缘位置，与城市道路相邻，如：孚王府、巴黎婚纱等。这些场所由于其具有特殊的区位优势，导致公众意象更容易形成。而历史文化保护区内的意象基本都不与周边城市道路相邻，所以该因子的影响不显著。

除去对于11小类潜在因子的对比分析，通过3个大类的对比分析，可知：在东四片区范围内，与街区意象形成具有相关性的潜在因子主要集中在功能类，而风貌类因子中仅有建筑高度具有相关性；在历史文化保护区范围内，与街区意象形成具有相关性的潜在因子更多集中在风貌类。这也与两个范围各自突出的分别为生活性与历史性相对应，符合划分范围时的设想。

3.2 影响意象强弱原因分析

为了进一步探究最典型历史街区城市意象，选择历史性突出的历史文化保护区做进一步分析。即通过网络问卷获取历史文化保护区内30个意象点的意象强弱得分，见表3。考虑到东四片区内、外人群对意象点的评分会存在差异，研究小组在前期网络问卷中做了相应的分类，并将得分高低通过色块反映在图上，如图8所示。可以看出，区域内人群评分普遍高于区域外人群评分，像叶圣陶故居、崇礼故居等，在区域内的得分明显高于区域外，也就是说片区内蕴含历史文化价值的意象点目前大多只被片区内的居民所熟知，外人则知之甚少；宾馆酒店一类的意象点也存在区域内得分高于区域外得分的现象。

表3 历史文化保护区内30个意象点的意象强弱得分

序号	意象点	区域内人群	区域外人群	序号	意象点	区域内人群	区域外人群
1	诚泰商务酒店	0.40	0.36	16	北京市东四中医院	1.40	0.9
2	新红资红色主题四合院酒店	0.50	0.5	17	速8酒店	1.43	0.64
3	叶圣陶故居	1.23	0.79	18	巨鑫宾馆	0.90	0.29
4	飘home宾馆	0.75	0.38	19	北京阅微庄四合院宾馆	0.80	0.45
5	史家七条小学	1.88	0.86	20	北京市东城区地震局	1.10	0.45
6	7天连锁酒店	1.48	0.52	21	东四五条幼儿园	1.48	0.57
7	煤炭书店	1.15	0.45	22	班第宅	0.30	0.4
8	国家轻工业局展鉴中心	0.90	0.4	23	东四派出所	1.43	0.86
9	北京市东城区机动车排放管理站	0.75	0.48	24	北京市东城区司法局东四司法所	1.20	0.64
10	交警大队	1.60	0.6	25	车郡王府	0.78	0.74
11	工会服务站	1.10	0.29	26	楚图南旧居	0.60	0.43
12	北京市第一六六中学	1.65	1.24	27	杭州市政府驻京办	0.95	0.45
13	沙千里故居	0.58	0.52	28	北京市工业技术开发中心	0.58	0.31
14	崇礼故居	1.15	0.88	29	东城区小学课程资源中心	0.73	0.4
15	北京益学培训学校	0.63	0.33	30	孚王府	0.83	1.02

将研究区域内外的人群意象得分与11项潜在因子通过相同的操作进行相关性分析，同样依照严格评定标准，分析结果见表4。建筑高度和院落质量因子与研究区域内外人群意象强弱均表现出了一定的相关性，绿化率和沿街位置与研究区域外人群意象强弱有一定的相关性，生活关联性与研究区域内人群意象强弱有较强的相关性。分析研究区域内外人群与意象强弱相关性的原因：

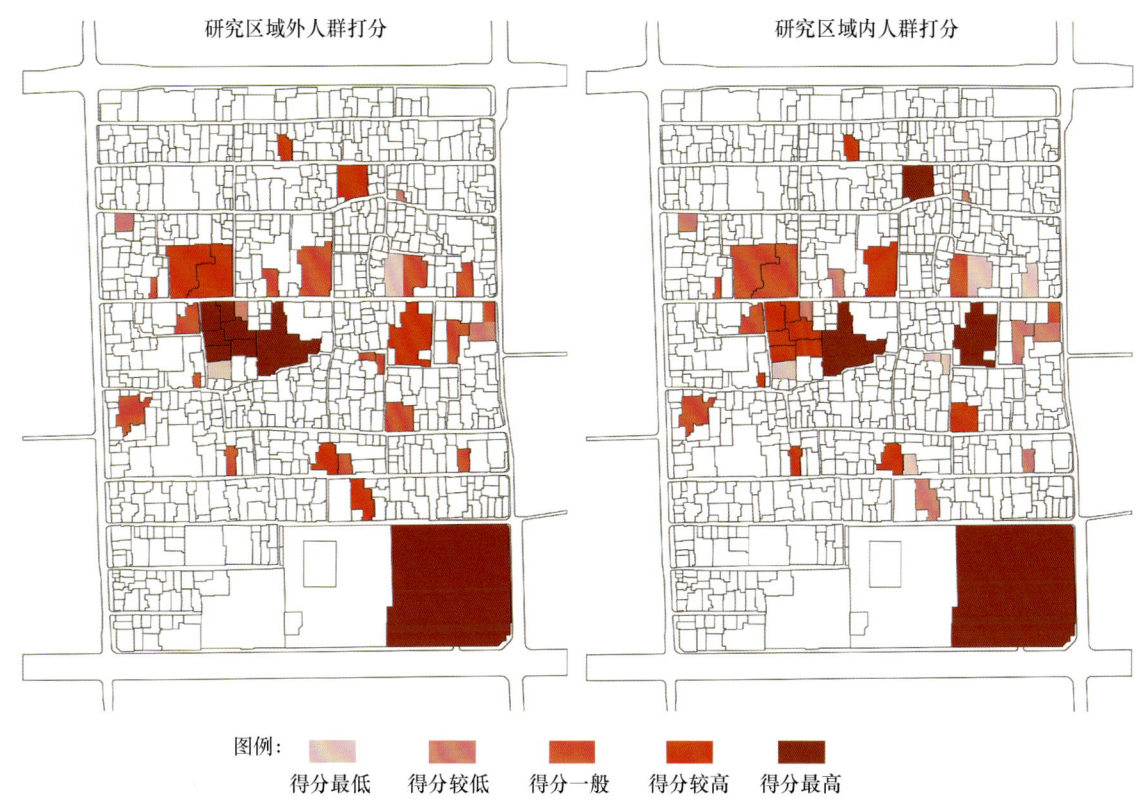

图8 历史文化保护区内30处意象得分可视化图

表4 历史文化保护区内30处意象评分与11项潜在因子的相关性分析表

大类	小类	研究区域内人群			研究区域外人群		
		相关系数	显著性	相关性	相关系数	显著性	相关性
风貌	各级文保单位	−0.047	0.804	×	0.220	0.242	×
	院落风貌	−0.130	0.494	×	0.252	0.179	×
	建筑高度	−0.316	0.088	√	−0.429	0.018	√
	院落质量	0.603	0.000	√	0.478	0.008	√
	绿化率	−0.017	0.927	×	0.428	0.018	√
功能	开放程度	0.357	0.053	×	0.047	0.805	×
	生活关联性	0.596	0.001	×	0.191	0.311	×
	服务范围	0.071	0.709	×	−0.002	0.992	×
交通	沿街位置	−0.001	0.996	×	0.386	0.035	√
	沿边率	0.237	0.207	×	0.258	0.169	×
	人流密度	0.020	0.916	×	0.129	0.498	×

（1）建筑高度

该因子在研究区域内、外人群意象强弱均中表现出了相关性，且均为负相关。这说明高的建筑虽然因其醒目容易被人们记住，但居民与游客对建筑高度较低的意象容易有更深刻的印象，比如叶圣陶故居、崇礼故居等，这也侧面反映了历史街区中建筑高度过高对人们意象的消极影响。

（2）院落质量

该因子在研究区域内、外人群意象强弱中均表现出了较高的相关性，这表明对于意象点，无论对居民还是游客，院落质量都会对意象点产生程度更深的影响，例如史家七条小学、交警大队、北京市第一六六中学等。并且这一因子在居民的视角下影响力度更加显著。

（3）绿化率

该因子在研究区域外人群意象强弱中表现出了相关性，这表明在游客视角下，当一个场所成为意象点，其绿化率会增强游客对场所的印象深刻程度，原因可能在于绿化率能够影响意象点的可观赏性、可停留性等，比如孚王府、崇礼故居和北京市第一六六中学。

（4）生活关联性

该因子在研究区域以内人群意象强弱中表现出了较高的相关性，这也顺应了研究区域生活氛围浓重这一突出特点，表明了生活关联性这一因子在居民视角下对意象点有着较为强烈的影响，比如工会服务站和东四派出所等。

（5）沿街位置

该因子在研究区域以外人群意象强弱中表现出了一定的相关性，但这一相关性在针对整个历史文化保护区时表现得不突出，原因可能是胡同内的空间相似性较高，但当场所成为意象被人关注时，沿街位置会提高场地的可达性与关注度，从而强化意象的强度。

3.3 小结

在影响意象形成的原因分析中，通过反映在 778 处院落上 11 项潜在因子的评分与意象是否被记住的相关性分析，发现了对街区城市意象的形成存在相关性的 4 个因子，即建筑高度、院落开放程度、服务范围和沿街位置。之后，为了消除现代城市生活对历史街区的影响，对历史文化保护区外的研究数据进行剔除，针对历史文化保护区范围内的 580 处院落数据进行相关性分析，发现对街区城市意象的形成存在相关性的 3 个因子，即各级文保单位等级、建筑高度和开放范围；在进一步探究影响意象强弱的原因分析中，为了避免生活性和商业性对历史街区意象的干扰，对历史文化保护区内的 30 个意象点的意象强弱得分与 11 项潜在影响因子做相关性分析，发现了对研究区域的各意象点的意象强弱有正相关影响的 4 个因子，即院落质量、绿化率、生活关联性和沿街位置，以及有负相关影响的 1 个因子，即建筑高度。

对比两部分分析可以发现，在历史文化保护区范围内，对意象形成存在影响的是文保单位、建筑高度和开放程度 3 个因子，而对意象强弱存在影响的是建筑高度、院落质量、绿化率、生活关联性、沿街位置 5 个因子。究其原因可能是，前 3 个因子直接关联到院落是否有历史价值、是否在三维空间上给人以深刻印象、是否满足公众可进入的需求，3 个因子可以直接影响该院落是否可以在公众心理上留下整体印象；而后 5 个因子，则相对更加关注院落的细节和特点，属于局部印象。可以推测是院落首先在公众心理上留下整体印象后，才会得到公众进一步深入的观察，进而从局部和细节上影响自身的意象强弱。也就是说，院落整体和局部之间存在的必然差异导致了意象形成影响因子和意象强弱影响因子之间这一差异的形成。

更加值得我们关注的是，在历史文化保护区中，虽然文保等级与街区意象存在一定的相关性，但是整个片区的历史氛围正在逐渐衰弱，除去个别著名的历史场所外，其他诸多有价值的历史建筑几乎很少在人群中留下印象。

除去历史氛围，从生活角度来看，功能类三个因子中的开放程度和服务范围因子，前者对意象形成的影响中在两个地块范围均表现出了相关性，后者在东四片区范围内表现出了相关性，而两者与对意象强弱的影响均无相关性；反而在两个地块范围内对意象形成都均无相关性的生活关联性因子，在研究区域内人群中表现出影响意象强弱的相关性。推测其原因是开放程度和服务范围可以决定公众对于意象点的一次性接触，从而影响是否留下印象；而生活关联性则是决定公众与意象点的多次接触，从而影响印象是否会越来越深刻。

4 意见与建议

本次研究小组基于11项潜在因子对北京东四片区进行了城市意象研究，该片区是一个生活性特征突出的历史街区，亦具有演绎到一般性历史街区及历史城市的城市意象的共性。综合以上对意象形成与意象强弱的相关性分析结论，研究小组对以东四片区为代表的历史街区未来规划设计提出以下几点建议：

1. 从风貌类因子分析来看，基于东四片区的历史街区地位及历史文化价值、院落质量和建筑高度成为影响东四历史街区意象强弱的重要因素，建议在今后历史街区保护与改造中应注意加强众多历史建筑的保护。不仅如此，像中学、公安局等单位的建设多将传统的院落拆除后进行重建，以及拔高了原本的建筑高度或在片区内直接建立现代高楼，在一定程度上都破坏了院落的原本风貌，导致院落质量大不如前，历史街区在更新中不断被破坏。因此，建议在历史街区的功能更新中，结合街区建筑的整体风貌以及院落的历史格局进行修建，适当保持片区的纵向尺度，使传统风貌得以传承。

2. 从功能类因子分析来看，结合开放程度因子对其意象形成的影响和生活关联性因子对其意象强弱的影响，建议在历史街区今后的规划发展中，加强个别院落的开放性与公众生活关联性，如引入特色商业、重点改建生活性场所等，对片区生活氛围浓重这一特点加以合理利用，从而增强整个片区的历史氛围。

3. 从交通类因子分析，结合风貌类因子绿化率来看，本次研究还得出意象点在片区沿街位置的不同以及绿化率的高低不同都会对人群印象产生较大影响。因此，建议今后历史街区保护与改造时，应当注意并重视节点位置的意象塑造与保护，比如片区边缘的临街处、十字路口处等。同时维护改善现有绿化或配置良好的绿化景观以加强节点处的意象强度，提高意象的可观赏性及可停留性，相信对于整个历史街区的意象塑造会有很大帮助。

4. 最后，在整个调研过程和收集资料的过程当中，研究小组发现东四头条至东四十条历史街区在宣传力度上有所欠缺，这也很有可能是其对区域外人群印象不深的缘由之一。因此，除去保护和改造上的硬性措施，在网络数字媒体高度发展的现代社会，历史街区应采取适当的宣传手法，大力将地区的历史文化价值进行推广，吸引社会的关注与保护，对历史街区的传承有所助推。

参考文献

[1] 历史文化名城保护规划规范 GB 50357—2005 [S]. 北京，中国建筑工业出版，2005.

[2] 徐磊青. 城市意象研究的主题、范式与反思——中国城市意象研究评述 [J]. 新建筑，2012，01:114–117.

[3] 白凯，赵安周. 城市意象与旅游目的地意象研究中的趋同与分野 [J]. 地理科学进展，2011，30：1312–1319.

[4]Lynch K. The Image of The City [M].Cambridge:MIT Press，1960:40–60.

[5] 李郇，许学强. 广州市城市意象空间分析 [J]. 人文地理，1993(09)：27–35.

[6] 林玉莲. 武汉城市意象的研究 [J]. 新建筑，1999(01)：27–35.

[7] 顾朝林，宋国臣. 北京城市意象空间及构成要素 [J]. 地理学报，2001(01)：64–75.

[8] 史怀昱，姚卓，杨琦. "塞外江南"城市意象的传承与创新——榆林市景观规划的几点体会 [J]. 城市规划，2009(07):78–83.

[9] 韩福文，王芳. 城市意象理论与工业遗产旅游形象塑造——以沈阳市铁西区为例 [J]. 城市问题，2012(12)：17–23.

[10] 周泽渥，孙晨明. 记忆中的旧城——城市历史意象的保护与发展 [J]. 安徽建筑报，2008(01)：15–17.

[11] 李红，基于城市意象的历史古镇空间结构重组——以福宝古镇为例 [J]. 科技信息·规划与设计，2013(09)：441.

[12] 王垚，王凯，寇鑫，董华文. 基于城市意象理论的历史街区风貌规划研究——以西安北院门历史文化街区为例 [J]. 西部人居环境学刊，2014(01)：039–045.

[13] 北京市规划委员会. 北京旧城二十五片历史文化保护区保护规划 [M]. 北京燕山出版社，2002，10：234.

关于过去，关于现在
——北京旧城东四南历史街区公共空间的变迁调查研究

摘 要 公共空间是城市社会生活的物质载体与空间映射。历史街区公共空间的变迁研究可以揭示不同时期居民集体记忆中社会生活的改变，亦可指导未来城市更新的可能方向。本研究关注北京旧城东四南历史街区在建国初期与如今的公共空间对比，首先对该片区公共空间现状进行定位并调查其各项特征，然后通过老年居民访谈得到过去该片区公共空间的各项特征，分析公共空间产生的空间变迁和活动变迁，并对过去和现在的公共空间的活动类型、使用人群以及满意度等方面进行对比，得出公共空间与过去相比产生的变化并分析原因。最后，一方面结合变化原因和居民需求针对东四南历史街区更新提出建议，另一方面结合物质环境评价因子为未来历史街区空间营造提供思路。

关键词 公共空间；集体记忆；变迁；北京旧城；东四南历史街区

1 历史街区公共空间的变迁与意义

城市公共空间是城市在建筑实体之间存在着的开放空间体，是城市中供居民日常生活和社会生活公共使用的外部空间，是进行各种公共交往活动的开放性空间场所[1]。它既包括广场、公园、商业街，也包括街道、绿地、居住区户外场地等。同时，由于承担着城市中的经济、历史、文化等多种功能[2]，它既是城市生态和生活的重要载体，也是城市各功能要素之间的空间映射。

历史街区是保存文物特别丰富、历史建筑集中成片、能够较完整和真实地体现传统格局和历史风貌，并有一定规模的区域[3]。它的形成经历了漫长时期，不同历史时期都赋予其新的内容和形式[4]。对历史街区而言，其公共空间已经形成，且经历较长时间，得到周围居民的认可，是他们的感情归属。它承载着人们大量的集体记忆，蕴含着城市的特色。这些公共空间中自发形成的小型店铺，内部的小品及树木无不散发出浓郁的历史气息。随着城市化进程的快速推进，居住性历史街区不断受外来文化的冲击影响，加上内部的现代城市功能植入与居住人群更替，进一步导致居民对历史街区公共空间的满意度下降。

目前国内外对公共空间的研究较多，扬·盖尔划分了人们在公共空间中的户外活动的类型，并指出"它们使城市和居住区的公共空间变得富于生气与魅力。"[5] 王鹏在《城市公共空间的系统化建设》中，完成了城市公共空间研究框架的建构，并分析了我国城市公共空间体系的形态结构。此外，历史街区公共空间环境改造已在国内大城市全面展开[6]，如哈尔滨中央大街步行街区改造、上海新天地开发性保护等，却鲜有针对历史街区公共空间变迁的研究分析。对于居住在历史街区的居民来说，传统一家一户式的空间逐步被社会阶层混合的后进住户稀释，原本共享的公共空间也被挤压得狭小逼仄、杂乱无章，日复一日与这些空间相处，或许有着不同的感受与视角。

本研究关注北京东四南历史街区（以下简称东四南）在建国初期与如今的公共空间对比，旨在揭示不同时期居民集体记忆中社会生活的改变，并发掘指导未来城市更新的可能方向。

2 研究范围与技术路线

2.1 空间范围：北京旧城东四南历史街区

东四南位于北京市东城区，东至朝阳门南小街，西至东四南大街，南至干面胡同，北至前炒面、前拐棒胡同，面积约44.4公顷[7]（图1）。该片区历史文脉清晰、风貌与质量保护较好，有多处名人故居，具有很高的历史价值。该片区拥有北京市文保单位3处，文物普查登记项目6处，东城区四合院挂牌保护院落120处[8][9]（图2）。内部以成片四合院住宅为主，具有浓厚的北京传统风貌特色，绝大多数居住用地为单层合院式建筑，较好地保留了传统胡同肌理和生活方式[10]和过去的公共空间形式[11]，具有较高的研究价值。

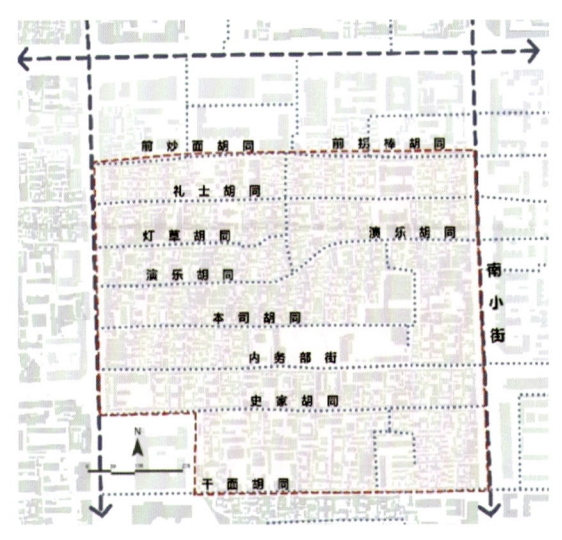

图1　东四南历史街区范围

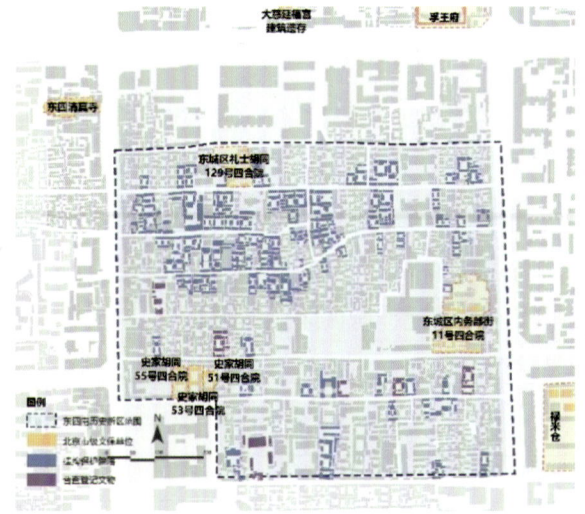

图2　东四南历史街区文保单位和挂牌院落分布图

2.2 时间范围：建国初期与如今

在对记忆中公共空间的研究中，选取约55～65年前，即建国初期为研究时间段。对该处65岁以上的、居住30年以上的老人进行访谈，一方面，在东四南居住的老人比例较高，为增加样本量提供了基础；另一方面，该年龄段人群对古城充分熟悉且有空余时间，有利于访谈进行。在对现状公共空间的研究中，研究采取实地观察走访结合问卷访谈的方法，调研人群为东四南的居民。

2.3 技术路线与关键方法

本研究首先以现场观察及发放问卷的方式确定公共空间的物质环境与时空分布，并调查其特征，然后通过对老年居民的访谈得到过去该片区公共空间的时空分布和各项特征。通过对比分析得出空间分布、活动类型、使用人群的变迁，并分析其满意度变化原因，最后提出建议（图3）。

研究共进行两轮问卷调查，第一轮问卷对该片区居民进行公共空间使用现状的调研，调查问卷352份，收回326份，有效率为91.4%；第二轮问卷对居住时间30年以上的老人进行公共空间变迁原因评价调查，调查问卷60份，收回56份，有效率为88.3%。

研究过程中对两个群体进行访谈，通过15名老人访谈获得记忆中的公共空间的各项特征和对变迁的感受；对2名工作人员的访谈以了解公共空间大致的变迁过程与阶段，及对变迁的评价。

为将记忆中与现在公共空间进行更好的对比分析，获取公共空间产生的变迁，研究采取地理空间网格与数据可视化分析的研究方法。结合胡同尺度，选取5米×5米的地块作为基本单位划分网格（研究范围共有前炒面、前枾棒、礼士、灯草、演乐、本司、内务部街、史家、干面9条胡同，多为4～6米宽，为简化研究，统一划分为5米×5米的方格）。划分只针对本次研究对象即公共空间，并根据调研获得的公共空间地理位置，定位在网格上。

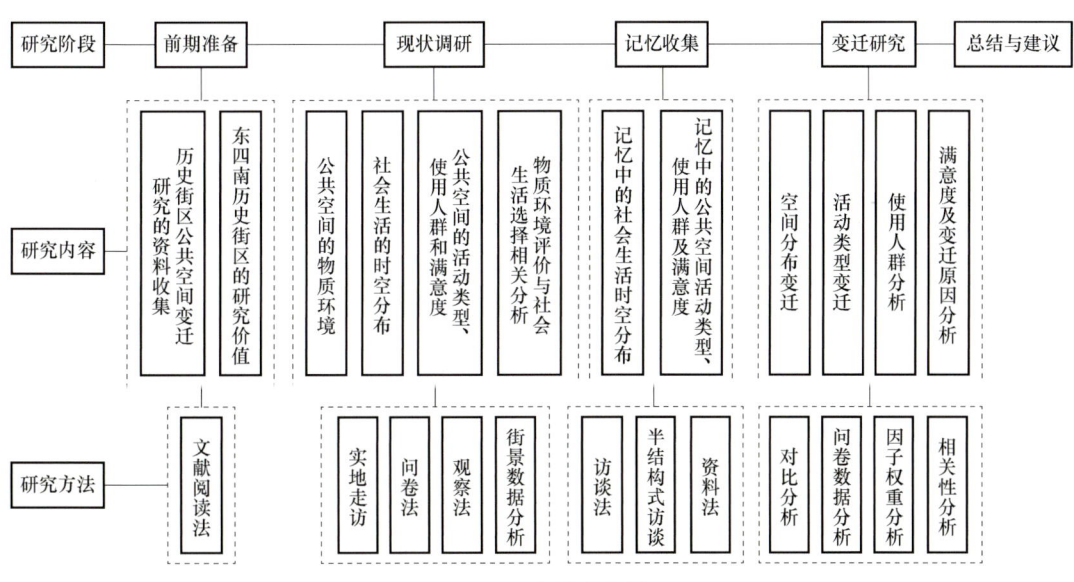

图3 研究技术路线

3 关于现在：如今的东四南历史街区公共空间调研

3.1 公共空间的物质环境

研究对东四南进行实地观察，结合访谈与问卷反馈中提及度高的描述性词语，确定7个公共空间物质环境评价因子（图4）。

道路宽度与停车状况决定了胡同内公共空间能否供人停留。绿化程度、胡同干净程度是人们判断哪些空间可以使用的依据。公共空间周边是否有公共建筑、遮荫树木和公共设施为人群使用提供了倾向性。

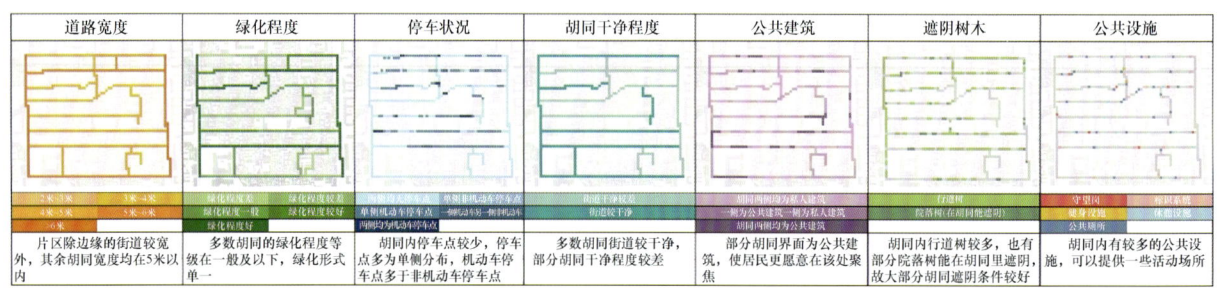

图4　胡同公共空间物质环境评价因子现状图

3.2 社会生活的时空分布

3.2.1 社会生活的空间分布

现在东四南的公共空间以胡同为主，少数院落也存在公共使用空间（图5）。被用作街道活动中心和加建现象不严重的院落也被居民利用。街巷由于私家车停放，外卖电瓶车的穿梭，能有效使用的空间变窄，只能进行短时间停留。现状公共空间主要有树荫下、公共建筑门口、屋檐下、胡同交叉口（图6）。人们多聚集于胡同的交叉口或商铺门口。交叉口较街巷空间更宽敞，为人们停留提供空间，房屋外墙作背景，为交往提供安全感，且多植物点缀，环境较好，成为居民交往停留的首选。商铺作为胡同中重要的生活设施，是人流量较大的区域，居民多愿意与熟人在商铺门口寒暄。

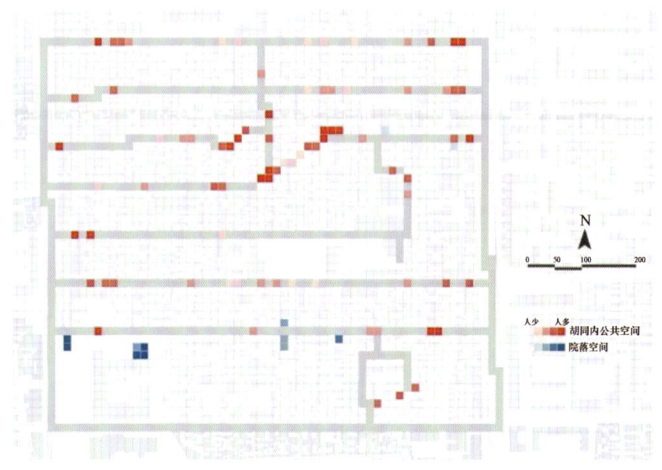

图5　东四南历史街区公共空间现状分布

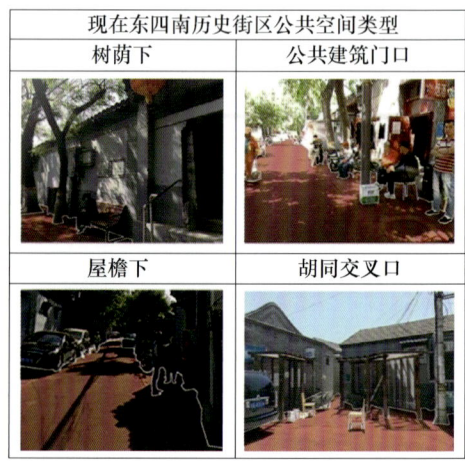

图6　东四南历史街区公共空间类型

3.2.2 社会生活的时间分布

研究小组对胡同公共空间的主要使用者——老人和儿童的生活日程安排进行了调查（图7、图8）。其中，小孩工作与节假日的生活安排差异较大，随着课业负担的加重，小孩在工作日除放学路上游戏以外，少有机会在外面玩耍，只有节假日能看到在胡同中玩耍的小孩。而老年人生活相对清闲，工作日与节假日的日程安排差异不大。但由于工作日子女外出上班，第三代上学，老人倾向于在工作日的时候进行外出，节假日与家人一起度过。

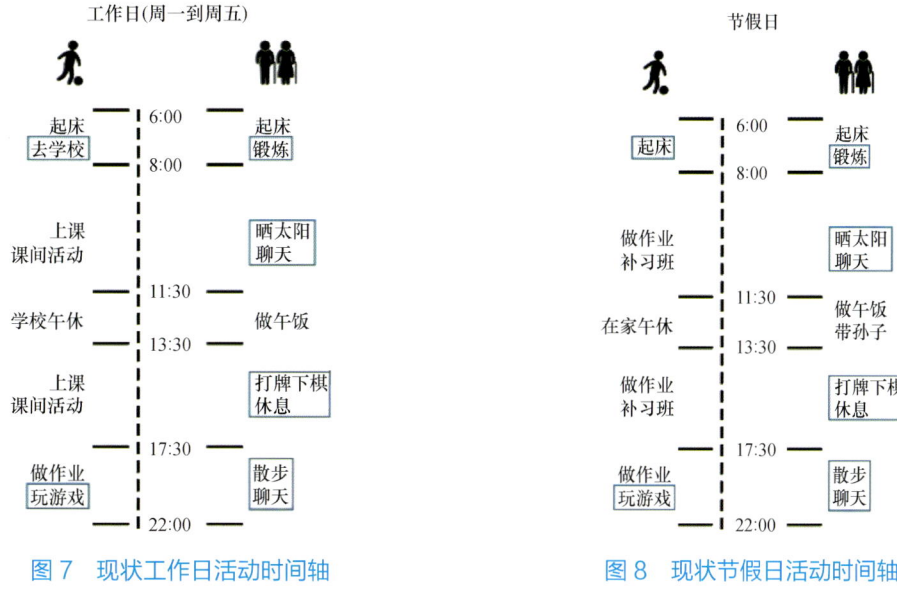

图7 现状工作日活动时间轴　　　　　　　　图8 现状节假日活动时间轴

3.3 承载社会生活的公共空间活动类型、使用人群及满意度

3.3.1 承载社会生活的公共空间活动类型

现在的东四南公共空间活动类型主要分八类：运动、聊天、遛弯、玩耍、下棋、休息和集体活动（图9）。其中，大多数人群在胡同中聊天；相当数量人群在运动或下棋；小部分人在胡同中遛弯散步、休息、晒太阳等；在特定时间，少数人参加居委会组织的集体活动，节假日有儿童在胡同中玩耍。

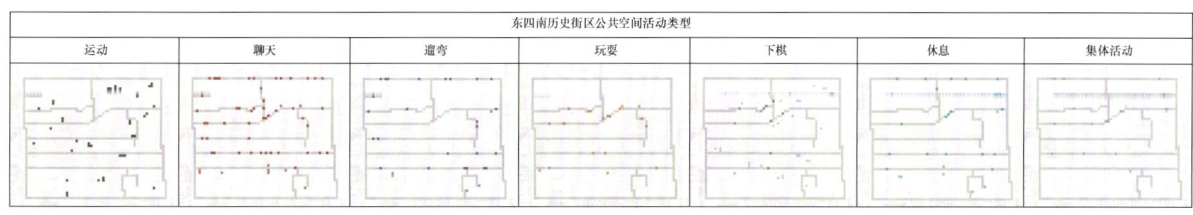

图9 东四南历史街区公共空间现状活动类型

3.3.2 承载社会生活的公共空间使用人群

目前东西南历史街区的老年居民占较大比重，公共空间的使用人群主要为老人（图10）。

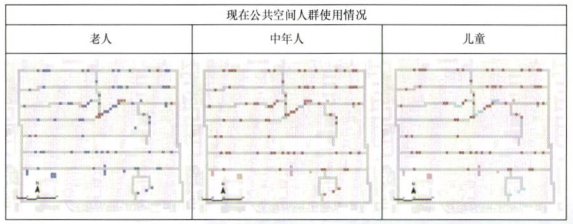

图10 承载社会生活的公共空间使用人群

3.3.3 承载社会生活的公共空间满意度

现在的东四南由于房屋加建，胡同中的公共空间愈发狭窄；私家车、共享单车、外卖电瓶车数量增加使胡同"车流穿行"，公共空间安全性降低；住户多为外地租户，原住民与外地租户之间邻里关系差。大多数（63.2%）居民对现在东四南的公共空间满意度评价为"一般"和"较差"（图11）。

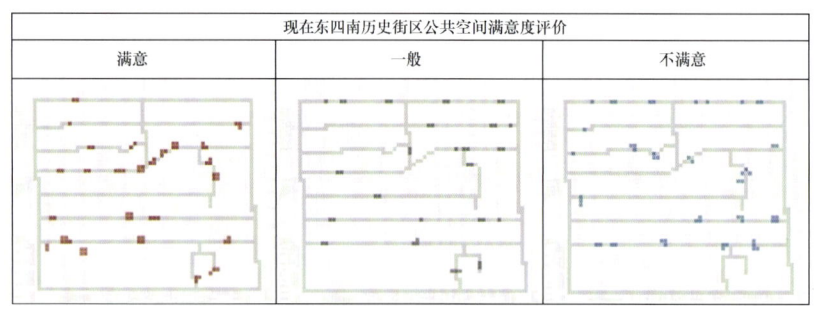

图11　东四南历史街区公共空间现状活动类型

3.4 公共空间的物质环境评价与社会生活选择相关分析

研究提取居民对公共空间的热点选择并进行定位，并将其所对应的评价因子进行整理（图12）。

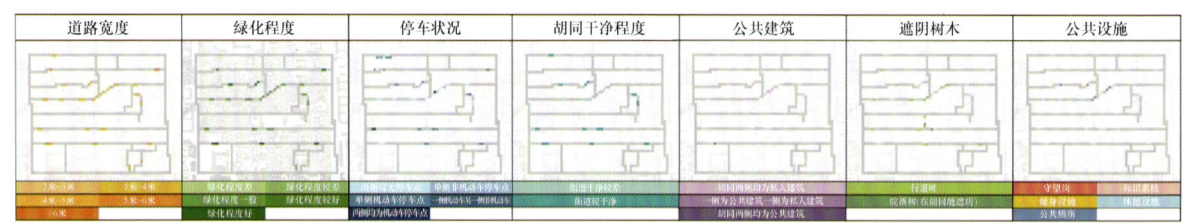

图12　东四南历史街区社会生活选择热点对应因子

结果显示出得到积极评价的公共空间所对应的物质环境评价因子特征：道路宽度为3～5米、绿化程度较好及以上、两侧无停车点或单侧非停车点、街道较干净及以上、一侧或两侧均有公共建筑、有遮阴树木、临近休憩设施或公厕。

将以上因子评价特征作为依据，研究小组对公共空间的物质环境进行了叠加评价，颜色由深到浅代表评价由高到低（图13）。

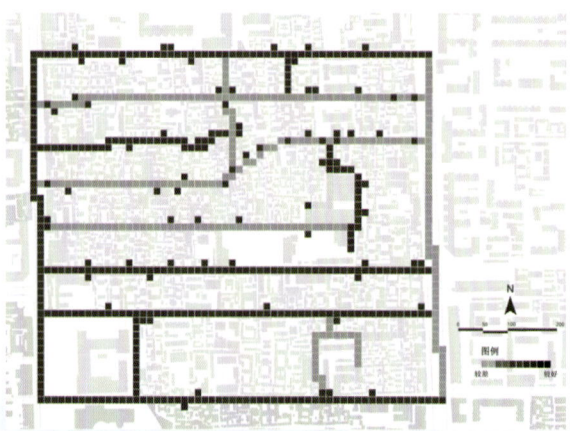

图13　东四南历史街区现状公共空间物质环境评价叠加分析

4 关于过去：建国初期的东四南历史街区公共空间调研

4.1 老人记忆中的社会生活时空分布

4.1.1 老人记忆中的社会生活空间分布

过去东四南的公共空间以院落为主，少部分胡同空间被用于交往停留（图14）。住在同一院落中的人们大多具有亲缘关系或者相互熟识，人们倾向于在院落中进行活动与交往，这种空间类型相对更安全、宽敞、舒适。街巷空间因车辆少而较为宽敞，但人们大多将其作为交通性空间。公共空间类型比现在多了院落空间（图15）。

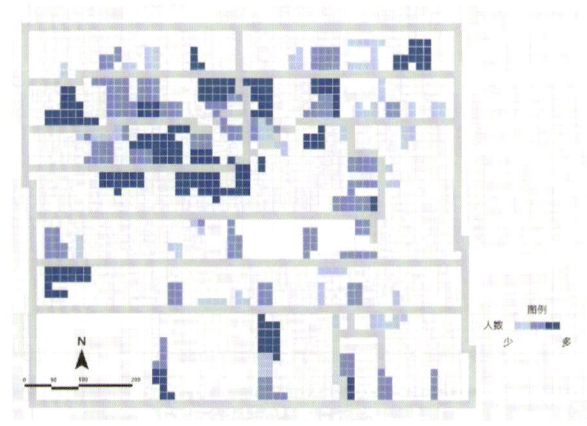

图 14 过去东四南历史街区公共空间使用人群分布

过去东四南历史街区公共空间类型				
树荫下 	公共建筑门口 	屋檐下 	胡同交叉口 	院落中 

图 15 过去东四南历史街区公共空间类型

4.1.2 老人记忆中的社会生活时间分布

建国初，东四南公共空间人群更多样，由于中年人工作与家庭生活占大部分时间，故老人和儿童更多。过去工作日和节假日的生活安排差异不大，儿童也有大量时间在院子和胡同中玩耍，老人除了照看小孩以外，也愿意走出家门，和街坊邻居一起聊天、晒太阳。总之，过去的生活更为悠闲，邻里交往的机会更多（图16）。

4.2 老人记忆中的公共空间活动类型、使用人群及满意度

4.2.1 老人记忆中的公共空间活动类型

东四南过去院落较宽敞，人们大多在院落中活动。

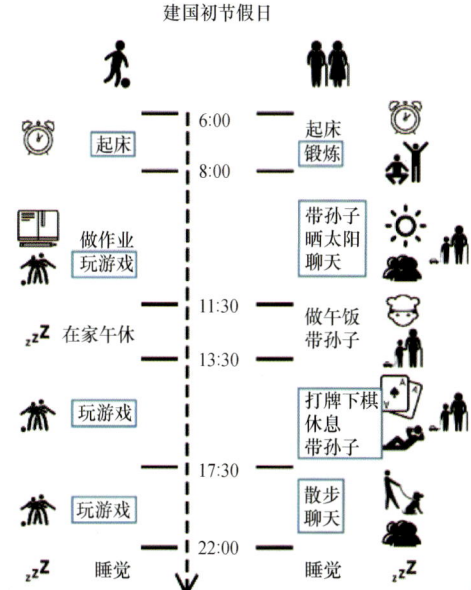

图 16 过去节假日活动时间轴

151

人们通常倾向于进行喝酒饮茶等一些需要较大空间、停留时间较久的活动。儿童多成群玩耍，邻里关系融洽，活动较为丰富（图17）。

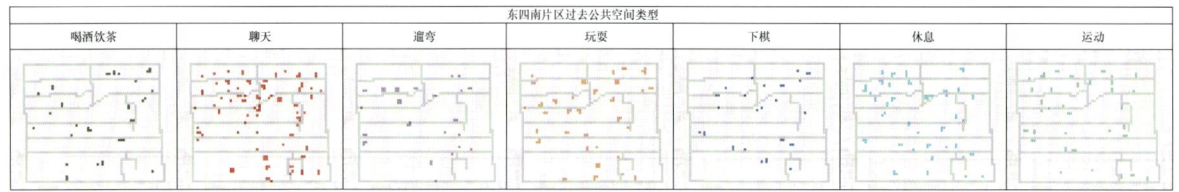

图17　东四南片区过去的公共空间活动类型

4.2.2　老人记忆中的公共空间使用人群

过去居住在东四南的家庭多为三代同堂，儿童课业负担较小，邻里熟悉度较高，人们大多愿意在院落和胡同中进行活动交往。老人和儿童由于闲暇时间较多，成为了公共空间的主要使用者，中年人也会在工作和料理家庭之余进行休闲（图18）。

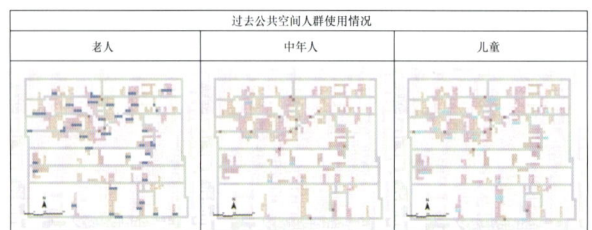

图18　东四南片区过去公共空间满意度评价

4.2.3　老人记忆中的公共空间满意度

过去的东四南由于公共空间面积较大，邻里间熟悉度高且关系融洽，居民对公共空间的满意度普遍较高（图19）。

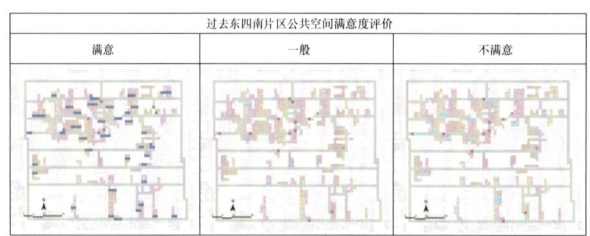

图19　东四南片区过去公共空间人群使用情况

5　历史街区中公共空间的变迁

5.1　空间分布的变迁：从院落到胡同

过去东四南公共空间主要为院落空间和部分胡同空间（图20）。过去院落为主的交往方式和邻里关系使居民对胡同交往空间的需求不高。同时，过去胡同中不存在停车占道，自行车较少，胡同空间被有效利用。后来人口数量增加，导致院落加建，使院落空间大大减小，人们不得不走出院落活动。同时，占用公共空间导致邻里关系恶化，以及外来人口带来文化与生活习惯的冲击，促使人们走出院落，在更大的范围内寻找志同道合的"伙伴"，退而求其次在胡同中活动（图21）。虽然胡同公共空间数量有所增加，但院落公共空间数量的锐减，导致东四南片区整体公共空间数量减少近一半。

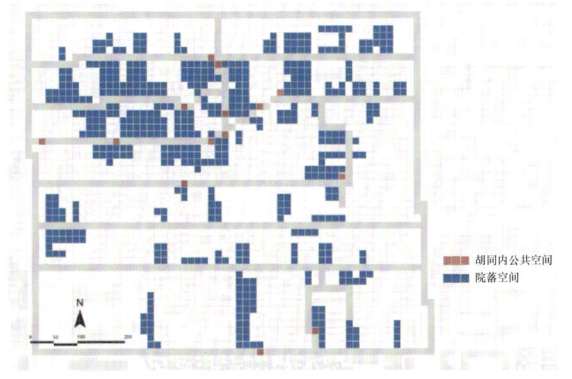

图20　过去东四南片区主要公共空间分布示意图

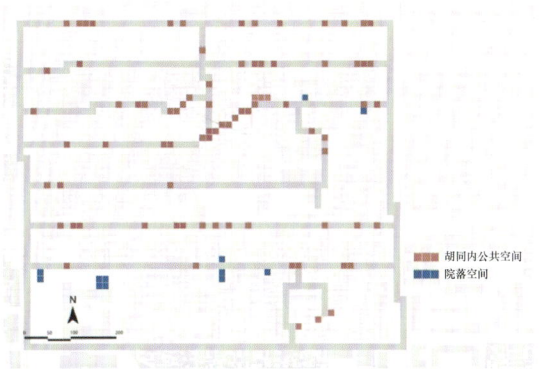

图21　现在东四南片区主要公共空间分布示意图

5.2　活动类型的变迁：从众人同乐到自得其乐

东四南过去院落宽敞，人们在院落中活动休闲，通常倾向于进行喝酒饮茶、下棋等需要较大空间、停留时间较久的活动（图22）。儿童多成群玩耍，邻里一同聊天，邻里关系融洽，活动较为丰富。现在，人们常三三两两地聚集于胡同中凹退空间休息、晒太阳、聊天、遛弯散步，很少有下棋、集体活动等停留时间较长的活动（图23）；随着小孩子课业负担的加重，仅在节假日有玩耍的小孩。

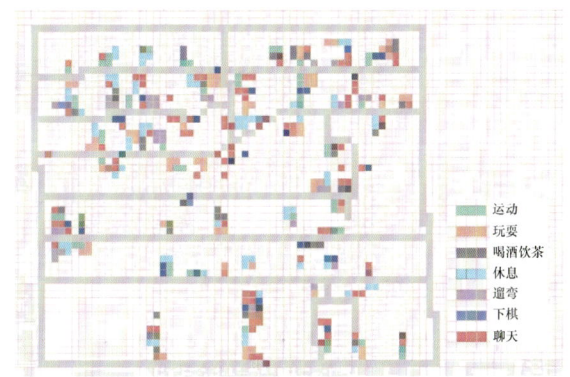

图22　过去东四南片区公共空间主要活动类型

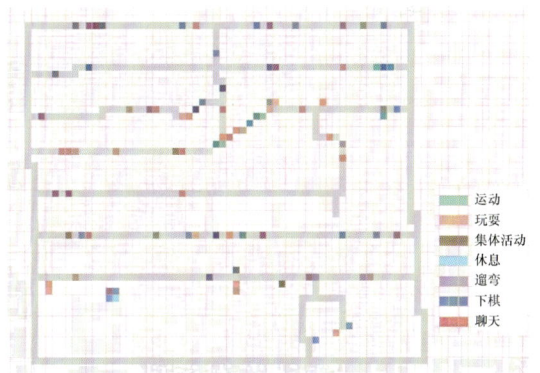

图23　现在东四南片区公共空间主要活动类型

5.3　使用人群的变迁：从"三代"共享到老人留守

过去邻里关系融洽，生活节奏较慢，小孩子课业负担较小，居住在同一屋檐下的祖孙三代都愿意在闲暇时走出屋门，与街坊邻居交往，同一空间下经常有不同年龄的人一起使用（图24）。而现在，中年人工作压力增大，孩子学业竞争加强，在平日里很少有闲暇时间出门。随着租户带来的隔阂与邻里间的矛盾，更多年轻人选择稍远一些、环境更好的地方休闲活动。现在东四南公共空间的使用者更多是老年人（图25）。

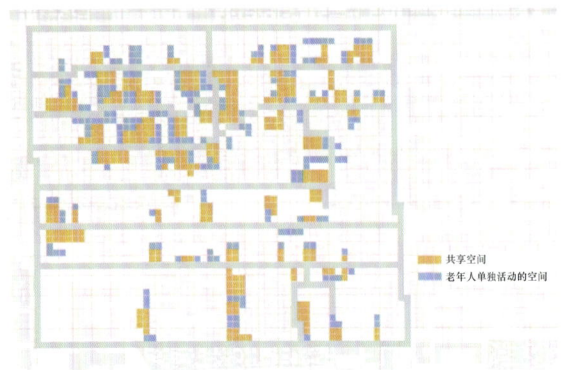
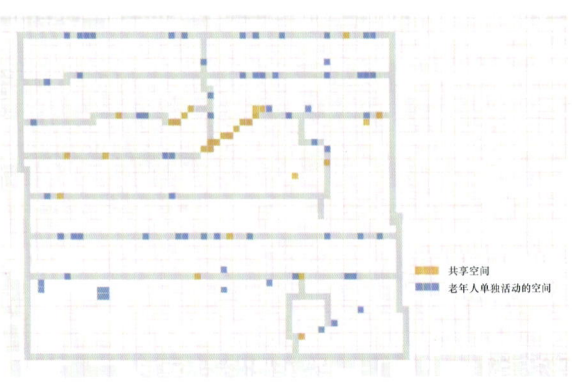

图24　过去东四南片区公共空间使用人群情况　　　　图25　现在东四南片区公共空间使用人群情况

5.4　满意度及变迁原因分析

东四南过去公共空间面积较大，邻里间熟悉度高，居民对公共空间的满意度较高（图26）。现在，胡同空间狭窄拥挤，车辆穿行导致安全与舒适感降低，使多数居民评价转向中立或消极，他们认为胡同较嘈杂，部分居民认为胡同公共空间气氛烦躁（图27）。其对胡同公共空间不满的原因多样，有认为是来往的机动车过多，有不满于共享单车乱停乱放，也有认为是胡同太窄的原因。

综上对比，中华人民共和国成立至今公共空间产生的变化体现在三方面：活动类型丰富度降低、人群结构单一、人群满意度降低。访谈和问卷调查提炼出14项公共空间变化的影响因素，并将其划分为社会交往、空间特征、政府政策三种类型（表1）。

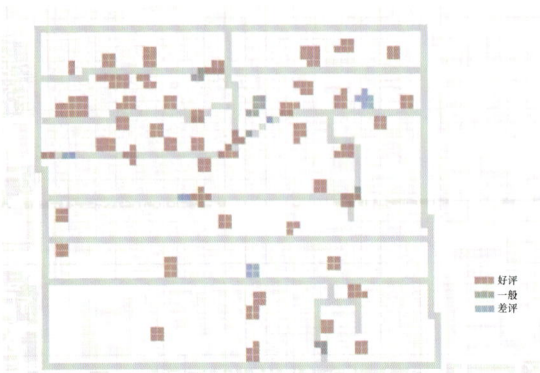
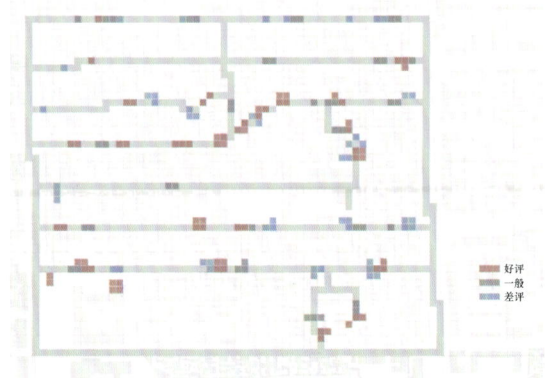

图26　过去东四南片区公共空间满意度评价　　　　图27　现在东四南片区公共空间满意度评价

表1　公共空间变化影响因素

影响类型	影响因素
社会交往	外来住户增加、胡同内老人比例增加、外来游客增加、邻里交流减少、小孩课业负担加重
空间特征	私家车停放增加、共享单车停放、外卖电瓶车经过、院落加建、杂物堆放
政府政策	施工工地、开墙打洞、院落保护、公厕集中布置

在东四南针对以上三种变化对该片区居民发放公共空间变化影响因素相关性调查问卷。问卷中每

个因素以"非常不相关、比较不相关、一般、比较相关、非常相关"五个等级评定。通过李克特五级量表计算影响因素得分的公式如公式（1）所示。

$$s=\sum_{i=1}^{5} i \cdot p_i (i=1,2,3,4,5) \quad (1)$$

其中，s 为该人群的总得分，p_i 为选择从左至右第 i 个选项的人数占人群总人数的百分比。

活动丰富度降低的主要原因是邻里交流减少、私家车乱停放、施工活动增加、地块外公共空间吸引力增加等方面。其中，邻里交流减少和空间特征因素中的私家车乱停放是最重要的因素。此外，胡同里经常进行的施工活动占用原本不是很多的公共空间，且地块外公共空间吸引力增加，使居民更倾向在片区外的公共空间活动，从而减少在胡同内活动（表2）。

表2 活动丰富度降低的影响因素

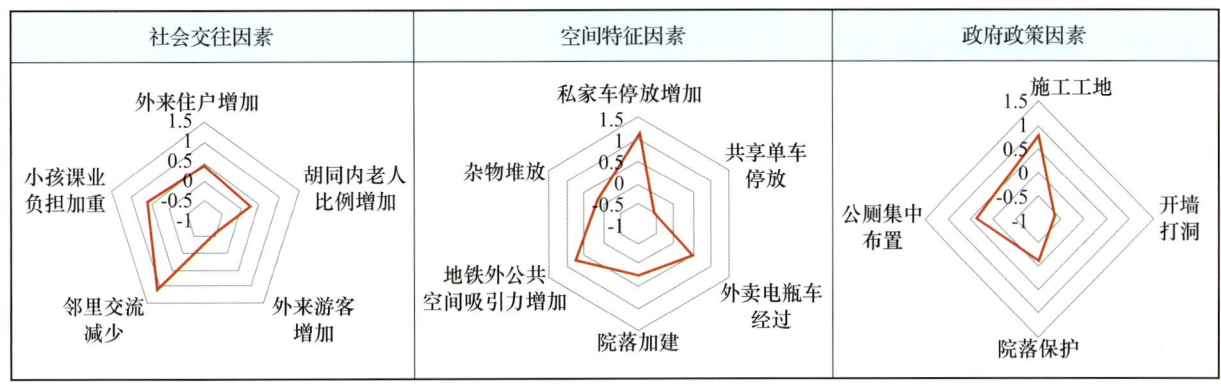

人群结构趋于单一的最主要原因是社会交往因素中的邻里交流减少和外来住户增加。同时，空间特征影响因素也都较多影响了人群结构的变化，包括私家车停放、杂物堆放、共享单车乱停放等（表3）。

表3 人群结构趋于单一的影响因素

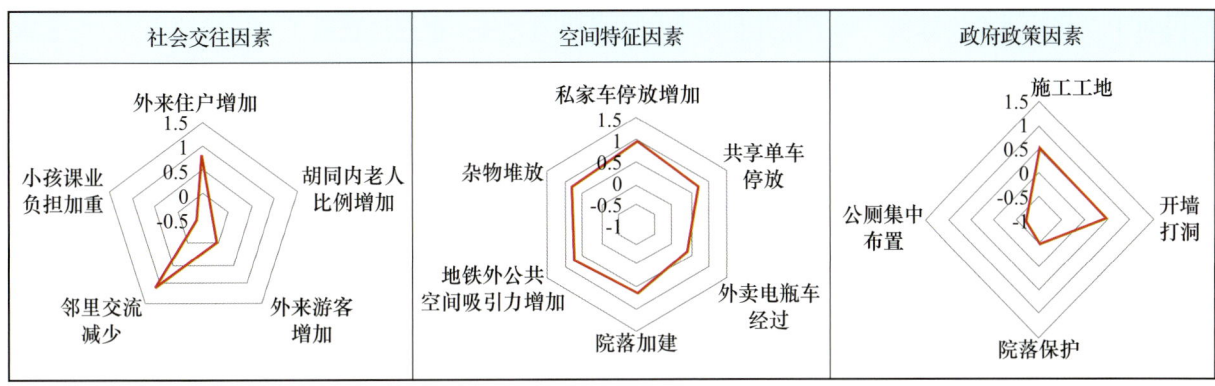

综上，导致人群满意度降低的主要原因分为人际交往环境的恶化与物质环境的恶化。前者主要由于外来租户增多带来的隔阂以及生活节奏加快导致的"快餐式"交往；后者主要因为人口密度不断增大带来的住房加建、停车占道等行为。同时物质环境恶化加剧交往的恶化，如由于房屋加建、停车占用公共空间导致的邻里冲突等（表4）。

表 4 人群满意度降低的影响因素

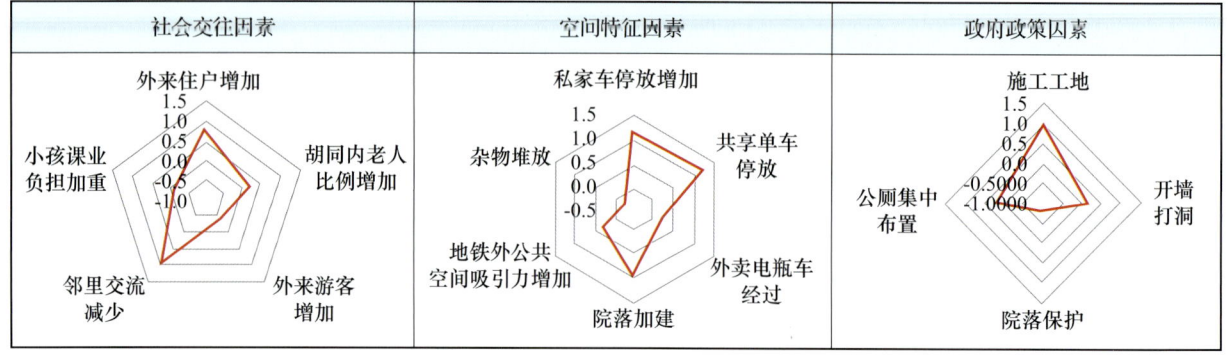

6 总结与启示

本研究以东四南历史街区为研究对象，对其从建国初至今几十年中产生的变化进行研究。东四南是一个以成片四合院住宅为主的生活性历史街区，具有演绎到一般性历史街区公共空间变迁的共性。研究小组对以东四南为代表的传统历史街区公共空间保护提出以下建议：

从空间分布变迁来看，承载活动的公共空间有明显的由院落向胡同转移的现象，院落加建是造成这种现象的重要原因，建议在历史街区内严格控制院落加建，还原过去聚集人们多种活动的大院。从使用人群变迁来看，邻里交流减少和外来住户增加使人群结构趋于单一，建议街道可以多开展形式多样的社区活动，增加邻里交往，促进外来户的融入，使居民愿意一起到公共空间中活动；另外，居委会应当积极调解邻里矛盾，避免冲突的发生。

从活动类型变迁来看，居民的活动类型丰富度降低，一方面可以在胡同中布置一些景观节点及休憩设施，提升空间吸引力；另一方面建议组织更多更好的社区活动，吸引居民参与。从满意度来看，居民对于空间的满意度降低，除了提升空间本身的吸引力之外，也应注意施工对居民的影响，规范施工行为，并尽量在施工前向居民公示，减少冲突的发生。

此外，在实地调研和问卷访谈的过程中，研究小组发现胡同中存在空间浪费的现象，路边堆放杂物、停靠车辆降低了空间利用率，也严重影响了居民的活动体验。在历史街区未来的规划建设中，应着重考虑提高空间利用率，可以在街区外规划停车场地，规范共享单车的停车点，并规定胡同中杂物堆放的地点，将胡同中的零星空间利用起来，营造宜人的居住环境。

参考文献

[1] 周波．城市公共空间的历史演变 [D]．成都：四川大学，2005.

[2] 侯晓蕾，郭巍．关注旧城公共空间·城市微空间再生 [J]．北京规划建设，2016(1): 57–63.

[3] 历史文化名城保护规划规范 GB 50357—2005 [S]．北京，中国建筑工业出版社，2005.

[4] 王冉．北京历史街区公共空间更新研究 [D]．北京：北方工业大学，2013: 8–9.

[5] 杨·盖尔．交往与空间 [M]．北京：中国建筑工业出版社，1992.

[6] 王鹏．城市公共空间的系统化建设 [M]．南京：东南大学出版社，2002.

[7] 路林. 北京旧城城市公共开放空间的保护与发展[J]. 北京规划建设, 2002(04): 19-24.

[8] 朱天禹. 北京旧城公共空间的公共性[D]. 北京：清华大学, 2013.

[9] 刘文丰. 北京东四南地区历史文化遗产调查研究[J]. 北京规划建设, 2014(2): 91-97.

[10] 吴良镛.《北京城市总体规划修编(2004—2020年)》专题, 北京旧城保护研究（下篇）[J]. 北京规划建设, 2005(02): 65-72.

[11] 胡莹, 张霖. 传统街巷空间意象的延续[J]. 规划师, 2003(06): 36-39.

[12] 崔思达. 旧城更新改造中邻里交往空间规划研究[D]. 天津：天津大学, 2013.

[13] 黄健文. 旧城改造中公共空间的整合与营造[D]. 广州：华南理工大学, 2011.

[14] 郑宏. 优先规划北京旧城公共开放空间[J]. 北京规划建设, 2006(02): 94-98.

情依喀赞其
——基于居民和游客视角的新疆伊宁市前进街地方认同研究

摘　要　历史街区的地方认同研究有助于保护历史街区的原真性和独特性。本文以首批国家级历史文化街区——新疆伊宁市前进街为调研对象，通过查阅文献归纳出地方认同指标模型，据此设计调查问卷。在统计分析问卷基本结果后，再剔除问卷中重复或表意不明的陈述，进行主成分分析，修正之前的指标模型。通过对居民的深入访谈和游客的网络评论收集，分别验证居民和游客修正后的模型。从而分析得出居民和游客的地方认同特征、差异及形成原因。最后进行总结，并从地方认同的角度对历史街区的保护及规划提出意见。

关键词　地方认同；居民；游客；前进街；历史街区保护

1　研究背景及思路

1.1　研究背景

历史街区是一种活态的城市遗产，是城市的精神核心，是城市发展中历史与文化等信息的载体，也是一座城市的特色所在。在城市大规模开发的同时，历史街区的保护及传承问题迫在眉睫，但现有的许多相关研究仅仅关注街区外在物质形态，造成了众多可复制的千篇一律的假古董型街区，却忽略了人与街区之间在长期互动过程中形成的人地关系。而这种联系正是历史街区文化传承的精髓所在，是独一无二的，不可复制的。地方认同是使用者在社会生活中与空间建立的长久的功能与情感的联系，它关注的正是人地关系，能够可持续地保护历史街区的原真性和独特性。

1.2　研究目的及意义

从世界遗产保护的视角来看，现在国际上已不再仅强调外部专家自上而下地对地方的物质形态进行保护，而更注重从使用者角度出发，关注居民的价值观、民俗与生活习惯等与地方的共融，自下而上地维续与地方功能和情感上的联系。因此，我们选择从人地关系的角度来研究历史街区的保护。

本项目选择首批国家级历史文化街区——新疆伊宁市前进街，因其处于边陲地段，相应研究较少；街区内多元民族文化保存较好，具有较高研究价值（图1）。街区内有不同颜色象征不同意义的以红、蓝、绿、白居多的俄罗斯风格的特色民居（图2）；有雕刻精美的具有俄罗斯风格的三角形窗楣；有郁郁葱葱的葡萄架庭院、花草辉映的街区（图3）。

随着旅游的发展，街区内游客渐多，街区的保护不得不考虑旅游的发展，因此我们选择从"游客"和"居民"两个视角来调查前进街不同人群的地方认同特征及差异，并探究其形成原因，并以此为基础，为类似的历史街区保护方式及手段提供可行性建议。

图1　前进街中多元文化及其在空间中的反映

图2　各色建筑

图 3 前进街街巷、庭院空间、建筑照片

1.3 核心概念

综合文献并结合前进街的实际情况，从识觉空间、生活空间、主体空间三大主范畴（包含自然独特性、人文独特性、自我效能、一致性、自尊、依恋这六个副范畴）总结出如图 4 模型。

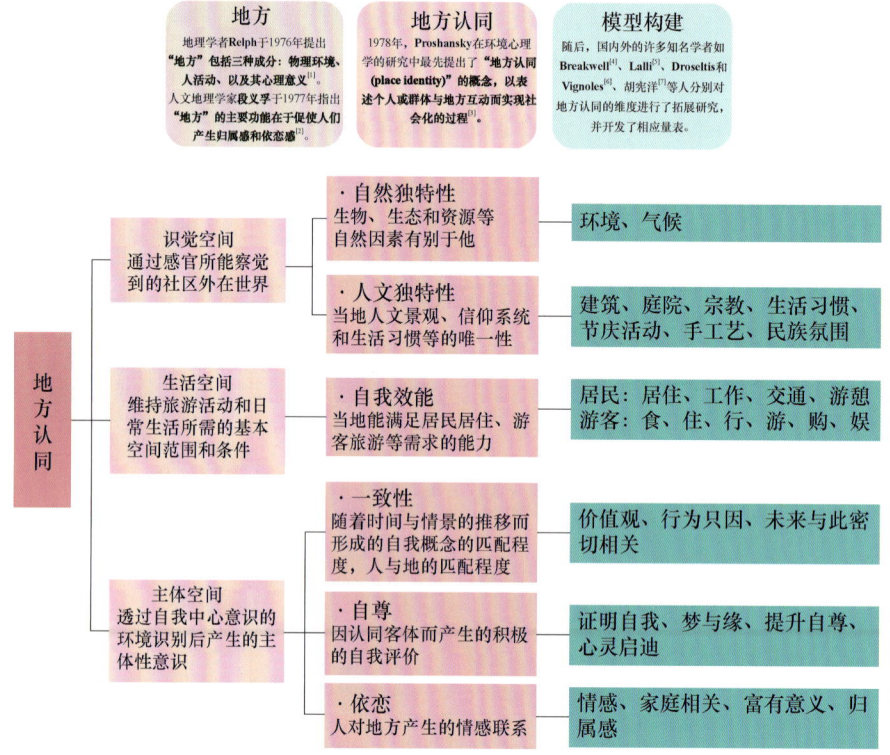

图 4 通过文献综述构建出的地方认同理论模型

1.4 研究区域及对象

本次研究对象是位于新疆维吾尔自治区伊犁哈萨克自治州的伊宁市喀赞其民俗旅游区内的前进街（图 5）。前进街在 2015 年 4 月入选首批国家级历史文化街区。街区位于伊宁市南市区，北起新华东路伊宁陕西大寺，南至伊宁市第三十一小学，该区核心保护范围面积为 38.21 公顷。街区形成于清代，是沿密布的水网自由生长起来的，街巷随着灌渠而自然弯曲（图 6）。

图 5 前进街区位

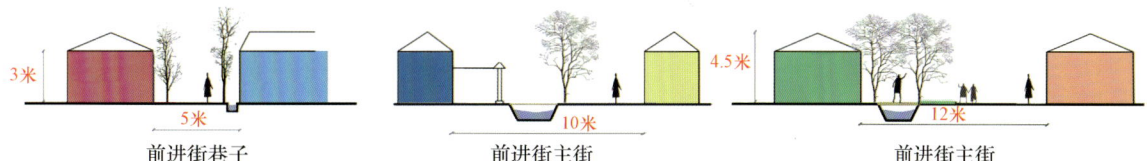

图 6 前进街区位、水网分布及街道剖面图

1.5 研究思路及方法

研究路线图如图 7 所示。

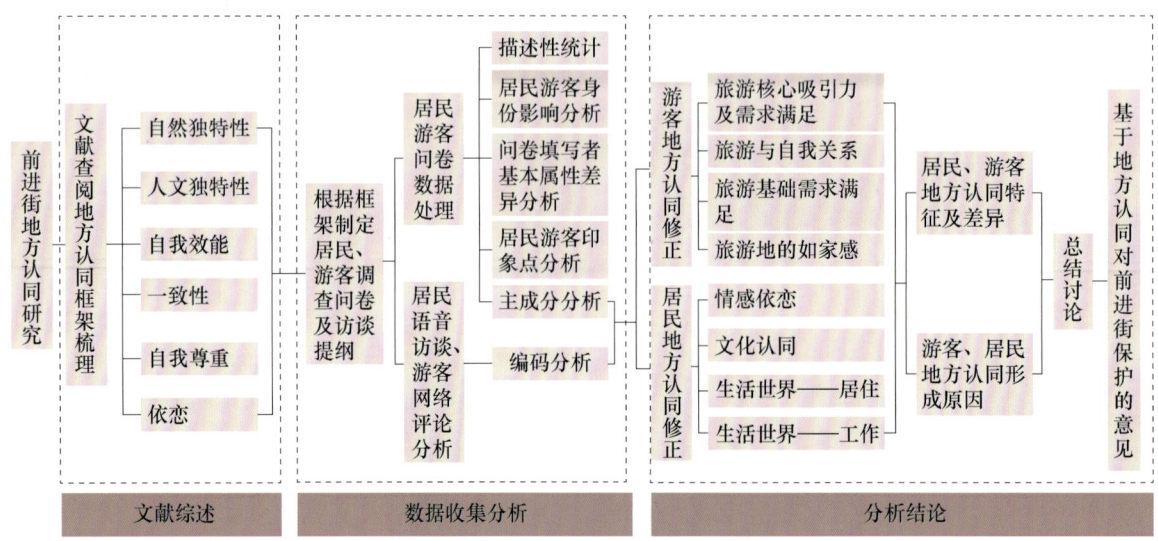

图7 研究路线图

2 数据与资料获取

2.1 问卷获取

问卷获取方式如图8所示。

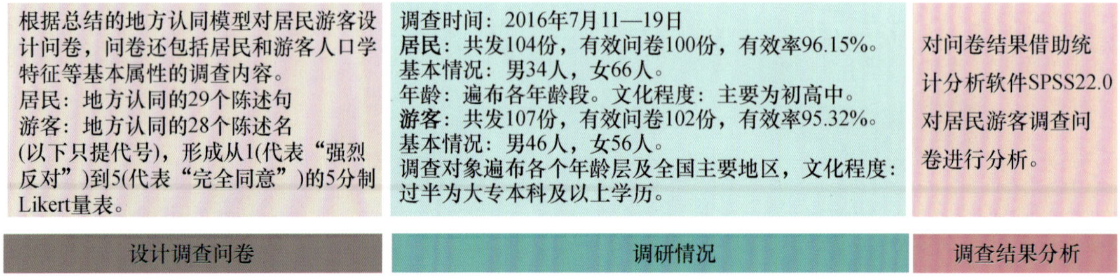

图8 问卷获取

2.2 访谈记录获取

本小组于2017年寒假，对50名前进街居民进行了半结构访谈，其中男18人，女32人。受访对象均在前进街居住超过三年，其中31人居住超过30年，仅11人是后因工作原因或喜欢这里的环境搬迁过来，8人为婚嫁于此，剩余31人均为从小就在此地长大。同时，还对前进街居委会员工和参与前进街保护规划项目负责人W博士进行采访，并整理访谈记录。

2.3 游客评论的获取

游客评论的获取方式如图9所示。

以"喀赞其"为关键词在以上旅游网站搜索相关旅游评论，共计得到游记 70 篇
同时在微博中以"喀赞其"为关键词搜索相关旅游评论，选取前 100 条微博
总计得到评论 14877 字。评论时间范围为 2014 年 5 月 9 号到 2017 年 4 月 14 号

图 9　游客评论的获取

3　问卷结果分析

3.1　问卷基本描述统计

对居民和游客问卷每个陈述（表 1）的 5 分（完全同意）频数进行统计，结果如下（图 10、图 11）：整体上，居民各项 5 分频数集中在 60 ~ 80 之间，而游客集中在 50 ~ 70 之间，因此居民整体评价值高于游客。

居民与游客的评价值多在 4 分以上，说明两者对前进街的地方认同感较强。此外，整体呈现出评价值越高，标准差及离散系数越小，看法较为一致，评价值越低，标准差及离散系数越大，看法分歧较大的趋势。

表 1　居民游客问句编号

居民编号	内容	游客编号	内容	居民编号	内容	游客编号	内容
A1	伊宁的气候很宜人	A1	伊宁的气候很宜人	B9	这里能见到特有的传统手工艺品（如皮具、羊毛地毯等）	B9	这里能见到特有的传统手工艺品（如皮具、羊毛地毯等）
A2	这里的自然景观是别处看不到的	A2	这里的自然景观是别处看不到的	C10	我居住在这觉得很舒适	C10	这里可以满足我品尝美食的需求
B3	这里建筑外形美观，是别处看不到的	B3	这里建筑外形美观，是别处看不到的	C11	这里的生活设施很完善	C11	这里可以满足我旅游住宿的需求
B4	这里的街巷尺度很宜人	B4	这里的街巷尺度很宜人	C12	这里能满足我的娱乐需求	C12	这里可以满足我旅游交通的需求
B5	前进街的宗教文化独一无二	B5	前进街的宗教文化独一无二	C13	我想买的生活用品都能买到	C13	这里可以满足我游览观光的需求
B6	前进街的饮食独特	B6	前进街的饮食独特	C14	在这里生活很安全	C14	这里可以满足我购买旅游商品和纪念品的需求
B7	这里能看到特有的民俗（婚俗节庆等）	B7	这里能看到特有的民俗（婚俗节庆等）	C15	我能在这找份工作	C15	这里可以满足我娱乐的需求（如歌舞等）
B8	人们的服饰充满着少数民族特色	B8	人们的服饰充满着少数民族特色	C16	这里去我上班的地方很方便	C16	来此之前我很期待和激动，思绪万千

续表

居民编号	内容	游客编号	内容	居民编号	内容	游客编号	内容
C17	这里的交通很便利	C17	来这里旅游与我过去的一些经历有关	E24	我的梦想与这里息息相关	E24	来这里旅游可以认识自我，证明自我
D18	我在这里长大	D18	这里让我回想起从前的经历	E25	我很乐意向游客宣传前进街	E25	我觉得这里是个具有特殊意义的地方
D19	我的亲朋好友都住在这附近	D19	我在这里感觉很放松	E26	居住在前进街我感到自豪	E26	我对这里归属感、依附感很强
D20	我希望一直居住在前进街	D20	我打算定居在这里	F27	前进街让我的人生富有意义	F27	我对这里充满感情，有机会还会再来
D21	这里的居民热情友善	D21	我将来的计划很大程度上受这次旅游影响	F28	前进街是我的归属	F28	我对这里有一种家的感觉
D22	我希望我的子孙能一直居住在前进街	D22	能来这里旅游我感到自豪	F29	我热爱这个地方，没有任何地方比得上这里		
E23	在前进街，我可以实现自己的人生价值	E23	来这里旅游是我曾经的梦想				

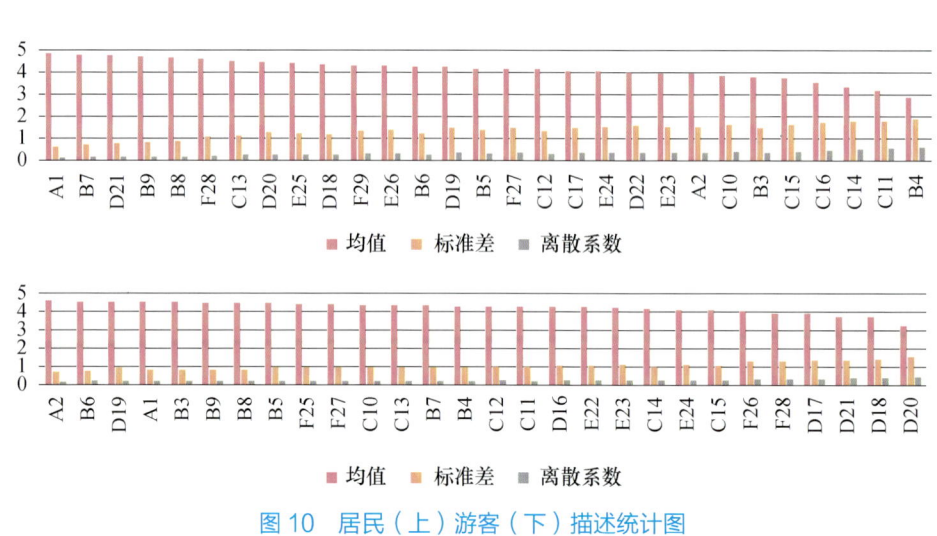

图10　居民（上）游客（下）描述统计图

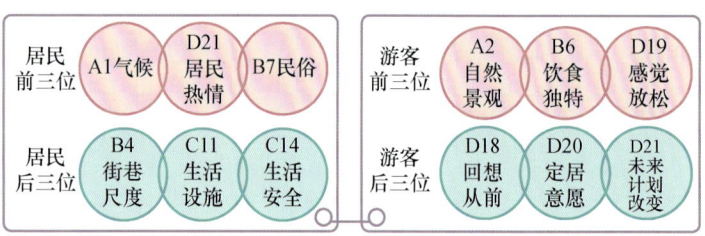

图11　居民游客地方认同评价值前后三位

3.2 居民游客身份影响分析

抽取识觉空间中，针对居民游客问卷相同的 9 个因子，将居民赋值 1，游客赋值 2，通过独立样本 T 检验分析居民游客的身份差异对其地方认同是否产生影响。结果显示（表 2）：由于居民和游客的身份差异，所以在 A1 气候、A2 自然景观、B3 建筑外形、B4 街巷尺度、B7 民俗、B9 手工艺这些方面评价值差异显著。

表 2　居民游客的身份对相同因子差异影响

因子	方差齐性	均值方程的 T 检验 Sig.（双侧）
A1 气候	方差不相等	0.001
A2 自然景观	方差不相等	0.000
B3 建筑外形	方差不相等	0.000
B4 街巷尺度	方差不相等	0.000
B5 宗教文化	方差不相等	0.070
B6 饮食独特	方差不相等	0.067
B7 民俗	方差不相等	0.000
B8 服饰	方差相等	0.187
B9 手工艺	方差不相等	0.050

3.3 受访者基本属性差异分析

以居民年龄及文化程度，游客年龄、文化程度及客源地为自变量（表 3），以 29 位居民陈述项及 28 位游客问句为因变量，进行单因素方差分析及独立样本 T 检验（表 4、表 5）。

表 3　居民游客分组

居民年龄	居民文化程度	游客年龄	游客文化程度	游客地区
25 岁以下	初中以下	25 岁以下	初中以下	新疆
25～45 岁	高中中专	25～45 岁	高中中专	其他地区
45～60 岁	本科大专	45～60 岁	本科大专	
60 岁以上		60 岁以上	硕士以上	

表 4　居民年龄、文化，游客文化差异影响

内容	因子	显著性
居民年龄	E25 乐意宣传	0.048
	E26 自豪	0.01
	D18 长大了解	0.037
居民文化	D20 一直居住	0.018
	F27 人生意义	0.017
游客文化	A2 这里的自然景观是别处看不到的	0.034
	B8 人们的服饰充满着少数民族特色	0.05

表 5　游客客源地差异影响

因子	方差齐性	均值方程的 T 检验 Sig.（双侧）
A1 伊宁的气候很适合我	假设方差不相等	0.026
B6 前进街的饮食独特	假设方差不相等	0.025
B7 这里能看到特有的民俗（婚俗节庆等）	假设方差不相等	0.042
C14 这里可以满足我购买旅游商品和纪念品的需求	假设方差相等	0.008
D20 我打算定居在这里	假设方差相等	0
D21 我将来的计划很大程度上受这次旅游影响	假设方差相等	0.016
F26 我对这里归属感、依附感很强	假设方差不相等	0.026
F28 我对这里有一种家的感觉	假设方差相等	0

结果显示居民年龄在 E25 乐意宣传及 E26 自豪均在显著性 0.05 范围内具有差异。越年轻的居民相对越乐意宣传前进街，推测是由于年轻人的文化教育质量提升，互联网科技等传媒技术让年轻一代更易于接受信息，且更乐于表达；而青少年和老年自豪感明显强于中壮年，推测原因是中年是家庭多方压力最大的人生阶段。

居民文化程度在 D18 长大了解，D20 一直居住和 F27 人生意义差异显著。其中，中等教育水平的比高等的认可度更高，推测是由于高等教育程度的居民多在外地接受教育。

游客年龄对于各项因子差异不明显。游客文化程度在 A2 自然景观和 B8 服饰差异显著。游客文化程度越高，对于自然景观和服饰的独特性认同度越低，推测因为文化程度越高的游客相对见多识广，游历丰富。

新疆游客和非新疆游客在 A1 土气候，B6 饮食，B7 民俗，C14 纪念品，D18 回想从前，D20 定居意愿，D21 计划受此影响，F26 归属感，F27 家的感觉差异显著。新疆地区游客对各项因子认同均高于其他地区游客，尤其在 C14 纪念品、D18 回想从前，D20 定居，D21 计划受此影响，F26 归属感，F27 家的感觉上，显著强于其他地区游客。推测是新疆地区游客的生活环境与伊宁市的相似性所致。

3.4　居民游客印象点分布

通过将问卷最后一题"印象深刻的地方"进行总结及运用图示化语言进行表示，发现居民印象最深刻的点主要为自己的居住地及附近，其次是旅游景点及标志性建筑物，没有呈现出明显的集中点。而游客印象最深刻的点为旅游景点及标志性建筑物，呈现出明显的集中（图 12、图 13）。根据实地走访得出原因：居民多为世居，从小生活在这，邻里关系很好并且喜欢花时间打理自家庭院，因此多数人对自家庭院及附近印象深刻。多数游客跟团来，到指定路线参观游览，因此印象深刻点很集中。

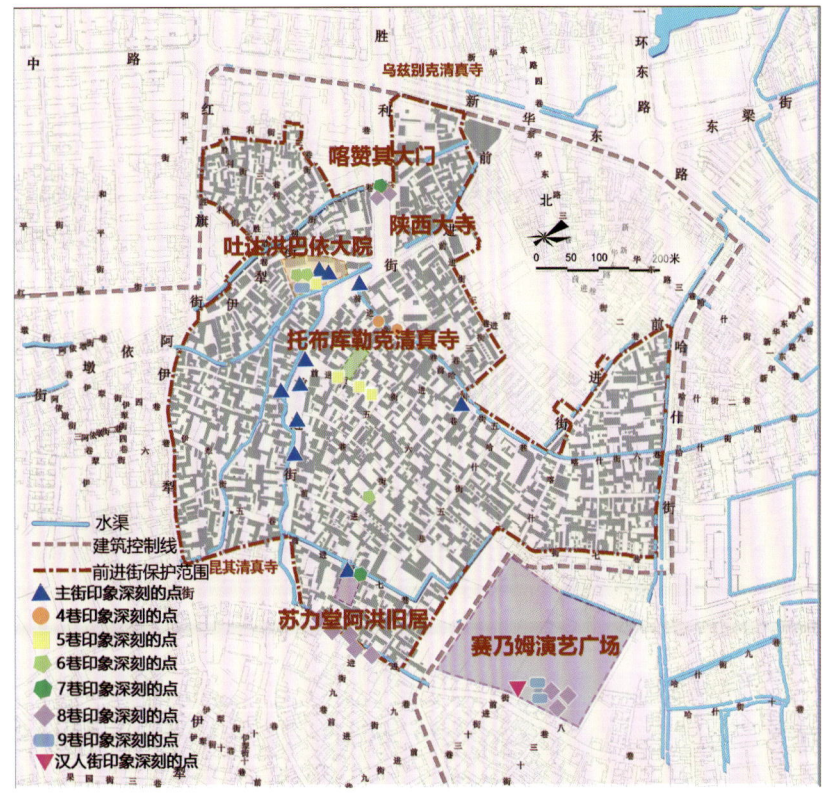

图 12　居民印象深刻的地方

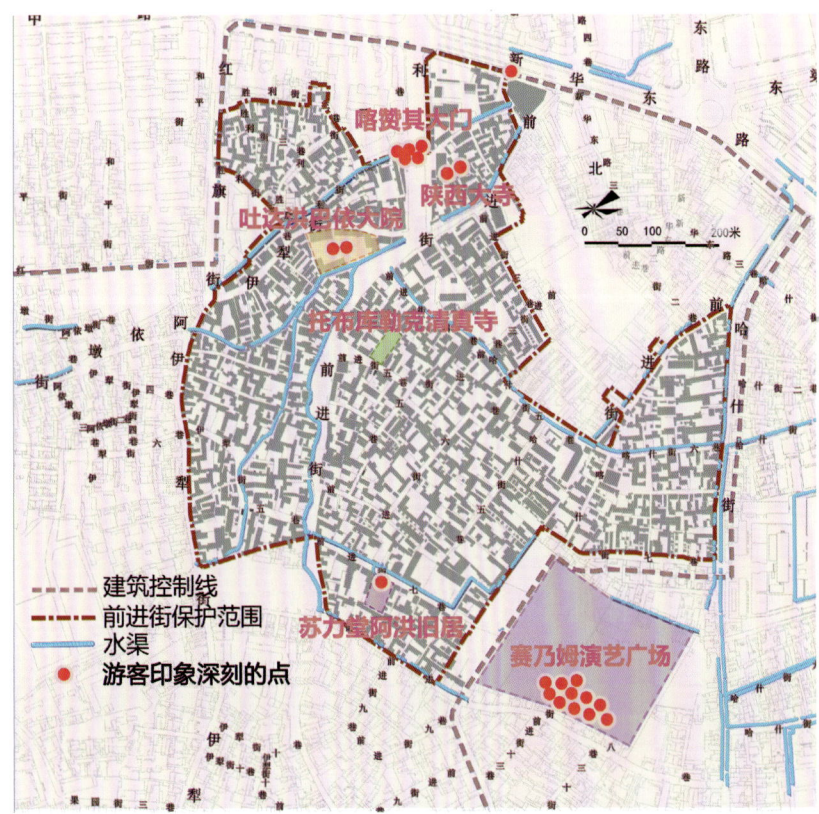

图 13　游客印象深刻的地方

4 居民地方认同模型修正

4.1 居民地方认同主成分分析

对调查问卷回收后进行探索性因子分析，探讨前进街游客地方认同的主成分特征。由于原先问卷中的问题多达 29 个，不符合因子分析中问卷问题/回收问卷数大于 1∶5 的要求，所以首先人为将类似问题和评价值的问题剔除，最终保留 21 个问题作为因子（表 6）。

表 6 居民地方认同主成分因子列表

Ⅰ	1	伊宁的气候很适合我	Ⅱ	8	这里能见到特有的传统手工艺品（如皮具、羊毛地毯等）	Ⅳ	15	我在这里长大
Ⅰ	2	这里的自然景观是别处看不到的	Ⅱ	9	我居住在这觉得很舒适	Ⅳ	16	我希望一直居住在前进街
Ⅱ	3	这里建筑外形美观，是别处看不到的	Ⅲ	10	这里的生活设施很完善	Ⅳ	17	这里的居民热情友善
Ⅱ	4	前进街的宗教文化独一无二	Ⅲ	11	这里能满足我的娱乐需求	Ⅴ	18	我很乐意向游客宣传前进街
Ⅱ	5	前进街的饮食独特	Ⅲ	12	我想买的生活用品都能买到	Ⅴ	19	居住在前进街我感到自豪
Ⅱ	6	人们的服饰充满着少数民族特色	Ⅲ	13	我能在这找份好工作	Ⅵ	20	前进街是我的归属
Ⅱ	7	这里能看到特有的民俗活动（婚俗节庆等）	Ⅲ	14	这里去我上班的地方很方便	Ⅵ	21	我热爱这个地方，没有任何地方比得上这里

首先运用 KMO 和球形 Bartlett 检验进行因子分析的适用性检验。经检验，KMO 统计量为 0.722，球形 Bartlett 检验发现变量间在 0.005 显著性水平下显著相关，因而适宜进行因子分析。利用主成分法提取公因子，经方差最大正交旋转后得到 6 个公因子，分析结果共解释了 68.341% 的方差（表 7），符合社会学调查研究的标准。每一主成分包含问卷中问题及其因子载荷见表 8。

表 7 因子分析的主成分得分和累计百分比

主成分	主成分得分和累计百分比		
	合计	方差的（%）	累积（%）
1	9.128	26.060	26.060
2	3.658	10.443	36.503
3	3.509	10.018	46.521
4	2.852	8.141	54.662
5	2.769	7.905	62.567
6	2.023	5.774	68.341

表8 居民地方认同主成分分析

重新分类	居民调查问卷问题	重新标度成分					
		1	2	3	4	5	6
1. 情感依恋	Ⅵ 21 热爱这里	0.751	0.042	−0.051	0.06	−0.037	0.132
	Ⅴ 18 乐意宣传	0.706	−0.158	0.378	0.07	0.108	0.036
	Ⅴ 19 感到自豪	0.701	−0.1	0.261	0.087	0.118	0.068
	Ⅵ 20 有归属感	0.701	0.076	−0.11	0.048	−0.035	−0.009
	Ⅳ 15 在这里长大	0.645	0.284	0.178	−0.051	−0.045	−0.11
2. 文化认同	Ⅳ 17 居民热情友善	0.175	0.737	0.06	−0.001	−0.152	0.012
	Ⅳ 16 希望一直居住	0.342	0.672	−0.053	0.022	0.116	0.238
	Ⅱ 5 饮食独特	0.032	0.622	0.189	−0.054	0.541	0.126
	Ⅱ 8 传统手工艺	−0.178	0.567	0.216	0.233	0.043	0.008
	Ⅱ 7 民族服饰	−0.143	0.495	0.115	0.173	0.294	0.109
3. 生活世界——居住	Ⅰ 2 景观	0.253	−0.001	0.783	−0.097	0.048	0.169
	Ⅲ 11 娱乐	0.181	0.134	0.69	0.216	−0.019	−0.085
	Ⅲ 9 生活舒适	0	0.168	0.673	0.285	−0.121	0.402
	Ⅲ 12 购买生活用品便利	−0.112	0.493	0.508	0.065	0.148	−0.076
	Ⅱ 3 建筑	0.193	0.43	0.468	−0.009	0.266	0.045
	Ⅰ 1 气候	−0.04	0.142	0.451	0.07	0.379	−0.111
4. 生活世界——工作	Ⅲ 13 工作	0.195	0.279	−0.023	0.84	−0.09	−0.031
	Ⅲ 14 交通	0.157	−0.175	0.217	0.779	0.227	0.259
	Ⅱ 6 节庆活动	−0.194	0.237	0.288	0.388	0.168	0
5. 宗教	Ⅱ 4 宗教文化独特	0.069	0.063	0.002	0.096	0.909	0.013
6. 生活设施	Ⅲ 10 生活设施完善	0.083	0.19	0.075	0.102	0.031	0.934

分析结果并没有按照预期分成"识觉空间""生活空间""主体空间"三个维度，而是呈现出一定程度的混杂状态。由于Ⅱ 4"前进街的宗教文化独特"和Ⅲ 10"这里去我上班的地方很方便"分别被单列成一项，没有形成新的主成分，于是将其剔除；Ⅱ 6"这里能看到特有的民俗"因子载荷小于0.5，且与该组主成分中其他因子的差异较大，也将其剔除。最终，根据每一主成分当中的因子荷载的比重将地方认同模型重新划分为"情感依恋""文化认同""生活世界——居住""生活世界——工作"这四大维度；其中"情感依恋"维度解释了最多的方差（表8），成为该"地方认同"模型中最重要的组成部分。

4.2 "情感依恋"维度分析

由于该维度中因子均反映"热爱""自豪""归属感"等情感上的依恋，且与地方依恋的概念"人与地方之间的情感联结"较为相似，所以将该维度命名为"情感依恋"。

在"情感依恋"维度，居民的地方认同感非常高（图14），除1例访谈对象表达了负面评价，其余访谈对象均表示积极态度。从这些回答中，也可看出"情感依恋"的形成原因主要为"长期居住形成的依恋"和"对这里的事物的高度认同（如景美、人美）"等。

图 14 "情感依恋"维度居民访谈

4.3 "文化认同"维度分析

对文化认同方面的评价进行了统计（图15）。由于该维度中因子多为反映该地区传统文化，如"饮食""手工艺""服饰"等；而在访谈过程中，许多居民表示"这里的居民热情友善"，已成为这里独特的文化印记，并成为他们想一直居住在这里的重要原因；符合文化认同即为"对不同文化特征的接纳和认可态度"的定义，所以将该维度命名为"文化认同"。

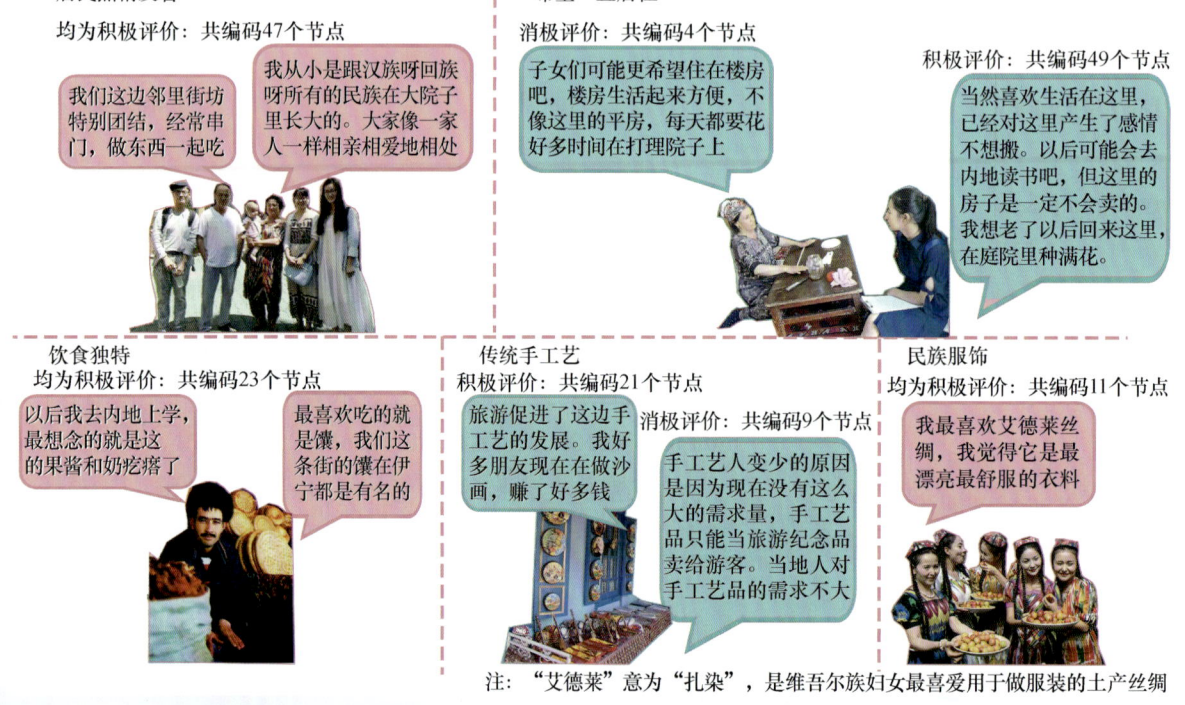

图 15 "文化认同"维度访谈编码节点统计

4.4 "生活世界"维度分析

生活世界（living world）由著名哲学家胡塞尔提出，是指"一个直观地被经验之物构成的世界，它是日常的、伸手可及的、非抽象的世界"。

在生活空间的居住方面（图16），各项因子的积极评价数均大于消极评价，说明这一维度的地方认同感较高。值得注意的是，在询问居民住房营造的相关问题时，发现前进街的住房基本为近十年新建，但因造房工艺被很好地传承下来，具有民族特色的建材市场（售卖门窗、顶棚、柱子等）就在前进街附近，能很方便地获得建材，从而使前进街的建筑至今保留着浓郁的民族特色。

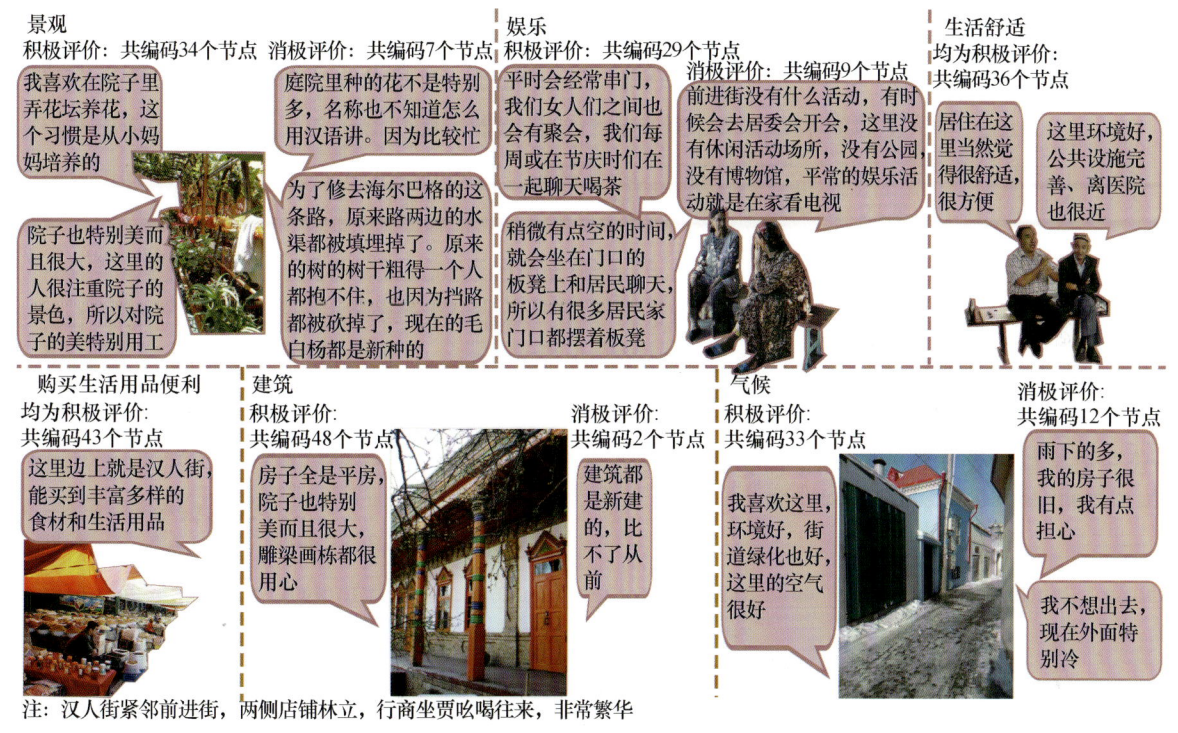

图16 "生活世界·居住"维度访谈编码节点统计

而在生活世界的工作维度（图17），则呈现消极评价多于或接近积极评价的局面，通过访谈发现，这里的很多居民不能找到理想的工作，但旅游业的兴起，给街区增加了许多工作岗位。前进街位于市中心，本应交通非常便利，但因内部街道狭窄，也为居民的出行带来了诸多不便。

图17 "生活世界·工作"维度访谈编码节点统计

4.5 旅游&变化相关问题访谈结果分析

在询问居民对于游客的看法时，居民均表示非常欢迎游客进入家中喝茶聊天，向他们展示维吾尔族最好的一面；希望旅游业的发展能带动自身的经济发展；但对现在的旅游规划存在一定不满，大量游客只会被导游带到"固定家访点"，使得许多想要参与旅游业的居民难以接触到游客。在谈到前进街这些年的变化时，许多居民印象最深刻的就是水泥路、下水道、路灯等基础设施的建设，也有居民表示对因为修路而填埋的水渠、砍掉的大树感到惋惜，但觉得这是发展的需要。

4.6 前进街保护规划项目负责人 W 博士、前进街居委会工作人员访谈分析

通过采访 W 博士，发现其对前进街保存现状评价非常高，未来规划重点为空间景观恢复和规划导则制订，规划介入得较少；居委会工作人员也表示，居民自身就很注重庭院和街道的整洁美丽，居委会所要做的只是定期清扫和美化偏僻角落。

4.7 小结

通过实地调研和访谈，可发现，前进街的保护现状良好，居民的整体地方认同感较高；通过主成分分析，可以将居民地方认同分成"情感依恋""文化认同""生活空间——居住""生活空间——工作"等四个维度，其中"情感依恋"维度认同感最高。

原因分析

究其原因，是居民对生活世界和文化的高认同促进了高情感依恋的形成，而高情感依恋反过来促使居民愿意继续投入精力保护和维续生活世界和文化，进而形成良性循环。而暖气、燃气等设施的配备不齐全、出行交通的不便和寻找工作的困难则对地方认同造成了负面影响。

5 游客地方认同模型修整

5.1 游客地方认同主成分分析

对问卷回收后运用探索性因子分析，探讨前进街游客地方认同的主成分特征。由于原来问卷中的问题多达 28 个，不符合因子分析中问卷问题与回收问卷数的比值大于 1∶5 的要求，所以首先人为将类似问题和打分较低的问题剔除，最终保留 21 个问题作为因子（表9）。

表 9　游客地方认同主成分因子列表

Ⅰ 1	伊宁的气候很适合我	Ⅱ 8	这里能见到特有的传统手工艺品（如皮具、羊毛地毯等）	Ⅳ 15	来这里旅游与我过去的一些经历有关
Ⅰ 2	这里的自然景观是别处看不到的	Ⅱ 9	这里可以满足我品尝美食的需求	Ⅳ 16	我将来的计划很大程度上受这次旅游影响
Ⅱ 3	这里建筑外形美观，是别处看不到的	Ⅲ 10	这里可以满足我旅游住宿的需求	Ⅴ 17	能来这里旅游我感到自豪
Ⅱ 4	前进街的宗教文化独一无二	Ⅲ 11	这里可以满足我旅游交通的需求	Ⅴ 18	来这里旅游是我曾经的梦想
Ⅱ 5	前进街的饮食独特	Ⅲ 12	这里可以满足我游览观光的需求	Ⅵ 19	我对这里充满感情，有机会还会再来
Ⅱ 6	人们的服饰充满着少数民族特色	Ⅲ 13	这里可以满足我购买旅游商品和纪念品的需求	Ⅵ 20	我觉得这里是个具有特殊意义的地方
Ⅱ 7	这里能看到特有的民俗活动（婚俗节庆等）	Ⅲ 14	这里可以满足我娱乐的需求（如歌舞等）	Ⅵ 21	我对这里有一种家的感觉

首先运用 KMO 和球形 Bartlett 检验进行因子分析的适用性检验。经检验，KMO 统计量 0.900，球形 Bartlett 检验发现变量间在 0.005 显著性水平下显著相关（表 10），因而适宜进行因子分析。利用主成分法提取公因子，经方差最大正交旋转后得到 6 个公因子（表 11），分析结果共解释了 62.094％ 的方差，符合社会学调查研究的标准。

发现其分析结果并没有按照预期分成"识觉空间""生活空间""主体空间"三个维度，而是呈现出一定程度的混杂状态，根据每一主成分当中的因子荷载的比重将地方认同模型重新划分为"旅游核心吸引力及需求满足""旅游与自我关系""旅游基础需求满足""旅游地的如家感"四大维度。

表 10　因子分析的主成分得分和累计百分比

主成份	主成分得分和累计百分比		
	合计	方差的（％）	累积（％）
1	10.555	50.872	50.872
2	1.894	9.126	59.998
3	1.296	6.245	66.243
4	1.081	5.208	71.450

表 11　游客地方认同主成分分析

重新分类	游客	重新标度成分			
		1	2	3	4
旅游核心吸引力及需求满足	Ⅲ 13 这里可以满足我购买旅游商品和纪念品的需求	0.736	0.095	0.278	0.235
	Ⅱ 8 这里能见到特有的传统手工艺品（如皮具、羊毛地毯	0.727	0.052	0.155	0.059
	Ⅱ 7 人们的服饰充满着少数民族特色	0.713	0.147	0.082	−0.036

续表

重新分类	游客	重新标度成分			
		1	2	3	4
旅游核心吸引力及需求满足	Ⅱ 6 这里能看到特有的民俗（婚俗节庆等）	0.708	0.3	0.143	0.204
	Ⅱ 5 前进街的饮食独特	0.703	0.267	0.195	0.188
	Ⅲ 14 这里可以满足我娱乐的需求（如歌舞等）	0.674	0.323	0.215	0.204
	Ⅱ 4 前进街的宗教文化独一无二	0.583	0.348	0.211	0.129
	Ⅲ 12 这里可以满足我游览观光的需求	0.572	0.167	0.459	0.26
	Ⅱ 3 这里建筑外形美观，是别处看不到的	0.456	0.413	0.258	0.187
	Ⅰ 2 这里的自然景观是别处看不到的	0.433	0.322	0.271	0.09
旅游与自我关系	Ⅴ 17 能来这里旅游我感到自豪	0.219	0.822	0.286	0.198
	Ⅴ 18 来这里旅游是我曾经的梦想	0.135	0.776	0.219	0.339
	Ⅳ 15 来这里旅游与我过去的一些经历有关	0.511	0.747	−0.01	−0.105
	Ⅵ 19 我对这里充满感情，有机会还会再来	0.193	0.701	0.326	0.302
	Ⅵ 20 我觉得这里是个具有特殊意义的地方	0.348	0.647	0.372	0.25
旅游基础需求满足	Ⅲ 11 这里可以满足我旅游交通的需求	0.422	0.221	0.772	0.122
	Ⅲ 10 这里可以满足我旅游住宿的需求	0.4	0.215	0.733	0.036
	Ⅲ 9 这里可以满足我品尝美食的需求	0.398	0.201	0.725	0.164
	Ⅰ 1 伊宁的气候很适合我	−0.03	0.181	0.666	0.065
旅游地的如家感	Ⅳ 16 我将来的计划很大程度上受这次旅游影响	0.121	0.53	0.206	0.721
	Ⅵ 21 我对这里有一种家的感觉	0.433	0.319	0.115	0.719

5.2 游客评论资料分析和总结

为了为游客地方认同的分析提供整体而直观的要素关系，进一步研究其理论框架，以前进街为关键词，将网络文本输入 ROST Content Mining 6 内容挖掘软件中生成语义网络图。可以发现，对于游客来说，地理属性和民族／文化属性是最重要的两个因素，因此"伊宁""维吾尔族"成为一级核心高频词。

用质性分析软件 Nvivo 11 Plus 辅助整理分析编码的工作，共整理出自由节点 253 个，统计出排名前 20 位的节点（图 18）。依据游客地方认同的特征分析模型对这些自由节点进行编码，全部自由节点都可以按照分类标准完成编码，证明模型对研究的符合度良好（图 19、图 20）。

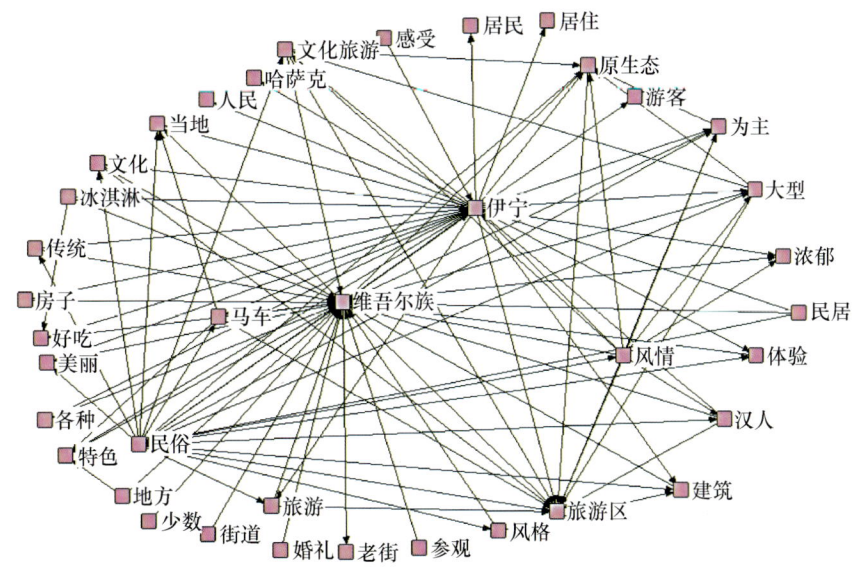

图 18　核心主题覆盖文本比例排名

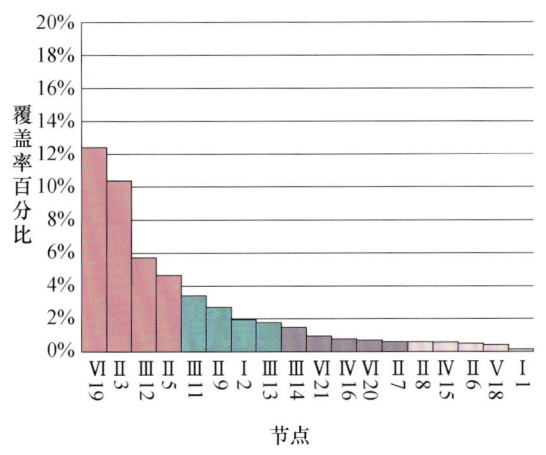

图 19　覆盖文本比例排名前 20 位的自由节点

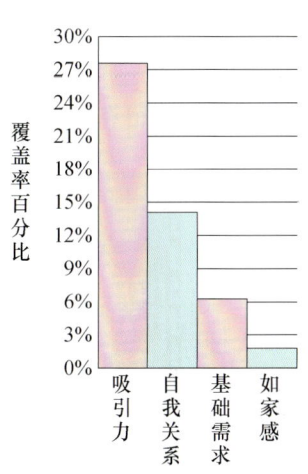

图 20　核心主题覆盖文本比例排名

5.3　旅游核心吸引力及需求满足维度分析

旅游地吸引力是旅游资源与游客在自然、人文等方面形成的差异，这种差异越大，对游客产生的吸引力越强，主要是指吸引力中的"拉力"方面，即旅游资源、旅游服务、旅游环境等方面对游客产生的吸引力。"主成分1"偏向前进街独特吸引力和对游客需求的满足，所以将"主成分1"命名为"旅游核心吸引力及需求满足"。共有参考点133条（表12），占总参考点的52.6%，是比例最大的一个部分，根据分析得出游客在此维度下的地方认同特征（图21）。

相比调查问卷而言，在游记中游客并没有提到有关宗教文化的内容，可能是因为当地清真寺位于居民区内部，且不对外开放，所以游客没有直接的体验感受。

表12 旅游核心吸引力及需求满足维度分析

文化认同	编码节点数	陈述举例
满足购买的需求	积极评价：5	特色各异的民族工艺品让人目不暇接，犹如一个民族文化长廊
	消极评价：2	我特别想要一个那个篮子，但是太贵了，我没舍得买
传统手工艺独特	均为积极评价：4	这个区域仍然保留了许多传统手工艺产品，比如马鞍、铁艺、木雕等
服饰有民族特色	均为积极评价：3	去新疆很多旅行者被那里美丽的风光所吸引，却忽略了这里的中原、波斯文化的民俗特色，这里除了有众多的维吾尔人，还有他们多彩的服饰
民俗独特	均为积极评价：5	观赏表演、体验民俗生活，你将会感受到如花斑斓的民族风情
饮食独特	均为积极评价：27	最让吃货挂心是特色小吃——自制冰激淋，有原味和树莓味等多种口味，老板娘也美丽大方
满足娱乐的需求	均为积极评价：8	在伊宁市的喀赞其里，隐藏着太多深藏不露的民间艺人。在美景如林的喀赞其，他们何尝不是另外一道亮丽的风景呢？
宗教文化独特	0	
满足游览观光的需求	积极评价：23	去了家访，参观了维吾尔族的房屋建筑，有趣的是，当房子里面去是要脱鞋子的哦
	消极评价：1	就是旅游规划得不是很好，在交通和标识上都很混乱
建筑外形美观	均为积极评价：52	走进喀赞其，经常遇到天蓝色、紫色的美丽小院，每一户人家都胜似一个精致鲜活的博物馆
自然景观独特	均为积极评价：12	四月初的时候，伊宁街头开着的花花随便一数就有五六种：苹果花、樱花、郁金香、紫丁香、杏花、榆叶梅、连翘……

图21 游客旅游核心吸引力及需求满足维度地方认同特征

5.4 旅游与自我关系维度分析

游客自我概念会对游客行为倾向产生影响（图22），通过分析，与"主体空间"比较相似，但更偏向于个人经历和感受，所以将"主成分2"命名为"旅游与自我关系"。共有参考点76条，占总参考点的30.0%。可以发现参考点的分布呈现集聚性（图23），游记中游客没有表达"能来这里旅游我感到自豪"，可能是因为游客的地方认同层次还较浅。

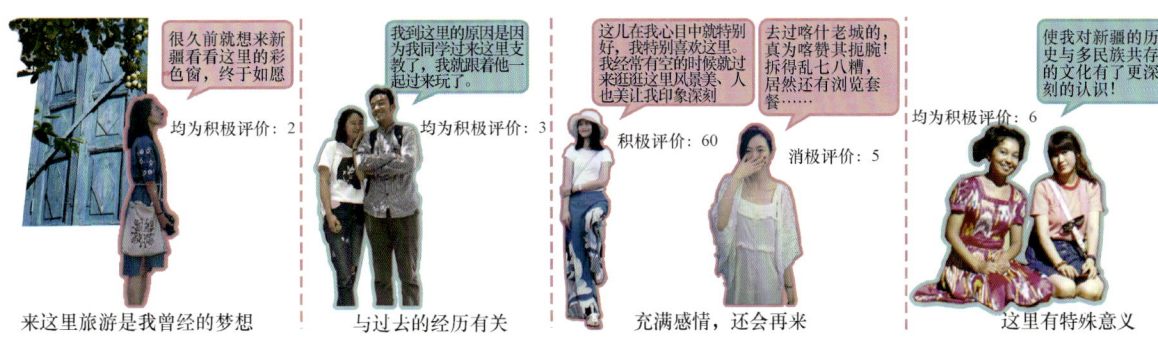

图 22　旅游与自我关系维度分析

图 23　游客旅游与自我关系维度认同特征

5.5　旅游基础需求满足维度分析

旅游地吸引力的形成不仅取决于旅游地的自然与人文旅游资源，旅游地的基础设施、服务水平、旅游环境等也对旅游地吸引力产生着重要影响。"主成分3"主要表现的是对旅游基础需求的满足能力，所以将其命名为"旅游基础需求满足"。共有参考点37条（图24），占总参考点的14.6%。旅游住宿方面没有游客提到，可能是因为游客在前进街通常停留半天，因此住宿需求并不强烈。

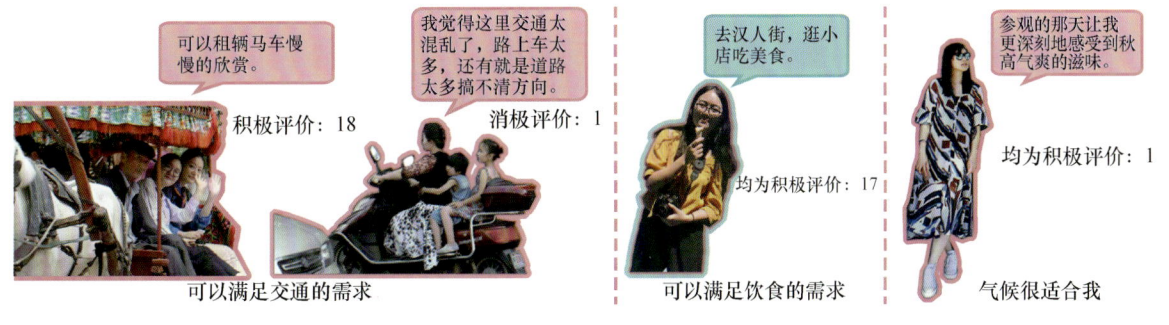

图 24　旅游基础需求满足维度分析

5.6　旅游地的如家感维度分析

关于旅游与自我关系的参考点共有7条（图25），占总参考点的2.8%。问卷评价均值中，游客在旅游地的如家感这一项评价最低，可能因为此项关联未来生活的计划、文化差异性等问题，根据个人经历不同而有较大差异。

图 25　旅游地的如家感维度分析

5.7　小结

通过对以上内容的分析，发现游客对于前进街的旅游核心吸引力及需求满足和旅游与自我关系方面评价较高，对于旅游基础需求满足和旅游地的如家感方面评价一般，说明游客对前进街地方认同感形成影响较大的是旅游服务功能和自身的感受体验。

原因分析

前两个主题可以直接影响前进街作为一个旅游地是否可以在游客心里留下整体印象，而后两个主题则相对更加关注前进街作为旅游地的服务功能，前进街的民族风情浓郁，饮食有独特的代表食物，相比于其他旅游地来说，居民对于游客的开放性和热情招待也让游客在游览过程中更多地关注民居而并非旅游景点，这都能给游客带来独特的体验，留下深刻的印象，但是目前前进街正处于旅游开发的初期阶段，在规划管理方面还存在诸多不足，所以在旅游服务方面会存在不合理之处，同时民居游览虽然可以让游客更加贴近当地生活，带来独特的体验，但是也由于其高自由度，在管理和协调上存在困难，所以有时会给游客带来不愉快的经历。

6　总结和建议

整体而言，居民和游客的地方认同感均较高。

对比居民和游客地方认同模型可知，对居民地方认同产生主要影响的是"情感依恋""文化认同"和"生活世界"，对游客地方认同产生主要影响的是"旅游核心吸引力"及"需求满足和旅游与自我关系"。究其差异形成原因，主要源于两者的属性差异：居民作为地方长期的居住者，在与地方的长期接触中积累了深厚的情感，关注基础设施的维护使用；游客作为短暂的来访者，更关注地方特色和旅游需求的满足。因此，居民和游客的地方认同维度构成显示出本质差异。

另外，值得一提的是，居民的高地方认同和对游客的欢迎对游客地方认同的形成起到了促进作用。在游客对游览地点的描述中，有许多对一般民居游览经历的描述，超过了对旅游景点的描述数量。

根据上述分析，我们认为可从地方认同理论模型构建、旅游开发、历史街区保护和管理这三方面对历史街区进行理论和实践上的改变（图 26）。

图 26 前进街地方认同及保护开发建议与意见

参考文献

[1] Relph,E.C.Place and placelessness.London:Pion,1976.

[2] Tuan,Y.F.Space and Place:The Perspective of Experience.Minneapolis,MN:University of Minnesota Press,1977.

[3] Proshansky,H.M.The city and self–identity.graduate school and graduate center of the city university of New York.Environment and Behavior,1978,10:147–169.

[4] Breakwell,G.M.Coping with threatened identity.London:Methuen,1986.

[5] Lalli,M.Urban related identity:Theory,measurement and empirical findings.Journal of Environmental Psychology,1992,12:285–303.

[6] Droseltis O.,& Vignoles,V.L.Towards an integrative model of place identification:Dimensionality and predictors of intrapersonal–level place preferences.Journal of Environmental Psychology,2010,30:23–34.

[7] 胡宪洋, 白凯. 拉萨八廓街地方性的游客认同建构［J］. 地理学报, 2015（10）：1632–1649.

[8] 朱竑, 刘博. 地方感、地方依恋与地方认同等概念的辨析及研究启示［J］. 华南师范大学学报（自然科学版）, 2011（01）：1–8.

[9] 雍琳, 万明刚. 影响藏族大学生藏、汉文化认同的因素研究. 心理与行为研究, 2003, 1（3）：181–185.

[10] Husserl.The Crisis of European Science and Transcendental Phenomenology［M］.Northwestern University Press,1970.

[11] 赵腾飞, 王良举, 桑林溪. 旅游地吸引力、地方依恋与游客资源保护态度关系研究——以西递、宏村为例［J］. 郑州航空工业管理学院学报（社会科学版）, 2017（02）：17–23.

[12] 叶燕芳. 旅游目的地品牌个性、游客自我概念与游客行为倾向的关系研究［D］. 广州：华南理工大学，2012.

养老"心"观察
——基于两个案例的机构养老群体孤独感调查

摘　要　随着我国人口老龄化趋势的发展，越来越多的人开始接受机构养老方式。近年来养老机构的硬件设施逐渐提升，老人的精神需求受到重视。本调查旨在关注养老机构中老年人的精神状况，选取北京丰台区天颐养老院和爱心敬老院为研究案例，用 UCLA 孤独感指标来衡量其精神状况，分析精神寄托、活动组织等方面对养老机构中老年群体孤独感的影响。分析表明：普通养老机构老人的孤独状况更为严重，宗教养老机构有所缓解；信仰寄托的有无、文化生活的丰富度、公共空间的利用度是造成两所养老院孤独感差异性的重要因素；进一步提出可以通过强化共同价值观构建、加强老年集体性和规律性活动组织、增强开放空间可达性和安定感来降低养老机构中老人的孤独感。

关键词　孤独感；老年人；机构养老；价值观

1 养老机构中精神孤独现象亟待社会关注

1.1 老年群体精神孤独现象

近几年中国处于老龄化快速加深的阶段，"养老"成为了社会聚焦话题，选择机构养老的人也越来越多。而随着我国人民生活水平的提高，老年人的物质需求在很大程度上得到了满足，在这一阶段，关注和重视老年群体的精神需求就具有了更为强烈的现实意义。

我国对老年人精神需求的研究起步较晚，但随着我国老龄问题的日益严重，对老年人精神需求的关注也逐渐升温。孙鹃娟认为，在我国社会转型和人口老龄化双重背景下，老年人的精神需求问题更加凸显。社会转型中的诸多社会变迁因素都极易对老年人的心理、精神产生深刻影响，更需要人们对老年人的精神生活质量加以关怀[1]。高翔认为我国学界已普遍认识到老年人精神需求的重要性，老年人精神需求得不到满足不仅使老年群体的生活质量受到威胁，同时也会对社会产生一定的负面影响[2]。

为了清楚地描述老年人的精神状况，本调查引入了社会心理学中"孤独感"这一可衡量指标。"孤独感"是指一种负性的情绪体验，是个体渴望人际交往和亲密关系却又无法获得满足，从而产生的一种不愉快的情绪感受[3]。

三十多年来，西方心理学家对孤独感问题展开了系统而广泛的研究，在老年人孤独感研究领域也取得了不少有代表性的成果，内容涉及老年人孤独感的影响因素、具体危害及干预对策等方面[4-7]；自20世纪初起，国内学者也开始了老年人孤独感的专门研究，主要方向为对老年人孤独感影响因素的分析和个别干预性策略[8]，对人口学变量和养老模式对孤独感影响的探究较多，对具体某一养老模式的实证案例研究较少。

经过筛选，本调查选取了北京市丰台区（图1）硬件设施完善、好评较多的一家养老院：天颐养老院（图2），该家养老院对老人的精神状况有更多关注；以及另一家地点相邻、硬件设施类似的普通民办养老院（图2）进行对比调查。

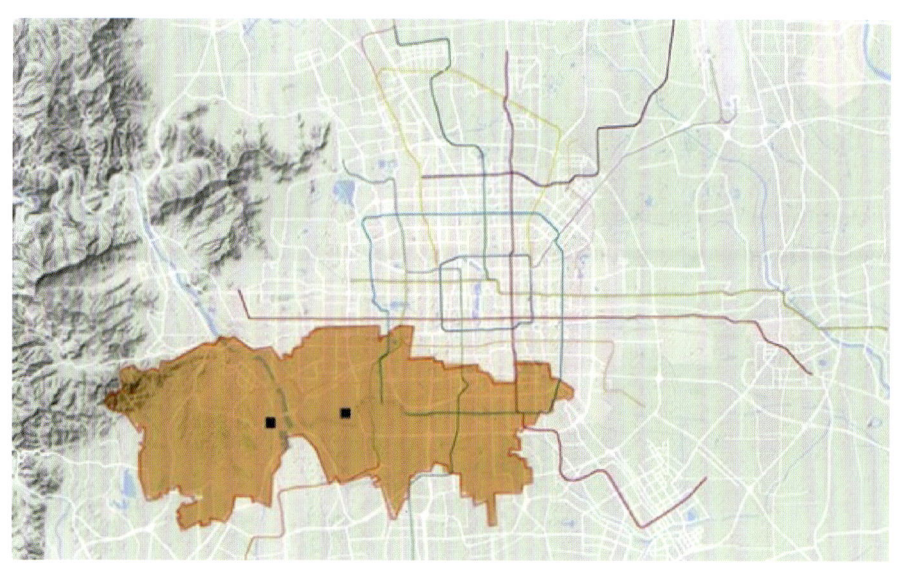

图1　北京市丰台区地图

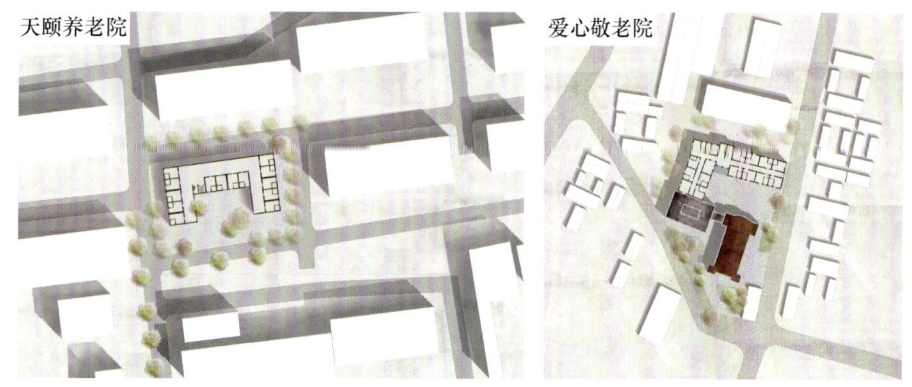

图2　研究对象平面图

1.2　调查内容与意义

针对亟待关注的养老院老年群体精神孤独现象，出于对理论研究和实践探索的补充，本调查旨在回答下列问题：

（1）两类养老院中老年人孤独感的整体状况是怎样的？有无明显差异？

（2）影响养老院中老年人孤独感的主要因素有哪些？

（3）两类养老院有何不同的特点？交叉对比主要因素，可得出哪些推广的建议？

本调查的意义在于丰富老年人孤独感的研究成果，并为我国养老院服务模式的理论研究提供案例支撑；并尝试解释造成两所养老院中老年人孤独感的主要原因，并从影响因素出发，提出降低养老机构老年人孤独感的建设性意见。

1.3 研究对象及地点

北京丰台天颐养老院，位于北京丰台区长辛店天主教堂院内（图3），是天主教爱国会投资发起的以康复养老为主的民办非营利养老机构。

北京爱心敬老院，位于北京丰台南开西里小区院内（图4），是民政部门批准的民办社会福利机构。

图3 丰台区天颐养老院外观

图4 北京爱心敬老院外观

1.4 研究框架

天颐养老院现有老人80位，爱心敬老院现有老人45位，排除有语言障碍和行为不便的老人外，共深入访谈38位（表1、表2），发放问卷43份，问卷有效覆盖率为92.3%。然后运用频数频次分析、均值标准差、单因子分析以及多元回归分析等方法对调查结果进行了系统的检验。

表1 爱心敬老院老人情况统计

房间	性别	年龄	学历	家庭状况	健康状况	来源地
302靠窗	女	78	高中	丧偶，孩子1	良好	北京东直门
211靠窗	男	82	小学	丧偶，孩子3	不好	北京崇文门
108靠墙	女	86	初中	丧偶，孩子2	良好	北京市东城区
312靠门	女	92	初中	丧偶	良好	北京市丰台区
208	女	79	大学	丧偶，丧子，孩子1	良好	北京市酒仙桥
213靠窗	女	83	初中	有老伴，孩子3	良好	北京朝阳门外
213靠窗	男	82	初中	有老伴，孩子4	良好	北京朝阳门外
206	女	86	无	丧偶，孩子1	良好	北京市丰台区
110	女	92	高中	丧偶，孩子2	不好	北京市丰台区

续表

房间	性别	年龄	学历	家庭状况	健康状况	来源地
111	男	86	大学	丧偶，孩子1	良好	河北宣化
209	女	86	高中	丧偶，孩子2	良好	北京海淀
107	男	86	小学	丧偶，孩子2	良好	北京丰台区
304	女	83	初中	丧偶，孩子1	良好	北京市朝阳区
112	男	78	初中	丧偶，孩子3	不好	北京市丰台区
212	女	89	初中	有老伴，孩子4	良好	河北廊坊
208	女	77	中专	丧偶，孩子2	良好	河北张家口
106	女	76	大学	丧偶，孩子2	良好	北京长辛店
102	女	92	小学	丧偶，孩子1	良好	山东
210	女	83	无	有老伴，孩子2	良好	河北保定

表2 爱心敬老院老人情况统计

房间	性别	年龄	学历	家庭状况	健康状况	来源地
三楼	女	93	小学	丧偶	不好（腿不好）	北京广安门
三楼	女	82	小学	丧偶，孩子4	不好（冠心病）	养老院附近
302靠窗	男	83	无	离婚，孩子3	不好	北京陶然亭西
309靠窗	女	90	大学	丧偶，孩子6	良好	养老院附近
307	男	89	小学	丧偶，孩子2	良好	大连
304	女	89	无	丧偶	不好	养老院附近
311	男	68	无	未婚	较好	北京丰台
309靠门	女	104	高中	丧偶，孩子2	一般	北京丰台
212	男	89	小学	丧偶，孩子2	较差	北京丰台
207	女	76	中专	丧偶，孩子2	较差	北京市丰台区
105	男	87	初中	有配偶，孩子2	不好	河北保定
209	女	77	小学	有配偶，孩子1	不好（冠心病）	河北廊坊
211	女	83	无	离婚，孩子3	良好	河北廊坊
305	男	79	小学	丧偶	不好（高血压）	河北廊坊
214	女	81	初中	丧偶，孩子1	良好	山东
103	女	96	小学	丧偶，孩子1	较差	北京市丰台区
值班室	男	54	小学	离婚，无子女	良好	北京市丰台区
202	女	79	小学	丧偶，孩子2	较好	北京市丰台区
三楼	女	93	小学	丧偶	不好（腿不好）	北京广安门

研究框架图如图5所示。

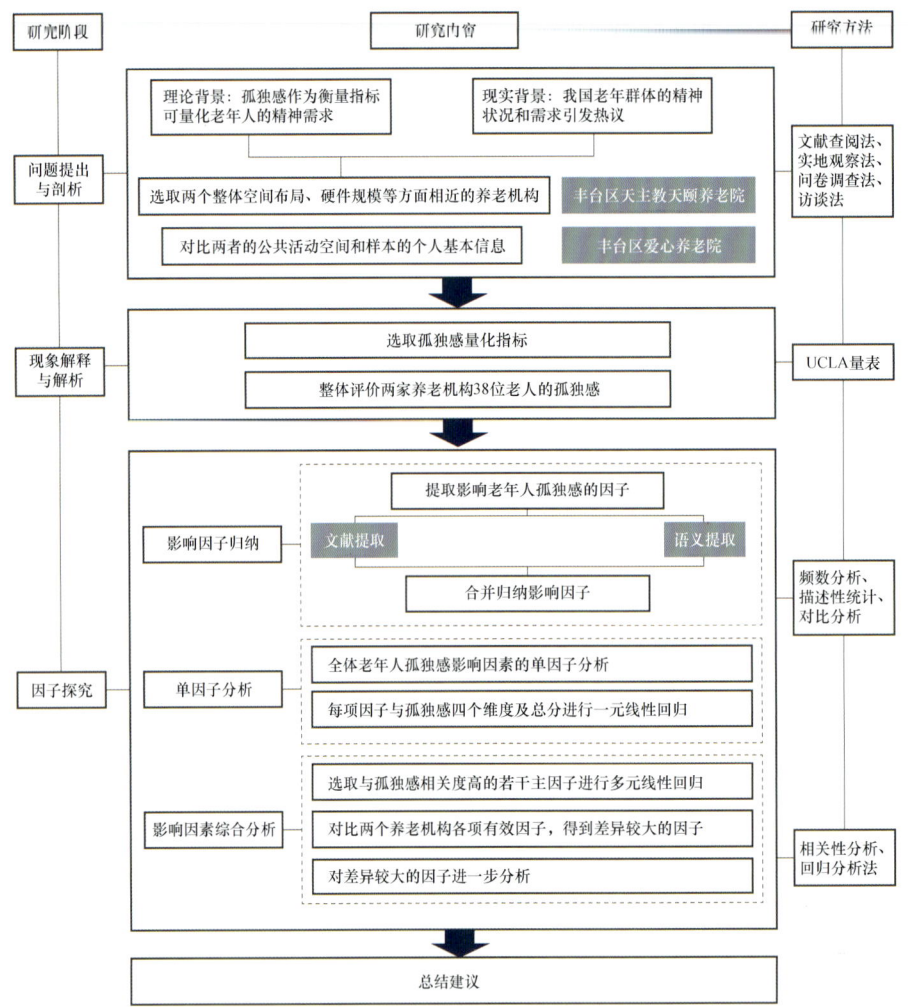

图5 研究框架结构图

2 两所养老机构的基本概况

2.1 养老机构选取

丰台区的天颐养老院硬件设施配备良好,且作为北京唯一一家宗教养老院,具有精神关怀方面的特殊性,因此我们选取了天颐养老院作为调研对象。为整体把握老年人的精神状况,形成参照,我们继续对丰台区所有非福利养老机构进行筛选(表3)。通过比对收费标准及规模,筛选出具有低、中、高对比价值的19所养老机构,比较中、高对比价值的8所养老机构(图6)最后得到空间距离、收费都相似的爱心敬老院,对比时可排除养老院自身条件的差异性,距离天颐养老院6.8千米(图7)。两所养老机构的老人来源地空间分布图、服务模式对比、基本信息对比见图8、图9、表4。

表3 调研范围及调研对象具体空间位置

养老院名称	收费区间	床位数	性质	占地面积	对比价值
天颐养老院	1500–2300	80	民办	1000	—
右安门翠林老年公寓	2000–6500	2000–6500	民办	13433	低
丰台区大红门街道养老院	2000–6000	300	公办	10000	低
丰台夕盈养老护养中心	4000–6000	50	民办	3000	低
北京朝花夕拾养老护理院	3000–5000	200	民办	3000	低
北京市丰台区宛平敬老院	1800–2600	100	民办	1650	中
北京市丰台区南苑乡农村敬老院	500–1000	50	公办	—	中
北京市丰台区鹤康敬老院	500–1000	50	公办	—	中
北京市丰台区中华福寿全敬老院	560–900	1000	公办	17200	低
北京市丰台街道社区阳光敬老院	1180–1520	50	公办	500	中
北京市丰台区康馨敬老院	1050–2000	452	民办	5467	低
北京市丰台区天华福寿全敬老院	700–1500	515	民办	20200	低
北京市丰台区柯氏敬老院	500–1000	100	民办	650	中
北京市丰台区二七车辆社区敬老院	590–1100	101	民办	3678	中
北京市丰台区花乡敬老院	1200–1800	120	公办	—	中
北京市丰台区南苑乡敬老院	500–650	76	公办	—	低
北京市丰台区长辛店城乡结合敬老院	55–950	120	公办	10518	低
北京市丰台区卢沟桥乡敬老院	500–800	170	公办	—	低
爱心养老院	1000–1800	65	公办	1400	高

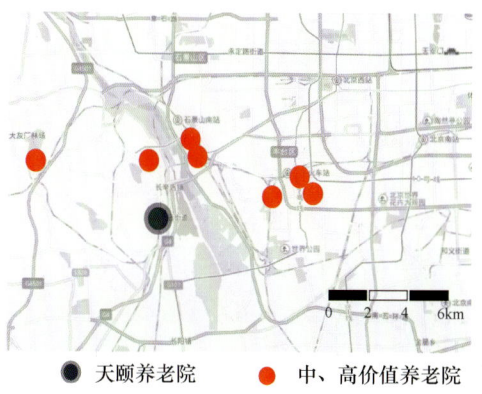

图6 中、高对比价值养老院分布区位

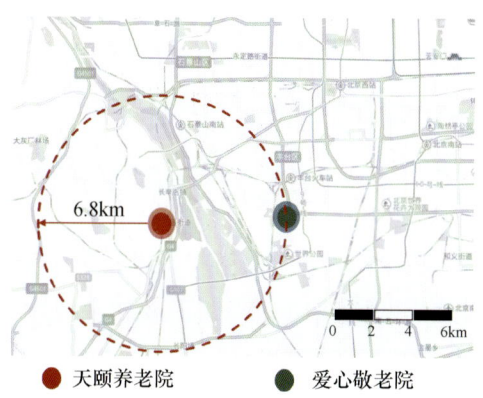

图7 两调研目标养老院区位

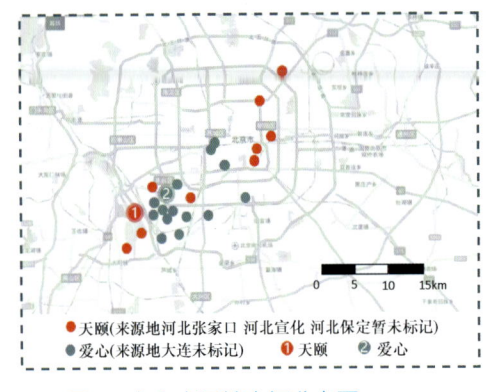
图8　老人来源地空间分布图

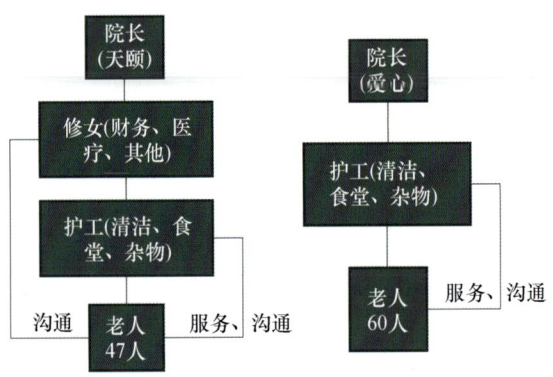
图9　服务模式对比

表4　养老院基本信息对比

项目	天颐养老院	爱心养老院
收费区间（元）	1500～2300	1000～1800
床位数（张）	80	65
占地面积（平方米）	1000	1400
护工人数（人）	3	4
接收老人类型	自理、半自理	自理半自理及不能自理
义工服务	理疗、针灸、演出等	演出、打扫卫生等
房间类型	双人间	单、双、三人间

2.2　养老机构总体情况对比

天颐养老院：2011年成立，由北京市天主教爱国会投资建设。地处长辛店教堂的后院，三层楼房配有户外小院，每层均有供集体活动的空间，例如会议室和祈祷室。房间内配有空调，彩电等基本硬件设施。老人来源地没有明显的规律，但分布较散，有少数来自外省。

爱心敬老院：2008年成立，是民政部门批准的社会福利事业。地处丰台区南开西里小区，三层楼房配有户外小院，布置健身器材等休闲设施，一层设有棋牌室。房间内配有空调，彩电等基本硬件设施。老人大多来自周边社区，没有外省老人。

2.3　养老机构空间环境特征

两个养老机构在整体空间布局上具有相似性，均为U形建筑与出入口广场相结合。建筑内外空间形式变化丰富（图10、图11），承担多种日常活动。

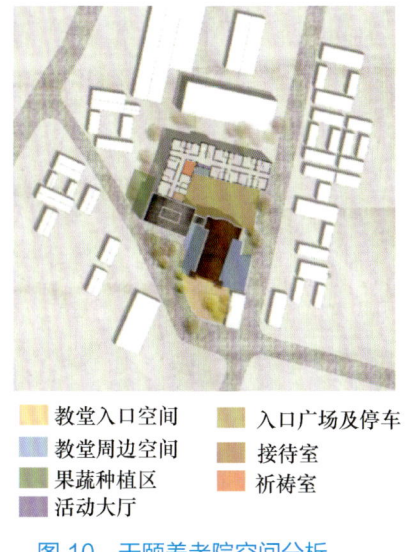

教堂入口空间	入口广场及停车
教堂周边空间	接待室
果蔬种植区	祈祷室
活动大厅	

室内公共活动区	健身器材广场
庭院入口空间	果蔬种植区
门厅入口前广场	

图 10　天颐养老院空间分析　　　　　图 11　爱心养老院空间分析

但是对比两所养老院空间的使用方式和现状问题（表5、表6），可发现爱心敬老院的室内公共活动空间面积约是天颐养老院的4倍，使用率更高；但空间类型的丰富度不如天颐养老院，天颐养老院除了活动大厅、接待室之外还有图书室和祈祷室等进行学习交流的空间（图12、图13）。从现状问题看，两所养老院都存在绿化空间不足的情况，导致室外空间的使用率和安全性都有所降低。

表5　天颐养老院空间使用方式与问题

空间名称	使用方式	现状问题
入口广场及停车场	停车、集中活动	基本作为停车场使用
教堂周边空间	散步、放置物品	空间使用效果不佳
教堂入口空间	教堂和养老院入口	不够开敞，不能满足需求
活动大厅	家属等待，棋牌娱乐	使用率低

表6　爱心敬老院空间使用方式与问题

空间名称	使用方式	现状问题
室内公共活动区	放置休闲座椅、茶几等供老人休息和室内活动	堆放闲置物品过多，长条形的公共活动空间不利于老人聚集交流，且太过狭窄
庭院入口空间	通行	太过简易
门厅入口前广场	主要活动（如早操、理发等）聚集场所	遮荫空间过少
健身器材广场	运动散步	设施维修不善

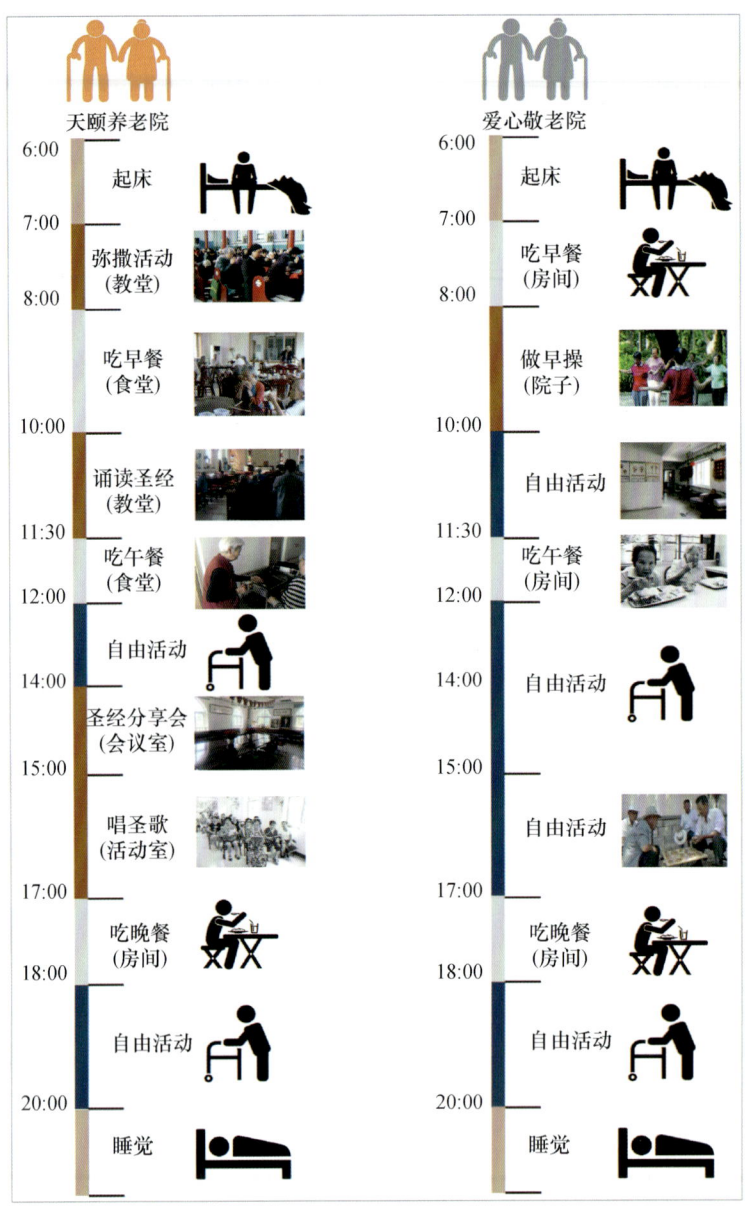

图 12　老人日常活动时间特征对比图

图 13　爱心敬老院空间示意图

2.4 调研样本的个人基本信息

为了分析老人孤独感的整体情况，我们对天颐养老院和爱心敬老院共 38 位老人进行了深入访谈，了解老人的基本信息，并在此过程中以语义提取的方法提取出影响他们孤独感的主要因素。

从总体上看，天颐养老院的老人学历总体水平较高，性别差距、平均健康水平比爱心敬老院高；年龄方面天颐养老院（83.86 岁）和爱心敬老院（84 岁）相似；家庭状况方面，天颐养老院有 7.1% 的老人为孤寡老人，92.9% 的老人有子女照料，爱心敬老院有 46.2% 的老人为孤寡老人；服务范围方面，原住地距离天颐养老院最远的老人为 25.6 千米，排除极少数外省的老人，所有老人平均距离为 18.6 千米；原住地距离爱心敬老院最远的老人为 7.8 千米，所有老人平均距离为 4.0 千米。

3 养老机构孤独感综合评估对比

3.1 孤独感量化指标的选取

国外学者从对孤独感内在结构划分的角度出发，对孤独感的理解和测度产生了不同的看法与理论，并以此为据开发出相应的孤独感测量工具。其中受认可度较高的学者 Russell 认为，孤独感的核心感觉在性质上是没有差异的，所有孤独的人以同样的方式理解和体验孤独。Russell 于 1978 年编制了孤独感量表 UCLA（University of California at Los Angels），将孤独感分为性格特征、自我调节、认知功能和人际关系四个方面，用于评价由于对社会交往的渴望与实际水平的差距而产生的孤独感，并在 1980 年和 1988 年两次修订该量表[8]。

由于我国对于孤独感的研究起步较晚，高信效度的本土化孤独感量表还没有完全开发出来，目前我国对孤独感的测量主要是借鉴和采用国外的测量工具，以"UCLA 孤独感量表及情感—社交孤立量表"（表 7）居多。因此，本调查也选取该量表来衡量研究对象的孤独感。

表 7 UCLA 孤独量表

题号	量表问题	完全不符	比较不符	一般符合	比较符合	完全符合
1	我时常会因为一些小事而情绪低落	1	2	3	4	5
2	我对周围人的要求较高	1	2	3	4	5
3	我是个多愁善感的人	1	2	3	4	5
4	我常常感觉自己比不上别人	1	2	3	4	5
5	当别人看我的时候我会感觉不自在	1	2	3	4	5
6	我觉得没人真正了解我	1	2	3	4	5
7	我在遇到困难时感到孤立无援	1	2	3	4	5
8	别人不希望我比他们过得好	1	2	3	4	5

续表

题号	量表问题	完全不符	比较不符	一般符合	比较符合	完全符合
9	我常感觉很寂寞	1	2	3	4	5
10	我能轻松应对生活中的各种琐事	5	4	3	2	1
11	我经常参加各种聚会和社交活动	5	4	3	2	1
12	我能乐观看待事情	5	4	3	2	1
13	我能专注精神做事情	5	4	3	2	1
14	我的记忆力很好	5	4	3	2	1
15	我对自己目前的生活感到满意	5	4	3	2	1
16	我和周围人都能和谐相处	5	4	3	2	1

性格特征（1/3/4）
自我调节（5/8）
认知功能（0/11/12/13/14/15）
人际关系（2/6/7/9/16）

该量表采用 Likert 5 级计分，"1—完全不符"到"5—完全符合"。前 7 项正项记分，后 7 项反向记分。

3.2 孤独感综合评估及对比

采用赋值打分的方法对孤独感的四个方面进行评价，进行统计分析。

由于本调研选取的孤独量表由 16 个条目组成，每个条目根据所选择的选项进行评分，1～5 分不等。将各个条目得分相加得到区间为 16～80 的总分，得分越高的个体，其孤独体验越强烈。整理数据可得到两所养老院每个单体的孤独感测评情况（图 14、图 15）。根据国外学者 Perry[9] 对总得分的分级，以及修正后孤独量表增减的条目，本调查认为：20～34 分为轻微孤独体验，35～49 分为孤独体验明显，50 分以上为具有较为强烈的孤独体验。

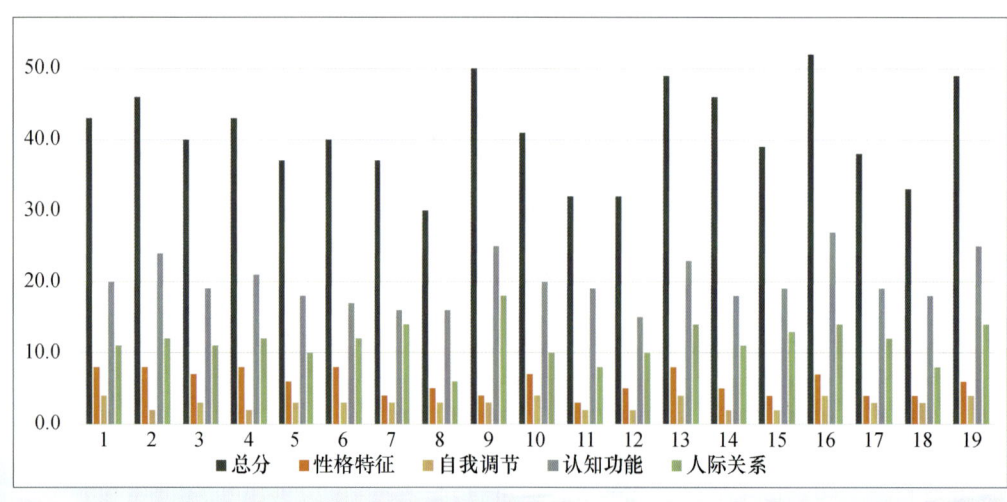

图 14　天颐养老院孤独状况单体描述图

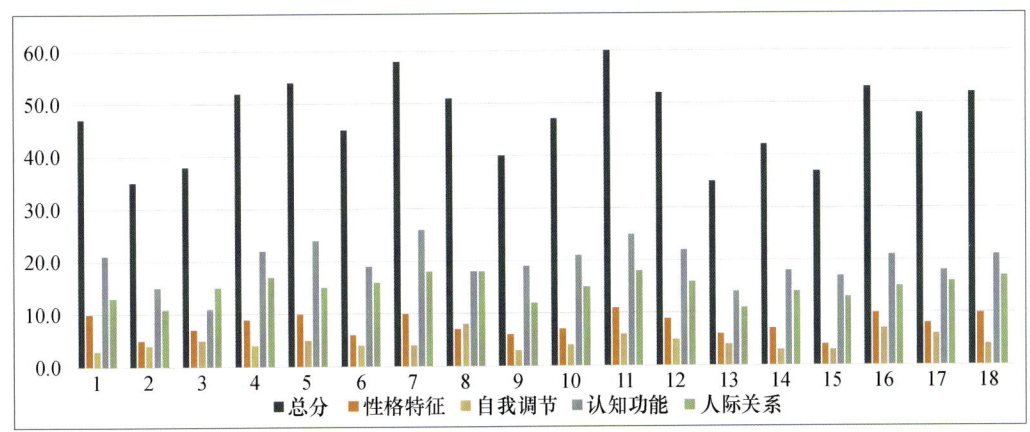

图 15　爱心敬老院孤独状况单体描述图

其中,天颐养老院老人的孤独感平均分为 40.89,爱心敬老院平均分为 47 分(表 8),都属于"孤独体验明显",反映了该群体精神状态堪忧。但很明显,天颐养老院中老年人的孤独感整体状况要优于爱心敬老院。

由于四个维度包含的问题数目不同,为了统一比较的计量尺度,分别计算两个养老院的四个维度得分占该维度的位置数据,统一计量尺度后,利用处理过的数据绘制雷达图(图 16)。可知两个养老院中老人的"认知功能"分值均较高且差距极小,反映了老年人在不可抗的年龄面前认知功能均有退化;而在其他三个维度上天颐养老院均较低,尤其是在"自我调节"方面,天颐养老院中老年人普遍表现较好,这与实地调研交谈时的感受是完全相符的。

表 8　孤独程度对比表

养老院	总分		平均分		区间
	天颐养老院	爱心敬老院	天颐养老院	爱心敬老院	
性格特征	111.0	142.0	5.84	7.89	(3, 15)
自我调节	56.0	82.0	2.95	4.56	(2, 10)
认知功能	379.0	352.0	19.95	19.56	(6, 30)
人际关系	220.0	270.0	11.58	15.00	(5, 25)
总分	777.0	846.0	40.89	47.00	(16, 68)
人数	19	18	19	18	

统计两个养老院中不同孤独感程度的人数(图 17),反映出两个养老院老人处于"孤独感明显"这一程度的人数最多,均超过半数;天颐养老院中老人的孤独感整体较低,轻微孤独的人数较多;爱心敬老院中强烈孤独体验的老人远超天颐,且没有"轻微孤独体验"的老人。

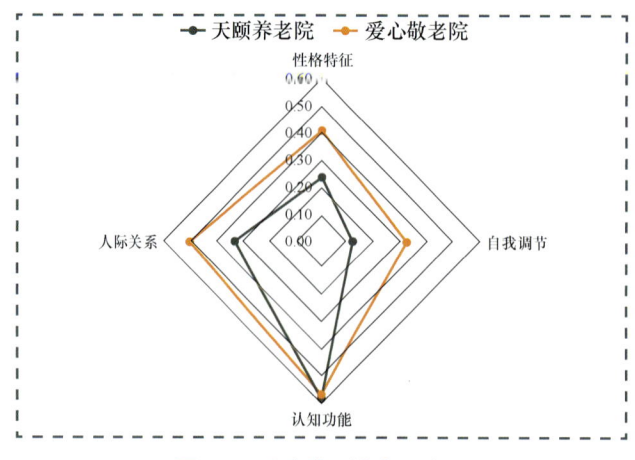

图 16　孤独感四维度雷达图

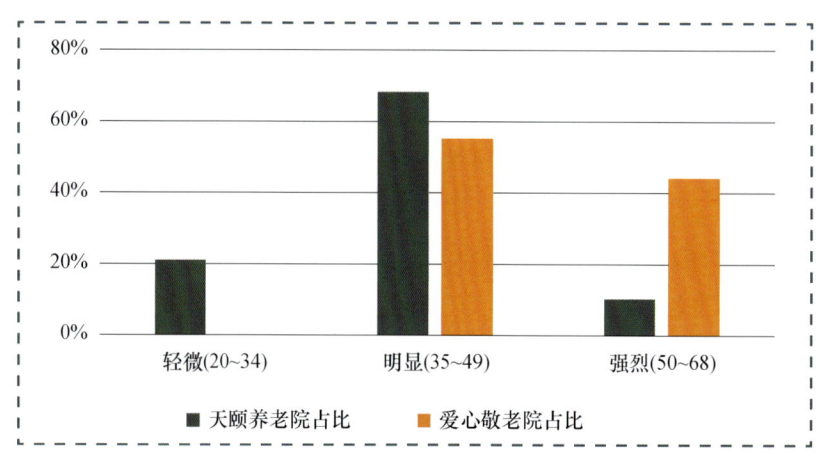

图 17　两养老机构孤独感分段对比图

4　影响老年人孤独感的因素解读

4.1　因子归纳

4.1.1　文献提取

在中国知网进行"老人孤独感影响因素"关键词检索，共出现 85 篇相关文献。对 85 篇文献进行进一步分析，可以提取出 30 个影响老人孤独感的因子[10-14]（图 18）。

对这 30 个影响因子进行筛选，合并具有明显包含关系的影响因子，并且去除频数少于 2 的因子，得到 19 个因子：收入水平、社会福利、睡眠质量、饮食规律、医疗服务、代际关系、婚姻状况、精神慰藉、文化生活、成年子女、邻里关系、生活事件、养老方式、居住方式、年龄、地域、文化程度、自理能力、依恋风格。由于本次调研仅在养老院中的老人中展开，因此养老方式和居住方式作为无关变量去除，最终得到 17 个影响因子（表 9）。

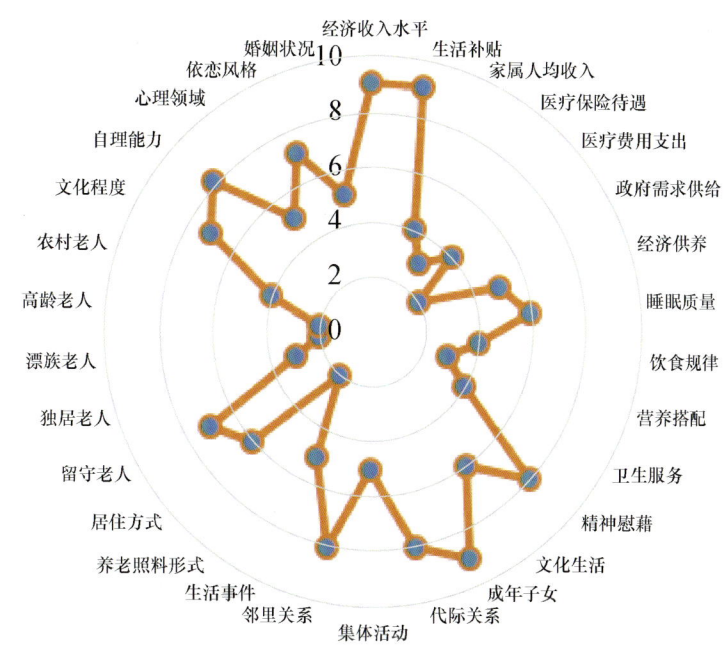

图 18　文献提取的影响因子

表 9　文献提取的影响因子（筛选）

影响因子	论文篇数	因子归纳	影响因子	论文篇数	因子归纳
经济收入水平	9	收入水平	集体活动	5	邻里关系
生活补贴	9		邻里关系	8	
家庭人均收入	4		生活事件	5	生活事件
医疗保险待遇	3	社会福利	养老照料形式	2	养老方式（*）
医疗费用支出	4		居住方式	6	居住方式（*）
政府需求供给	2		留守老人	7	
经济供养	5		独居老人	3	
睡眠质量	6	睡眠质量	漂族老人	2	
饮食规律	4	饮食规律	高龄老人	2	年龄
营养搭配	3	医疗服务	农村老人	4	地域
卫生服务	4		文化程度	7	文化程度
精神慰藉	8	精神慰藉	自理能力	8	自理能力
文化生活	6	文化生活	心理领域	5	依恋风格
成年子女	9	成年子女	依恋风格	7	
代际关系	8	代际关系	婚姻状况	5	婚姻状况

访谈语录

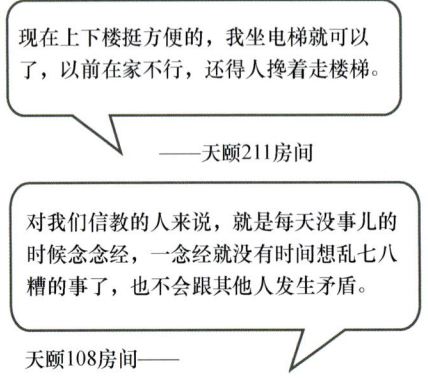

4.1.2 语义提取

通过和老人的访谈，我们提取出了出现频次较高的六个影响因素。

① 硬件设施

两个养老院都配备有电梯、电视等基本设施，受访大部分老人对此都表示满意；相较于爱心，天颐养老院的老人提到活动设施的次数有明显上升且好评率高（图19）。

② 宗教信仰

天颐养老院的老人都是天主教徒，信教时间从几个月到几十年不等；爱心敬老院的老人对此提及较少，大部分表示没有宗教信仰，少部分信仰天主教、佛教等（图20）。

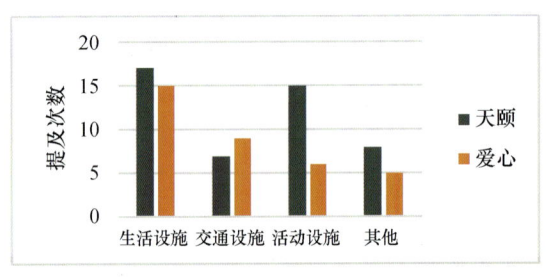

图19 硬件设施种类和提及次数

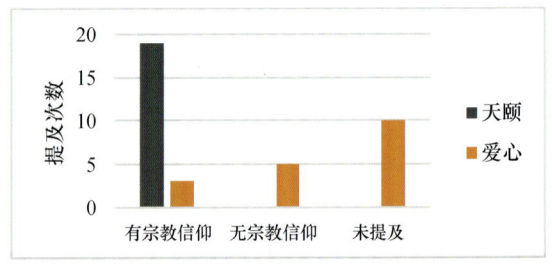

图20 宗教信仰情况和提及次数

③ 精神服务

天颐养老院的受访老人和修女之间常常进行交流，涉及生活琐事、精神开导等多方面；爱心敬老院的老人与工作人员之间的互动不强，心理问题主要是自己解决（图21）。

④ 邻里关系

两个养老院的大部分受访老人都表示自己与其他老人相处正常，平常有较多的交流；爱心敬老院的少数老人对其他人的意见比较大，喜欢独处（图22）。

⑤ 文化活动类型及空间

天颐养老院每天有固定的宗教活动，周末有志愿者组织的娱乐活动，重大节假日也会有庆典，形式丰富并且都有专门的活动室；爱心敬老院在活动的组织上较弱，以节日庆祝为主，活动空间主要是大厅和外庭院（图23）。

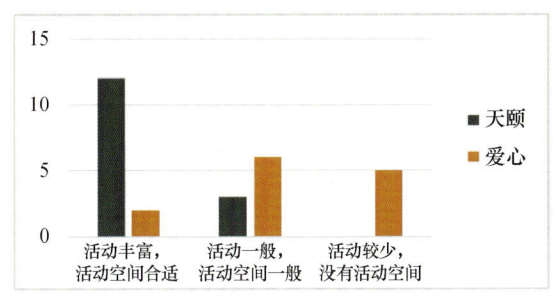

图 21 精神服务情况和提及次数

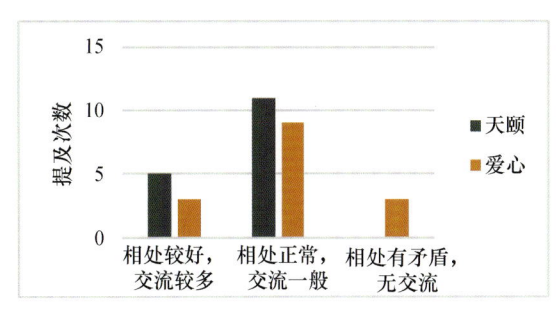

图 22 邻里关系情况和提及次数

⑥ 自我价值

天颐养老院每天会安排两位老人在教堂值班，食堂的活老人可以自愿帮忙；爱心敬老院每天会安排一位老人领头做早操，菜园的打理工作老人也可以自愿帮忙（图24）。

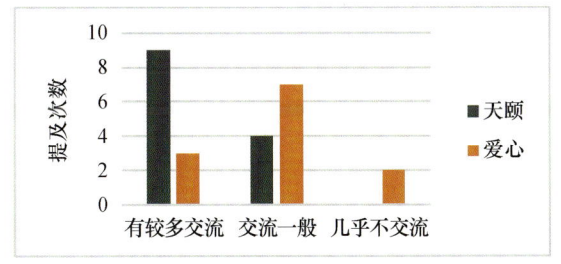

图 23 文化活动程度和提及次数

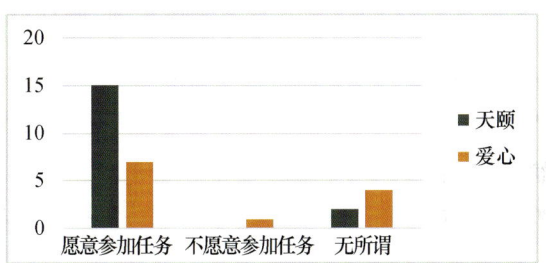

图 24 参加任务情况和提及次数

访谈语录

> 护工会帮忙洗脚、洗澡，我们都交钱了的。不会跟我们聊天，就是拿钱办事。
> ——爱心103房间

> 大家在一起特别好，碰上了就会聊天，说说笑笑。但不会特意串门聊天，都有自己的事。
> 天颐304房间——

> 一般到周末，会有很多志愿者来搞一些活动。特殊节假日的话，会有一些人来演出。
> ——天颐206房间

> 前几年我在门口的那个房间里住着，院长请我帮忙看看门。挺好的，反正在这儿也没啥事。
> 爱心307房间——

4.1.3 综合因子归纳总结

通过文献提取（表10）和语义提取（表11）归纳相似因子，最后总结出16个，表12是对每个因子的详细描述。

表 10 文献提取影响因子总结

睡眠质量	文化生活	地域
饮食规律	邻里关系	文化程度
医疗服务	生活事件	家庭状况
精神慰藉	年龄	经济供养

表 11 语义提取影响因子总结

硬件设施	邻里关系	文化活动类型及空间
宗教信仰	精神服务	自我价值

表 12 影响因子总结及描述

睡眠质量	包括睡眠的深度和快波睡眠占整夜睡眠的比例
饮食规律	包括饮食习惯和不良行为
健康状况	包括人群的生育、发育及营养水平、疾病及死亡状况、平均寿命等
服务质量	一般包括服务态度、服务技能、服务及时性等
生活事件	日常工作，生活、学习中遇到精神重创及不幸
自我价值	个人对自己的创造力，以及个人在社会中的地位和作用的一种认识和评价
精神慰藉	通过影响病人的心理活动，使其心理得到安稳而舒适，借以提高疾病治疗效果的一种方法
文化生活	指阅读、写作、文娱、体育以及其他艺术方面的活动
邻里关系	依靠住地相近的自然条件而形成的经久相处、互相往来、守望相助的关系。邻里关系是社会上的一种地缘关系
活动空间	人在其中有明确行为的内容空间，多为具体的房间
硬件设施	未进行某项供货满足某种需要而建立的系统、建筑物或成套设备
经济供养	有血缘关系和姻亲关系的一方对另一方给予照顾和提供经济供养的义务
家庭状况	反映人口基于婚姻关系、血缘关系和收养关系而形成的社会生活共同体

4.2 单因子分析

将前期归纳的 16 个孤独感影响因子转化为 23 个可量化的问题（表 13），然后利用 SPSS 软件将其逐个与因变量"孤独感总分、性格特征、自我调节、认知功能、人际关系"进行一元线性回归并检验，得到 10 个有统计学意义的自变量：失眠次数、有无信仰、与护工的交流、与老人的交流、使用的活动空间及频次、使用的硬件设施、家人的探望次数、疾病情况 / 参与活动频次等（表 14）。

表 13　文献提取影响因子总结

睡眠质量	您一周大概失眠几次？
饮食规律	三餐是否规律？是否饱腹？食欲如何？
健康状况	是否有疾病缠身？
服务质量	接受到的身体护理服务有哪些？接受到的生活支援活动有哪些？
生活事件	是否遇到过重大生活事件？
自我价值	是否负责过养老院的相关事务？
精神慰藉	您与养老院护工、义工多久交流一次？
文化生活	您是否经常参加活动？
邻里关系	您是否与其他老人或护工发生过矛盾？您与养老院其他老人多久交流一次？
活动空间	您使用的活动空间有哪些？频率如何？
硬件设施	您平时使用的室内硬件设施有哪些？频率如何？
经济供养	基本经济条件如何（有无储蓄和盈余）？
年龄	您的年龄是？
地域	上一个居住地？
文化程度	最高学历？
家庭状况	婚姻状况及子女数？

表 14　各影响因子影响程度表

问题编号	1	2	3	4	5	6	7	8
因子	一周大概失眠几次	饮食规律	饱腹程度	食欲	以下生活事件有几件发生了	您接受到的身体护理服务有	您接受到的生活支援服务	您是否负责过养老院相关事务
相关系数	0.545	—	—	0.609	0.116	0.06	0.169	0.307
问题编号	9	10	11	12	13	14	15	16
因子	您是否经常与其他老人或者护工发生过矛盾	您与养老院其他老人多久交流一次	和修女、护工等工作人员多久交流一次	您使用的活动空间有	您使用活动空间的频率	您使用的室内硬件设施有	基本经济条件	家人多久来探望你一次
相关系数	0.423	0.465	0.43	0.464	0.636	0.414	0.217	0.385
问题编号	17	18	19	20	21	22	23	
因子	年龄	地域（来养老院前的居住地）	婚姻状况	子女	是否有疾病	自理状况	性别	
相关系数	0.118	0.055	0.069	0.085	0.374	0.272	0.103	

4.3 影响因素综合分析

利用 SPSS 软件对影响老年人孤独感的 10 个有效问题进一步作多元线性回归分析，自变量为 10 个问题，因变量为孤独感总分，得到失眠次数、有无信仰、与护工的交流、与老人的交流、使用的活动空间的频次、硬件设施使用情况、参加活动的频率这七个问题所对应的因子对孤独感影响较大，且通过检验（表 15），可将其归纳为 6 个影响因子：邻里关系、硬件设施、文化生活、睡眠质量、活动空间、精神慰藉。多元线性回归方程式如下：

$$y=2.158X_1+2.493X_2+2.650X_3+1.837X_4+1.830X_5+1.192X_6+2.592X_7+17.613$$

其中：X_1 为失眠次数；X_2 为参加活动的频率；X_3 为与老人的交流；X_4 为有无信仰；X_5 为与护工的交流；X_6 为使用的活动空间的频次；X_7 为硬件设施使用情况；y 为孤独感总分。

系数越大，相关性越强，从多元线性方程可以看出，对于两个养老机构的受访老人，邻里关系、硬件设施、文化生活、睡眠质量对孤独感影响都较大，精神慰藉、活动空间等影响略弱于前者。

上述分析针对所有样本，为了进一步提出针对养老机构的改进意见，我们又将两个养老院的这些因子进行对比，得到的差距较大的因子是应重点关注的改进方向（图 15）。

表 15 多元线性回归检验

类型	检验结果
相关系数（拟合效果检验）	$α=0.05$ 时 $N-8=29$，$R > 0.3494$，每一个系数都大于 0.3494，所以通过检验
F（预测精度检验）	$df1=10$，$df2=26$，p 等与 0.05 时，F 为 2.32 < 10.186 所以检验通过
t（线性关系检验）	$t=3.249/1.322/2.177/2.431/1.677/0.154/0.327$，查表检验大于 $p=0.05$ 的临界值，所以通过检验
DW（回归系数检验）	模型 $DW=1.595$，显著性水平 $α=0.05$，查 DW 检验表，临界值 dl、du，$dl < 1.595 < 4-du$，所以通过检验
共线性检验（模型误差随机检验）	容许度 Tol 数值上接近 1；方差膨胀因子 VIF 值小于 10，在完全消除共线性的前提下，尽量多的引进 7 个自变量 $EV=0.81$，CI 值 $=13.198 < 15$，不存在相应的共线性

分别对天颐养老院和爱心敬老院的老人关于这七个问题和孤独感总分的打分数据逐一求取平均值（图 25、图 26），从总体孤独感水平上看，天颐养老院的平均分数低于爱心敬老院，老年人的孤独感水平低于爱心敬老院，但在七个问题的打分结果显示，天颐养老院和爱心敬老在参与活动频率（文化生活）、信仰情况（精神慰藉）和使用活动空间的频率（活动空间）三个方面有相对大的差距，在活动空间方面，天颐养老院不如爱心敬老院，天颐养老院在活动场地的建设上不如爱心敬老院，但天颐养老院在文化生活和邻里关系两个方面都有显著的优势，因此，文化生活和邻里关系对孤独感的影响会更大，分别对应着养老院举办的活动类型和养老院老人之间交流的构建。

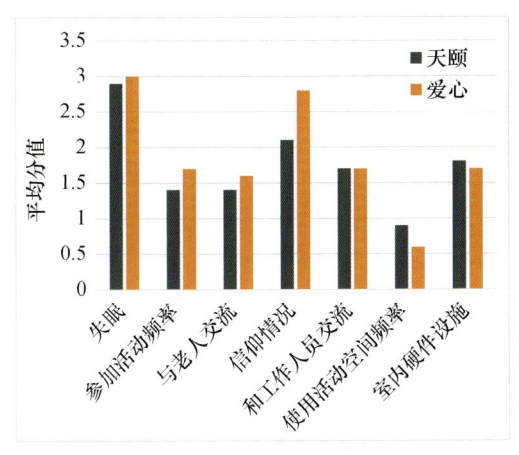

图 25 主要影响因子平均分

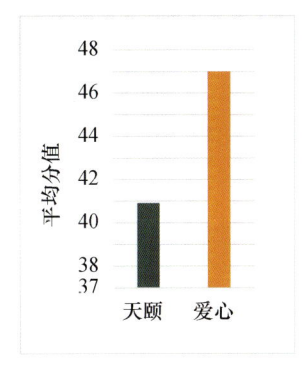

图 26 孤独感总分平均值对比

4.4 核心影响因素剖析

1. 文化生活

为进一步探究文化生活中不同活动类型对老人孤独感的影响程度，我们针对天颐养老院的老人进一步发放活动类调研问卷。通过统计老人参与活动数占总活动数的比例，即老人活动参与度（表16、图27），发现在已有的17种活动中，天颐养老院的老人由于拥有共同价值观，在日常的弥撒和念圣经活动中表现最为活跃，并且这些活动十分注重精神关怀。

表 16 活动类型分类表

活动项目＼活动类型 养老机构	交流型			学习型		文娱型		服务型			倾诉型	
天颐养老院	圣经分享会	与修女义工交流	义工活动	弥撒	念圣经	观看讲座和朝圣直播	大型节庆活动	排练圣歌	教堂值班	临终关怀	生活互助	祈祷	周末礼拜
爱心敬老院	生日聚会						做早操	棋牌类	门卫	领操			

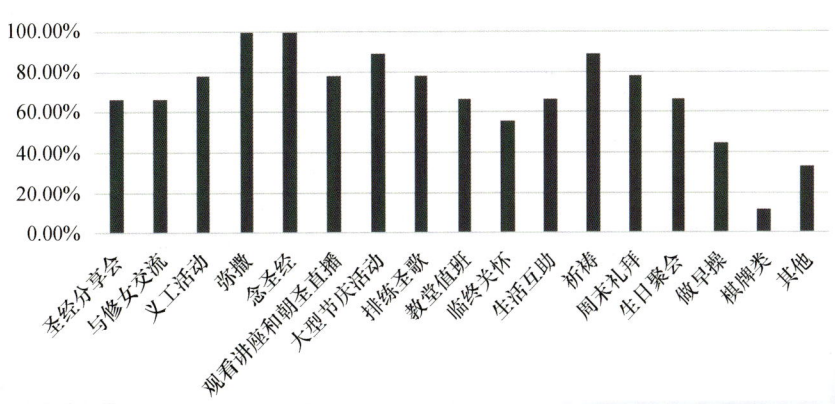

图 27 活动参与度统计图

2. 活动空间

我们观察了两个养老机构的老人在 天之内的活动轨迹，排除开展特殊活动的场所，例如教堂等，发现活动厅是两个养老机构中利用率最高的活动空间。统计活动厅在一天内不同时间段的活动人数（图28），结果显示，天颐养老院活动厅的利用率明显比爱心敬老院高。对比发现两者最大的不同在于天颐养老院的活动厅与老人居室位于同层，而爱心敬老院则集中布置在一层，对老人的可达性产生了一定影响。并且得益于活动厅合适的布置，天颐养老院的护理人员能够采取集中照顾的模式。从布局方式来看，爱心敬老院的活动走廊为通过型，不利于形成安定感的空间氛围，如图29、30所示。

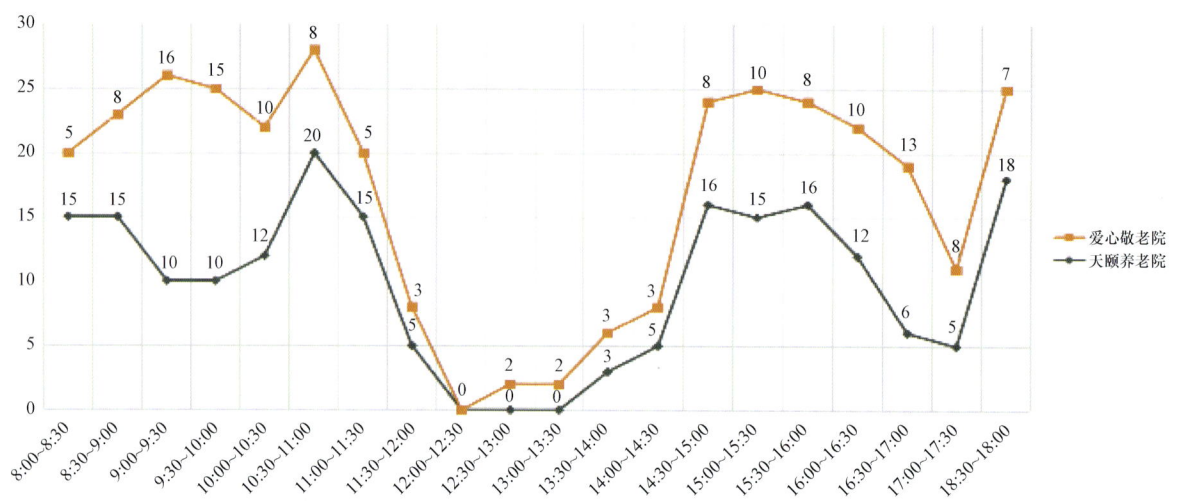

图28 不同时段活动厅中老人人数随时间变化曲线

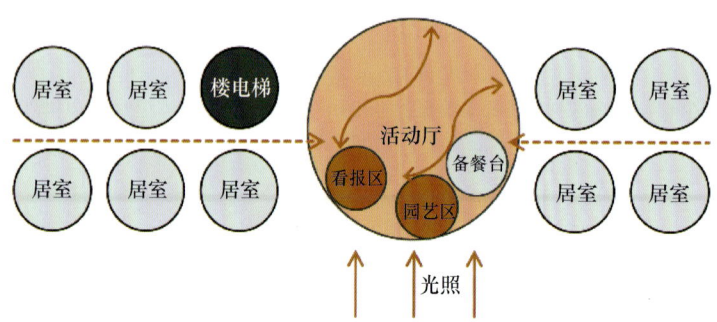

图29 天颐养老院单元空间模式

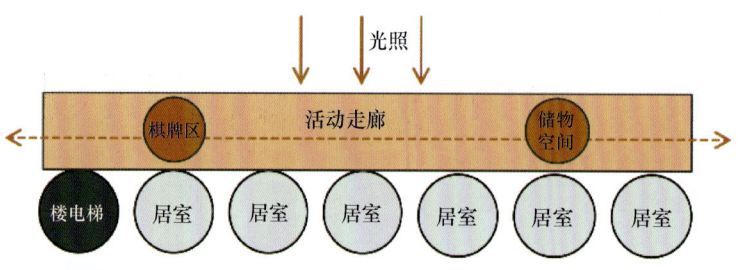

图30 爱心敬老院单元空间模式

5 结论与建议

5.1 结论

本研究针对两个不同类型养老机构中老年人的孤独感及其影响因素进行定量与定性的分析，发现与普通养老机构相比，宗教养老机构的老年人孤独感整体较低，在"自我调节"维度上的差异最为显著。从总体来看，由于调查样本在年龄、有无子女等人口学变量方面相差不大，排除后进行数据分析，最后得到影响老年人孤独感的主要因素有邻里关系、硬件设施、文化生活、睡眠质量、活动空间、精神慰藉六个方面。进一步对比两养老机构后发现文化生活、精神慰藉、活动空间三个因子在两个养老机构中存在显著差异。继续深入解析这三个因子，可以发现学习型和倾诉型活动对老人的孤独感影响显著，活动空间的利用率与孤独感之间也有明显的负相关关系。基于以上结论，可对缓解养老机构老年人孤独感提出以下3点建议。

5.2 建议

1. 强化共同价值观的构建

宗教养老院中老人对宗教的信仰可以理解为一种共同价值，促使老人主动去完成一些活动，以满足自身精神需求，同时也会在一定程度上增进老人之间的关系。因此，在普通养老院中也可考虑利用老人相近的观念、兴趣增加相应的活动和精神安抚以促进共同价值的构建。可增设类似于"修女"的引导类角色，带领老人学习，举办周期性的分享会，促进交流。

2. 加强集体性和规律性活动组织

① 增加一般性质的精神关怀活动：宗教养老院中的活动主要由共同价值驱使，在普通养老院中推广时，可考虑将其转化普通的精神慰藉活动，如将弥撒、祈祷转化为每日多次的做操或读书活动，不能自理的老人就由护工进行保健服务，教堂值班可以转化为门口值班、到扫卫生等自愿参加的活动（表17）。

表17 宗教活动一般活动转化表

宗教类活动	一般活动
弥撒、圣经	每日多次的做操或读书活动
礼拜	一周一次的保健活动
圣经分享会	两周一次的学习交流会
节庆活动	组织老人排练节目参与节庆
排练圣歌	排练歌曲
教堂值班	门口值班，卫生打扫
与修女交流	强制定期与看护或院长交流

② 提供多样化的文化活动类型：养老院及社会团体（大学生志愿者、社会义工等）应多集思广益，丰富活动的方式和频率，为老年人提供一个交流、缓解压力的平台（图31、图32）。

图31　老人值班室和义工探访活动

图32　宗教养老院祈祷室

③ 结合老人的实际状况和需求：考虑不同老年人对于活动的要求，多类型的开展，包含学习型、交流型、倾诉型、服务型等。使得养老院的老人都能参与其中。

3. 增强开放空间可达性和安定感

基于活动空间环境因素、老人行为与孤独感三者之间的相互关系提出以下建议：首先主要活动厅与居室应放置于同层，可通过动线设计创造老人之间的交流机会；还可考虑将这些活动空间与工作空间临近，促进老人与工作人员接触交流。其次，空间氛围要安定、明亮，以供老人能够长时间的停留。最后，空间家具的安全性和丰富度不可忽略，为老人提供安全的环境和多样的活动选择（图33）。

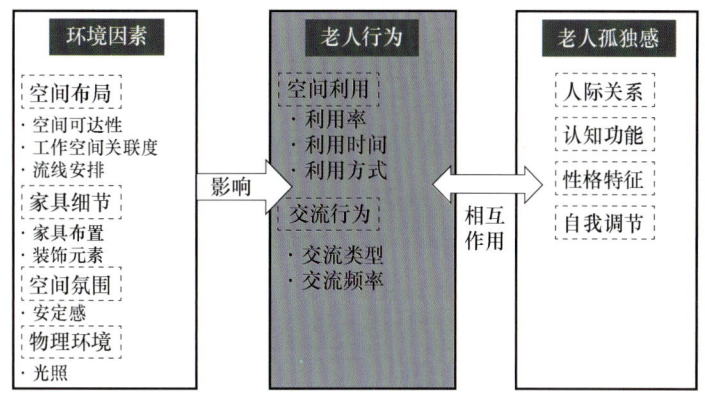

图 33 活动空间环境因素与老人孤独感相互关系

参考文献

[1] 孙鹃娟. 北京市老年人精神生活满意度和幸福感及其影响因素 [J]. 中国老年学杂志, 2008(3):308–310.

[2] 高翔. 老年人精神需求研究综述 [J]. 老龄科学研究, 2014(3):61–68.

[3] 黄希庭. 简明心理学词典 [M]. 合肥: 安徽人民出版社, 2004.

[4] Cox,Chery L,Martha.Social Risk Factors: Impact on Elders' Perceived Health Status[J].Journal of Community Health Nursing, 1988(01):56–59.

[5] J.de Jong Gierveld.Social Risk Factors: Impact on Changes in and factors relates to loneliness in older men[J].Age and Ageing, 1999(28):23–29.

[6] Luanaigh,Conor,Lawlor,Brian A.Loneliness and the health of elder people[J].International. Journal of Geriatric Psychiatry, 2008(12):47–51.

[7] Routasalo,PirkkoE,Tilvis,ReijoS.Effects of psychosocial group rehabilitation on social functioning, loneliness and well-being of lonely, older people: randomized controlled trial[J].Journal of Advanced Nursing, 2009(2):39–44.

[8] 许晓芳, 侯振虎. 老年人孤独感的心理学研究进展 [J]. 社会工作(学术版), 2011(03):46–49+78.

[9] Perry G. Loneliness and coping among tertiary level adult cancer patients in the home[J].Cancer Nursing, 1990, 13(05):293–302.

[10] 吴捷. 老年人社会支持、孤独感与主观幸福感的关系 [J]. 心理科学, 2008(04):46–51.

[11] 徐映梅, 夏伦. 中国居民孤独感影响因素分析——一个综合分析框架 [J]. 中南财经政法大学学报, 2014(02):12–19.

[12] 党云晓, 张文忠. 中国居民孤独感北京居民孤独感评价及影响因素研究 [J]. 地理科学进展, 2014, 33(10):1312–1321.

[13] 陈东, 张郁扬. 不同养老模式对我国城乡结合部老年群体幸福感影响分析 [J]. 地理科学进展, 2015(4):78–89.

[14] 赵立新, 赵慧. 转型社会宗教参与养老的基础和优势研究 [J]. 人口学刊, 2012(04):64–71.

[15] 刘志林, 廖璐. 社区社会资本对居住满意度的影响——基于北京市中低收入社区调研的实证分析 [J]. 人文地理, 2015(03):21–27.

联而不合
——北京市典型联合办公的发展误区调查

摘 要 在"共享经济"和"创新创业"蓬勃发展的背景下，以"联合办公"的方式共同灵活使用工作场所已迅速成为新的潮流。由于其与传统办公场所相比，空间和生产服务的利用更为集约，跨界交流的机会更为充分，迅速得到大力推广。然而在火爆以后，大量联合办公空间的发展也进入了盲目发展的误区。本文以北京市10家联合办公场所为典型对象，通过访谈、问卷、观察等方法，从使用者角度总结出联合办公空间的发展不足，并剖析其产生原因。本文最后提出，联合办公空间发展应在把握其一般特征的同时，注重不同类使用者的需求差异，从而使其"共享、交流"的特征真正落到实处，成为更成熟的创新空间。

关键词 联合办公；发展误区；需求；共享交流

1 研究背景

1.1 联合办公在国内兴起并成为主流趋势

近年来，以"Uber""ofo"为代表的共享出行、以"Airbnb""AAwork"为代表的共享空间等共享经济的模式正在影响着人们的观念和生活。工作的载体——办公空间也发生着剧烈的变化[1]；"大众创业、万众创新"的提出掀起了一轮创业热潮，加之追求交流创新的80、90一代逐渐成长为职场的中坚力量，以联合办公为代表的共享办公应运而生（图1）。

2015年3月，国务院办公厅印发《关于发展众创空间推进大众创新创业的指导意见》，提出到2020年国内要形成一批成熟的联合办公、众创空间等新型的创业服务平台。前瞻产业研究院提供的《中国联

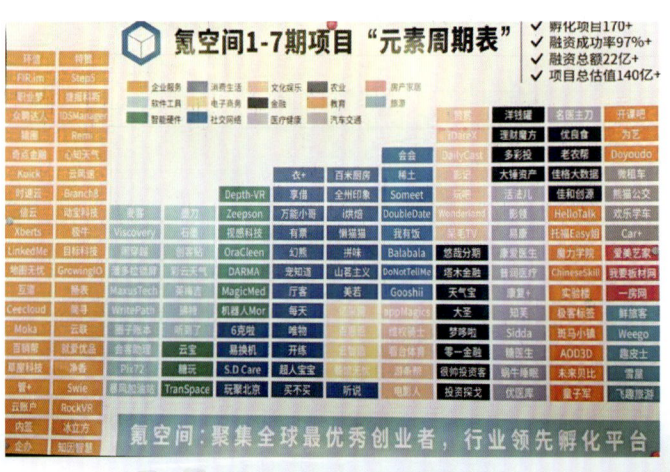

图1 联合办公内多个团队共同办公

合办公行业商业模式与招商引资分析报告》也认为，联合办公是经济社会快速发展的必然结果。

1.2 联合办公的特点及国内发展的现状

2007年国内第一家联合办公于上海成立。截至2017年3月，全国一线城市的联合办公品牌总数达284家，网点数量约600家，已有办公工位达10万张。其中，北京已有联合办公品牌数99家，布局网点228家，办公工位达4.7万张[2]。

相较于传统办公，一个联合办公空间内，空间、设施、服务由运营者直接提供，所有入驻团队可以共享；不同团队之间的交流和互动，可以促进相互协作；联合办公支持短租，租赁方式更灵活，且租金更低，使得人员"流动"更便利[3]。尽管越来越多的联合办公在国内不断涌现，但是目前出现了入驻率较低的问题，上述"共享""交流"和"流动"的优势效果并不明显（图2）。

图2 北京某联合办公入驻率较低

1.3 研究目的

由此，本文旨在探讨北京市典型联合办公发展的误区以及误区产生的原因。

现阶段大多数关于联合办公的文献和报道是从运营者的角度研究其发展情况或改进建议的，而本研究立足于使用者群体的视角，通过对现有的一些联合办公使用者的调查，自下而上地进行探索。

2 案例遴选与方法构建

2.1 中关村和望京典型案例遴选

联合办公一般位于大学、科研机构等人才集聚的地方。北京市联合办公在中关村、望京这两个地方分布最多[4]（图3），因此我们根据《联合办公市场地位认证白皮书》在这两个区域内各选择五家联合办公进行调查，分别是：氪空间中关村店、氪空间望京店、bingo咖啡、拓荒者、聚创、天使汇、WEPLUS联合办公、梦想加工空间、纳什空间、无界空间（图4、图5）。

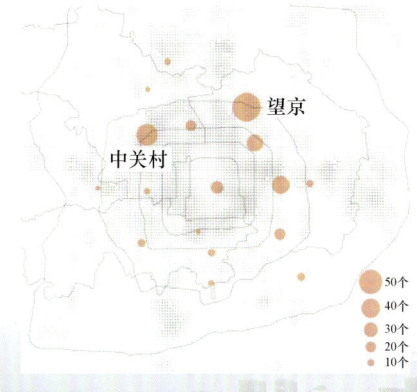

图3 北京市联合办公分布图

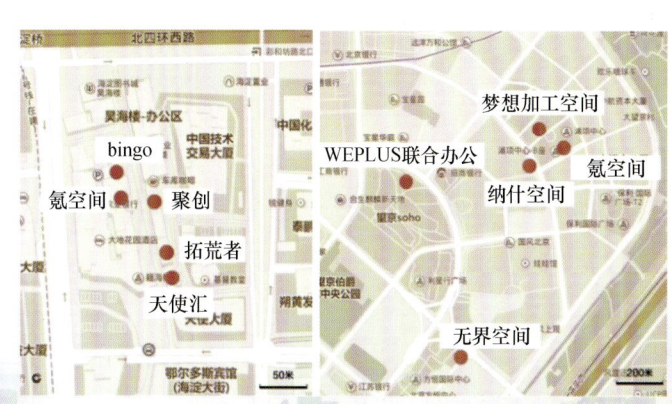

图4 中关村、望京联合办公具体位置

图 5　中关村、望京联合办公实景

2.2　研究方法与流程

本研究以环境心理学和社会心理学为理论基础，研究使用者对联合办公的空间、设施、交流方面的满意程度和相关需求。

文献资料主要来自知网和新闻报道，调研方法主要有现场勘察、访谈和问卷调查，问卷设计时用到了里克特五级量表法和排序法，数据分析时主要采用模糊综合评价法、相关性分析等方法，最后进行定性总结（图6）。

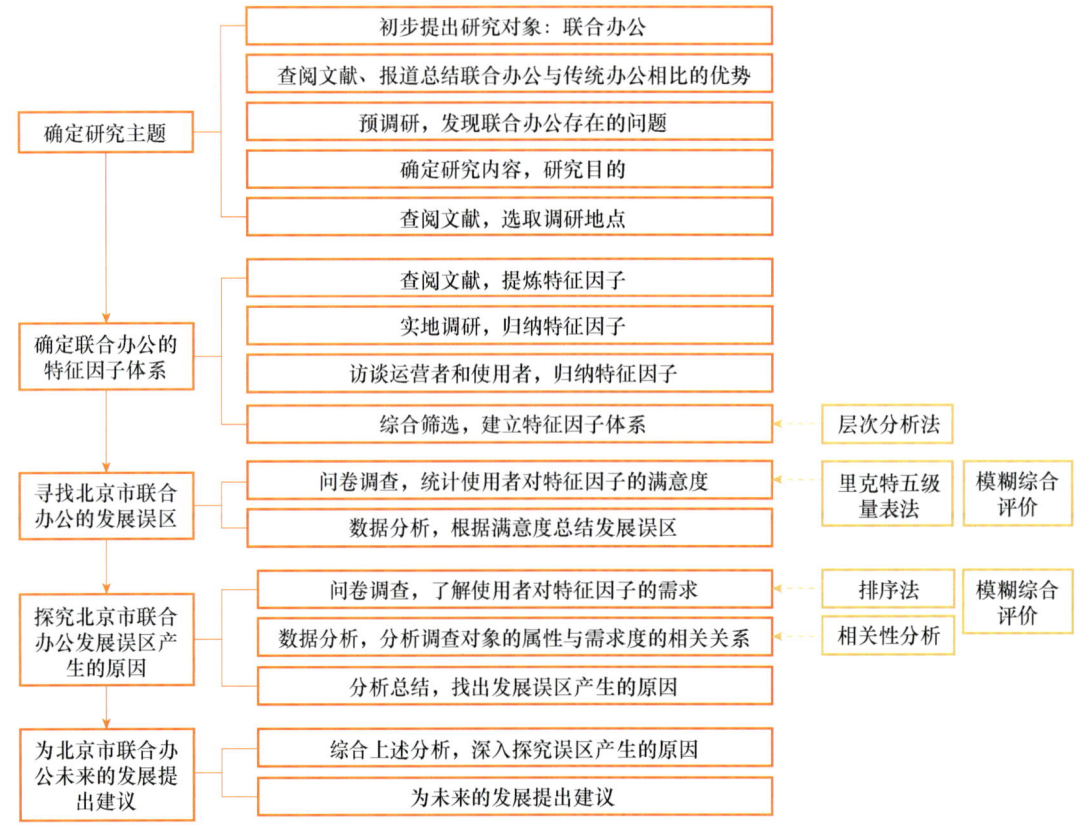

图 6　技术路线

💧 3　特征因子体系

前文提出，联合办公相较于传统办公的三个特点是"共享、交流和流动"。灵活的入驻和退租能够带来"流动",其主要依赖于联合办公相对低廉的租金和短租的方式,尽管有部分开发商压低价格恶性竞争的现象存在,但这受制于整体房价和市场竞争等宏观因素,并不能轻易改变,所以我们在特征因子体系的建立中不予考虑。

3.1 特征因子体系构建

3.1.1 从文献和报道中提取

查询知网上与联合办公相关的文献[5-23],总结出 12 个与联合办公空间"共享"和"交流"特点相关的特征因子。这 12 个影响特征因子在文献中出现的次数分别从 1 次至 10 次不等,具有参考性但不全面,所以此外还需通过实地调研和访谈提炼特征因子,再进行综合筛选。

3.1.2 实地调研了解空间布局

实地调研后发现,联合办公可共享的空间十分丰富,除办公空间、研讨空间、用餐空间外,还有形式丰富的休闲空间。例如氪空间内,不仅有茶水间、午休室,还有运动健身房、母婴室、宠物室等(图 7)。将所有的功能空间进行归纳,可分为办公空间、研讨空间、休闲空间、接待空间、用餐空间这五种类型(图 8),将这五种空间类型作为共享空间的五个特征因子。

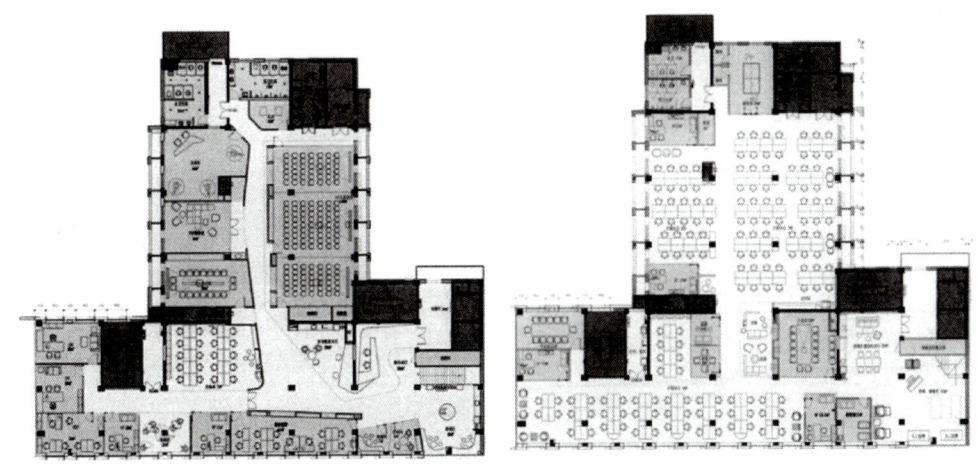

图 7　中关村氪空间一层、二层平面图

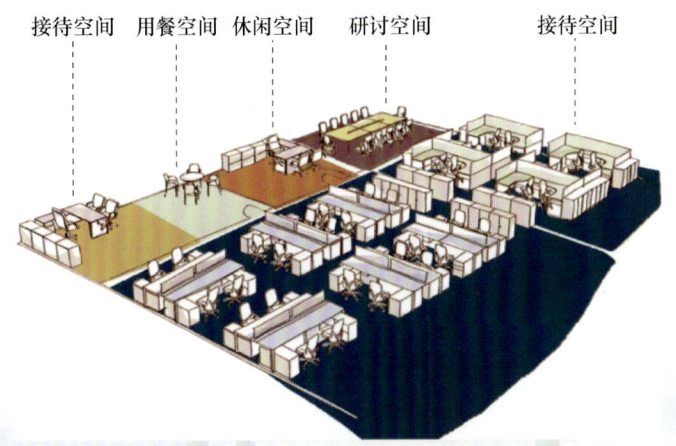

图 8　联合办公空间类型图

3.1.3 访谈提取特征因子

请运营者和使用者分别写出 10 个联合办公内共享的空间、设施、服务和交流途径；选取出现频数 3 次以上的因子，进行分类归纳。

3.1.4 建立特征因子体系

将以上三种方法提取的因子进行横向对比和筛选，去掉只出现一次的因子（表 1）。如查文献得到的"周边业态""停车位"，调查使用者得到的"周末休闲"等。文献中提到"周边业态"和"停车位"非运营者可以决定，与探索运营者的经营误区无关；而使用者提到频率较高的"周末休闲"，是在传统办公空间也常常出现的同事间的交流。因此剔除这些因子，归纳后得到特征因子体系（表 2）。

表 1 特征因子筛选表

文献	使用者	运营者	实地调研
	办公空间	办公空间	办公空间
研讨空间	研讨空间	研讨空间	研讨空间
休闲空间	休闲空间	休闲空间	休闲空间
	接待空间	接待空间	接待空间
	用餐空间		用餐空间
办公家具	办公家具	办公家具	办公家具
办公用品	办公用品	办公用品	办公用品
		空调、新风系统	空调、新风系统
		电梯	电梯
	宽带与 WIFI	宽带与 WIFI	
物业服务与管理		物业服务与管理	
运营者的投资资源	运营者的投资资源	运营者的投资资源	
工商财税法		工商财税法	
培训、媒体宣传		培训、媒体宣传	
用餐时间交流	用餐时间交流		
茶歇时间交流	茶歇时间交流		
网络社交	网络社交		
路演活动	路演活动	路演活动	
交流会	交流会	交流会	
	联谊活动	联谊活动	
周边业态			
停车位			
	周末休闲		

续表

文献	使用者	运营者	实地调研
		公司年会	
		室内设计	
			楼梯间

表2 特征因子体系

特征	一级特征因子	二级特征因子
共享	空间	办公空间
		研讨空间
		休闲空间
		接待空间
		用餐空间
	设施	办公家具
		办公用品
		空调、新风系统
		电梯
		宽带与WIFI
		物业服务与管理
	服务	运营者的投资资源
		工商财税法
		培训、媒体宣传
交流	自发	用餐时间交流
		茶歇时间交流
		网络社交
	组织	路演活动
		信息、想法、技能交流会
		联谊活动

3.2 特征因子的表现

3.2.1 共享空间

以氪空间的功能布局为例，入驻团队共享的接待空间、常举行活动的会议室和路演厅等研讨空间，营造轻松氛围的休闲空间设置在一层；需要安静环境的办公空间多设置在二层（图9）。

图9　中关村氪空间一层、二层功能布局示意

其中，接待空间是联合办公里所有团队一起分享的很重要的一部分，前台和接待室负责接待所有来访者，这样有效节省了各个团队在这方面的人力物力；共用的茶水间有效促进了不同团队间的交流；共用的办公空间和研讨空间也都为各个团体提供了便利。各个团队在一起办公，也常能碰撞出火花，形成合作（图10）。

图10　共享空间实景图

3.2.2　共享设施

办公家具如桌椅、沙发等为，办公用品如电脑、打印机、纸笔等，配套设施如空调新风系统、宽带与WiFi、电梯等，以及物业服务均由联合办公运营者提供。

3.2.3　共享服务

联合办公的使用者多为初创团队和小微规模企业，联合办公的运营者可提供投资服务，以其投资实力或者投资资源帮助这些团队进行融资等，实现双方共赢（图11）。运营者也可帮助入驻团队进行媒体宣传，联系培训。此外，联合办公运营者还可提供工商财税法等相关服务。这些服务都是所有入驻团队共享的。

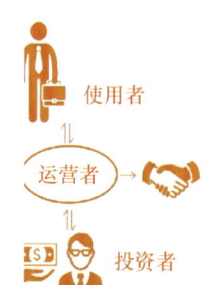

图11　投资服务模式

3.2.4　团队交流

不同团队在不同的空间和时间都有机会进行交流（图12）。其中有自发的交流和运营者组织下的交流。茶歇、用餐时会自然而然地产生交流，所有团队在联合办公的网络平台、微信群等也会进行自发的网络社交；运营者会定期举办路演、交流会，促进各个团队之间信息、知识、技能等的交流，特殊的节日里运营者也会组织活动，增强凝聚力（图13）。

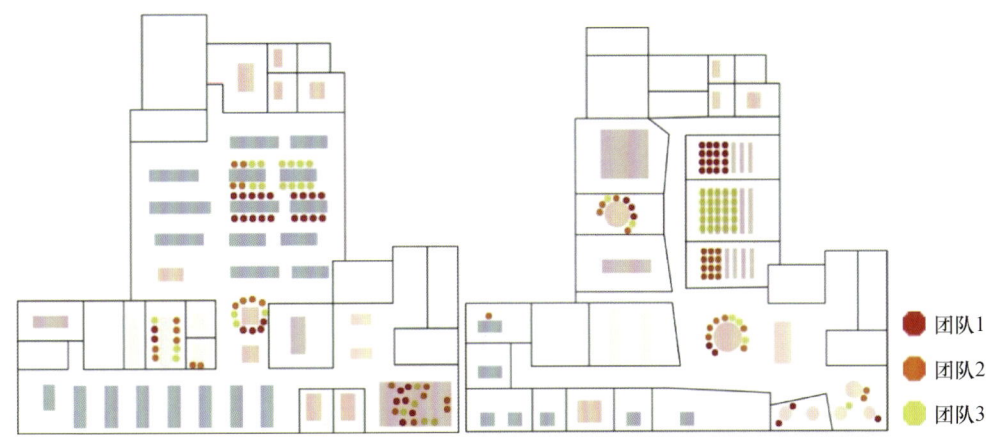

图 12　团队间交流示意

图 13　团队间交流实景

4　联合办公发展误区探索

为探索使用者视角下联合办公空间的发展现状，分析使用者对联合办公空间现状的满意程度，分别在 10 家联合办公空间随机发放 120 份问卷，回收 108 份，通过一致性检验的有效问卷 100 份，问卷有效率 92.6%。问卷中将受访者对 5 个一级特征因子和 20 个二级特征因子的满意程度分为五级，并赋予其分数。通过各个因子的满意程度了解联合办公的发展现状，并深入分析研究联合办公的发展误区。

4.1　使用者对"共享"和"交流"的满意度

"非常不满意""比较不满意""一般""满意""非常满意"分别赋值为 0 分、25 分、50 分、75 分、100 分，由于样本量为 100，则计算所有特征因子的总得分时，以 5000 分（"一般"——50×100 份）为判断满意与否的临界值，最后得到特征因子的满意度得分（表 3）。

表 3　特征因子满意度得分

指标	一级因子	权重	二级因子	100 分	75 分	50 分	25 分	0 分	得分	权重
共享	空间	0.16	办公空间	30	27	15	9	19	6000	0.23
			研讨空间	30	12	5	32	21	4950	0.19
			休闲空间	3	15	14	57	11	3550	0.14
			接待空间	43	26	21	10	0	7550	0.30
			用餐空间	8	11	4	68	9	3525	0.14

续表

指标	一级因子	权重	二级因子	100分	75分	50分	25分	0分	得分	权重
共享	设施	0.25	办公家具	42	33	15	9	1	7650	0.19
			办公用品	28	39	21	5	7	6900	0.17
			空调新风系统	28	22	19	18	13	5850	0.14
			电梯	32	21	25	20	2	6525	0.16
			物业服务与管理	24	32	23	8	13	6150	0.15
			宽带与WIFI	32	45	13	6	4	7375	0.18
	服务	0.17	运营者的投资资源	12	15	21	31	21	4150	0.37
			工商财税法	2	15	30	27	26	3500	0.31
			培训、媒体宣传	5	6	42	22	25	3600	0.32
交流	自发	0.17	用餐时间交流	5	8	21	42	24	3200	0.32
			茶歇时间交流	2	4	15	45	34	2375	0.24
			网络社交	15	20	13	32	20	4450	0.44
	组织	0.25	路演活动	23	45	22	7	3	6950	0.39
			信息、想法、技能交流会	14	24	37	13	12	5375	0.30
			联谊活动	9	34	38	8	11	5550	0.31

在五个一级特征因子中，使用者对组织交流和共享设施的满意度较高，而对共享空间、共享服务和自发交流的满意度较低（图14）。进而对得分小于5000分的一级因子下的二级因子进行分析，发现如下问题。

4.2 联合办公发展误区

4.2.1 共享空间设置使用不当

联合办公各个功能的共享空间现状不尽如人意（图15）。使用者对于多个团队共用的接待空间满意度最高；满意度次之的则是办公空间，说明共享办公空间、出租办公位这种节约成本并促进交流的模式现在在空间的设计和使用上基本满足了使用者的需求。

研讨空间满意度低于5000分但接近一般水平，而休闲空间和用餐空间仍有较大不满意之处，作为联合办公里可供使用者在闲暇交流的空间，这两类共享空间仍有较多需要改进之处。

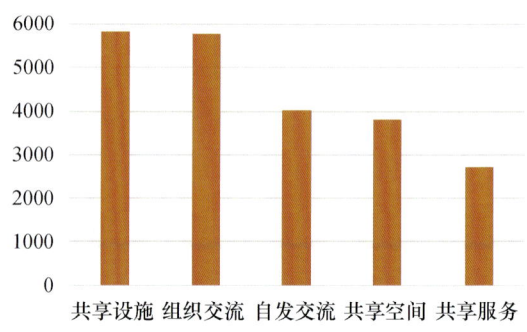

图14 联合办公一级特征因子满意度

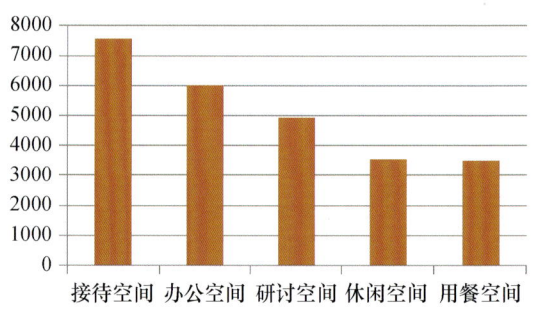

图15 共享空间特征因子满意度

4.2.2 共享服务名存实亡

在我们调查的十家联合办公里，使用者普遍认为共享服务并不能满足他们的需求。运营者的投资资源、工商财税法、培训、媒体宣传三个特征因子的满意度得分均多于2500分但低于5000分，处于比较不满意的状态（图16）。联合办公最初因其为创业者提供的各方面服务可为团队节约资金、人力、时间成本而吸引了一众创业人士，但是现在满意度并不高，从一定角度反映了在联合办公蓬勃兴起的同时，一部分运营商将其"物化"为提供办公位的出租场所，而不是将其作为一种动态的、鲜活的创业社区来发展。

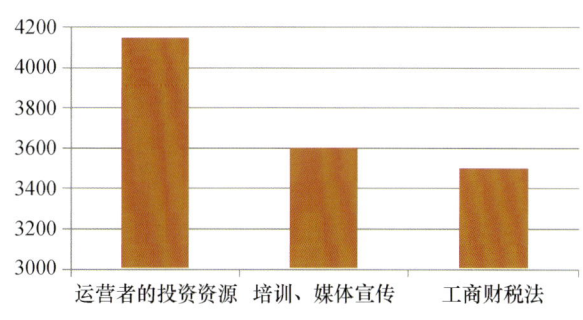

图 16　共享服务特征因子满意度

4.2.3 缺乏自发交流

活跃而包容的交流氛围是联合办公的重要特色，但在调查中发现使用者对于现在发生在他们身边的自发交流满意度不高，反映了大家普遍希望在日常生活中能有更加方便、开放的交流机会。网络社交得分相对较高，而用餐时间交流和茶歇时间交流得分很低，这可能与共享用餐空间和休闲空间的缺少有关（图17）。

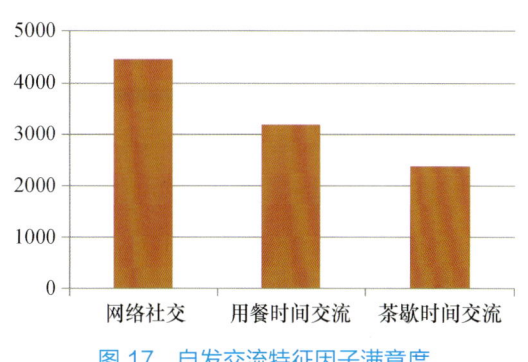

图 17　自发交流特征因子满意度

💧 5　联合办公的多元需求偏好

5.1　联合办公的需求评价

为寻找联合办公发展误区产生的原因，对使用者的需求进行探究，在10家联合办公发放了112份需求度调查问卷，回收109份，有效问卷100份，问卷有效率91.7%。在数据录入后，计算得出每一项特征因子的分值（图18），得到联合办公特征因子评分体系（图19）。

需求度赋值公式
$$A_h = \{[(n+1)-h]/(1+2+\cdots+n)\} \times A$$
A 代表上级因子得分
h 代表该因子排在第 h 位
A_h 代表该级因子第 h 位的赋值得分
n 代表同一上级因子中该级因子总数量

需求度求值公式
$$W_j = \sum_{i=1}^{m} A_{ij}/m$$
i 代表第 i 位评价者
j 代表第 j 个评价因子
A_{ij} 代表第 i 位评价者对第 j 个评价因子的评分
m 代表共有有效样本数 m 份
W_j 代表第 j 个评价因子的总得分

图 18　需求度得分计算方法

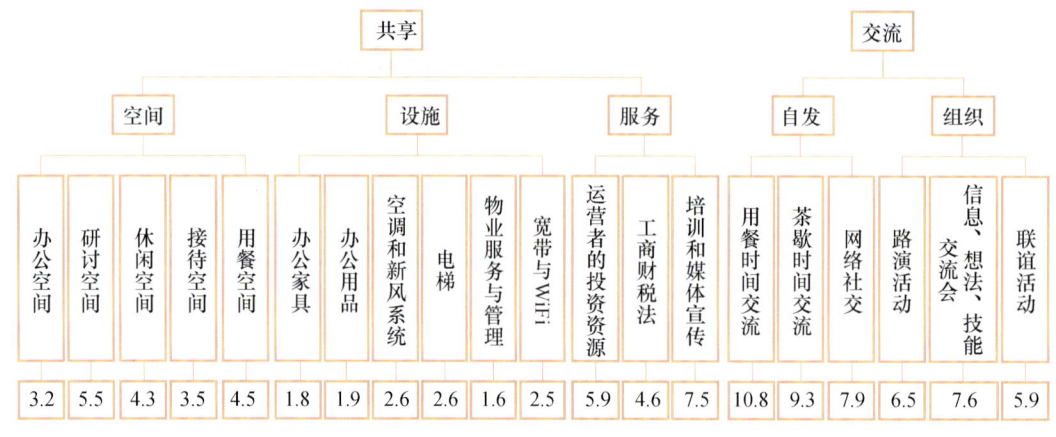

图 19　需求评价体系

5.2　入驻联合办公的人群属性分析

由于本次调查立足于使用者视角，遂收集了受访人群的年龄、性别以及其所在团队从事的行业、性质、入驻联合办公时间和成员数量等相关信息，分析得到：性别比例差异不大；年龄在 26～30 岁的人群占比 62%，25 岁以下占比 26%，所以入驻团队中人员主要为中青年；入驻团队从事行业为 IT 的占比 37%，文化创意和设计的占比 22%，金融财经的占比 19%，不再是 IT 行业一家独大；入驻团队以初创团队和小微规模企业为主，共占比 79%；入驻时间比例差异不大；10 人以下的团队占比 54%，30 人以上的团队占比 11%，说明入驻团队规模均较小（图 20）。

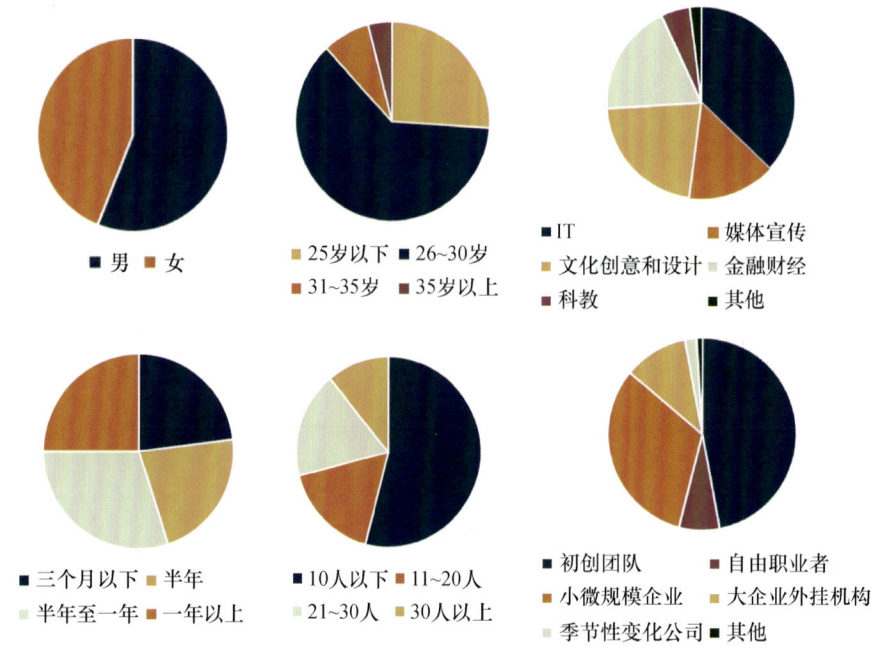

图 20　使用者人群属性

5.3　相关性分析

由于本研究立足于使用者角度，遂尝试对调查人群的六个属性与在满意度分析中得分低于 5000 分的三个一级特征因子（共享空间、共享服务、自发交流）的需求度进行交叉分析，经卡方检验后，$p < 0.05$则总体通过相关性检验。相关性检验结果为：共享空间和共享服务与团队所从事的行业、性质和规模三个属性均发现有明显相关关系；而自发交流与各个人群属性之间未发现明显相关关系。

5.4 人群属性对共享空间的需求产生影响

对各个行业与五类共享空间进行交叉分析，可以看出不同行业对于不同功能的空间的需求度具有明显不同的偏向性。IT行业的从业者对办公空间和用餐空间的需求度都很高，媒体宣传对休闲空间的需求度最高，文化创意和设计产业对研讨空间的需求度最高，金融财经行业对接待空间的需求度最高，科教行业对五类空间的需求度均不甚突出（图21）。

团队的性质也是产生不同需求度的重要因素，尤其季节性变化公司（如会计事务所等）对接待空间的需求度非常突出（图22）。

不同的团队规模也是影响需求度的一个方面，团队人数越多，对团队建设等所需要的休闲空间需求度越高（图23）。

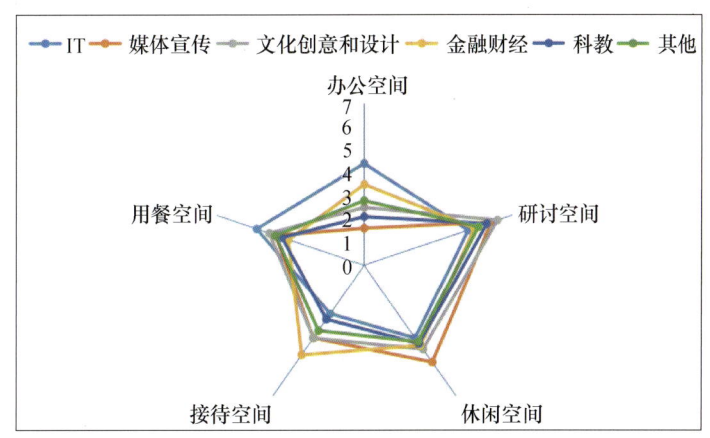

图21　团队行业与共享空间交叉分析

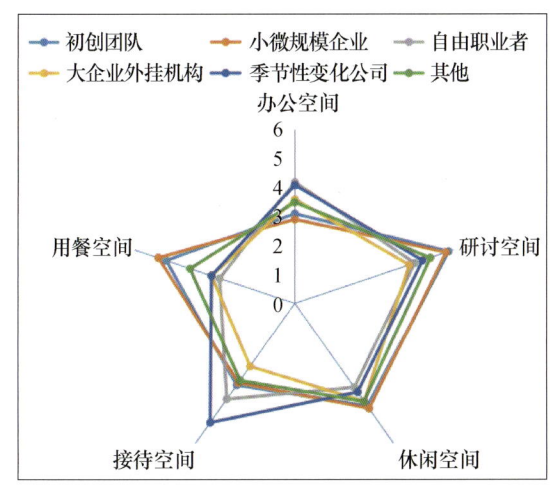

图22　团队性质与共享空间交叉分析

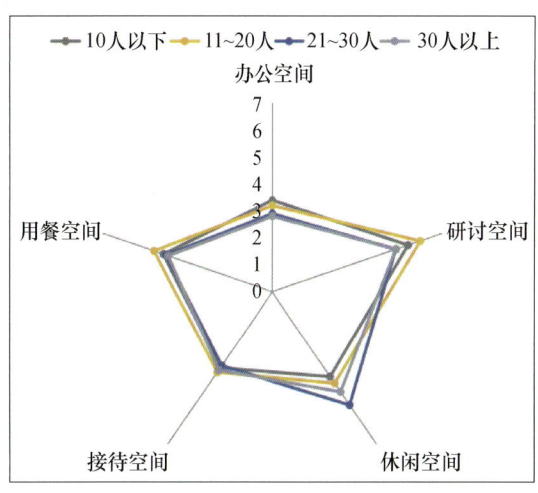

图23　团队规模与共享空间交叉分析

由此可以推论，由于不同属性使用者群体对不同的共享空间的需求存在差异，聚集在同一个联合办公里的不同团队就会产生不一样的满意度感受，然而，运营者未能根据团队的不同需求进行空间功能配置，进而导致使用者对共享空间的总体满意度较低。

5.5 人群属性对共享服务的需求产生影响

对不同人群属性与运营者可提供的三项典型的共享服务（投资、培训和媒体宣传、工商财税法）进行交叉分析，可以看出，IT、金融财经对于培训和媒体宣传的需求度较高，金融财经对运营者的投资实力或资源需求最高，文化创意和设计行业对工商财税法的需求度最高（图24）。

不同性质的团队对各项服务的需求差异也很明显，其中大企业外挂机构对工商财税法的需求性十分明确（图25）。不同团队规模对服务的需求程度也存在差异，30人以上的团队各项需求都发生了明显变化（图26）。

由此可以推论，由于不同属性使用者群体对不同的共享服务的需求存在差异，然而运营者未能根据团队的不同需求提供相应服务，进而导致使用者对共享服务的总体满意度较低。

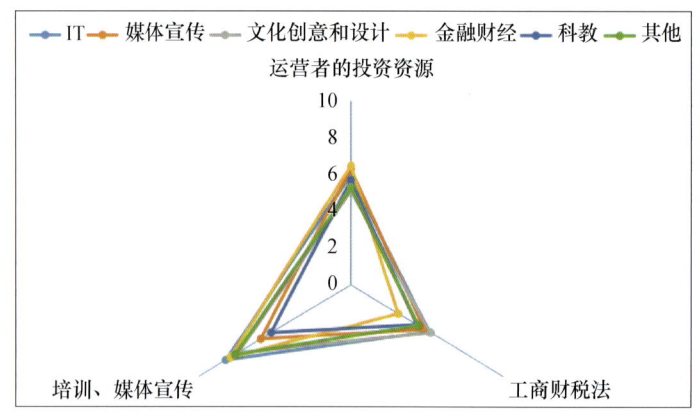

图24　团队行业与共享服务交叉分析

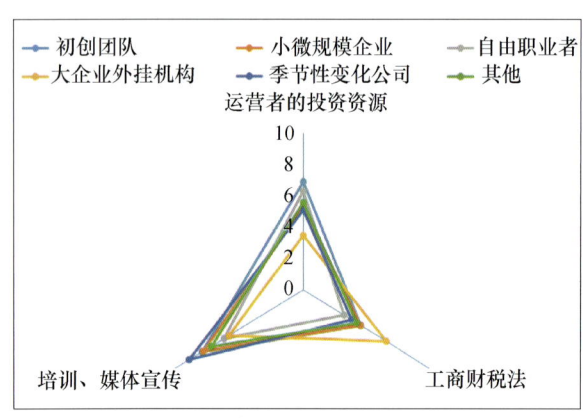

图25　团队性质与共享服务交叉分析

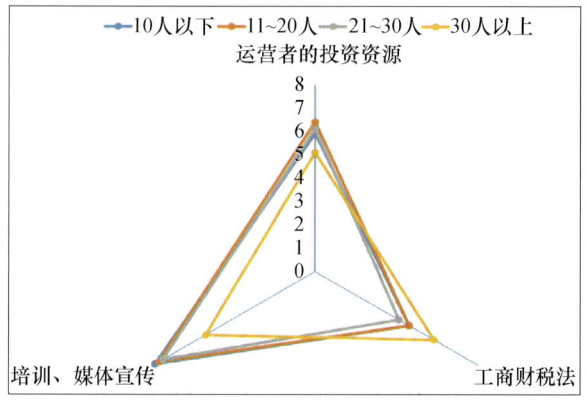

图26　团队规模与共享服务交叉分析

5.6 非正式交流空间对自发交流产生影响

在相关性分析中，自发交流与使用者交叉分析得到的 p 值较大，说明其两者没有明显相关性。然而自发交流又是使用者满意度较低且需求度较高的部分（图27、图28），为解释这一现象产生的原因，进行深入采访（图29）。

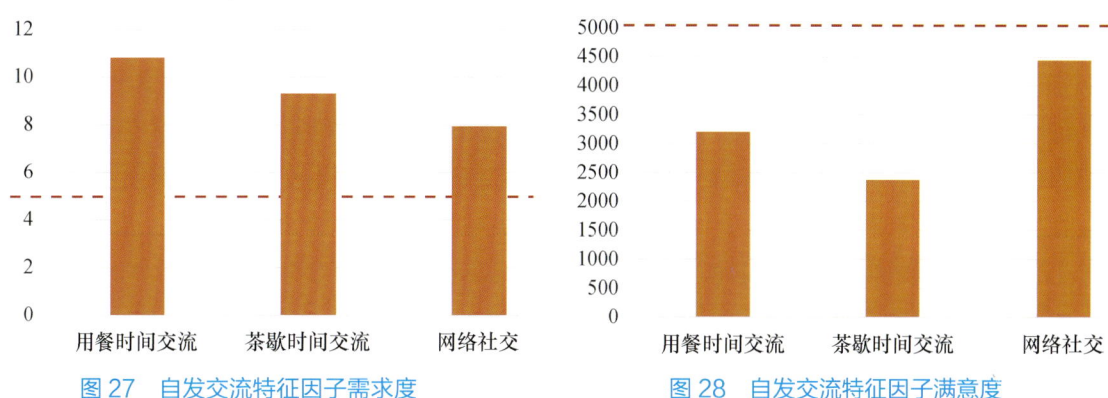

图27　自发交流特征因子需求度　　　图28　自发交流特征因子满意度

从社会心理学的角度，交流分为正式交流和非正式交流两种[24]。自发的茶歇时间交流、用餐时间交流、网络社交交流均属于非正式交流，而这种非正式交流相比正式交流具有信息传递速度快、信息反馈及时的优点，对研究人员，特别是一般研究人员而言，是不可取代的[25]。

在调研过程中发现，相当数量的"联合办公"空间都是普通办公空间简单改造而来，只是冠以"联合办公"的头衔而已。深入访谈后发现，产生这种误区的原因大多是因为运营者没有认识到这种非正式交流空间的重要性，而为了盈利设置尽可能多的办公位，使得非正式交流空间被压缩，具体表现为茶水间只配置饮水机，没有足够空间让人停留，走廊较窄，只有单一的交通功能；办公区与开放交流区没有分开，失去原有开放区可以交流的功能（图30、图31）。

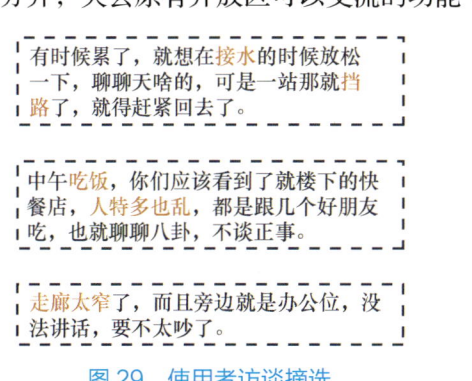

图29　使用者访谈摘选　　　　　　　图30　运营者访谈摘选

图31　非正式交流空间严重不足的中关村"拓荒者"

6 结语

本文通过对中关村、望京 10 个典型联合办公的调查发现，其在共享空间、共享服务、自发交流三方面均与"理想"的联合办公存在一定的差距。根据使用者的满意程度发现，共享空间设置使用不当、共享服务名存实亡和非正式交流缺乏是北京市联合办公发展的主要误区；进一步探究发现，不同行业、团队性质和团队规模的使用者对于共享空间和共享服务的需求差异较大，非正式交流空间缺乏但并未引起运营者足够的重视，这些是误区产生的原因。

因此，在未来联合办公的设计中，在把握其一般特征的同时，应根据不同行业、团队性质和团队规模使用者的需求进行充分调查，有针对性地进行设计，以确保"共享、交流"的优势得以体现，避免当下一拥而上、盲目抄袭的现象长期持续，使联合办公在未来"共享经济大潮"中得以多元化、持续健康发展。

参考文献

[1] 王鹏. 新型办公空间设计研究 [D]. 天津：天津大学, 2007.

[2] 联合办公新趋势：抓住大公司 [EB/OL].(2017-04-11).[2017.06.12].http://www.yicai.com/news/5263727.html.

[3] 我国联合办公兴起行业发展机会较大 [EB/OL].(2016-12-29).[2017.06.12]. http://www.sohu.com/a/122906374_114835.

[4] 孟国力，吕拉昌，黄茹. 北京"众创空间"区位选择特征及影响因子分析 [J]. 首都经济贸易大学学报, 2016 (05):89-97.

[5] 联合办公：空间共享新业态 [EB/OL].(2015-08-26)[2017-05-20].http://www.360doc.com/content/15/0826/10/2750000_494811954.shtml.

[6] 联合办公的利与弊 [EB/OL].(2015-07-17)[2017-05-20].https://www.douban.com/note/ 508783198/?type=rec.

[7] 仲量联行. 联合办公：短瞬即逝还是大势所趋？ [EB/OL].(2016-10)[2017-05-20].http://www.joneslanglasalle.com.cn.

[8] 鹿见. 计划融资 4.3 亿美元的 We Work, 到底描述的是怎样一种共享经济 ?[EB-0L].(2015-07-16)[2017-05-21] http://www.zhulu.com/article/6656.html.

[9] 徐猜艾. 那些做联合办公空间的, 都是在做社区 [EB/OL].(2012-02)[2017-05-21].https://wenku.baidu.com/view/4642666f326c1eb91a37f111f18583d049640f0f.html.

[10](英)迈尔森罗斯著. 蒙小英译.21 世纪办公空间 [M]. 沈阳：江宁科学技术出版社, 2004.10.

[11] 代文倩. 联合办公在中国的发展现状研究 [J]. 大众文艺, 2015(04):105-106.

[12] 左静，陈绍禹. 联合办公空间设计及其城市性表达方式 [J]. 家具与室内装饰, 2015 (08):75-76.

[13] 陈绍禹，左静，刘毅. 互联网公司办公环境设计指南 [J]. 家具与室内装饰, 2016 (04):106-108.

[14] 王晶，甄峰，冯静. 信息时代联合办公空间的发展及其对创新的影响研究 [J]. 西部人居环境学刊, 2015 (06):48-52.

[15] 唐康硕, 张淼, 王翊加.Office3.0,另一种方式的共享办公 [J]. 城市建筑, 2016(04):35-37.

[16] 王佳莹. 联合办公建筑设计研究 [J]. 居业，2016(10):105-106.

[17] 庄奋起. 综合联合办公设计新概念 [J]. 住宅与房地产, 2017(06):93-95.

[18] 王晶,甄峰,冯静.信息时代联合办公空间的发展及其对创新的影响研究[J]. 西部人居环境学刊, 2015(06):34-36.

[19] 陈绍禹, 于慧珠, 吴静, 刘毅, 郭洪武. 联合办公空间的使用需求分析 [J]. 家具与室内装饰, 2017(01):77-79.

[20] 陈绍禹, 郭洪武, 吴静, 刘毅, 赵文婷. 联合办公空间的环境设计原则分析 [J]. 家具与室内装饰.2016(12):63-65.

[21] 万婧. 如何选择联合办公室 [J]. 创业邦, 2012(09):1115.

[22] 田苗. 众创时代下的创新型孵化器建筑设计研究 [D]. 广州：华南理工大学, 2016.

[23] 张晓亮. 对本土联合办公空间的设计研究—以"双创社区"众创空间项目为例 [D]. 北京：中央美术学院, 2016.11.

[24] 邹儒楠, 于建荣. 浅析非正式交流的历史变迁 [J]. 情报理论与实践, 2010(02):16.

[25] 师曾志. 网络环境下传统学术传播模式的变革及构建 [A]. 复旦大学信息与传播研究中心、复旦大学新闻学院、中国新闻教育学会传播学研究分会、国际中华传播学会. 全球信息化时代的华人传播研究：力量汇聚与学术创新——2003 中国传播学论坛暨 CAC/CCA 中华传播学术研讨会论文集（上册）[C]. 复旦大学信息与传播研究中心、复旦大学新闻学院、中国新闻教育学会传播学研究分会、国际中华传播学会,2004:12.

学无止"境"
——中关村创业大街非正式学习空间特征与提升策略

摘　要　在"大众创业、万众创新"的时代浪潮下,跨界合作交流让非正式学习逐渐成为创新创业的重要环节。针对非正式学习空间的使用状况,选择"全球创新创业地标"——中关村创业大街的非正式学习空间为研究对象,通过问卷调查和GIS核密度分析,刻画非正式学习人群特征与行为活动;通过半结构式访谈、词频提取和文献分析,得出非正式学习空间的影响因子;结合因子满意度评价和重要性排序,寻找人群特征、活动偏好与因子评价的相关性。发现目前中关村创业大街的非正式学习空间内,人们更重视硬件设施——桌椅、插座、WIFI与软性环境——声环境、卫生、桌椅舒适度。同时提出对应的提升策略,可优化创新创业所需的非正式学习空间,促进创新创业者的思想交流与灵感迸发。

关键词　非正式学习空间；非正式学习；环境行为学；影响因子；提升策略

1 创新创业街区非正式学习空间的缘起与概述

1.1 研究背景与目的

中关村创业大街是中国最具活力的创新创业聚集地。在中关村的创业咖啡馆里,摩拜单车获得了第一笔投资,在3W咖啡厅里举办的讲座聚集了百度的技术大咖,中关村的创意书店挤满了读书学习的白领和大学生……越来越多的创业创新行为产生于非正式学习空间,获取知识的途径多元化,传统的学校教育与课堂学习远不能满足需求,非正式学习逐渐成为构建终身学习体系的关键环节。学习场所不再局限于办公桌、教室等正式学习空间,更加灵活的餐厅、咖啡厅、书店、建筑中庭等非正式学习空间受到青睐。

而矛盾也随之产生,并非所有非正式学习空间都适宜非正式学习,如餐厅播放快节奏歌曲,使人无法安心学习,三联书店内缺少插座的位置难以吸引学生就坐。

作为全国双创策源地,以创新创业为导向的中关村创业大街需要更完善的非正式学习空间,来积极推动创新创业者合作对接与学习交流。中关村创业大街内非正式学习空间有以下特点:配套设施充足,包括桌椅、插座、照明等,满足讨论会谈、电子产品学习需求;同伴较多,可进行集体办公学习；

活动内容丰富，如创新创业办公、学习讨论等（图1）。

图1　中关村创业大街非正式学习空间

在某传统金融商贸街区的户外空间内，非正式学习空间在设施上仅提供座椅和WIFI，同伴人数较少，以低声讨论交流与使用电子产品学习为主（图2）。由此可知，中关村创业大街对非正式学习人群更具吸引力。

图2　金融街户外非正式学习空间

有哪些环境因素影响人们在非正式学习空间的学习与交流，促进创新创业项目的诞生与发展呢？为此，笔者选取了典型的创新创业街区——中关村创业大街内的非正式学习空间作为研究对象，希望通过对室内外的非正式学习空间特征的研究，以达到以下目的：

在环境行为学理论的指导下，通过实地调查研究，深入了解中关村创业大街非正式学习空间的使用状况，研究环境影响因子与非正式学习行为的相互关系，对重要影响因子与现状优质环境进行总结与匹配，提出非正式学习空间的提升策略，优化现有空间，进一步满足创新创业人群非正式学习需求。

1.2　什么是非正式学习

"非正式学习（Informal Learning）"一词起始于联合国教科文组织20世纪40年代末进行的"非正式教育"。Jay Cross认为，非正式学习是人们执行工作的重要方式，它是非官方的、没有时程的。雪伦·B·梅瑞安认为，非正式学习的掌握权主要在学习者手中。朱琳认为，非正式学习是指赋予各项活动与工作以学习的内涵，使参与者在活动和工作的同时，也能学到科技知识或受到先进理念的熏陶。

综上所述，在本研究中，非正式学习是指自发引起、自我主导、自我调控的学习行为，具有成员开放、时间灵活、内容自主等特点。它可以是开放空间、半开放空间或封闭空间，包括但不限于图书馆、自习室、咖啡厅、室外等。

非正式学习的空间分类、学习方式和特征分为以下三类（表1）：

表1　非正式学习的空间分类、学习方式和特征表

空间分类	学习方式	特征
独立型学习空间	自主式学习	以学习者为中心，情感与认知双重发展为目标；教师退居为引导者，提供自主学习空间；侧重人与信息之间的关系，在人群中或自己独自学习

空间分类	学习方式	特征
交流型学习空间	交往式学习	通过交流获得或产生新的知识、经验与思想，以人与人交互为前提，布局灵活，强调在一般性的社交行为中创造学习机会
合作型学习空间	集体式学习	为共同目标，明确分工的互助性学习提供场地，异质人员组合可带来创新。多样的空间形式为不同合作学习形态营造可选择的，甚至可转化的条件

2 非正式学习空间的研究对象

2.1 研究方法与流程

调研过程中主要采用环境行为学为理论基础，研究中关村创业大街非正式学习空间中的不同环境因子对人们进行非正式学习的行为影响。研究主要采用以下方法：实地考察、半结构式访谈、词频提取、GIS 核密度分析、问卷分析及数据统计分析等，通过收集数据完成对影响人们进行非正式学习因子的提取与分析评价（图3）。

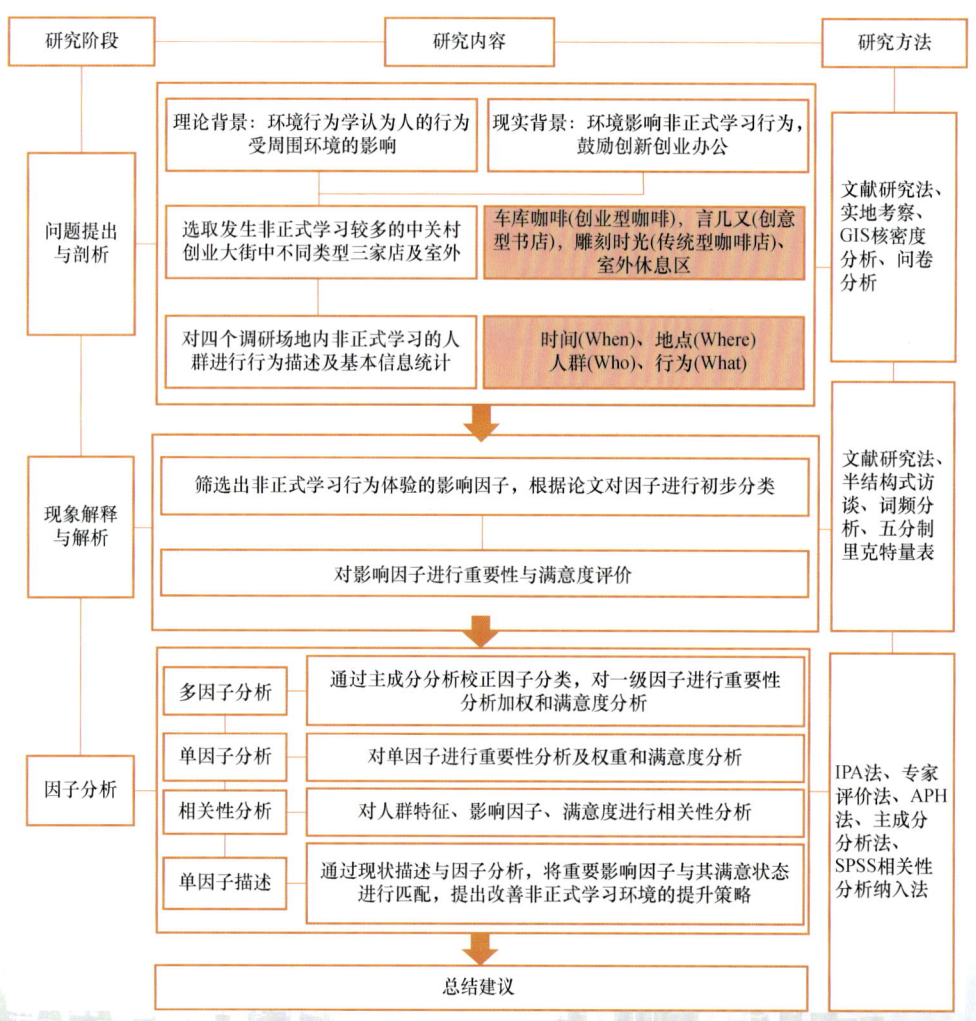

图3 调研流程图

2.2 场地选择

中关村创业大街全长220米，前身为海淀图书城，是全国第一个以创新创业为主题的特色街区，也是极具影响力的科技创新中心（图4）。根据空间功能和经营定位，将中关村创业大街内含有的非正式学习空间的店铺分为如下三类：

（1）创业型咖啡：以创业投资为主题，为初期创业团队或个人提供低廉的办公学习场地与交流环境（不包含已孵化成功的团队）。

（2）创意型书店：创新创意空间与传统书店结合，提供阅读、餐饮、文创活动等创新文化空间。

（3）传统型咖啡店：在传统餐饮服务功能的基础上，提供接待、讨论、办公活动等多功能空间。

依据店铺分类与经营活力，选取以下店铺中对外开放的非正式学习空间作为调研样本（图5）。

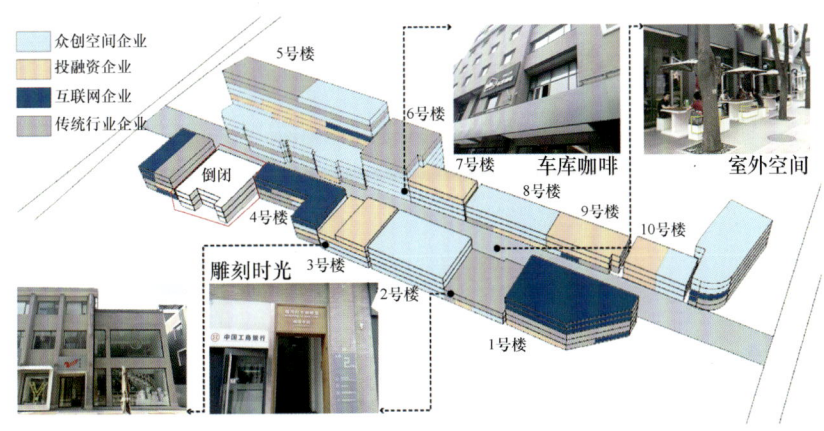

图4 中关村创业大街产业分布与店铺位置

类型	创业型咖啡	创意型书店	传统型咖啡店	室外
选择店铺	车库咖啡	言几又	雕刻时光	室外休息区

(a) 言几又现状实景　　(b) 车库咖啡现状实景　　(c) 雕刻时光现状实景　　(d) 室外空间实景

图5 调研样本

2.3 店家访谈

笔者通过与店家进行访谈，初步了解了其非正式学习现状：

（1）店家认为店内非正式学习行为不影响营业收入，持欢迎态度。部分店家要求进店消费，或定时提醒。

（2）主要客源为创客、大学生与白领。部分众创空间针对初创团队，公共空间供其初创团队使用。

（3）店内装修依据总部设计风格微调。

2.4 调研地点测绘与设施示意

言几又中关村店定位为新型阅读室外体验与创意文化书店。店内桌椅按需自由摆放,周末增设桌椅以服务较大客流(图 6)。

车库咖啡为初期创业团队提供创业空间与孵化服务,桌椅等设施位置固定,常驻创业团队选择临近阳台或吧台的位置(图 7)。

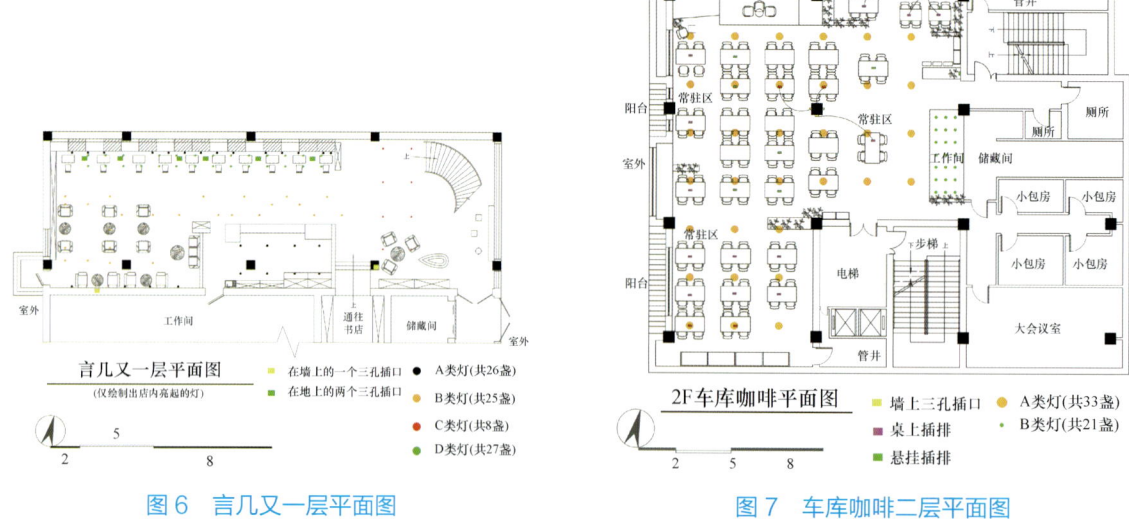

图 6　言几又一层平面图　　　　　　　　图 7　车库咖啡二层平面图

雕刻时光咖啡馆以传统餐饮为主,店内有咖啡学院和公共餐饮区,吸引创新创业人群办公讨论(图 8)。

室外空间,非正式学习人群主要使用沿街露天公共桌椅,配有遮阳伞和绿植等(图 9)。

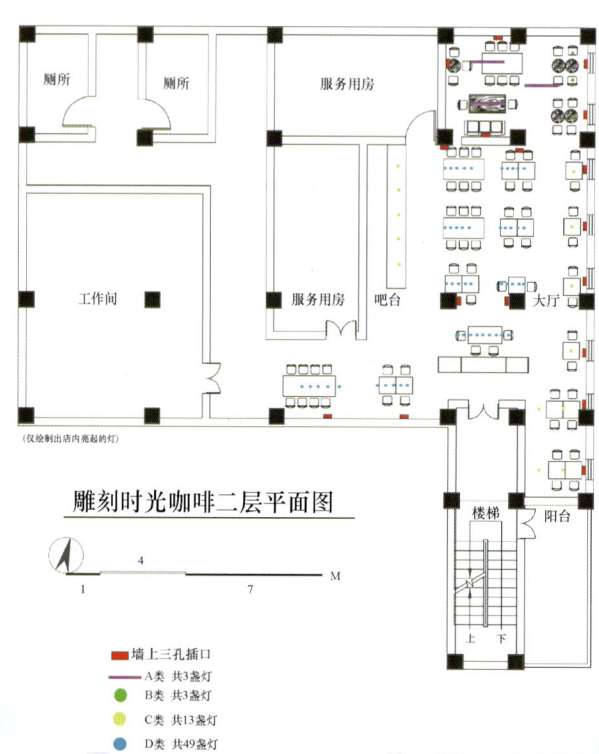

图 8　雕刻时光二层平面图

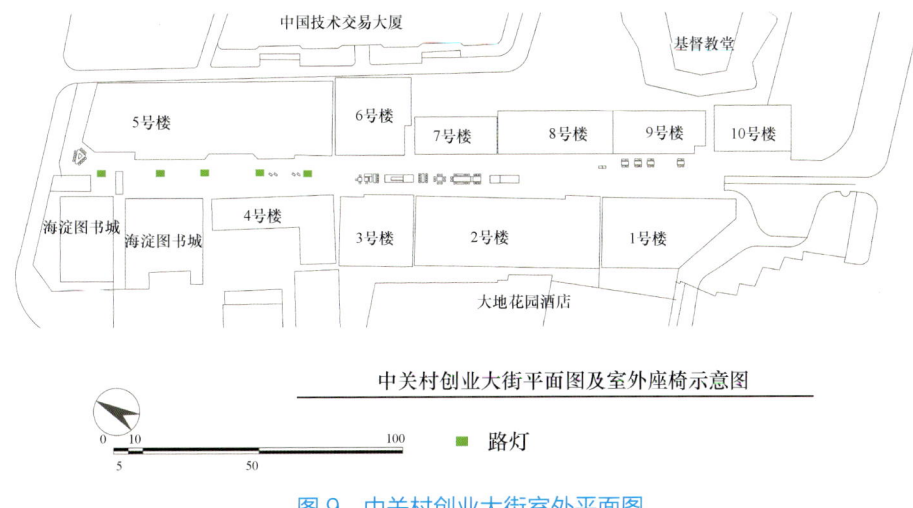

图9 中关村创业大街室外平面图

3 非正式学习空间的人群特征和行为描述

3.1 人群特征描述

在统计调研场地内非正式学习的人群特征可知：非正式学习的人群比例较高；非正式学习者男性比例略高于女性；在同伴人数上，1~2人学习占有较高比例（图10~图12）。

图10 非正式学习活动比例　　图11 性别比（率）　　图12 同伴人数

在工作日，非正式学习者年龄集中在18~50岁（图13），年收入15万~30万元的白领与创客（图14），伙伴关系多为同事，停留时长集中在全天工作日内。由此判断，在工作日，主要是创客白领和同事进行全天工作日的创新创业办公学习。

图13 非正式学习者年龄比值　　图14 非正式学习者年收入比值

在周末，非正式学习者，高学历比例有所增加，学生比例增加，年收入比例降低，同学与伴侣关系比例增加，停留时长为半工作日内比例增加。由此判断，很多在周末放假的学生和白领，会与同学、同事和伴侣进行半工作日的创新创业交流学习（图15～图18）。

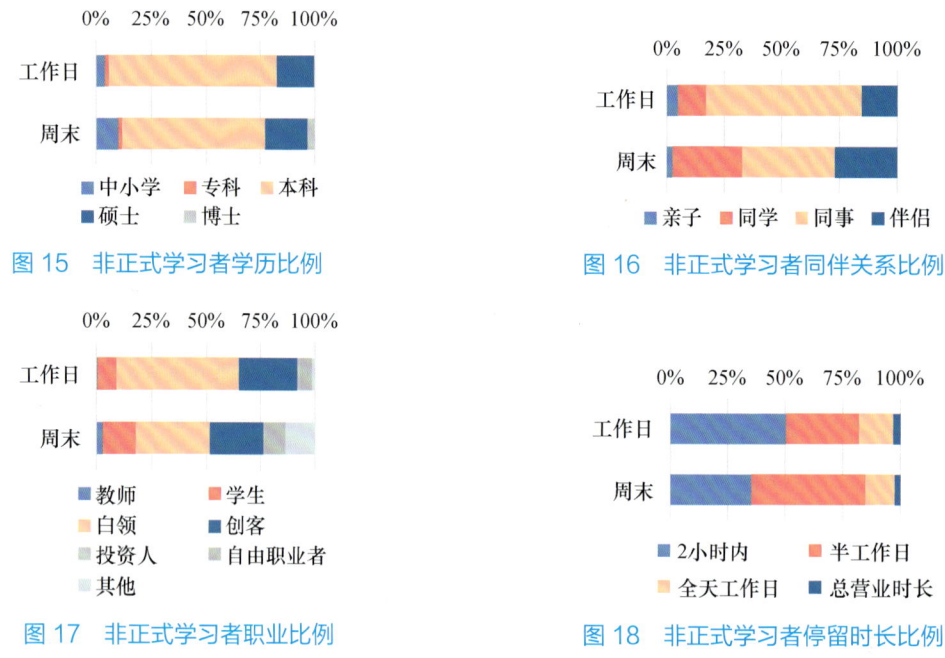

图15　非正式学习者学历比例

图16　非正式学习者同伴关系比例

图17　非正式学习者职业比例

图18　非正式学习者停留时长比例

3.2　各场地人群活动偏好——人均时长分析

基于知识媒介与内容，将非正式学习行为分为以下五种：讨论会谈、纸媒学习、纸媒办公、电子产品学习和电子产品办公。与"非正式学习"行为对立的行为则分为休闲娱乐和电子产品娱乐。

在工作日与周末，通过记录各场地在10:00～20:00间人群活动，统计各项活动进行的时长与人数，分析各场地内不同活动人均时长，从而得出不同地点的非正式学习空间内人群活动偏好（图19～图22）。

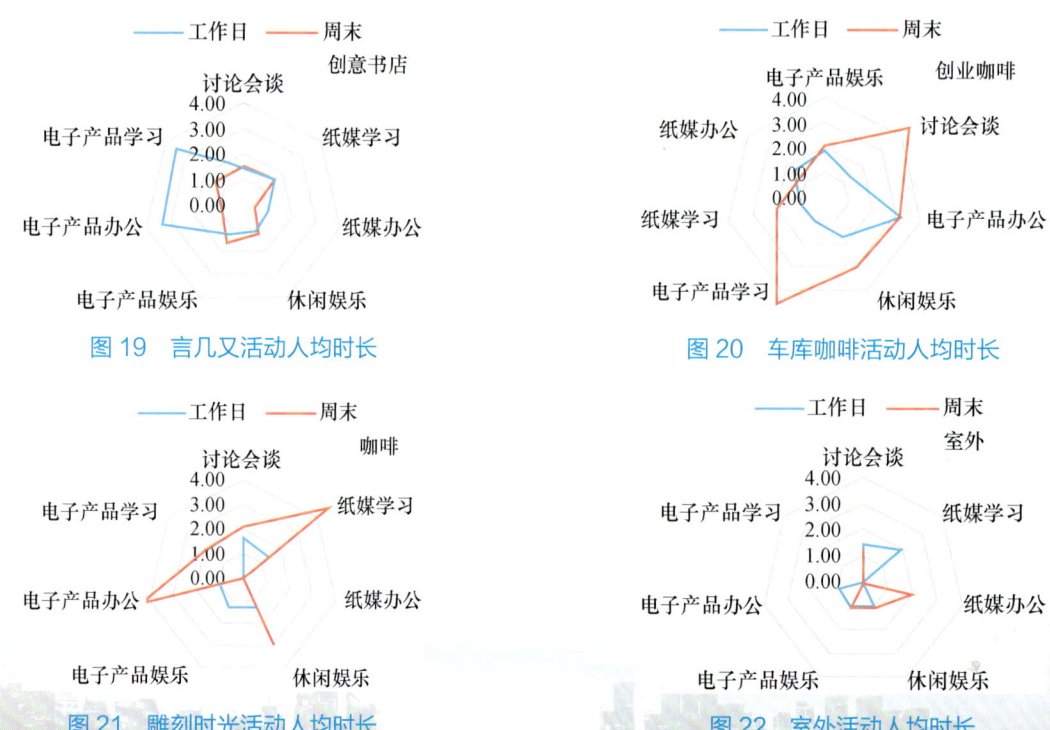

图19　言几又活动人均时长

图20　车库咖啡活动人均时长

图21　雕刻时光活动人均时长

图22　室外活动人均时长

言几又：工作日人群流动性较低，人均时长较长的活动为电子产品学习和电子产品办公；周末人群流动性高，人均时长较长的活动为电子产品娱乐。因此，言几又人群的活动偏好是电子产品学习和电子产品办公（图23）。

车库咖啡：工作日人群停留时间短，人均时长较长的活动为电子产品办公；周末人群停留时间长，人均时长较长的活动为讨论会谈和电子产品学习。因此，车库咖啡人群的活动偏好是电子产品办公、讨论会谈和电子产品学习（图24）。

图23　言几又人群活动实景

图24　车库咖啡人群活动实景

雕刻时光咖啡店：工作日人群停留时间短，人均时长较长的活动为讨论会谈和电子产品娱乐，周末停留时间长，人均时长较长的活动为电子产品办公、纸媒学习和休闲娱乐。因此，雕刻时光人群的活动偏好是纸媒学习、电子产品办公和休闲娱乐（图25）。

室外：适合短时间的非正式学习，工作日人均时长较长的活动为纸媒学习和讨论会谈，周末人均时长较长的活动为纸媒办公和讨论会谈。因此，室外人群的活动偏好是讨论会谈（图26）。

图25　雕刻时光人群活动实景

图26　室外人群活动实景

3.3　各场地人群行为时长核密度分析

通过六天的调研，在10:00～20:00每一整点进行人群行为观测，将行为分为学习与娱乐，记录室内外每个座位的人的行为与时长，统计每个座位各行为的最长时间，用GIS进行各场地的核密度分析。为突出非正式学习的人群，将娱乐行为时长核密度图去色后与学习行为时长核密度图进行叠加分析，图中红色代表一小时，颜色层次越多，颜色越深代表学习行为时长越长。

室外：无插座，不影响就坐选择。座位本身的设置及周围的环境设施影响选择。由图26可知，人们会根据需求与同伴人数选择4～8人桌，首选靠近角落有遮光的位置。场地内停留时长最长的区域为3W咖啡外的座椅，背靠咖啡厅墙壁、桌旁有高大绿植遮挡、有遮阳伞遮阳，均为4～6人桌，因其半私密的空间，人们停留时间较长（图27）。

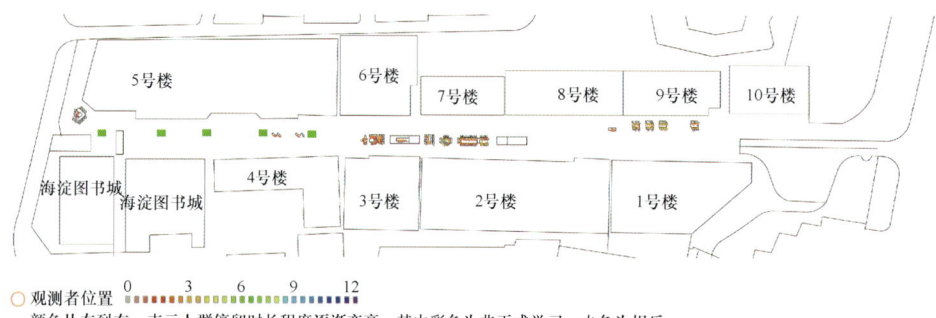

图27 室外行为时长核密度分析

言几又：在工作日与周末，室内桌椅数量与排布方式不同，因此分别绘制核密度分析图（图28～图29）。

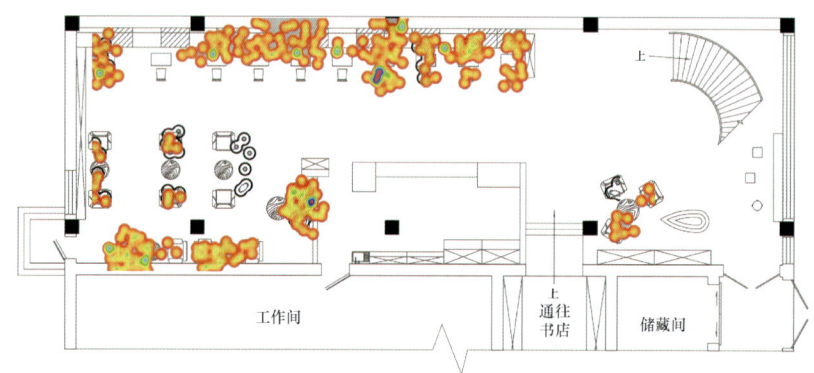

图28 工作日言几又人群行为时长核密度分析图

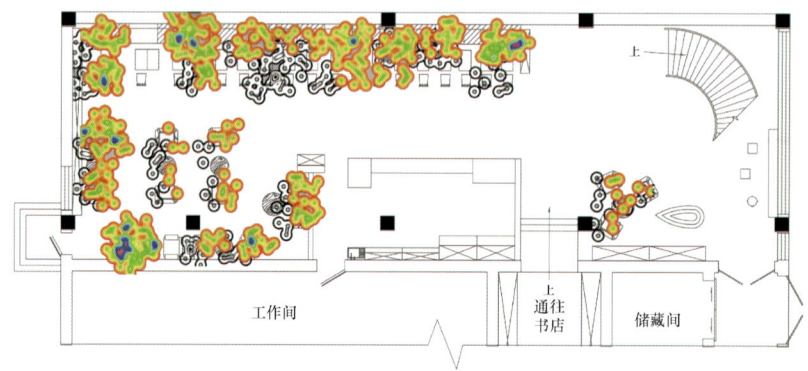

图29 周末言几又人群行为时长核密度分析图

如图29，非正式学习人群停留时间较长的位置多靠墙或角落，有插座的位置，多选择配备绿植、灯光柔和的2～4人桌；靠近过道或场地中间的位置，多为休闲娱乐人群，对灯光的需求不高。

车库咖啡：因靠窗等区域有常驻人群，上座率较低，非正式学习人群主要集中在店铺中间，插座聚集处。由于店内灯光较暗，人们更加倾向于靠近窗户的座位（图30）。

雕刻时光：非正式学习人群主要选择靠窗、靠墙和角落以及有插座的位置，多选择有良好光照条件的2～4人桌（图31）。

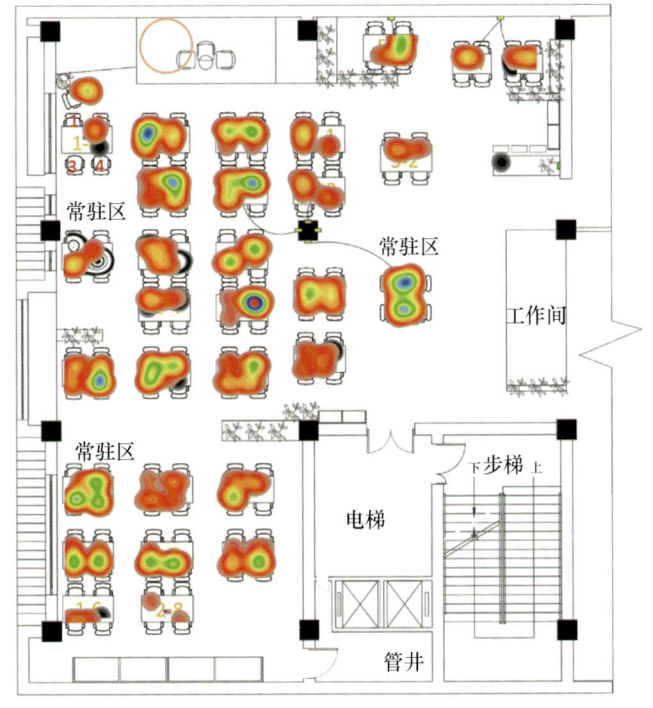

图30　车库咖啡人群行为时长核密度分析图　　　　图31　雕刻时光人群行为时长核密度分析图

3.4　各场地人数随时间点变化分析

统计工作日与周末，调研场地各时间点的非正式学习人数（图32）。人数整体变化趋势为随时间先上升后下降，在下午14:00～16:00非正式学习人数达到峰值。在活动时间点，室内外人群流动会形成数量互补，良好的室外环境能吸引人群短时间非正式学习。

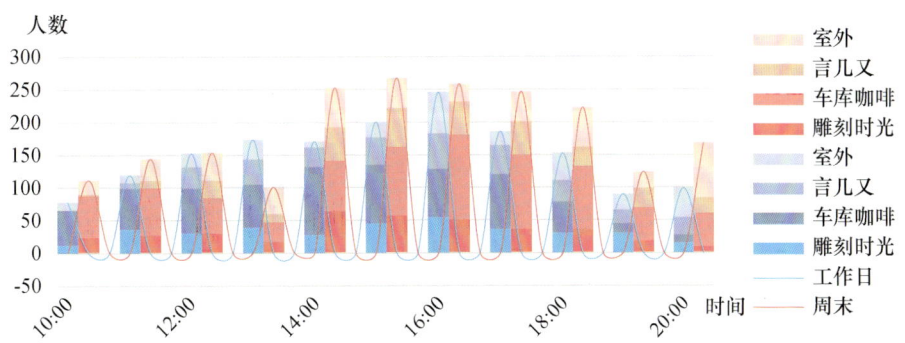

图32　工作日与周末调研场地各时间点非正式学习人数

在工作日，人数整体趋势是先上升后下降。在午餐、晚餐、下班等时间点非正式学习人数产生波动，16:00后非正式学习人数因下班逐渐下降，20:00店家打烊导致室外进行非正式学习的人数再次升高。座位数的不同导致各场地人数的差异（图33～图34）。

在周末，人数整体趋势呈降—升—降。不受通勤时间影响，峰值延缓至18:00。休假的白领与学生提升了人数峰值。在用餐、晚间活动等时间点非正式学习人数波动较大（图35～图36）。

图33　言几又
工作日 13:00

图34　雕刻时光
工作日 16:00

图35　车库咖啡
周末 11:00

图36　室外
周末 19:00

4　非正式学习空间影响因子分析

4.1　因子初步提取

4.1.1　顾客访谈记录（通过访谈与观察获取影响因子）

（1）创业大街学习和创业氛围浓厚，满足交流学习需求。

（2）客人需求偏好：光线明亮、音乐轻、分贝适宜、WIFI 好、有插座、有绿植、通风好、桌椅舒适，窗边角落。

（3）客人主要行为：看书、讨论、闲聊、玩手机、玩电脑、写作业、用餐。

（4）店内改进点：卫生环境、插座数量、绿植数量、座椅的舒适度等，如图37所示。

图37　访谈者非正式学习活动实景

4.1.2　网络词频采集

利用八爪鱼软件在大众点评上采集顾客对三家店的评论，将采集结果导入图悦网站进行词频分析，筛选权重高且有价值的关键词成为影响因子（表2）。

表2 各店铺顾客评价词频分析表

言几又			雕刻时光			车库咖啡		
关键词	词频	权重	关键词	词频	权重	关键词	词频	权重
创业	7	0.8674	味道	25	0.8454	创业	64	0.9772
咖啡厅	4	0.8117	服务员	20	0.8354	创业者	22	0.8796
书籍	4	0.8007	安静	20	0.8249	环境	31	0.8721
环境	4	0.7695	创业	18	0.8055	办公	19	0.8338
安静	3	0.7682	舒服	10	0.7424	氛围	15	0.8107
味道	3	0.7482	看看书	6	0.7221	项目	16	0.8002
款式	3	0.7444	装修	7	0.7056	味道	13	0.7973
讲座	2	0.7221	套餐	6	0.704	气氛	11	0.7771
布置	2	0.7165	好喝	5	0.6935	网速	7	0.7513
灯光	2	0.7156	口味	6	0.691	服务员	7	0.7411
办公	2	0.7096	音乐	6	0.6833	讲座	7	0.732
干净	2	0.6888	桌子	6	0.6793	桌子	7	0.7249
			氛围	6	0.6747	口味	6	0.72
			聊天	5	0.6746	聚会	6	0.7179
			学习	5	0.6629	路演	6	0.7173
						聊天	6	0.7133

4.1.3 文献关键词提取

从2000年至今的约40篇文献中，提取影响非正式学习因子，根据频次进行整理（表3）。

表3 文献词频分析表

因子	论文篇数	因子	论文篇数	因子	论文篇数
颜色	6	卫生	3	媒体	5
交谈	10	文化设施	3	设施舒适度	6
餐饮	5	创客空间	3	声音	6
休闲	5	灯具（光）	3	植物	8
娱乐	4	书籍	4	价格	1
材质	4	插座	1	—	—

4.2 影响因子检验、IPA分析与相关性分析

问卷共发放260份，回收242份，有效问卷234份。

4.2.1 主成分分析法——基于满意度的因子分类与检验

问卷数据经 SPSS20 分析，信度较高为 0.913，效度为 0.905。对因子进行降维，通过主成分分析法，得出旋转成分矩阵，提取 3 个公因子，将大于 0.5 的数值进行归类，可分为硬件设施、环境条件、服务经营三类（表 4）。

表 4 非正式学习影响因子分类表

影响因子			重要性		满意度	
一级因子	序号	二级因子	平均值	标准差	平均值	标准差
硬件设施	1	桌椅长宽	4.071	4.286	3.863	0.905
	2	照明	3.182	1.629	3.667	0.943
	3	插座	3.899	3.727	3.376	1.068
	4	空调通风	2.455	3.066	3.778	0.997
	5	路演舞台	0.465	1.506	3.376	1.002
	6	宽带 WIFI	3.798	3.728	3.855	0.972
	7	办公用品	1.414	2.578	3.470	0.966
环境条件	8	椅子软硬	3.939	4.313	3.786	0.895
	9	绿植	1.929	2.893	3.641	0.947
	10	音乐	1.626	2.456	3.547	1.058
	11	装修	0.747	1.935	3.838	0.886
	12	色彩	0.364	1.251	3.889	0.913
	13	卫生条件	3.758	3.303	3.829	0.936
	14	声环境	4.354	4.338	3.846	1.067
服务经营	15	提供书籍	2.561	3.580	3.667	1.046
	16	管理水平	2.556	3.105	3.778	0.997
	17	餐饮种类	1.576	2.491	3.530	1.075
	18	咨询培训	0.848	2.037	3.462	1.082
	19	寄存物件	0.434	1.437	3.333	1.062
	20	活动组织	1.182	2.544	3.590	1.039
	21	媒体宣传	0.535	1.623	3.624	1.002
	22	餐饮价格	1.949	2.746	3.419	1.015
	23	餐饮口味	0.657	1.776	3.521	1.001

4.2.2 一级因子——重要性排序

将一级因子按照重要性均值进行排序（图 38），通过因子重要性排序的柱状图得知：硬件设施排序较高的因子依次是桌椅长宽、插座、宽带 WIFI；环境条件排序较高的因子依次是：声环境、椅子软硬、卫生条件；服务经营排序较高的因子依次是：提供书籍、管理水平、餐饮价格、餐饮种类。

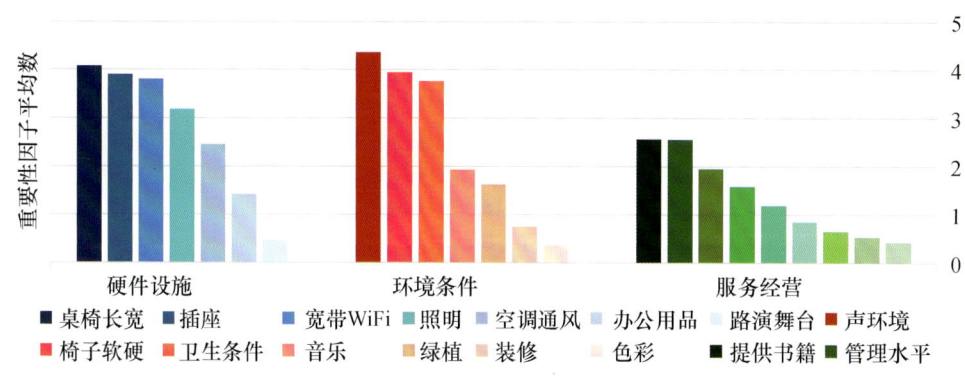

图 38　影响因子重要性平均数

4.2.3　IPA 分析——重要性——绩效表现

本次问卷中，满意度量表采取五分制里克特量表，划分为非常满意、较满意、一般、较不满意、非常不满意五项，依次计 5～1 分，重视度按排序由低到高依次计 1～10 分。根据 SPSS 可信度分析，因子的满意度信度为 0.997，数据可信性高。通过 IPA 将重要性列为横轴，将满意度列为纵轴，重要性与满意度的均值作为 x–y 轴的分界点，划分为四个象限。

由 IPA 分析得知：在一级因子中，高重视 - 高满意为环境条件，高重视 - 低满意为硬件设施，低重视 - 低满意为服务经营；在二级因子中，高重视 - 高满意为桌椅长宽、照明、椅子软硬、空调通风、宽带 WIFI、卫生条件、声环境、管理水平、提供书籍，高重视 - 低满意为插座（图 39）。

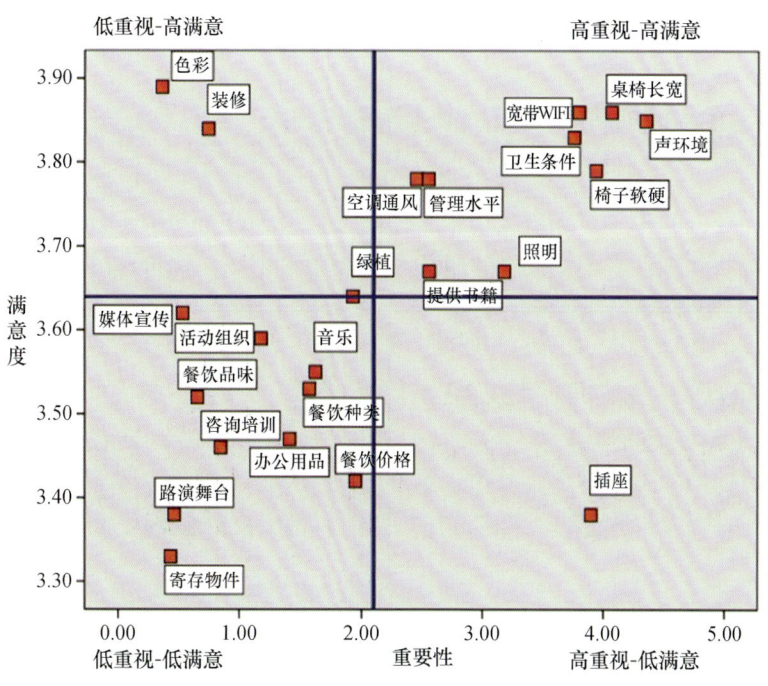

图 39　影响因子重要性 - 绩效表现（IPA）分析图

一级因子重视度由高到低是：硬件设施 > 环境条件 > 服务经营。二级因子重视度由高到低是声环境 > 桌椅长宽 > 椅子软硬 > 插座 > 宽带 WIFI > 卫生条件 > 照明 > 空调通风 > 提供书籍 > 管理水平。

4.2.4 相关性分析

在 SPSS2.0 中通过逐步法分别分析人群特征与总体满意度、人群特征与一级因子满意度、一级因子满意度与总体满意度相关性。通过检验 R、R^2、Sig.、DW、B 值，得到具有显著性的 5 组相关性（表 5）。

表 5 相关性分析检验表

自变量	因变量	R	R^2	Sig.	DW	B
人群特征与总体满意度						
周活动频率	总体满意度	0.170	0.029	0.009	2.010	0.088
人群特征与一级因子满意度						
同伴人数	硬件设施满意度	0.230	0.053	0.000	1.804	−0.158
同伴关系	环境条件满意度	0.156	0.024	0.017	1.677	0.140
年薪	服务情况满意度	0.170	0.029	0.009	1.912	−0.128
一级因子满意度与总体满意度						
服务情况满意度	总体满意度	0.208	0.043	0.001	1.901	0.194

5 创新创业街区非正式学习空间提升策略

在以创新创业为定位的中关村创业大街中，依据人群行为分析与因子分析的结果，将重视度较高的因子与现状环境进行匹配，并提出非正式学习空间的提升策略。通过提升策略改造后的空间，将会吸引人们到此进行非正式学习，提高学习效率。

5.1 空间现状与影响因子匹配

根据前文人群特征描述与活动现状分析、人群活动偏好、人群对于所处环境的满意度及影响因子重要性排序，将人群的行为与适宜的现状空间进行匹配，得出重要影响因子环境匹配表（表 6）。

表 6 重要影响因子环境匹配表

	言几又	车库咖啡	雕刻时光	室外
照片匹配				

续表

	言几又	车库咖啡	雕刻时光	室外
声环境	有音乐,64分贝	无音乐,58分贝	有音乐,49分贝	无音乐,75分贝
桌椅长宽	圆桌直径95厘米	方桌80厘米（宽）×160厘米（长）×75厘米（高）	圆桌直径55厘米	方桌80厘米（宽）×160厘米（长）×75厘米（高）
椅子软硬	较软	较软	较软	硬
插座	数量较多，基本满足	数量多，满足需求	数量适中，满足部分需求	无
宽带WIFI	有，网速较快	有，网速很快	有，网速较快	无
卫生条件	干净整洁	清理不及时	干净整洁	干净整洁
照明	光照强度低，变化小	光照强度低，变化小	光照强度高，变化小	光照强度高，变化大
空调通风	有空调，通风一般，温度较低	有空调，通风一般，温度适宜	有空调，通风一般，温度较低	无空调，通风条件良好，温度较高
书籍	数目多，种类全	数量适中，种类适中	数量适中，种类不全	无
服务管理	满意	较满意	一般	一般
座位偏好	靠墙，有插座处	角落，插座集中处	靠窗和角落，有插座处	靠墙角落处
活动偏好	电子产品学习	电子产品办公	电子产品办公	讨论会谈

5.2 空间提升策略

5.2.1 策略一硬件设施

综合调研测量、文献查阅、满意度匹配可知：

1）桌椅：在中关村创业大街非正式学习空间中：根据三种非正式学习方式——自主式（1~2人）、交往式（2~4人）、集体式（4人以上）设定桌椅数量；根据不同非正式学习者的需求可灵活重组桌椅。

（1）自主式学习：在独立型空间中，需要提供合理尺寸的桌椅设施（图40、图41）以及安静的环境，如临近外墙的自然采光——半围合式个人学习桌，临近书架的位置等（图42）。

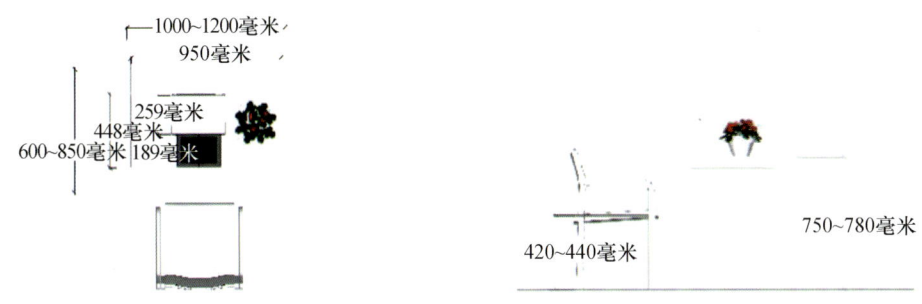

图40　自主式学习座椅平面图　　　图41　自主式学习桌椅平面图

（2）交往式学习：550毫米的圆桌可满足互动交流（图43~图44）。在交流型学习空间中，设施布置应考虑人与人的交往。为实现空间的合理分配，桌椅等设施可在店中央或室外较为开放的空间布置，以L形为主（图45）。

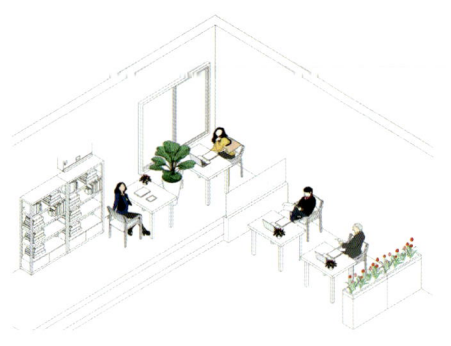

图42　自主式学习轴测图

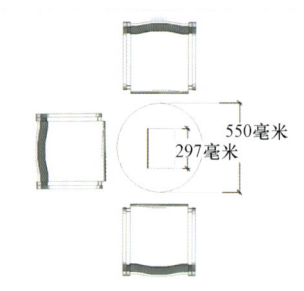

图43　交往式学习座椅平面图

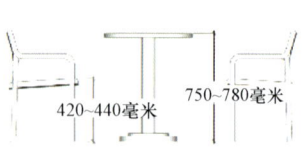

图44　交往式学习桌椅立面图

图45　交往式学习轴测图

（3）集体式学习：3000～3600毫米长的桌子可满足集体办公或学习（图46～图49）。合作型学习空间中，满足团体协作需求，桌椅宜靠近墙壁，或由屏风、隔断、高柜等分隔，营造具有领域感与私密性的非正式学习空间（图50）。

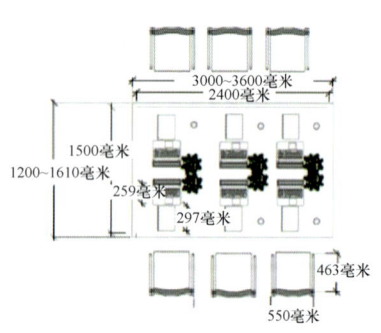

图46　集体式学习座椅平面图1

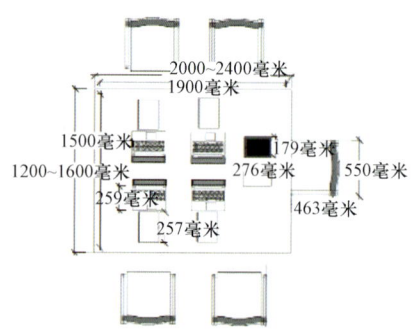

图47　集体式学习座椅平面图2

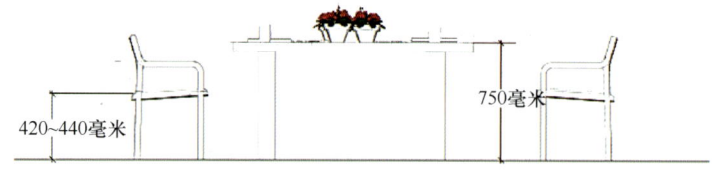

图48　集体式学习座椅侧立面图1

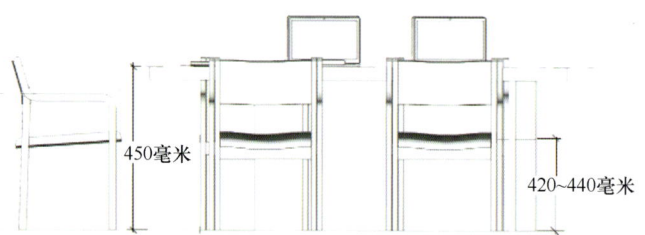

图49　集体式学习座椅侧立面图2

图 50　集体式学习轴测图

2）其他设施：在自主式和集体式学习的桌椅旁应加设插座，户外空间也应适量设置；提供快速稳定的 WIFI 网络；纸媒学习办公的人群更加重视照明环境，光照强度适宜范围是 800 ~ 2400 勒克斯。

5.2.2　策略二软性环境（环境条件、服务经营）

（1）声环境：适宜的声环境有助于非正式学习人群专注学习，提高思考创造力。声环境适宜范围是 45 ~ 65 分贝。

（2）空调通风和卫生条件：为保证非正式学习者的舒适体验与学习积极性，应保持通风顺畅和良好的卫生条件，夏季室内空调的温度不宜低于 24℃。

（3）提供书籍与管理服务：增加设计类、金融类、IT 类书籍，能够为中关村创业大街非正式学习人群的学习与创业提供指导；提高对非正式学习空间的管理服务水平，有助于提高学习效率。

5.3　空间提升策略意向研究

依据前文分析总结，针对中关村创业大街非正式学习空间现状，提出室内外提升策略轴测图与意向图（图 51）。

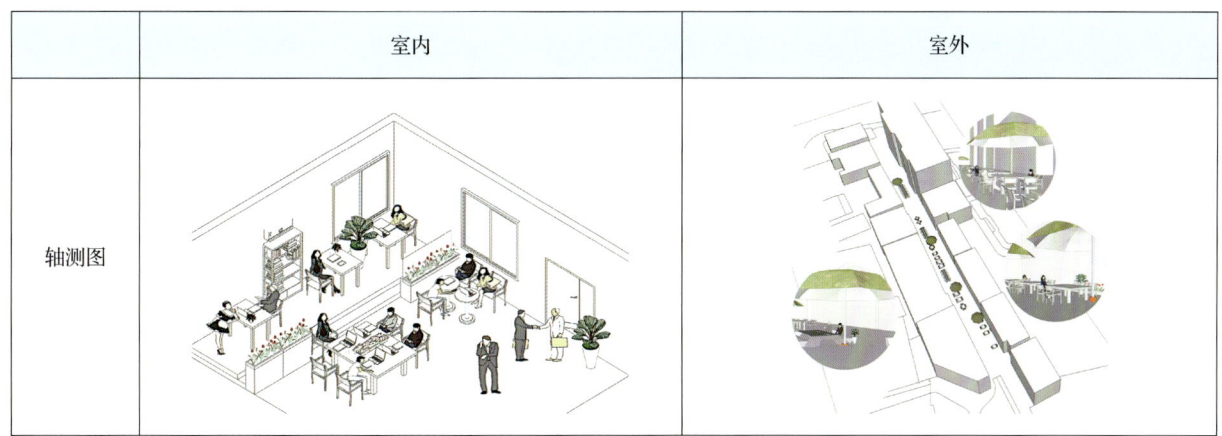

图 51　室内外提升策略轴测图与意向图

图 51　室内外提升策略轴测图与意向图（续）

6　总结

在创新创业的聚集地，非正式学习空间内的多元化信息交流与跨界合作办公具有重要价值。本研究的创新点在于，以非正式学习空间的视角对创新创业街区——中关村创业大街进行研究，依据人群对非正式学习空间的需求、非正式学习模式和现状基础，从硬件设施与软件环境两方面提出优化策略。

通过对中关村创业大街非正式学习空间特征的研究，在软件环境方面，人们最重视的因素是声环境、卫生条件、管理服务等；在硬件设施方面，人们最重视的因素是桌椅、插座、宽带 WIFI、书籍等。基于硬件设施与软件环境提出提升策略及绘制策略意向，从而优化中关村创业大街非正式学习空间质量，提供舒适的非正式学习环境，提高创新创业人群学习办公效率，吸引与鼓励更多的创业活动，促进创新创业型社会全面发展。

参考文献

[1] 文晓斐. 基于行为心理的大学校园开放空间研究 [D]. 成都：西南交通大学, 2006.

[2] 侯英. 基于 Web2.0 环境的大学生非正式学习研究 [D]. 南宁：广西师范大学, 2008.

[3] 李悦. Web2.0 时代的非正式学习研究 [D]. 上海：上海师范大学, 2008.

[4] 余胜泉, 毛芳. 非正式学习——e-Learning 研究与实践的新领域 [J]. 电化教育研究,

2005(10):18-23.

[5]Marsick,V.J.Toward a unifying framework to support informal learning theory,research and practice[J]. Journal of Workplace Learning,2009,21(4):265-275.

[6] 王妍莉,杨改学,王娟,杨瑞姣.基于内容分析法的非正式学习国内研究综述[J].中国远程教育,2011（04）:71-76.

[7] 宋权华,于勇,廖守琴.长尾理论下的非正式学习方式探析[J].远程教育杂志,2009,(2):54-57.

[8] 田阳.美国高校图书馆非正式学习空间浅议[J].住区,2015(02):44-55.

[9] 丘建发.研究型大学的协同创新空间设计策略研究[D].广州:华南理工大学,2014.

[10] 李志河,师芳.非正式学习环境下的场馆学习环境设计与构建[J].远程教育杂志,2016：95-102.

[11]Shirley Dugdale,李苏萍.非正式学习图景的规划策略[J].住区,2015 (2):8-27.

[12] 赵健,金莺莲,汤雪平.非正式学习：学习研究的新空间[J].上海教育,2013(12A).

[13][美]菲利普·贝尔.非正式环境中的科学学习：人、场所与活动[M].赵健,王茹译.北京:科学普及出版社,2015:62-65.

[14] 李翊,傅诚.环境行为学导向下的公共空间活力营造[J].华中建筑,2010,28(07):70-72.

[15] 尹洪,冷欣,程辉.论环境行为学与公共空间设计[J].美术大观,2008 (7):121.

[16] 黄湖.基于环境行为学理论的现代高校图书馆空间构成研究[D].长沙:湖南大学,2011.

[17] 凌秋月.环境行为学在环境设计中的应用[J].吉林省教育学院学报,2009,25(09):98-99.

[18] 文晓枫.环境行为学视角下的开敞空间环境分析[J].山西建筑,2010,36(28):12-14.

[19] 覃阳.城市公共开放空间与行为塑造的互动性研究[D].西安:西安建筑科技大学,2004.

[20] 建筑设计资料集编委会.建筑设计资料集[M].第三版.北京:中国建筑工业出版社,2005.

青年"共同体"

——青年共享社区公共活动的时空特征研究

摘　要　在共享经济蓬勃发展的背景下,"共享"的观念和经济模式日益渗透到日常生活中,同时基于青年人的社交需求和对空间的个性需求,青年共享社区由此衍生。本研究以北京市 706 青年空间与 YOU＋青年公寓为研究对象,通过问卷、访谈、参与式调查方法及系统学分析方法,对青年共享社区中公共活动的时空特征进行总结,探究由共享社区这一空间新现象引发的生活方式的具体转变与转变原因。结果表明,这种转变是以自下而上型公共活动的开展为动力,以社区中的共享空间为据点,为当代社会群体探索出一种新的生活方式。

关键词　青年；共享社区；公共活动；特征；转变

1 时代背景下青年共享社区的兴起与发展

1.1 共享经济时代促发青年共享社区的产生与发展

近年来,随着移动互联网的成熟,共享经济蓬勃发展起来,点对点式租车租房、基于社交网络的商品共享等新型业务模式层出不穷,使得人们的生活居住方式和消费观念发生了一定转变。同时随着人口持续聚集,租房需求持续增长,十九大报告提出要推广"租售并举"的住房消费观念,因此长租公寓开始在住房市场迅速发展,加之青年人对居住空间的个性需求和社会交往需求,促发了青年共享社区这一居住模式的产生与发展。

自 2012 年起,北京市出现多种青年共享社区品牌,在中关村、王府井两个地区周边分布最为密集(图 1)。

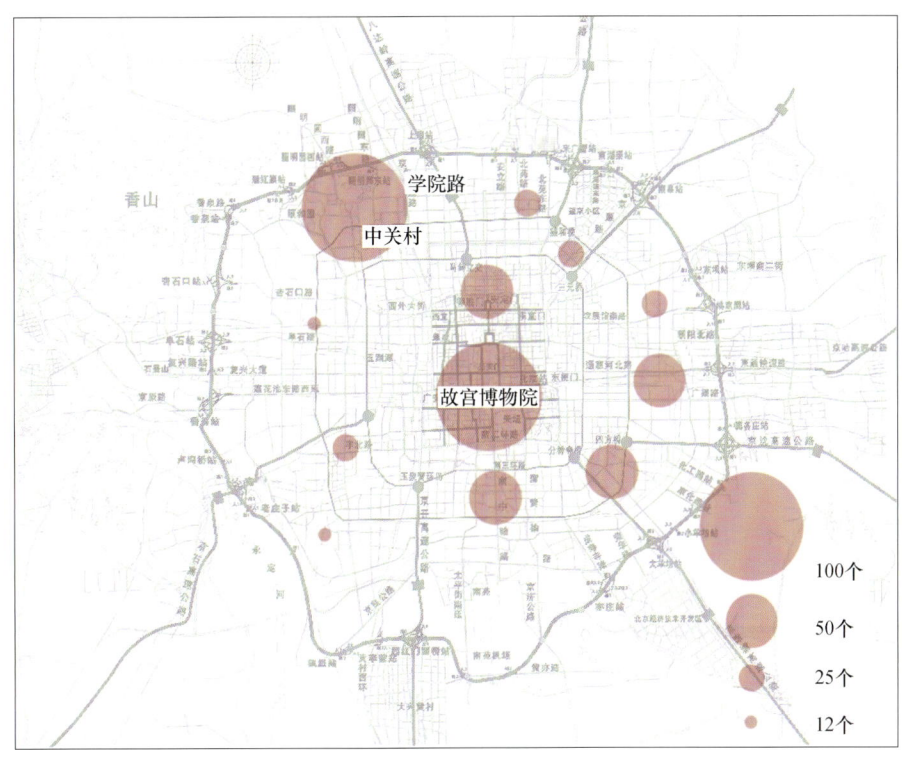

图1 北京市青年共享社区分布图

1.2 青年共享社区内部结构及发展意义

青年共享社区依据时下青年的住房需求，由私密空间、半私密空间、共享空间三类组成。私人居住空间在满足日常生活需求的同时，为青年人营造一个安稳舒适的生活环境；供社区举行活动、分享知识，并提供形式多样的共享空间，为住客创造社交平台，以便有共同兴趣的人集聚在一起。共享居住的卧室一般采用集约设计，其余厨房、餐厅、浴室、橱柜、书房、健身房、洗衣房和游戏影音室等空间被设计为共享公共空间（图2）。空间类型及功能营造（图2虚线框部分）是本研究重点关注内容。

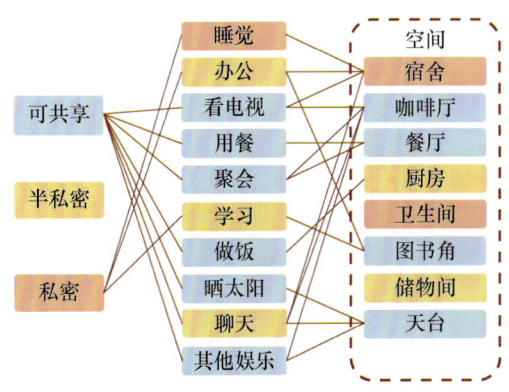

图2 青年共享社区空间结构及行为功能

青年共享社区提高了单位面积住房的使用价值，降低了居住通勤成本，构建起陌生人社会交往连接机制，将物品、资源、服务的共享与交易行为，升级为人与人之间的社交聚合行为，推动城市居民社会交往方式的转变。

2 研究框架

2.1 研究内容

经前期预调研了解到,两种青年共享社区即 YOU+ 青年公寓和 706 青年空间,吸引了从事传媒、互联网、医疗等多种行业的人群,在此聚集进行公共活动。由此研究想要探究公共活动的主体(Who)、时间(When)、空间(Where)、活动本身(What)、群体感受(How)特征以及原因(Why),进而探究在共享经济时代背景下,共享社区这一新的空间形式如何改变当代人群的生活方式以及改变的原因。

2.2 研究对象

国内青年共享社区可分为以活动空间为主和以居住空间为主两种类型。YOU+ 青年公寓成立于 2012 年,是发展较为成熟的、以居住空间为主的类型,其在国内影响度较广,推广范围大,是一种典型的青年共享社区品牌(图 3)。706 青年空间也成立于 2012 年,其代表形式新颖,以活动空间为主的青年共享社区,但由于其特殊的空间活动功能,目前推广力度不强(图 4)。

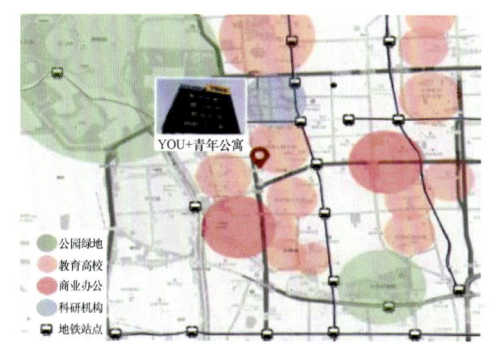

图 3 YOU+ 青年共享社区区位图

图 4 706 青年共享社区分布图

YOU+ 青年公寓位于北京市海淀区三义庙 2 号院,周边聚集诸多高校,距中关村创业大街仅 2 千米,2015 年度青年公寓品牌指数榜单中 YOU+ 摘得榜首(图 5)。

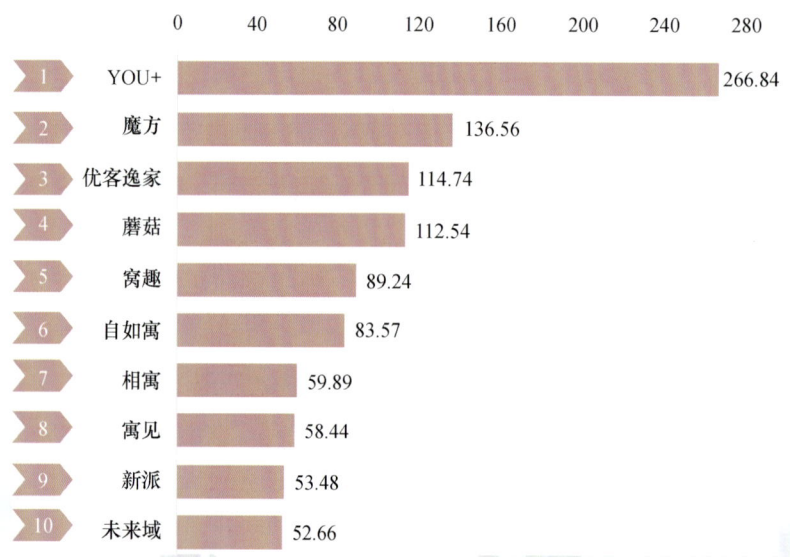

图 5 2015 年度青年共享社区品牌榜单

706青年空间是中国第一家青年空间，在国内首创"青年空间"概念。706青年空间是目前最活跃和相对成熟的青年空间。其位于北京市海淀区五道口华清嘉园小区，周围环绕众多高校、科研院所及交通站点，区位优势明显（图6）。

图6　706青年空间

2.3　理论基础

研究理论基础为社区文化。从广义上来说，社区文化是社区内居民共同长期互动形成的物质环境和精神文化的总和，包括社区内部的物质环境、社区居民的生活方式等行为模式，道德准则以及思想观念等群体意识。从狭义上说，社区文化是社区居民长期互动形成的行为模式和群体意识。

2.4　研究方案

研究通过问卷调查、半结构访谈与参与式观察方法获取公共活动的时空特征数据进而进行分析总结；通过频数统计、模糊综合评价等方法探究青年共享社区对当代社会群体生活方式的具体影响以及影响原因（图7）。

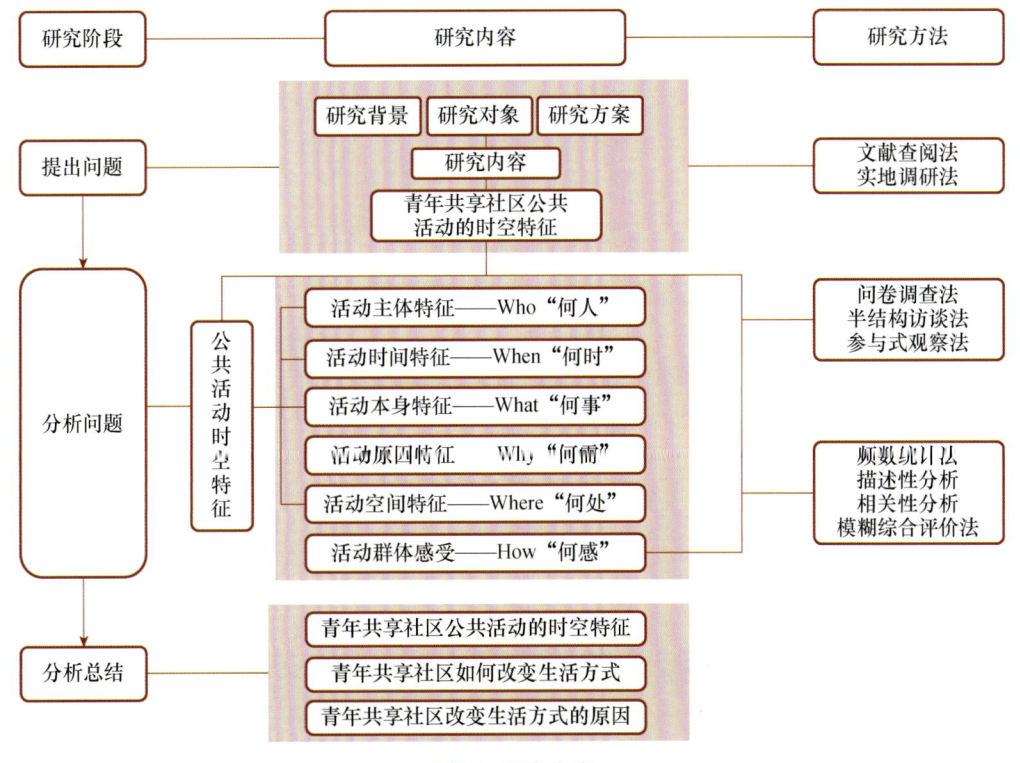

图7　研究方案

3 706 青年空间分析

3.1 706 青年空间概况

706 青年空间为一座带天台的二层复式住房，公共空间比较丰富，居住性质的私密空间较少。通过咖啡馆、花生食堂、小剧场和图书馆 4 个核心公共空间共同构建一个共享空间，形成一个青年人聚集和交流的社群（图 8~图 10）。

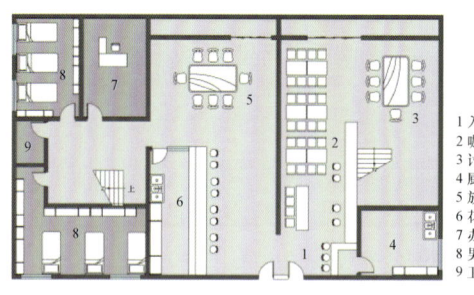

图 8　706 青年空间一层平面图

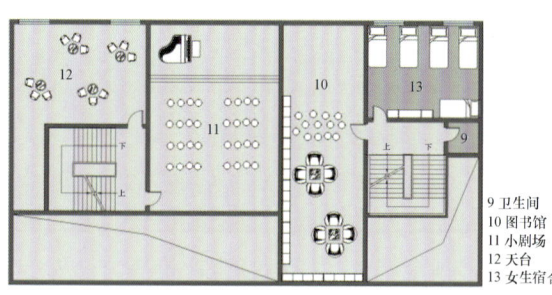

图 9　706 青年空间二层平面图

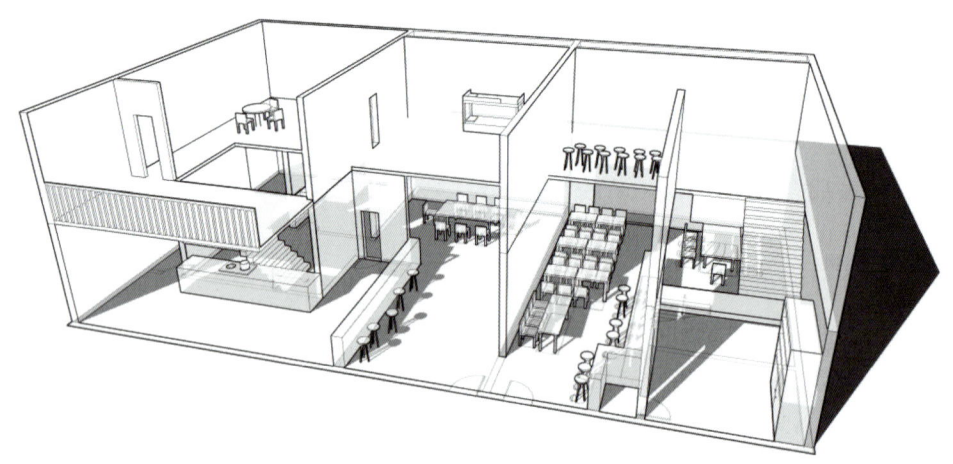

图 10　706 青年空间轴侧图

3.2 Who—公共活动主体特征

问卷调研了使用对象年龄、教育程度、职业、月收入以及了解渠道，得到结论：使用人群主要通过他人推荐和朋友圈两种方式了解 706 青年空间；人群年龄比例中 20~30 岁占比 83%，主要人群为青年群体；受访人群多为文化素质较高参与者；月收入方面主要为中低产阶层；人群职业比例中，学生群体占比 45%，其次为办公人员占比 14%；参与者中从事传媒行业的人群占比 24%，互联网行业的人群占比 19%，文化艺术行业的人群占比 12%，说明参与人群以从事创意类职业群体（包括互联网、传媒、文化艺术、设计等行业）为主（图 11）。

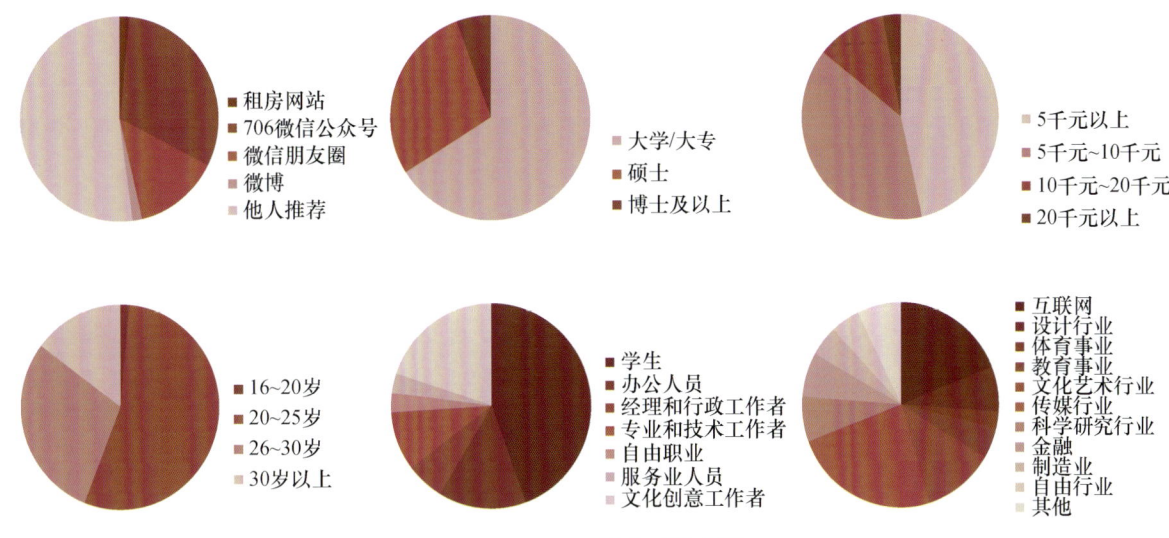

图 11 706 受访人群比例图

3.3 When—公共活动时间特征

3.3.1 活动参与频率分析

研究将使用者按职业分为学生、办公人员、经理和行政管理工作者、专业和技术性工作者、自由职业者、服务业人员、文化创意工作者七类。将活动频率大于每周参与一次活动定为高频者。活动吸引因素极大影响活动参与频率，参与者参加活动具有随意性，说明706青年空间使用人群并不固定，高频参与者主要为学生和文化创意工作群体；低频参与者为专业性和技术性工作群体（图12、图13）。

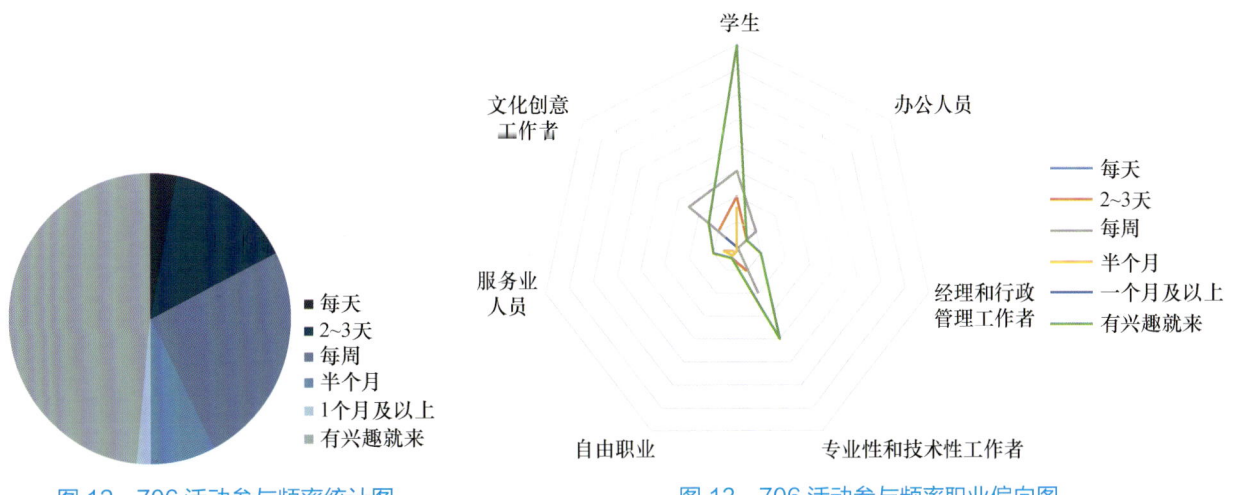

图 12 706 活动参与频率统计图　　　图 13 706 活动参与频率职业偏向图

3.3.2 单次停留时长分析

706青年空间使用群体中，单次停留时长小于1小时的仅占比2%，单次停留时长大于3小时以上占比51%；单次停留时长为1～2小时（接近活动举办时长）为47%（图14）。对不同职业人群停留时间特征总结如下：使用人群为专业性和技术性工作群体，以程序员和教师为主，单次停留多为 3～4 小时，一般以参加活动为主，活动结束即离开。使用人群为文化创意类工作群体，单次停留时长也多为 4 小时以上，工作时间自由，且参与度高，为 706 青年空间的固定使用人群（图 15）。

图 14　706 单次停留时长统计图　　　　　　　　　图 15　706 不同职业单次停留时长偏向图

3.4　Where—公共活动空间特征

根据功能布局，把共享空间分为接待空间、研讨空间、休闲空间、办公空间、用餐空间五类。各功能空间使用比例中，使用者选择休闲空间占比最高达 60%；对研讨空间使用占比次之为 17%；接待空间使用占比最低为 2%（图 16）。在使用度最高的休闲空间中，选择天台人数占比为 38%，可见使用者对天台的满意度最高（图 17、图 18）。

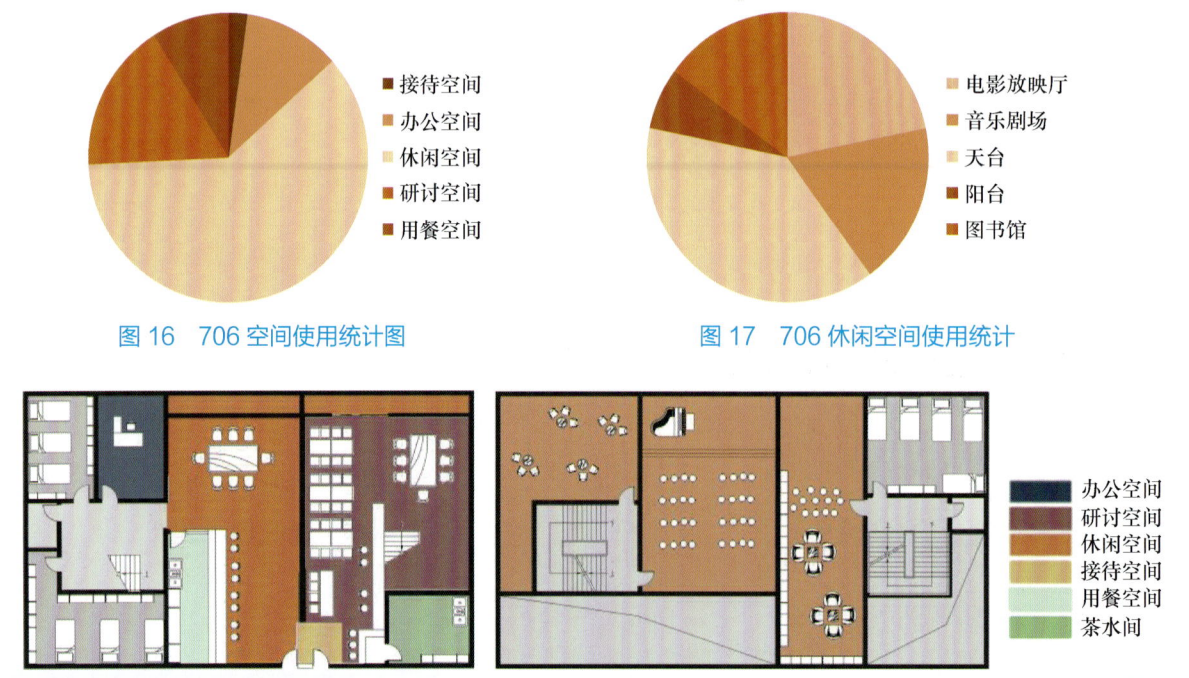

图 16　706 空间使用统计图　　　　　　　　　图 17　706 休闲空间使用统计

图 18　706 青年空间空间类型图

3.5 What—公共活动类型特征

3.5.1 活动介绍

706 青年空间活动见表 1。

表 1　706 青年空间活动

活动名称	活动简介	活动掠影
戏剧之夜	选择一个经典或现代剧本，用不同方式进行编排设计，以剧本朗读作为一种形式，让人们以较低的成本亲身体验话剧的魅力和乐趣	
给我三分钟	交流演讲类活动，彼此沟通，用自己独特的方式表达，聊生活，聊迷茫，聊梦想，在社群中表达自我，找到自我	
音乐之夜	将这些无音乐不生活的人们连接起来，成立了"706 音乐小组"，周末在 706 小剧场进行以音乐为主题的聚会 Party 交流	
生活大爆炸	有人在朗诵诗歌，有人在下棋；二楼小剧场，一帮人在玩桌游，一帮人在做饭；聊天、游戏、喝酒、桌游、音乐、吃饭，应有尽有	
苏格拉底式对话	在 5～11 人中展开，参与对话者是活动的主体，主持人不参与对话，对话方案参考自美国实践哲学协会，而对话方式则借鉴了苏格拉底提问法和日常语言分析，重论证	

3.5.2 使用者参与活动类型分析

参与者对于娱乐主题分享会的参与程度最高，占比达到 49%，主题辩论活动参与程度次之，占比 14%。对于学生群体而言，其参与的活动类型高度集中在娱乐主题分享会，占比 57.8%；文创类工作者亦如此，娱乐主题分享会的参与程度占比达到 50%，在各类人群中娱乐主题活动受欢迎程度最高（图 19）。戏剧演出、读书会这类学术性较强的活动参与程度较低，可能与使用者参与活动偏好及各类活动举办频次等因素相关（图 20、图 21）。

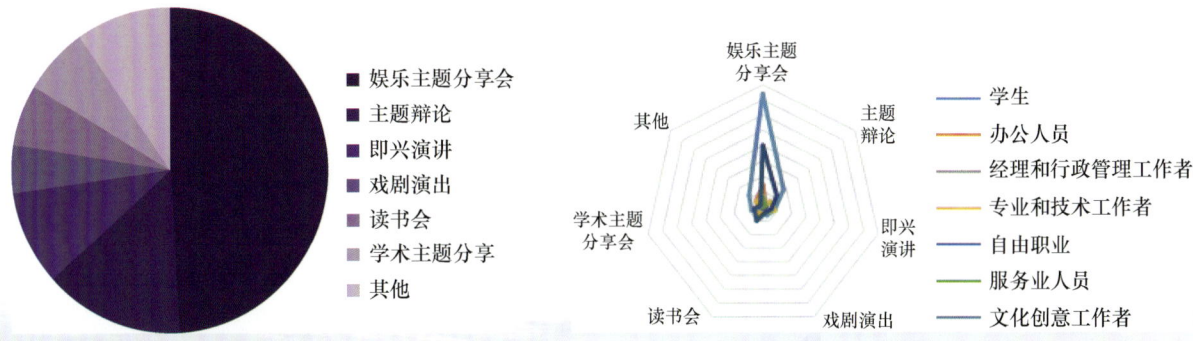

图 19　706 青年空间活动类型统计图　　图 20　706 青年空间不同职业参与活动类型偏向图

图 21　706 青年空间活动实照

3.5.3　使用者喜好活动类型分析

研究将使用者期望在 706 青年空间参与的活动分为聚会交友、主题辩论、戏剧演出、读书会、即兴演讲、自习、办公创作、学术主题分享会、娱乐主题分享会九类。各类职业人群对不同类别活动的期望程度分布较为均匀，使用者对于聚会交友类活动期望程度最高，占比 19%；娱乐主题分享会（音乐、电影、旅行经历等）次之，占比 14%；使用者对于学术主题分享会、即兴演讲、读书会、主题辩论等学术类活动期望程度较为接近，均占比约为 10%（图 22）。学生群体多偏好娱乐主题休闲类活动；专业性和技术性工作者偏向参加娱乐类和学术型主题分享会；文化创意类工作者多偏向娱乐型分享会（图 23）。

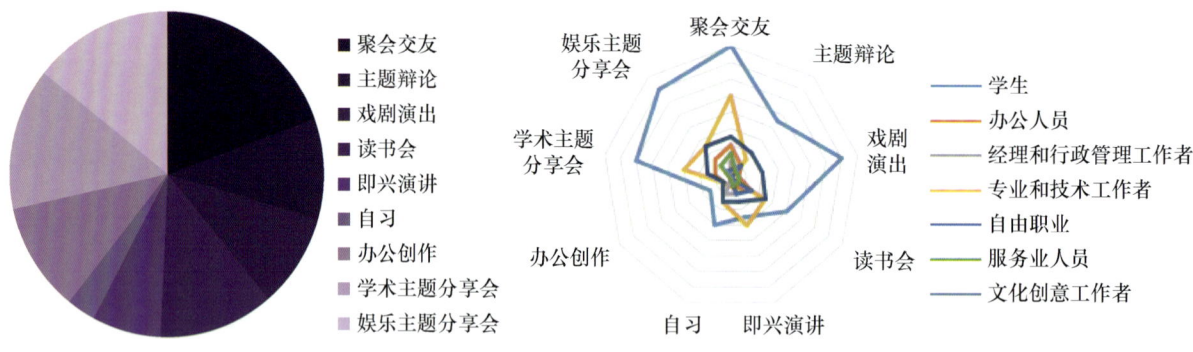

图 22　706 青年空间使用者活动喜好类型统计图　　图 23　706 青年空间不同职业喜好类型偏向图

💧 4　YOU +青年公寓分析

4.1　内部空间

YOU+ 青年公寓苏州桥店的建筑平面呈回字形，共 260 间房，高度 5 层，内院中布有景观节点、半个篮球场、自行车停车区以及一些作为聊天用的座椅，一层北区为主要的公共空间，办公区、健身区、娱乐区、活动区组成了共享空间。其商业模式是将整栋楼重新改造之后租出，主要针对多元化的青年群体，居住空间允许用户自行装扮，设施丰富的一楼大厅是住户的客厅、娱乐室、健身房、电影院与社交场所，共同形成开放共享空间（图 24）。其宗旨为塑造一个有趣、信任、开放的社区。

图 24　YOU+ 青年公寓苏州街店平面图

4.2　Who—公共活动主体特征

问卷调查的受访者大部分从事互联网相关工作，另外，学生、创业者和金融行业者也占有一定比例（图 25）。说明 YOU+ 公寓比较受到职业相对自由的租客青睐，受访者的年龄集中在 20～30 岁之间（图 26）。

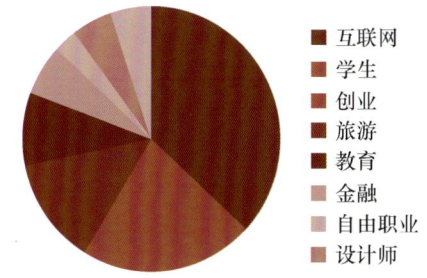

图 25　YOU+ 公寓的居住人群从事行业分析图

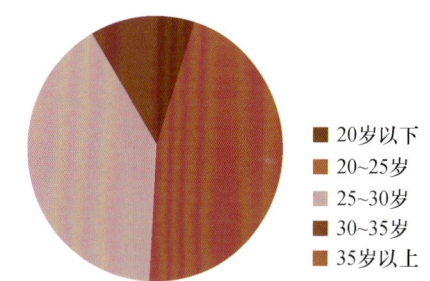

图 26　YOU+ 公寓的居住人群年龄分析图

4.3　When—公共活动时间特征

YOU+ 公寓的住户居住时间主要为 1～3 个月的短期住户和一年以上的长期住户，而中间时长段较少，可见 YOU+ 公寓对短期和长期租户有一定吸引力，且其居住氛围能使住户长期居住扎根（图 27）。

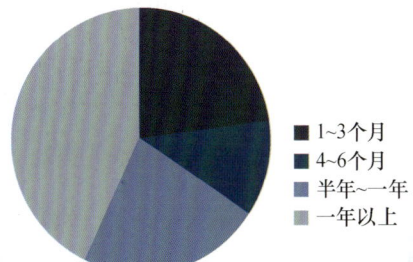

图 27　YOU+ 公寓的活动参与频率统计图

4.4 Why—公共活动行为原因特征

大多数租客在选择YOU+公寓时会考虑到交通、社区安全性以及公共空间。而YOU+公寓所提倡的创业空间和家友的概念则是小部分人在入住时会考虑的因素（图28、图29）。

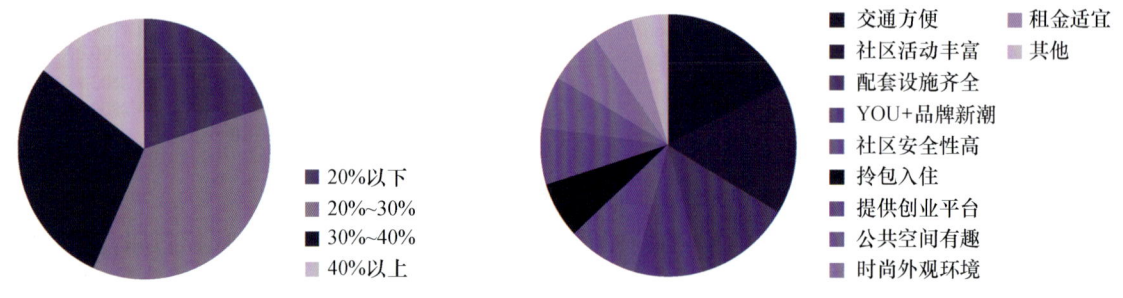

图28 YOU+公寓的住客选择居住原因统计图

图29 YOU+公寓的住客租金占收入比值统计图

💧 5 How—公共活动主体感受特征

无论是706青年共享空间还是YOU+青年公寓，均为共享经济时代的产物，其势必对相应群体产生一定的影响，随机抽样社区内活动人群，观察他们的活动内容，并进行访谈。以青年共享空间带来的"转变"为切入点，结合结构性问卷调查，进行访谈性深入研究。访谈基于生活方式改变、社交圈改变以及兴趣爱好改变三个维度进行。

5.1 对于空间本身的感受分析

706青年空间这个特别的空间从不缺乏进进出出的各类人士，即20多岁的学生、创业者、公益人士、媒体人，他们在这里聊文学历史，举办音乐会，欣赏电影，或是直接发起一场分享活动，交换知识与技能，甚至是自己的经历。

访谈发现，大部分人在大学毕业后踏入社会时，陌生的环境、不同的价值观、生活压力繁重等因素都是造成他们深感孤独的原因。在高强度的生活背景下，青年共享社区活动有一定程度的包容性，这就为青年"共同体"的出现奠定了良好的认知及需求基础（图30）。

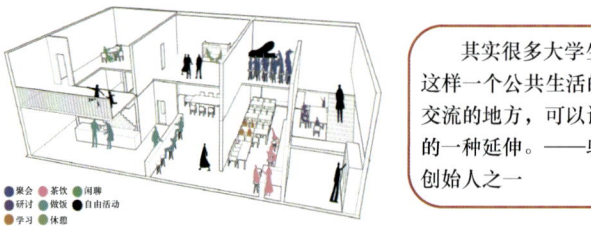

图30 706青年共享社区空间感受特征

大部分人对于青年共享社区的第一印象为"神秘""不接地气"，然而当深入探索后便可以体会到，在这个小小的空间中承载了中国年轻人基于现实的幻想、无奈，是一个真实的地方。

706青年空间创建之后，更多的青年交流平台在全国兴起，包括成都"028青年空间"、广州"叁楼青年空间"、上海"SS青年空间"。其中一些创办者正是在来过706青年空间之后，又回到各自的城市发起了类似的平台。

5.2 对于精神体验的影响分析

越来越多的年轻人选择来到青年共享社区，恰恰是看中了其包容、平等、尊重的精神特性。青年愿意高频率来此参加活动，不仅享受706青年空间活动本身带给他们的精神愉悦，更有甚者，在这里发生的事影响了他们的人生选择。使用者对精神文化的需求高于空间物质文化，对精神文化的满意程度也高于物质文化（图31、图32）。

"我在这里遇到了自己设计演讲事业的第一个合伙人。我们在706的一次活动上认识后，谈起了自己创业的想法。大家彼此见面之后，就感觉是同类人，可以一起做事，不需要磨合很久，跟这样一群志同道合的人共事，是对自己的一种慰藉吧。"——李先生，30岁，演讲设计师

图31　图书馆技能分享会实照

"活动类型、时间甚至场地都不重要，我在活动中与各种各样的人交流。这个过程于我而言很快乐，激发了我的潜在思维和兴趣。让我感觉到人生的其他价值和乐趣。"——杨小姐，25岁，医生

图32　706青年空间活动缩略图

总体而言，青年人对活动本身、活动"人群"的关注度极高，"归属感""亲近感""开放性"是受访青年人用以描述青年空间频次最高的词语。青年人享受浪漫又碰撞出无数思想火花的一个个晚上，即便一夜无眠，他们也享受着这老友记一般的生活带给他们的愉悦。

5.3 对于社交圈层的影响分析

青年共享社区给参与者带来的精神层面影响：一方面体现在满足他们的精神需求中；另一方面则通过改变其社交圈层来产生作用（图33、图34）。

图33　天台小型音乐
　　　交流会实照

"我在参加活动的时候认识了很多挚友，最后我们发展成了一个小群体，大家虽然年龄差距很大，但非常聊得来。有很多对我影响比较大的人，比如在加州上学的学长，经常分享国外的价值观和生活；在国内其他地方的同学常常给我分享他们城市的趣事。走在城市中，感觉哪里都是我的朋友，这种庞大的社交圈使我舒服。这些朋友是不同于我大学圈的一部分，他们于我而言很重要。"

——小高，21岁，在读大学生

图34　咖啡馆联合办公实照

5.4 对于生活方式的影响分析

青年共享社区的活动安排，给住客、参与者的生活方式带来了一定改变。对于住客而言，他们需要迎合共享社区的营业时间，来尽最大可能避开"干扰"；对于活动参与者而言，这些共享社区及活动的存在则调整他们周末的作息，让越来越多"宅"在家里的白领参与其中（图35、图36）。

"这里生活节奏很快，人来人往变化大。这样我就得调整作息了，以前晚睡晚起的习惯被迫改变，而且大家聊嗨了，我都可以在706咖啡厅坐着入睡。"
——李先生，27岁，报社记者

图35　706花生食堂实照

"参加活动对于我生活方式的改变主要集中在兴趣爱好上，我之前对做饭没什么兴趣，在参加了很多青年空间的活动后，慢慢地喜欢上了烹饪。"——小高，21岁，在读大学生

图36　音乐剧场演出实照

除此之外，活动激发、加深参与者的兴趣爱好，通过潜移默化地丰富生活来改变他们的生活方式。

6 Why——促使参与者"改变"的原因

6.1 参与者满意度视角分析

参与者产生上述体验的原因可以通过其对不同类型文化因子的满意度而体现，满意度越高，产生的"转变"程度越大。青年共享社区平均满意度最高的是精神文化，包括"公共活动""归属感"，以及"自发组织公共活动"。青年共享社区存在精神文化满意度高于物质文化、主观因子满意度高于客观因子两种现象，是参与者社交圈层扩大、精神体验良好、生活方式转变等体验的直观体现（图37）。

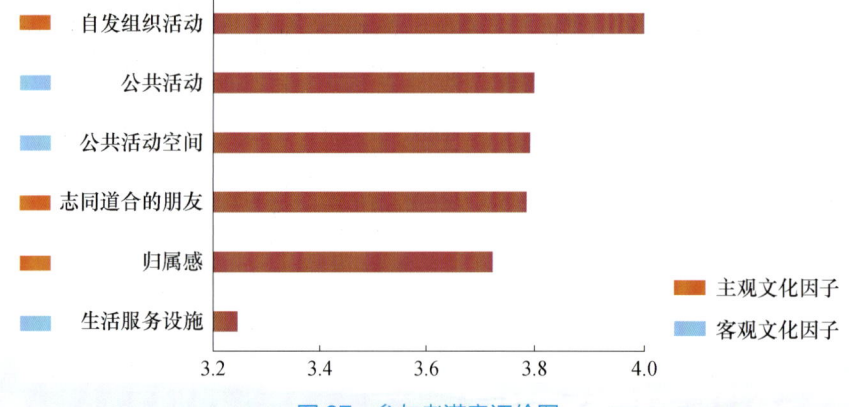

图37　参与者满意评价图

6.2 参与者需求度视角分析

需求度体现使用者对该因子的重视及需求程度，空间供给与使用者需求之间的平衡，是产生不同感受的原因。能够寻找到志同道合的朋友、群体归属感、公共活动几个因子都与形成社区归属感相关，人们对于共同构建青年活动文化的维护、活动参与的归属感营造有很强的需求（图38）。

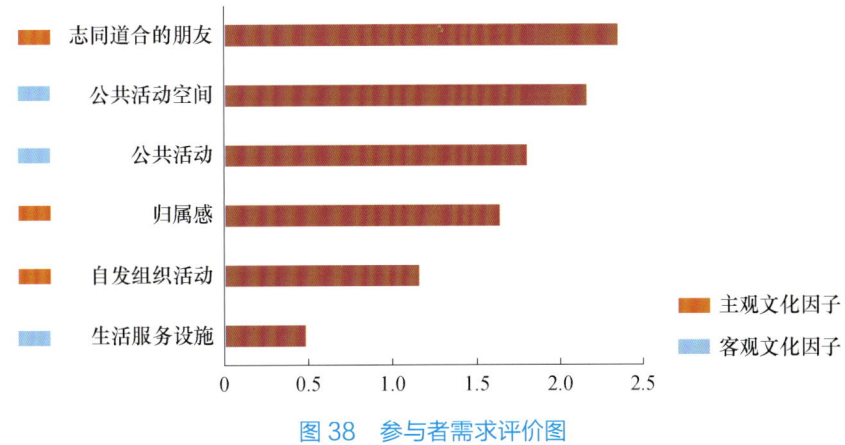

图38　参与者需求评价图

7 结论

1. 共享经济时代背景下，青年人的生活正在各个层面发生着变化。变化依靠必要的载体而发生，故而青年人联合起来，为"改变"提供空间场所，创造自由的共享空间。青年共享社区孵化的力量来自社会而不是政府，空间理念和行为情感的认同需要使用者自发建立并维护。青年非常重视此类可以和他人一同交流的生活空间，宁选"大城床"，不要"小城房"。

2. 青年共享社区中，使用群体不同，产生的改变不同。针对学生群体，共享社区是学校"社团"的延伸，咖啡馆中的讨论会、分享会促使其提前"融入社会"，完成"认知"转变；针对创业群体，共享社区图书馆、咖啡厅等场所为其提供发声、交流、交友的硬件设施，完成"社交圈"的转变；针对普通白领群体，"音乐剧场""放映厅""花生食堂"为其提供舒缓身心、解压降噪的场所，完成"精神状态"的转变。

3. 共享经济的思维影响了各个领域，作为一种高效率的资源配置模式，共享经济帮助我们探索青年共享社区发展的新方向。目前的"生活转变"仅仅是共享社区的部分影响。转变是动态的，随着共享时代的发展，"生活转变"的类型、程度仍会继续变化。

参考文献

[1] 汤天波，吴晓隽. 共享经济："互联网＋"下的颠覆性经济模式 [J]. 科学发展，2016(12).

[2] 住房城乡建设部. 建房〔2017〕153号关于在人口净流入的大中城市加快发展住房租赁市场的通知. http://www.mohurd.gov.cn/wjfb/201707/t20170720_232676.html.

[3] 国务院办公厅. 国务院办公厅《关于加快培育和发展住房租赁市场的若干意见》[J]. 城乡建设，2016(18):30–32.

[4] 赵鑫明.《住房租赁和销售管理条例》(征求意见稿) 解读 [J]. 中州建设，2017(14).

[5] 杨心蔚，陈云霞. 存量规划背景下青年共享社区居住模式初探——以深圳集悦城为例[C].《持续发展 理性规划——2017中国城市规划年会论文集（02 城市更新）》,2017.

[6] 陈立群，张雪原. 共享经济与共享住房——从居住空间看城市空间的转变[J]. 规划师，2018(5): 24-29.

[7] 赵四东，王兴平. 共享经济驱动的共享城市规划策略[J]. 规划师，2018(5）: 12-17.

[8] 吴文藻. 文化表格说明[M]. 北京：燕京大学社会学系，1938.

[9] 郑杭生. 社会学概论新编[M]. 北京：中国人民大学出版社，1987：259.

[10] 高占祥. 论社区文化[M]. 北京：文化艺术出版社，1994.

[11] 巫志南. 社区公共文化服务[M]. 北京：北京师范大学出版社，2012.

[12] 李少惠，王峥嵘. 论城市社区文化发展中的公共行政——基于新公共服务视角的探析[J]. 经济体制改革，2006 (05):41-43.

[13] 李子田. 城市社区文化建设存在的问题及对策研究[D]. 湖南：湘潭大学，2016.

[14] 赵玉婷，宁碧波，田伟利，宁利中，杨佳梦，邢雪刚. 嘉兴市社区文化生活现状及社区人居环境满意度评价[J]. 浙江建筑，2016,33(01):1-3.

[15] 王小丽. 重庆市奔月路社区文化建设现状调查研究[D]. 重庆：西南大学，2009.

[16] 刘洋. 当代我国城市社区文化发展的模式建构[D]. 武汉：华中师范大学，2008.

[17] 孙悦昕. 集中式青年公寓的社区文化分析——以北京市YOU+国际青年社区为例.

交互·多元·共享
——大栅栏公共空间交叉使用研究

摘　要　历史街区公共空间是老城居民日常社会生活行为的重要空间，在空间上表现为人群集中活动的区域，同时也是为使用者提供日常社会生活交流与文化融合的平台。本研究以大栅栏为研究对象，首先对公共空间交叉使用情况进行分时段观察，其次通过分析使用者需求和评价使用空间，最后分析典型改造空间满意度及使用者受干扰程度，研究交叉使用带来的影响。研究发现，尽管大栅栏地区存在商业和居住分区，但由于点状有机更新，大栅栏公共空间仍存在显著的交叉使用现象，并以共享和错峰两种方式呈现。交叉使用促进了社会文化交融，但也给居民带来干扰。历史街区公共空间交叉使用研究有助于理解当地居民与外来游客对空间的具体需求和使用情况，进而指导以人为本的历史街区规划设计，为未来空间改造提供参考。

1　大栅栏公共空间使用状况

1.1　调研背景：大栅栏公共空间紧凑

大栅栏作为城市问题突出敏感的老城区和老城有机更新的典型案例，面临旅游发展、旧城改造、现代生活方式等多方面的挑战。作为历史街区，大栅栏居住区公共空间有限。随着文创产业的引入和旅游业的发展，本就有限的公共空间被游客和居民共享，出现了交叉使用现象。交叉使用是指不同群体不定时间在同一空间内进行不同活动的使用行为。历史街区公共空间的交叉使用对使用者（居民和游客）产生双向影响。大栅栏商居混合的特点赋予许多公共空间不确定的使用性质。随着城市的发展，对公共空间的多元化需求也导致了交叉使用的产生。如图1、图2所示。

图1　大栅栏区位图

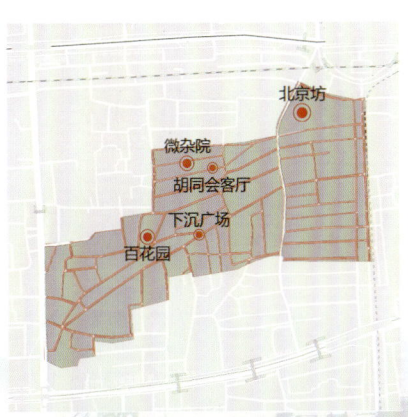

图2　大栅栏公共空间分布

1.2 基本假设

假设一：公共空间在时空特征上存在交叉使用（现状描述）。

假设二：使用者需求和空间特性共同作用造成公共空间交叉使用（原因解释）。

假设三：公共空间的交叉使用产生影响（影响评估）。

1.3 研究框架及意义

本研究假设一以大栅栏公共空间使用者的分布与活动模式之间的紧密关系为切入点，选取大栅栏历史街区中典型的各类公共空间，通过实地观察访谈，系统描述使用者对空间的交叉使用情况。根据行为动机理论，人因为有所需求才会形成行为动机，从而引起行为的发生。人在公共空间中的需求并不单一，交叉使用往往是多种需求共同产生作用。因此，假设二使用调查问卷，从使用者需求入手，分析交叉使用产生和分布的原因。根据环境心理学，游客与居民对公共空间的交叉使用促进了两者相互融合，但两者对于公共空间、半公共空间和私密空间的认知不同，居民对于居住区域公共空间有"领域认知"，使交叉使用时产生干扰，带来负面影响。本调研关注老城公共空间的交叉使用，意在探索未来城市设计方向，探究老城公共空间如何进行合理、人性化的改造，有助于改善历史街区环境质量，促进历史街区文化的传承与活力的提升（图3）。

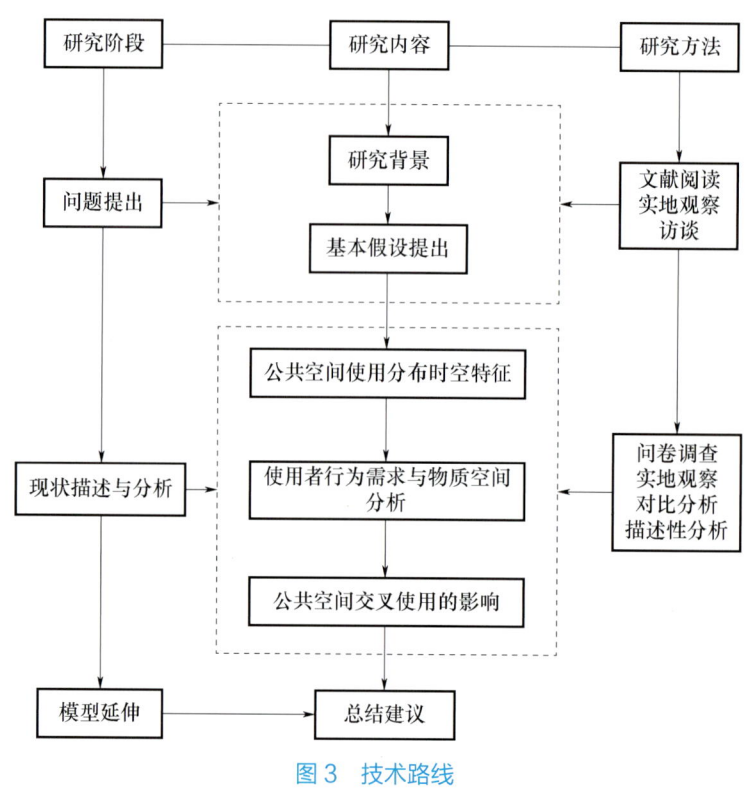

图3 技术路线

2 公共空间交叉使用的时空特征

大栅栏特殊的街区性质与紧凑的空间使得人们在公共空间的使用上存在一定的交叉。由于大栅栏既是一个旅游景点也是一个传统居住区,因此,将游客和居民定为主要的调查对象。首先通过对历史街区原住民及游客的访谈与问卷调查,总结两类人群对于公共空间的使用特征及时空分布,试图论证"交叉使用"并进行描述;然后通过问卷发放,发现居民和游客对空间的使用在时间上有所交叉,且其时间分布特征明显,进一步通过卡方验证,验证活动时段与人群种类间关系是否真实显著。检验结果显示活动时间段与人群种类之间存在显著关系,接下来具体分析居民与游客在不同时空的活动特征。在调研范围内均匀选择具有代表性的三种类型的地点,分别是街道、广场或绿地以及公共建筑或开放空间,并共计选择了15个调查点(表1)。再将一天分为五个时段,选择每个时段中的随机20分钟进行人群计数,采用询问、人眼识别等方式进行,计数时间为行人较多且有研究价值的双休日(图4)。

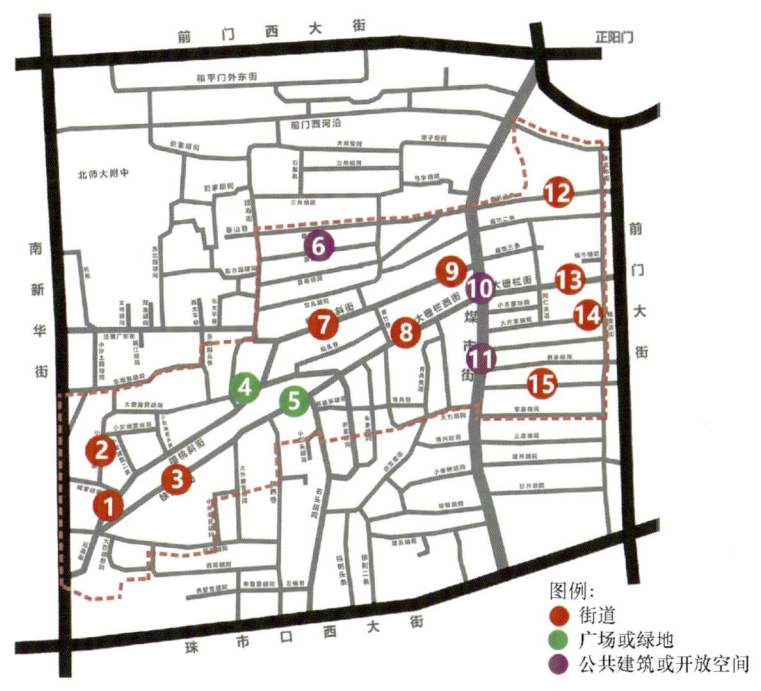

图4 观测点分布

表1 观测场地分类

分类类型	名称
街道	1.樱桃斜街开放空间,2.小安澜胡同三条,3.铁树斜街开放空间,7.杨梅竹斜街开放空间,8.大栅栏西街,9.杨梅竹斜街与大栅栏西街交叉口处,12.北京坊南侧街道——廊坊头条,13.大栅栏街,14.粮食店街与大齐家胡同交叉口,15.施家胡同
广场或绿地	4.百花园,5.公共开放广场
公共建筑或开放空间	6.微杂院,10.大栅栏西街与煤市街交叉口处公共建筑前场地,11.煤市街西侧饭店门口场地

通过图5对不同人群在不同时间段调研笔者发现,在不同类型的公共空间内,人群分布和活动特征会因为空间性质和时间推移而发生一定的变化,且这种变化在杨梅竹斜街或铁树斜街等商住混合地段更为明显,而在典型居住区和典型商业地段无太大波动。居民与游客在公共空间的活动特征也具有各自的特点:居民在各个时间段的活动更偏向于生活日常,而游客的活动更多的是观光游览以及寻路探径。

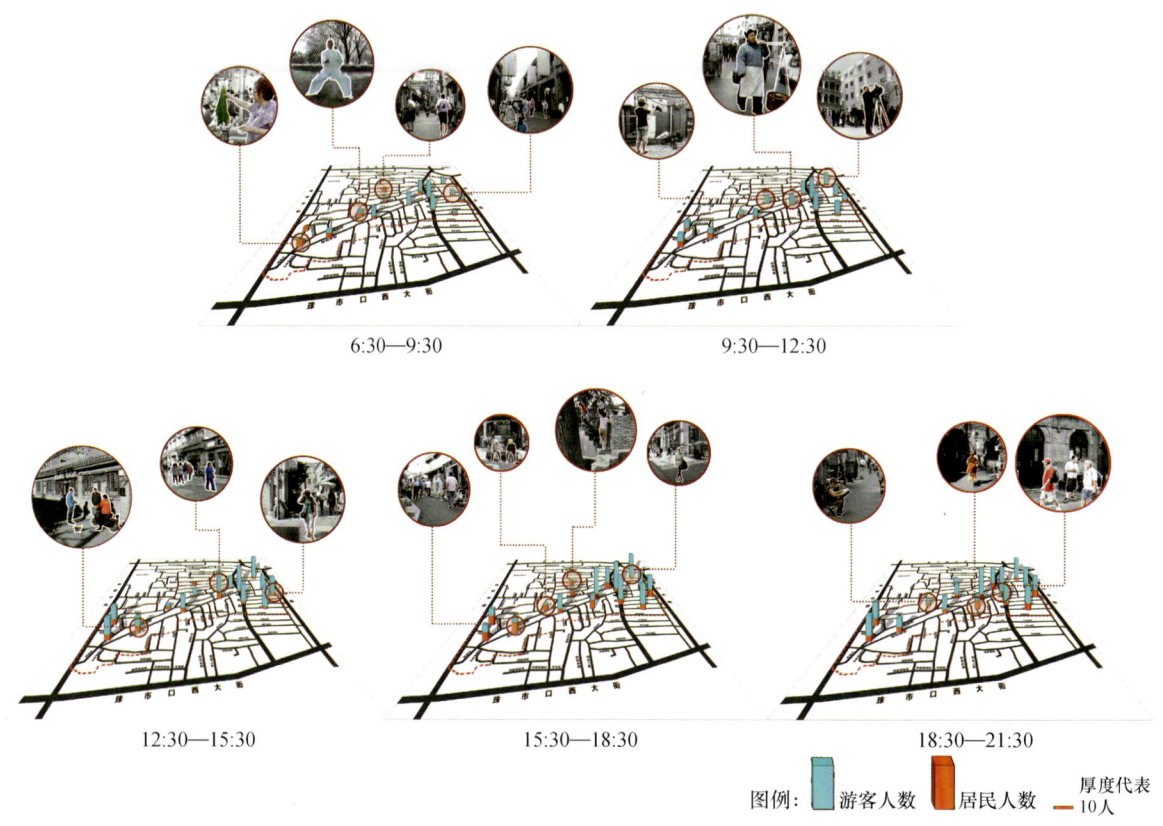

图5 不同人群空间分布图

为了深入调查居民与游客的具体活动特征,笔者分别选择了一位居民和一位游客进行一天的跟踪调研。根据跟踪调研结果(图6~图8)笔者发现,居民与游客一天的活动路线有各自的特征:居民偏向于在僻静胡同内穿行,而游客更喜爱在商业地段观光。然而他们的活动也存在一定的重叠,例如游客也会踏足居民众多的小巷,而居民也会穿梭在游人如织的景点区。

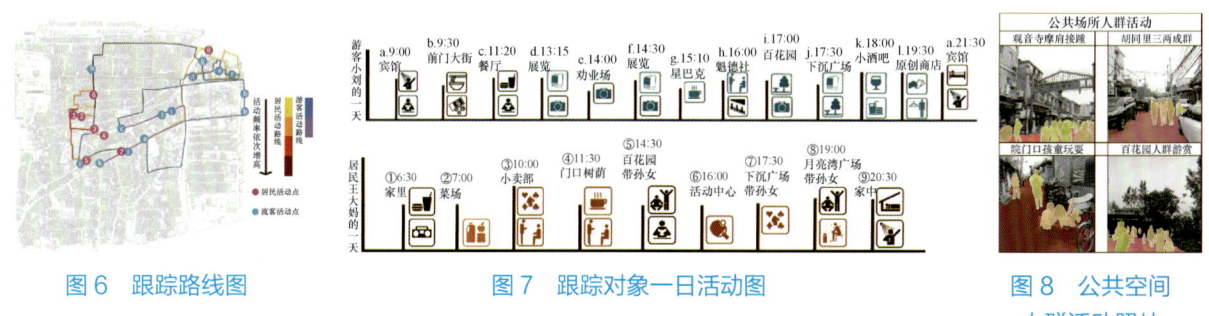

图6 跟踪路线图　　　　图7 跟踪对象一日活动图　　　　图8 公共空间人群活动照片

大栅栏的公共空间存在很明显的交叉使用现象,并且这种交叉使用会因时间和空间的变化而不同。例如,在杨梅竹斜街等商业繁华的地方,游客与居民会因为采购或其他需求而经常在同一时段共享公共空间;与此不同的是,在茶儿胡同等居住区较多的街巷内,游客与居民对于公共空间的使用存在错峰现象:清晨或晚上有较多居民穿行而其他时段则有较多游客流连其中。我们推测,这两类人群由于不同的需求或本身的兴趣而呈现出对公共空间不同的使用倾向。

3 公共空间交叉使用原因剖析

3.1 使用者需求分析

此假设认为交叉使用是由使用者需求和公共空间本身的特性共同作用产生。针对使用者需求方面，设计调研问卷进行具体需求收集。问卷共回收202份，其中200份有效（100份来自当地居民，100份来自外来游客，游客问卷中28份来自外国游客）。由图9、图10、表2、表3可知，居民需求分布较为集中，日常以遛弯儿、看孩子、聊天、休息为主，这四项活动主要分布在生活服务类街道广场和绿地。游客需求分布较为分散，以参观、拍照、餐饮、与当地人交流为主，四项活动主要分布在生活服务类街道、商业服务类街道和广场。可以看出，由于使用者需求的差异，导致两者在生活服务类街道和广场存在交叉使用情况。

表2 居民、游客活动空间倾向（单位：人）

项目	打牌	下棋	聊天	看孩子	遛弯儿	休息	玩耍
居民	4	3	19	29	42	16	16
项目	参观	拍照	购物	餐饮	与当地人交流		其他
游客	30	24	12	22	10		4

表3 居民、游客活动类型倾向（单位：人）

项目	街道			广场	绿地	建筑院落
	总	生活服务类	商业服务类			
居民	58	56	2	23	6	13
游客	57	32	25	25	14	19

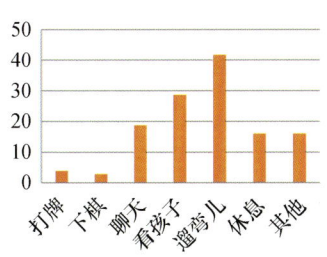

图9 居民日常活动需求（单位：人）

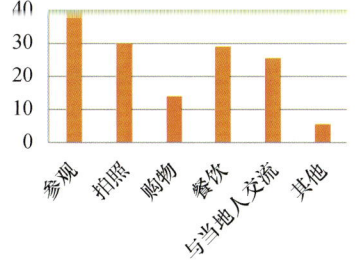

图10 游客日常活动需求（单位：人）

3.2 公共空间特性

除了使用者对空间的需求外，公共空间本身的特性也被假设为公共空间交叉使用产生的原因之一。为验证此假设，首先我们对87位公共空间使用者实地访谈（图11和图12），其中居民29人，游客58人。由访谈词频统计结果可知，对于公共空间的使用，居民最关注的是是否有阴凉、环境质量（绿化、场地大小等）、是否安全、安静和设施条件（多数反应为是否有座椅、桌子等）。而游客则更加关注古城风貌、氛围、名胜古迹和网红店铺。

1）当地居民
①喜欢去哪儿？多久去一次？
②为什么喜欢去？描述一下特点？
③日常干些什么？(遛弯儿、下棋、聊天、看孩子…?)

2）外来游客
①为什么选择来这里旅游？+为什么来这里呢？
②来这里是为了看哪些地方呢？/去了哪些地方呢？

居民访谈语录：
1.有的人就不自觉的老往别人家里看，你说有什么可看的，前几天还有因为这事儿打架的。这边儿人多人杂，好多家都怕丢东西。——杨梅竹斜街老大爷
2.我们就住在这儿，本来就是人多的地儿，人来人往的不觉得有什么干扰。平时就去百花园看看，环境好，清净。——观音斜街阿姨
3.我一般不在家附近逛，都和朋友约在外面的商场，吃饭逛街比较方便，也有意思些。——大栅栏西街年轻居民

游客访谈语录：
1.在网上看到这边有个挺有名的书店，周末有时间就来逛逛。——北京坊游客
2.来北京来这边看看，有名，看看皇城脚下的感觉。——大栅栏步行街外地游客
3.想看看老北京人的生活，也看看胡同什么感觉。——北京本地游客
4.听朋友说这边还挺好的，周末来逛逛。——北京本地游客
5.想看这边人的生活和居住环境，近距离感受一下古城。——铁树斜街外国游客

图 11　居民访谈节选　　　　　　　　　图 12　游客访谈节选

将上述访谈词频进行适当总结后，针对居民得出三项物质空间评价指标，即树荫绿化、受干扰程度和街道宽度，针对游客得出三项物质空间评价指标，即街巷风貌、公共建筑和特色创意店铺（图13、图14、图15）。分别将各自的三项评价指标叠合，得到图16、图17的综合评价图。由图16、图17可以看出，满足居民和游客喜好的空间有所交叉。

综合 3.1 和 3.2 所述，公共空间的交叉使用是使用者需求和空间特性所共同造成的。

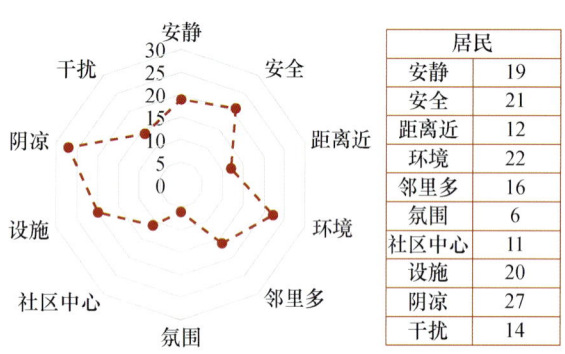

居民	
安静	19
安全	21
距离近	12
环境	22
邻里多	16
氛围	6
社区中心	11
设施	20
阴凉	27
干扰	14

图 13　居民访谈词频统计

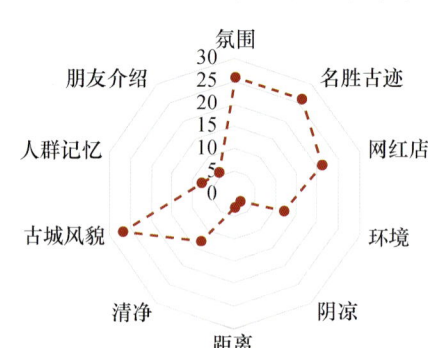

游客	
氛围	26
名胜古迹	26
网红店	21
环境	12
阴凉	2
距离	3
清净	13
古城风貌	27
人群记忆	8
朋友介绍	6

图 14　游客访谈词频统计

图 15　物质空间评价统计

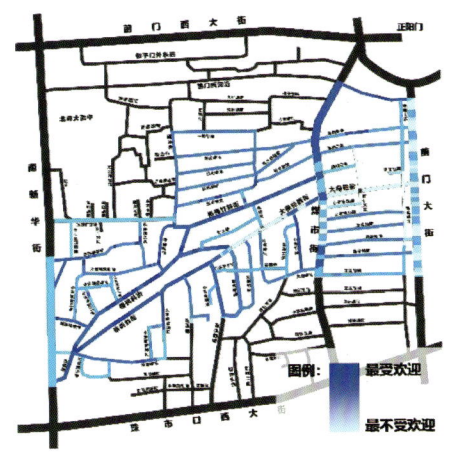
图 16　居民对应物质空间综合评价

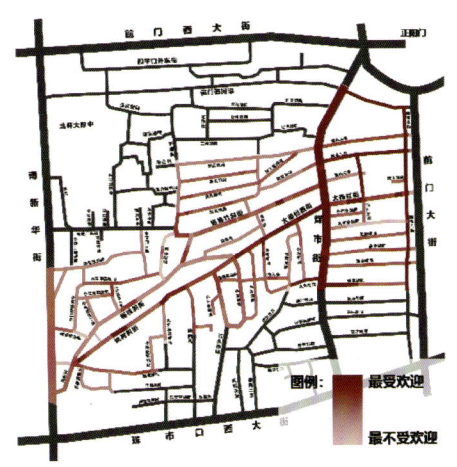
图 17　游客对应物质空间综合评价

4　公共空间的交叉使用产生影响

北京旧城区丰厚的历史内涵和鲜明的生活气息吸引了许多游客，他们与居民交织在街巷中的场景也是旧城区一大特色，并对历史街区注入了新鲜的活力。

根据访谈，游客与居民针对这种现象有不同看法。游客关注点倾向于地段本身价值的提升，居民更关注自身生活受到的影响。

对于两者交叉使用大栅栏公共空间这一现象，值得肯定的是，游客的到来对大栅栏地区经济和文化的发展均有正向推动作用，这也形成该地区独特的地域人文风貌，具有独一无二的特性；然而，由于旧城区公共空间有限，游客的增加在产生积极影响的同时，也会带来一定的问题。根据访谈发现，较为突出的矛盾是由于游客的来访，对居民生活造成干扰。

针对这一问题设计访谈问题，并利用词频统计的方式，统计出居民所提出的四项干扰因素，分别是：噪声、拍照、窥探行为及空间占用（表4）。

进而设计问卷进行调研，根据对居民的问卷得到的关于对游客欢迎程度的数据，做模糊综合分析——居民对游客欢迎程度分析。

对于游客产生的噪声影响，大多数居民持理解和无感的态度；对于游客四处拍照的行为，同样地，大多数居民持理解和无感的态度；对于游客经过对居民住宅窥探的行为，相当多居民的态度为难以忍受，对于游客到来产生的空间占用，居民们持理解或无感的态度，很少有难以忍受的情况。

噪声、拍照、窥探、空间占用都会对居民产生干扰，但四处拍照干扰相对影响最大（表5）。

表 4　公共空间交叉使用者访谈

调研中，分别对游客和居民进行访谈，其对公共空间交叉使用的基本态度如下记录：	
游客1："挺喜欢这的文化的，有老北京的感觉……没觉得对居民有什么影响吧，这儿游人一直都多。" 游客2："游人多了，地段价值也会跟着提高吧，影响应该还是积极的。" 游客3："来这儿的什么人都有，挺好的，比以前更有活力了……或许居民会觉得人多了吵吧，可这也没办法。"	居民1："来这儿的人一直都多，能怎么办，（我们）都习惯了。" 居民2："游人多了挺好的，我也没意见，但你往人家家里头看干什么呢？反正我特别反感这个。" 居民3："我觉得他们来这儿拍拍好的东西挺好的，也给我们宣传宣传，但是破的东西就不乐意让他们拍了，尤其是家门口。" 居民4："其实我们也能理解，但有人扒着门口看，就不能忍了。"

表5　居民在公共空间受干扰程度模糊综合评价

根据调查问卷中与欢迎程度有关的四个问题：
1. 因素集建立：$X=[$ 噪声 $X1$, 四处拍照 $X2$, 窥探行为 $X3$, 空间占用 $X4]$
2. 评语集建立：$Y=[$ 理解并欢迎　无特别感受　不欢迎但可以忍受　难以忍受 $]$
3. 合并各评价向量得到关系集合，分别得到：
$$R = \begin{matrix} 0.31, & 0.35, & 0.27, & 0.07 \\ 0.35, & 0.38, & 0.15, & 0.11 \\ 0.18, & 0.24, & 0.20, & 0.38 \\ 0.34, & 0.34, & 0.25, & 0.07 \end{matrix}$$
4. 根据前期调研问卷中，居民对游客在公共空间的不同的行为欢迎程度不一样。所以有必要对综合评判因素子集的四个要素赋予权数。根据调研数据计算各因素所占比例，得到权重向量：$X=[0.21\ \ 0.26\ \ 0.31\ \ 0.22]$
5. 借助模糊变换可以得到居民对游客行为的欢迎模糊综合评价：采用乘法——取大算子：$Y=X\cdot R=[0.09\ \ 0.10\ \ 0.08\ \ 0.09]$
6. 将上面的综合评价向量进行归一化，可得最后的结果：$[0.25\ \ 0.28\ \ 0.22\ \ 0.25]$

5　大栅栏典型改造空间深入分析

通过上述研究发现，由于为本地居民所提供的公共空间有限，且在公共空间中居民较易被游客所干扰，因此，如何建设居民满意的公共空间十分重要。进一步探究居民心中的理想公共空间应具备的要素。分别针对三处公共空间进行居民满意度调查，并分析其物质空间内的树荫覆盖程度和座椅数量（图18、图19）。

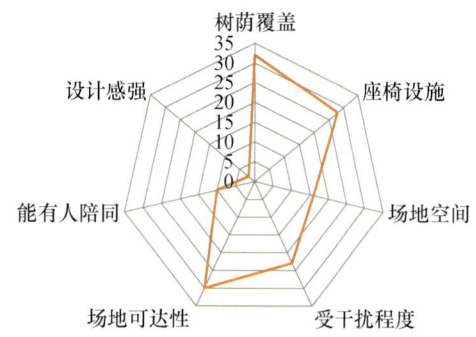

本次通过对访谈38位当地居民进行访谈，进行语意提取，得出词频最高的五项因素，分别为：树荫覆盖、座椅设施、场地空间、受干扰程度及场地可达性。

并选择三处改造后的公共活动空间：百花园、观音寺前下沉广场以及微杂院。

图18　关键词出现次数

图19　选择地点示意图

5.1 微杂院分析

首先是针对微杂院进行分析，其作为改造后的儿童文化中心，主体功能是为大栅栏片区内儿童提供教学娱乐的活动，特殊节日（如有承接了活动或展览）会主动欢迎游客入内参观，其活动时间主要在 15:30 以后。

针对 24 人进行详细调查，如图 20 和表 6 所示。其中包括 15 位女性，9 位男性。人群的主要活动为嬉戏玩耍。满意度调查中发现，对其座椅设施和可达性感到满意的人数较多，但是部分人认为该地容易受到游客干扰。整体来看，受访者均对该地感到满意；又由图 21 可以看出，微杂院主要是使用室内空间，院落中心树木的树荫基本可以遮蔽整个院落；院落中安置有约 1/4 院落周长的座椅长度。

表 6 微杂院人群满意度调查表（单位：人）

时间段	树荫覆盖状况	座椅设施设计	场地空间尺度	受干扰程度	场地可达性	整体满意程度
很满意	0	0	0	6	0	6
比较满意	18	24	18	12	24	18
比较不满意	6	0	6	0	0	0
很不满意	0	0	0	6	0	0

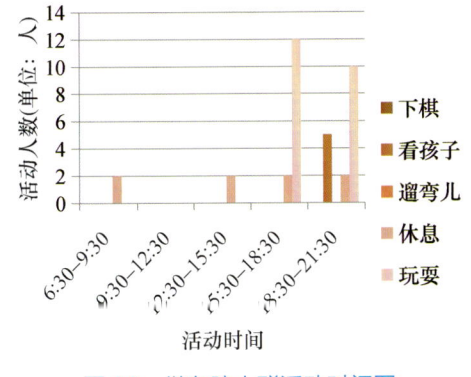

图 20 微杂院人群活动时间图

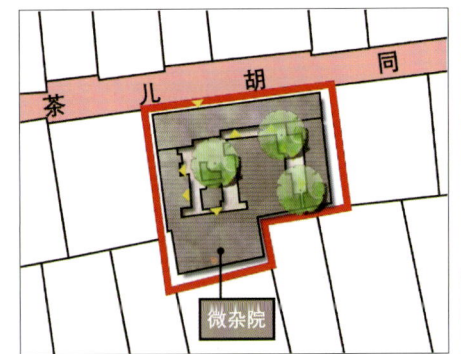

图 21 微杂院平面分析图

5.2 百花园分析

第二个地点是百花园。其原本是大栅栏地区的一处菜市场，现功能为社区公共绿地，基本位于整个区域的中间位置。

针对 46 人进行详细调查，如图 22 和表 7 所示。其中包括 26 位女性，20 位男性。人群的主要活动为看孩子和玩耍。满意度调查中发现，对其座椅设施和可达性感到满意的人数较多，但是极少数人认为该地容易受到游客干扰。整体来看，大部分受访者对该地感到满意；又由图 23 可以看出，百花园绿荫覆盖程度较好，边缘区域基本被树荫遮蔽；座椅设施充足。

表7 百花园人群满意度调查表（单位：人）

时间段	树荫覆盖状况	座椅设施设计	场地空间尺度	受干扰程度	场地可达性	整体满意程度
很满意	14	22	10	14	24	15
比较满意	28	20	16	26	18	27
比较不满意	4	4	20	4	4	4
很不满意	0	0	0	2	0	0

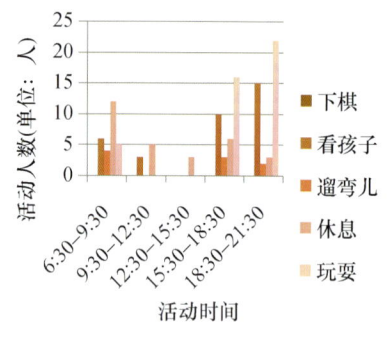

图22 百花园人群活动时间图

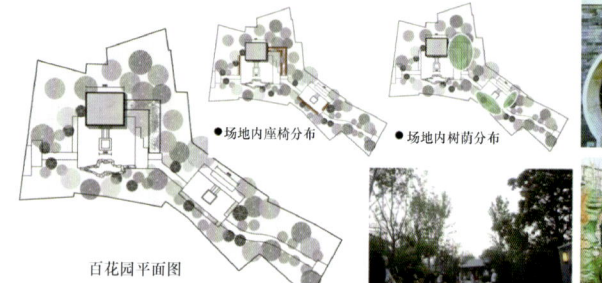

图23 百花园平面分析图

5.3 下沉广场分析

第三个地点是观音寺前的下沉广场。其为一处改造的公共广场，基本位于整个区域的中间位置。

针对27人进行详细调查，如图24和表8所示。其中包括9位女性，18位男性。人群的主要活动为下棋。满意度调查中发现，对其座椅设施和可达性感到满意的人数较多，但是一定数量的人认为该地容易受到游客干扰。整体来看，大部分受访者对该地感到满意；又由图25可以看出，下沉广场的绿荫覆盖率不足，一天中只在场地被阴影遮蔽时，才会有较多人进行活动；场地座椅设施充足。

表8 下沉广场人群满意度调查表（单位：人）

时间段	树荫覆盖状况	座椅设施设计	场地空间尺度	受干扰程度	场地可达性	整体满意程度
很满意	8	9	9	10	15	9
比较满意	13	15	12	4	12	15
比较不满意	3	3	6	4	0	3
很不满意	3	0	0	9	0	0

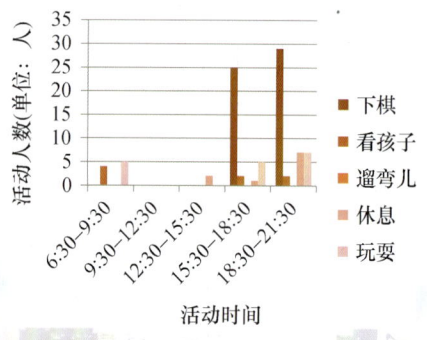

图24 下沉广场人群活动时间图

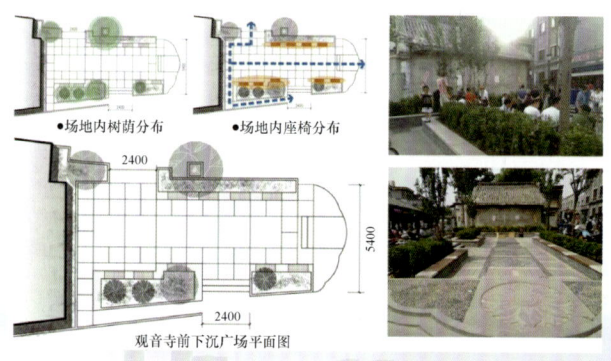

图25 下沉广场平面分析图

进一步进行居民对节点空间满意度与影响因素相关性分析（表9）。

表9 居民对节点空间满意度与影响因素相关性分析

场地名称			整体满意度	树荫覆盖	座椅设施	空间大小	游客干扰	场地可达性
百花园	Spearman 的 rho（斯皮尔曼等级相关系数）	相关系数	1	.745**	0.153	.373*	0.156	.374*
		Sig.（双侧）	.	0	0.312	0.011	0.301	0.01
		N	46	46	46	46	46	46
观音寺前下沉广场	Spearman 的 rho（斯皮尔曼等级相关系数）	相关系数	1	.397*	.479*	.647**	.862**	.387*
		Sig.（双侧）	.	0.041	0.011	0	0	0.046
		N	27	27	27	27	27	27
微杂院	Spearman 的 rho（斯皮尔曼等级相关系数）	相关系数	1	0.333	−0.077	0.248	−.817**	0.106
		Sig.（双侧）	.	0.111	0.564	0.059	0	0.425
		N	27	27	27	27	27	27

分析树荫覆盖、座椅设施、空间大小、游客干扰和场地可达性5项影响因子与空间使用的整体满意度的相关性。其中，百花园的整体满意度和树荫覆盖、空间大小和场地可达性呈显著相关；观音寺前下沉广场整体满意度和空间大小、游客干扰显著相关；微杂院的整体满意度和游客干扰呈负相关关系，即游客越多，满意度越低。

由此看出，对于居民来说，室外公共空间的树荫覆盖、空间大小以及不容易被游客打扰这三个因素更为重要，应当在之后的公共空间设计中加以重视。

6 总结

大栅栏有限而紧凑的公共空间内存在显著的交叉使用现象，具有共享和错峰两种方式，游客和居民可能在同一时段或不同时段在公共空间内活动。大栅栏内不同人群的需求差异和大栅栏本身物质空间的特性导致了交叉使用的产生，形成了居民与游客相交融的地域特色。近年来大栅栏内改造的公共空间也为居民或游客提供了更舒适的活动环境，并一定程度上提升了不同人群对公共空间交叉使用的频率。由于大栅栏采用节点状有机更新，游客被引导到充满老城文化体验的居民生活区域。随着改造的推进和游客的到来，居民对居住区域公共空间的领域感也在逐渐降低，开始呈现一种较为包容、接纳的姿态，这种居民与游客多元的交流方式以及共享公共空间的现状逐渐成为大栅栏独有的空间使用特色，并使紧凑的街区空间得到了更高效的使用。

参考文献

[1] 单霁翔. 城市化发展与文化遗产保护[M]. 天津：天津大学出版社，2006.

[2] 胡正凡. 环境心理学[M]. 北京：中国建筑工业出版社，2012.

[3] 王晖. 谈我国历史文化旅游名城原住居民的保护[J]. 商场现代化，2010(15):70−71.

[4] 梅青，孙淑荣，刘义铭. 历史街区旅游利益主体的矛盾冲突研究[J]. 济南大学学报（社会科学版），2009,19(06):60−64.

[5] 胡红梅. 基于游客体验的历史文化街区旅游开发[J]. 经济研究导刊，2010(35):97−99.

旅游影响下北京郊区传统村落空间集体记忆研究
——以爨底下村、古北口村、灵水村、琉璃渠村为例

摘　要　随着旅游的发展，传统村落"千村一面"的问题日益严重，以游客需求为主导的建设使得村民和游客有关空间利用的冲突加剧。本文基于集体记忆理论和城市意象理论，对比分析北京市琉璃渠村、灵水村、古北口村、爨底下村四个传统村落中村民和游客的空间集体记忆，探讨旅游影响下传统村落村民与游客的矛盾空间，认为旅游经营的相关因素，如经营年限、经营模式、旅游核心区面积等，是村民与游客矛盾空间产生变化的主要原因，并试提出协调发展的建议。

关键词　旅游；传统村落；集体记忆；村民；游客

传统村落是人们在一定地区长期适应环境的结晶，具有显著而丰富的特色。随着城市化进程不断推进，许多大城市例如北京，其周边的传统村落逐渐被边缘化，出现了空心化、景观衰败等问题，很多传统村落开始通过发展旅游获得"重生"，但随着传统村落旅游的发展，村民与游客之间的矛盾也逐渐显露，尤其体现在空间利用的冲突上，这与旅游发展中村民与游客对传统村落空间认知与使用需求不同密切相关。本文尝试从村民和游客的视角出发，通过对两类人群的传统村落空间集体记忆进行对比分析，探究其差异及其产生的原因，据此找出旅游影响下村民与游客容易产生矛盾的空间，并尝试为传统村落的可持续协调发展提出建议。

1　理论基础与现状研究进展

"集体记忆"这一概念由莫里斯·哈布瓦赫首次提出，他认为这是"一个特定社会群体之成员共享往事的过程和结果"，并且记忆具有强烈的社会性和空间性[1]。西方学者普遍认为集体记忆是外部力量和记忆主体共同构建的结果[2]。凯文·林奇的城市意象研究方法正是从记忆主体的角度对城市空间要素承载的集体记忆进行研究的[2-3]。我国关于集体记忆的研究也在逐渐增多。其中，对于城市的研究多于对乡村的研究[4-6]。在多年的探索下，我国学者逐渐将城市意象研究方法运用到传统村落的研究中，用以反映村民集体记忆中的传统村落环境空间[3, 7-8]。研究表明，普通村民关于村庄的记忆除了那些反复被人

提及的人和事之外，更多的是与自己生活密切相关的人和事[9]。集体记忆空间研究的核心问题是解读集体记忆与空间的互动关系，探讨空间集体记忆在社会力量下的表达和构建，这方面的研究亟待加强[10-15]。

目前，我国学者的相关研究仅关注了某个村落村民的空间集体记忆在不同历史阶段的演变，缺乏对不同村落间的横向对比以及旅游经营年限、区位等要素对其影响的探讨。且既往研究多从研究者的角度出发，缺少以村民或游客的视角对传统村落空间集体记忆的探讨。因此，本文尝试对北京四个传统村落展开对比分析，研究其村民及游客的空间集体记忆，并对其形成差异的因素与产生的冲突进行研究，为我国传统村落的合理保护与开发提供理论基础。

2 研究方法设计

2.1 传统村落的选择

对影响传统村落村民和游客集体记忆差异的影响因素进行预判，将村落的区位（从市中心驱车前往的最小车程）、规模以及旅游经营相关因素等作为影响村民及游客空间集体记忆的主要因素。在假设以旅游经营年限作为主导因素的前提下，在2018年北京市公布的44个市级传统村落中选择了旅游经营年限分别0年、5年、15年、20年的四个传统村落，即为琉璃渠村、灵水村、古北口村及爨底下村（图1、表1）。

四个村落均定址在依山傍水、自然资源丰富的地区，拥有共同的城关文化、长城文化、庙宇文化、北方合院文化等。同时，四个村落在开展旅游业前均以农耕、商业收入为主要生活来源，自给自足。因此，四个村落在进行旅游经营前的情况基本相同，有利于分析旅游影响下的村落村民及游客的空间集体记忆。

图 1 北京市级传统村落区位图

表 1 村落特征表（来源：村镇政府网站及村委会口述）

村落名称	区位－由市中心驱车最少车程（千米）	村落规模				旅游经营				历史文化背景	旅游经营方式
		村落面积		人口规模		旅游经营年限（年）	旅游核心区面积（公顷）	年接待人次（万人）	旅游年收入（万元）		
		村域面积（公顷）	耕地面积（公顷）	户籍人口（人）	外来人口（人）						
爨底下村	98	533	16.2	128	25	20	3	50	1000	军屯文化农商文化	政府、企业、村集体共同主导，村民参与

续表

村落名称	区位-由市中心驱车最少车程(千米)	村落规模				旅游经营				历史文化背景	旅游经营方式
		村落面积		人口规模		旅游经营年限(年)	旅游核心区面积(公顷)	年接待人次(万人)	旅游年收入(万元)		
		村域面积(公顷)	耕地面积(公顷)	户籍人口(人)	外来人口(人)						
古北口村	145	98	71	1060	20	15	12	20	1955	边塞文化	政府、村集体主导，村民参与
灵水村	83	640	19	659	0	5	2.4	20（近年有所下降）	80	诗书文化	政府、企业共同主导，村民自营农家乐
琉璃渠村	31	350	290	2100	900	0	—	—	—	官商文化	—

2.2 传统村落概况

琉璃渠村位于永定河出山口西岸，背靠九龙山，面临永定河，至今已有七百余年历史。该村是通往北京西部深山、张家口及内蒙古的交通要道，也是妙峰山香道的必经之路，这造就了琉璃渠村商业与文化的繁荣[16-20]（图2）。灵水村是京西古道的一个重要节点，自古就形成了农、商结合的生产经营模式[21-23]。村落被群山环绕，平面形态呈"龟"形，三条主街顺地势起伏[22]。村中寺庙众多[24]，明清以来，村中举人辈出，也被称为"举人村"[25]（图3）。爨底下村位于历史军事要道上，在小农经济基础上发展驿站商业，成为一处农商结合的村落[26]。村落的主要建筑坐落在峡谷北侧缓坡上，坐北朝南，因地理位置的封闭，村落的山地四合院等历史遗迹保存完好[27]（图4）。古北口村位于北京最东北部，紧邻河北承德，北依长城，西濒潮河。村子历史上是沟通关内外的通道，南北物资的集散中心，素有"燕京门户""京师锁钥"之称[28-29]（图5）。

图2　琉璃渠村鸟瞰

图3　灵水村鸟瞰

图4　爨底下村鸟瞰

图5　古北口村鸟瞰

2.3 基于认知地图的田野调查方法设计

研究拟主要通过认知地图的方式获得村民与游客的空间集体记忆,并将村民及游客的空间集体记忆要素分为主要空间要素和次要空间要素,由于村民和游客对空间要素的认知强度在一定程度与其使用的频繁程度、重视程度成正比,所以村民和游客印象都深刻的要素是可能的主要矛盾空间,村民印象深刻游客印象不深刻的要素和村民印象不深刻游客印象深刻的要素是可能的次要矛盾空间,对得出的矛盾空间进行探讨,最终确定旅游影响下村民和游客可能的矛盾空间(图6)。

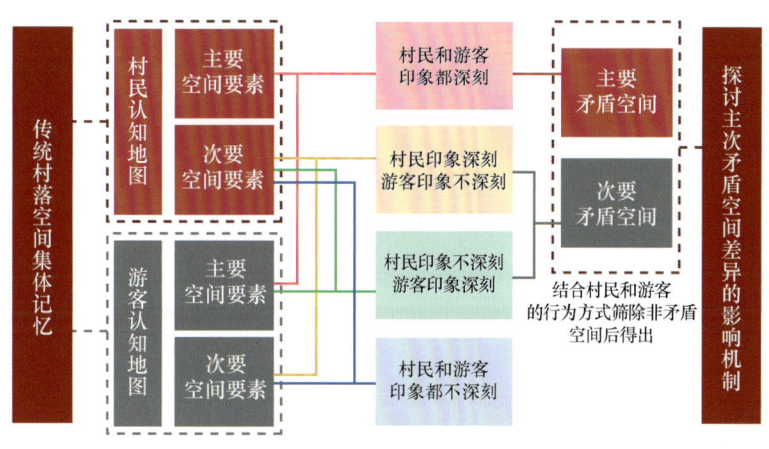

图 6 调查方法设计

2.3.1 空间集体记忆采集

研究通过认知地图获得村民和游客的空间集体记忆,并借鉴凯文·林奇的城市意象理论中提出的区域、道路、边界、节点、标志物[3]对传统村落村民空间集体记忆中的要素进行描述。根据各村落的人口规模,约按村落总人口的2%收集村民集体记忆样本。其中因爨底下村人口规模过小,为保证数据客观性增加了样本数量。排除无效认知地图后,调研所获得的最终样本数量基本符合预期(表2)。

表 2 研究样本数量

聚落名称	古北口村		灵水村		琉璃渠村		爨底下村	
总人口数(人)	1060		912		3000		153	
绘图人群	村民	游客	村民	游客	村民	游客	村民	游客
认知地图样本量(份)	26	17	36	20	50	38	20	14

2.3.2 认知地图处理方法

本次数据处理分为两部分:一部分是空间集体记忆要素频数频率统计分析处理;另一部分是认知地图数据处理。

空间集体记忆要素频数频率统计分析的处理,首先要将游客及村民的空间认知要素按照"区域、道路、边界、节点、标志物"[3]分为五大类,其次根据样本内容继续细分为27个中类(表3)。村民及游客的空间要素频数频率的统计是在空间认知要素的大类及中类分类方式下分别进行的,分别得出了

5 大类、27 中类村民及游客的空间要素频数与频率（频率 = 频数 / 认知地图样本数 ×100%）。将各村落村民与游客的空间要素频率表绘制散点图，计算各表的中项中心，为了便于四村落的横向对比，统一选取（20%，20%）为中项中心，将村民和游客认知频率 ≥ 20% 的空间要素视为主要空间要素，< 20% 的视为次要空间要素。依据各个村落村民和游客空间集体记忆的主要要素和次要要素的统计结果，将对应的空间要素绘制到卫星图上，得到抽象的各村落村民及游客的意象地图（图 7）。

表 3 空间要素分类表

空间	其他聚落或城镇	节点	宗教场所
	景区		体现村庄历史的建筑或空间
	山		新建旅游景点
	部分聚落		旅游服务设施、建筑或空间
	整个聚落		公共服务建筑或设施
	田		生产场所
边界	山脊	标志物	旅游标识牌等设施
	铁路		村口牌楼
	聚落边界		古树等植物
	河流或水渠		石碑、影壁、门等文物
道路	通向景点路		古井、石碾等生活设施
	小巷子		桥
	内部交通性道路		路口或涵洞
	对外交通		

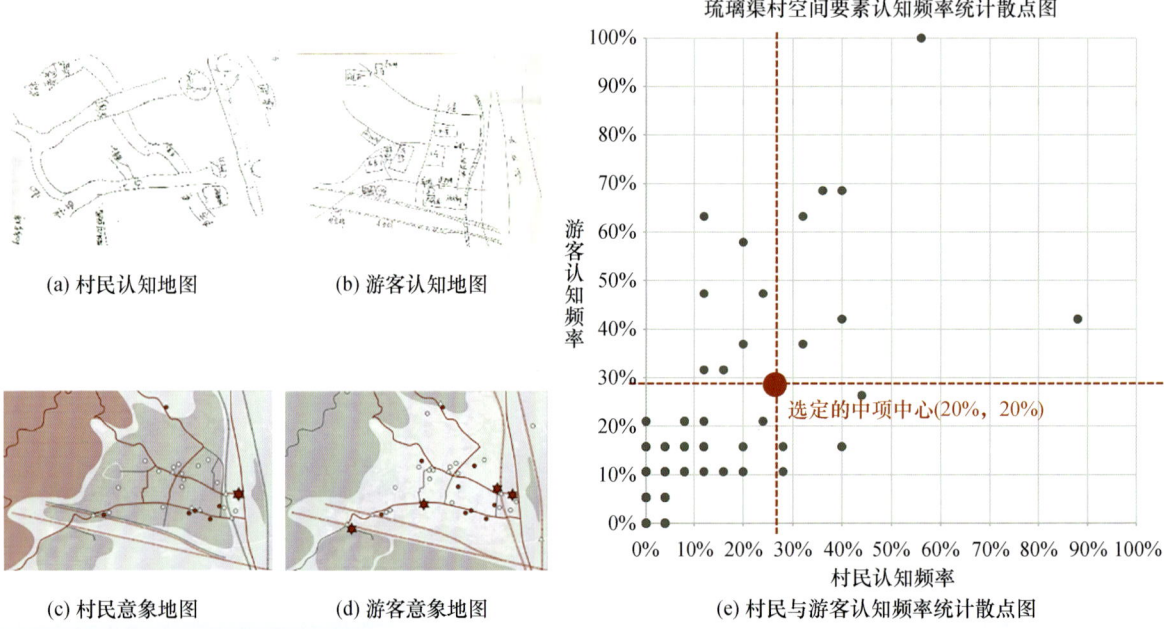

图 7 认知地图数据处理方法（以琉璃渠村为例）

3 数据分析、差异及矛盾空间的探讨

3.1 基于意象地图的四个村落村民与游客空间集体记忆的特征及差异

由村民和游客的认知地图可以看出，四个村落村民与游客的空间集体记忆均包括了聚落本身以及聚落周围的山水环境。四个村落游客的空间集体记忆相比村民而言，要素多沿村落旅游划定的主要游览路线分布，游客关注的节点和标志物多为旅游开发的景点，印象深刻的空间要素较多。村民对村内的小路、村落的边界、村落区域，以及大部分的节点、标志物都有印象，但印象深刻的要素集中在与自身生活密切相关的少数空间上。随着旅游经营年限的增多，游客空间集体记忆越来越完整，但村民的空间集体记忆越来越不完整，主要体现在对节点和标志物的认知上（图8、图9）。

琉璃渠村民对九龙山、前街、后街、丰沙铁路、琉璃瓦厂（南）、过街楼、牌楼等有较强的认知；游客相比村民，还对门斋铁路、永定河、小学、中学、前街古树、丰沙纪念碑等也有深刻认知。灵水村村民对村口广场、前街、主街、文昌阁、南海火龙庙、灵芝柏等印象深刻；游客相比村民，还对整个村落、西南侧山、火龙庙旁的路、古庙、娘娘庙、柏抱榆、古戏台等也具有深刻印象，但对中街、刘增广举人院没有深刻印象（图8）。

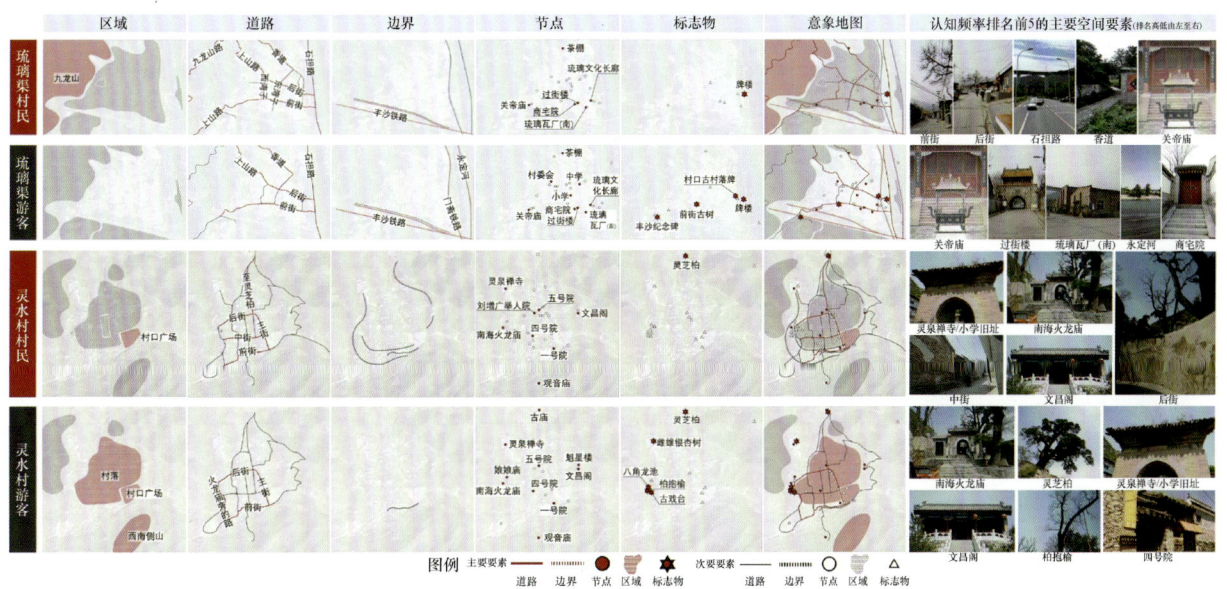

图8 琉璃渠与灵水村村民与游客意象地图

古北口村村民对蟠龙山长城、村内主街、古北口大街、汤河、财神庙、城门楼，以及古御道牌楼有较强的认知；游客相比村民，还对古北口镇、卧虎山长城、古御道、古城墙、戏楼、吊桥、饭店等也有深刻认知。爨底下村村民对到娘娘庙的路、财主院、关帝庙、亭子等印象深刻，游客相比村民对山、古村落、村子主路、进村公路及大部分的节点和标志物要素都有强烈的认知（图9）。

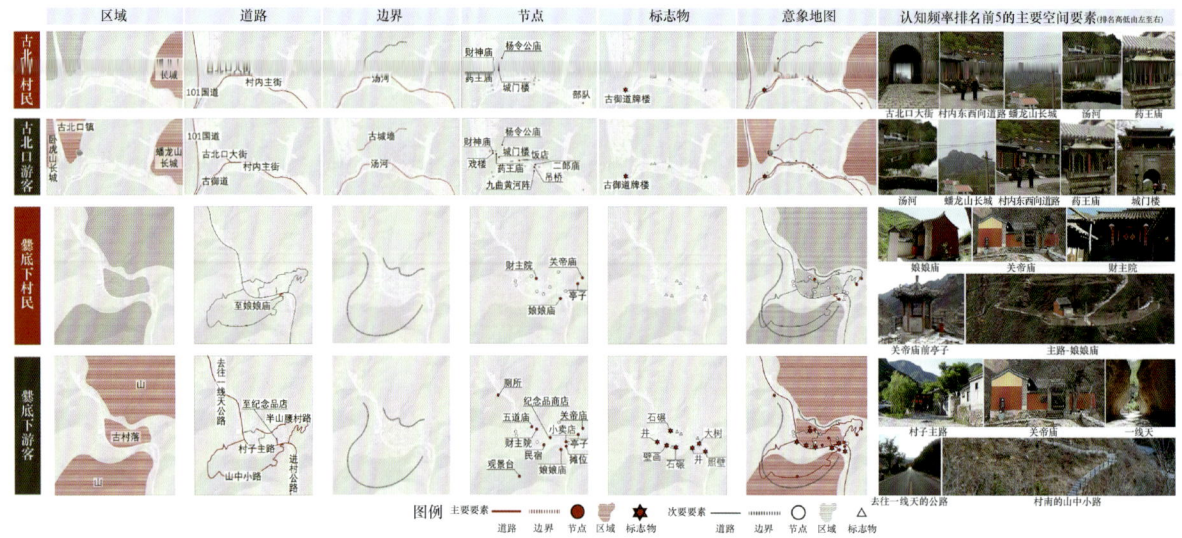

图9 古北口村与爨底下村村民与游客意象地图

3.2 基于空间集体记忆要素频率统计的四个村落村民游客的矛盾空间探讨

根据前文确定的散点图中项中心（20%,20%）将四个村落空间集体记忆分为村民和游客印象都深刻、村民印象深刻游客印象不深刻、村民印象不深刻游客印象深刻、村民和游客印象都不深刻四类（图10）。

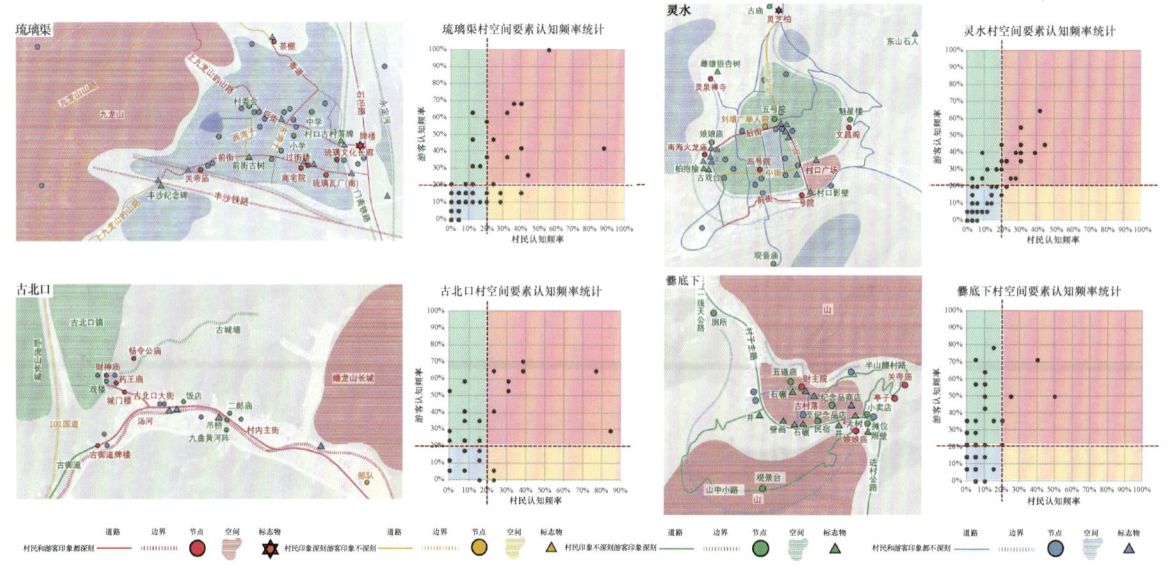

图10 四个村落村民与游客空间集体记忆要素划分

从图10可以看出，村民和游客印象都深刻的要素在古北口村中占比最大，在爨底下村中占比最小，村民印象深刻游客印象不深刻的要素在四村中均占比最小，村民印象不深刻游客印象深刻的要素随着村落旅游经营年限的增多占比增大，村民和游客印象都不深刻的要素占大多数，且随着区位逐渐远离市中心占比减少（图11）。由于村民和游客对空间要素的认知强度在一定程度与其使用的频繁程度、重视程度成正比，所以村民和游客印象都深刻的空间要素是可能的主要矛盾空间，村民和游客只有一方印象深刻的空间要素是可能的次要矛盾空间。为了找出村民与游客的矛盾空间有哪些类别，进而对四个村落的村民和游客印象都深刻、村民印象深刻游客印象不深刻、村民印象不深刻游客印象深刻的三类要素进行分类（图12）。

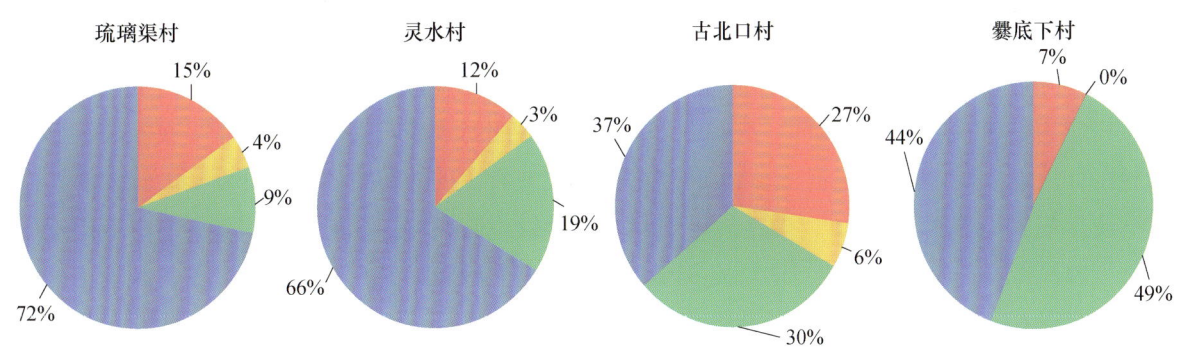

图 11 四个村落村民和游客空间要素分类占比图

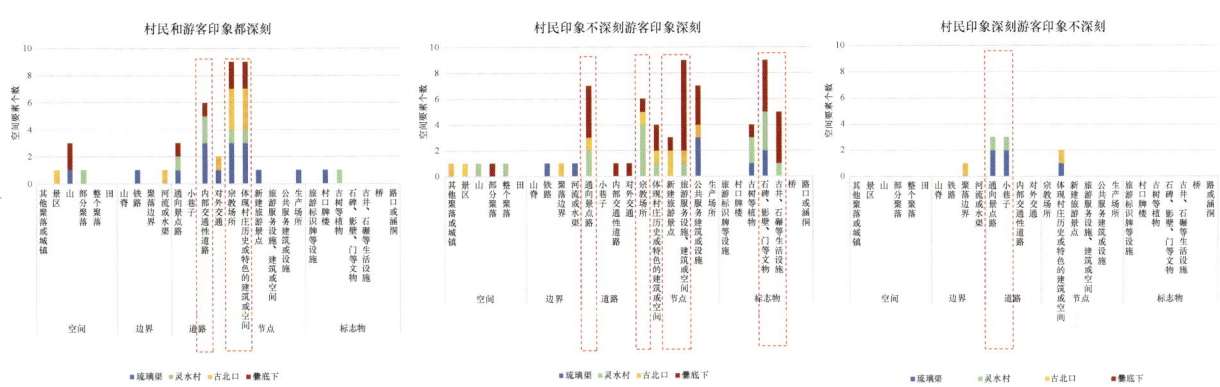

图 12 四个村落村民和游客空间要素组成分析图

在村民和游客印象都深刻的空间要素中，大多数为内部交通性道路、宗教场所及体现村庄历史特色的建筑或空间等。其中，宗教场所多为经营较好的景点，能同被游客和村民使用，由于宗教场所的严肃性"规范"了游客的行为，且村民只是偶尔在此进行宗教活动，其并不容易产生矛盾。体现村庄历史或特色的建筑或空间，例如爨底下村的财主院、灵水村的四号院等，是游客主要游览的景点，但同时也是某些村民的生活空间，游客的游览打扰了村民私密的家庭生活，因此成为容易产生矛盾的空间，例如灵水村在旅游开发中利用一些历史民居做民宿，村民的日常生活被游客"窥视"。内部交通性道路是村民及游客进出村子必经的道路，大多数也作为游客的主要游览路线，且村民车流极易与游客人流冲突，不安全因素多，因此是极易产生矛盾的空间。

村民印象不深刻游客印象深刻的空间要素中，大多数为通向景点的道路、宗教场所、旅游服务设施及建筑或空间、公共服务建筑及设施、石碑影壁和门等文物、古井石碾等生活设施。此类中的宗教场所多为只针对游客的旅游景点，村民不再使用，例如爨底下村的五道庙和娘娘庙，因此不会产生矛盾。通向景点的道路多为供游客通行的小路，村民不常使用，不易产生矛盾。旅游服务设施、建筑或空间例如爨底下村的民宿、纪念品店，一般为本地村民营业，专为游客服务，不易形成矛盾空间。石碑影壁和门等文物和古井石碾等生活设施，由于村民生活方式的现代化失去了实际使用价值，反而成了游客体验乡村生活的设施，也不易产生矛盾。而公共服务建筑或设施，例如琉璃渠村的村委会、爨底下村的小卖店和公共厕所大多为服务村民需求而建设，但游客也可以参观或使用，因此会打扰村民正常的工作或生活，引起村民不满，而村里公共设施的卫生条件和售卖商品的质量难以满足游客的需求，因此也容易成为村民和游客产生矛盾的空间。

村民印象深刻游客印象不深刻的要素中，大多数为小巷子和通向景点的道路，这些道路多与村民的生活密切相关，除了供游客游览，更多的是作为村民回家或外出工作的必经之路，但由于不作为游客使用的主要道路，其维护往往得不到旅游经营者的重视，进而影响了村民的日常使用，成为容易产生矛盾的空间。

经过以上讨论得出，旅游影响下传统村落村民和游客可能存在的主要矛盾空间为内部交通性道路和体现村庄历史或特色的建筑空间，次要矛盾空间为公共服务设施与建筑、小巷子。在旅游经营刚起步的村落如琉璃渠村，内部交通性道路和体现村庄历史或特色的建筑空间相比开发年限较多的其他三个村落更容易成为游客和村民的矛盾空间，且内部交通性道路在旅游核心区面积更大的村落中矛盾更加显著。村民经常使用的通向景点的道路及小巷子在经营年限较短的村落，如琉璃渠村和灵水村，更容易成为村民和游客的矛盾空间。公共服务设施与建筑在旅游经营资金充裕、旅游经营方式兼顾村民利益的村落中更容易成为矛盾空间。

3.3 基于空间集体记忆的村民与游客矛盾空间影响机制探究

3.3.1 旅游经营的影响

旅游的经营年限增长往往会促进旅游经营方式更加合理科学，村民和游客的空间逐渐被旅游经营者分离，且村民的生活空间被逐渐压缩。在旅游经营的初期，步行游览的游客往往与村民的车流在交通性道路上产生冲突，随着旅游经营年限的增加，旅游经营更注重提升游客游览体验，车流管制与村民自发避让游客会使得两者间矛盾逐渐减弱。在旅游经营初期，体现村子历史的建筑或空间在作为景点的同时也是村民生活的场所，但随着旅游经营方式逐渐合理，村民的生活空间与游客的游览空间逐渐在旅游经营者的引导下分离，或者村民自发选择腾退生活空间用以旅游盈利，村民与游客产生矛盾的可能减少。在旅游经营初期通向景点的路和小巷子一般为村民日常生活使用的道路，游客在游览的过程中也会走入主要游线外的小巷子，来自游客的"窥探"容易引起村民不满，但随着旅游经营的时间更长，村落旅游收入逐渐提高，旅游经营者合理给予村民"分红"会使得村民对生活隐私的维护逐渐被对旅游利益的追求取代，村民会主动引导游客前往景点或邀请游客参观个人生活空间，村民与游客的矛盾不再突出（图13）。

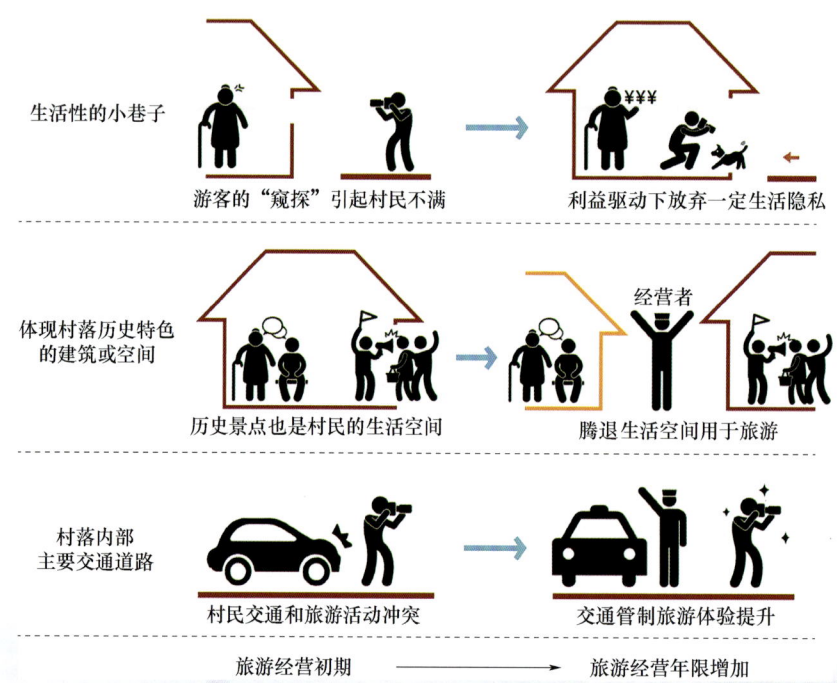

图13　旅游经营对生活性小巷子、体现村落历史特色的建筑或空间、
村落内部主要交通影响分析图

旅游经营方式更科学的村落在旅游经营中，会有政府、企业、村民的共同参与（图14），资金更加充沛且会兼顾村民的利益，村庄有更多的资金来建设为村民服务的公共服务设施或建筑，但游客在游览中倾向于就近使用品质更高的此类空间，所以会与村民产生冲突。旅游核心区越大的村落，游客有更多机会"窥视"村民生活，游客与村民可能发生矛盾的空间更多，而旅游核心区越小的村落，游客游览的区域集中，村民也会主动考虑游客的使用，因此不容易产生矛盾（图15）。

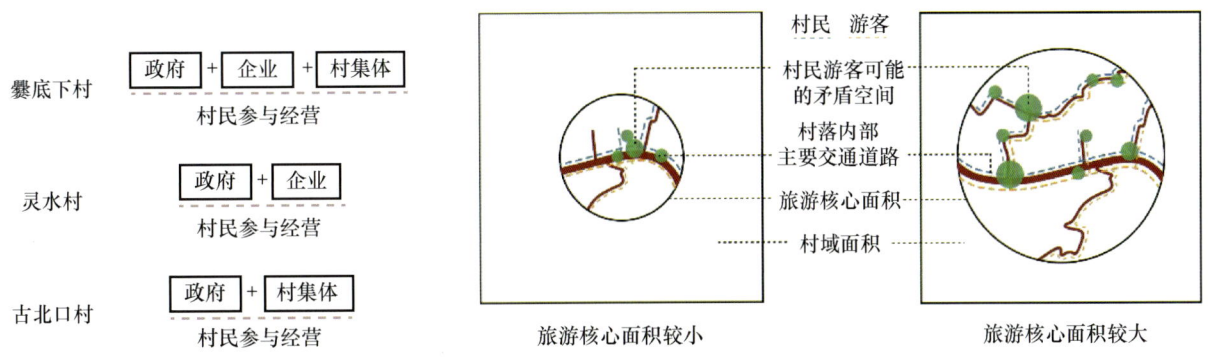

图14　爨底下村、灵水村、古北口村旅游经营方式

图15　旅游核心面积对村民与游客矛盾空间的影响分析图

3.3.2　区位的影响

传统村落区位的不同使得村落对游客的吸引力及游客游览方式不同，在区位靠近市中心的传统村落中，游客多倾向于一日游，游览主要集中在主要的交通性道路、体现村庄历史或特色的建筑，对村落的认知局限于景点；在区位远离市中心的传统村落中，游客多选择在当地住宿，游览更加全面，对景点以外与村民生活相关的空间也有认知，与村民发生冲突的空间更多（图16）。

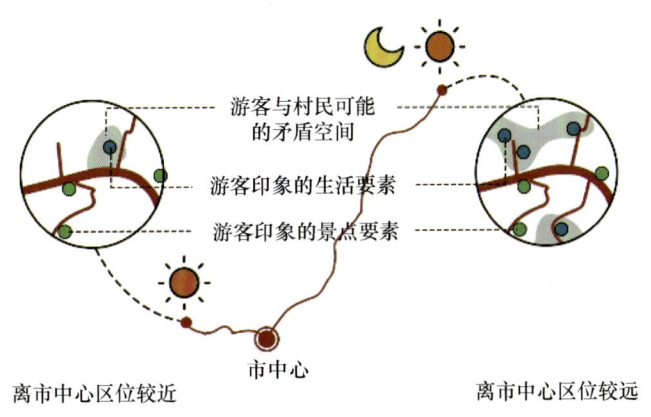

图16　村落区位对村民与游客矛盾空间的影响分析图

3.3.3　村落规模的影响

村落规模越大，其本身空间要素相对更多，不利于游客进行完整游览，进而导致游客更关注主要游览路线上的景点，村民生活不易被打扰，因此不易产生矛盾，并且在旅游经营中，更易于分离村民与游客的使用空间，使得两者产生冲突的可能性更小（图17）。

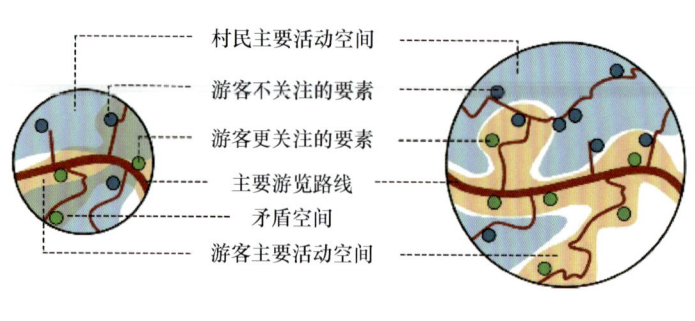

图 17　村落规模对村民与游客矛盾空间的影响分析图

（村落规模较小　村落规模较大）

4　总结讨论与传统村落发展建议

4.1　总结讨论

在旅游影响下的传统村落中，村民与游客可能发生矛盾的空间为内部交通性道路和体现村庄历史或特色的建筑空间，次要矛盾空间为通向景点的路、公共服务设施与建筑、小巷子。旅游经营的相关因素是村民与游客矛盾空间产生变化的主要原因，随着旅游经营年限的增多及经营模式的合理化，村民与游客的矛盾空间逐渐减少，旅游核心区越小的村落，游客的游览越集中，而村民多选择搬离核心区，两者的活动空间更易分离，从而避免矛盾的产生，这与旅游影响下市场经济的功利性使得村民更容易从经济效益的方面来衡量村落记忆的价值有关，过分的利益追求使得村民主动放弃了一些有关村落空间的记忆，体现为村民空间集体记忆完整度降低，游客的空间集体记忆反而更加完善。同时区位和村落规模也对村民与游客矛盾空间的变化产生一定影响，区位越靠近市中心或规模越大的村落，游客越不易与村民发生空间利用的冲突。

4.2　传统村落发展建议

在传统村落的旅游发展中，要根据村落不同的旅游经营方式、所处阶段、区位与规模，针对可能出现的村民和游客矛盾空间做重点建设与管理。针对传统村落中村民与游客印象都深刻、村民印象深刻游客印象不深刻、村民印象不深刻游客印象深刻及村民与游客印象都不深刻的四类空间集体记忆要素，可分别采用活态保护、适度更新、协调发展、局部提升的发展策略（图18）。发展村落旅游，在考虑游客需求的同时也要协调村民的使用，考虑有关村民生活空间的提升，以培养村民对村落特色空间的认同感，传承村落的集体记忆。

图 18　传统村落发展建议

参考文献

[1] [法] 莫里斯·哈布瓦赫. 论集体记忆 [M]. 毕然, 郭金华译. 上海：上海人民出版社, 2002.

[2] 王汉生, 刘亚秋. 社会记忆及其建构一项关于知青集体记忆的研究 [J]. 社会, 2006(03):46-68.

[3] [美] 凯文·林奇. 城市意象 [M]. 北京：华夏出版社, 2001.

[4] 周玮, 朱云峰. 近 20 年城市记忆研究综述 [J]. 城市问题, 2015(3):2-10.

[5] 李兴军. 集体记忆研究文献综述 [J]. 上海教育科研, 2009(4):8-10.

[6] 钱莉莉等. 地理学视角下的集体记忆研究综述 [J]. 人文地理, 2015(6):7-12.

[7] 杨宇亮, 李菁, 党安荣. 隐匿的世界：认知地图在村落文化景观研究中的应用 [J]. 规划师, 2015(2):102-106.

[8] 徐苗. 城市意象的秩序与意义 [J]. 规划师, 2003(4):47-49,53.

[9] 陈丽. 村庄集体记忆的重建——以安徽宅坦村为例 [J]. 安徽行政学院学报, 2012(3):68-73.

[10] 林琳, 曾永辉. 城市化背景下乡村集体记忆空间的演变——以番禺旧水坑村为例 [J]. 城市问题, 2017(07):95-103.

[11] 车震宇, 保继刚. 传统村落旅游开发与形态变化研究 [J]. 规划师, 2006(06):45-60.

[12] 阮仪三. 水乡古镇葆真趣——历史古镇昆山周庄的规划 [J]. 建筑师, 1989(32)：30-43.

[13] 阮仪三, 邵甬. 精益求精　返璞归真——周庄古镇保护规划 [J]. 城市规划, 1999(3)：54-57.

[14] 赵万民. 龚滩古镇的保护与发展 [J]. 华中建筑, 2001(3)：87-91.

[15] 阳建强. 文化遗产, 推陈出新——古镇同里保护与发展的探索研究 [J]. 城市规划, 2001(5):50-55.

[16] 欧阳文, 周轲婧. 北京琉璃渠村公共空间浅析 [J]. 华中建筑, 2011,29(08):151-158.

[17] 薛林平, 李博君, 包涵. 北京门头沟区琉璃渠传统村落研究 [J]. 华中建筑, 2014,32(09):144-150.

[18] 熊忻恺. 历史文化村落空间形态演变研究——以北京市门头沟区琉璃渠村为例 [A]. 中国城市规划学会、南京市政府. 转型与重构——2011 中国城市规划年会论文集 [C]. 中国城市规划学会、南京市政府, 2011:20.

[19] 郭亮. 城郊特色风貌地区规划实施路径探索——以京西琉璃渠地区为例 [J]. 小城镇建设, 2014(06):37-40.

[20] 郭亮. 京郊传统村落城镇化方式研究——以琉璃渠村为例 [A]. 中国城市规划学会、沈阳市人

民政府.规划60年：成就与挑战——2016中国城市规划年会论文集（16小城镇规划）[C].中国城市规划学会、沈阳市人民政府,2016:13.

[21] 孙克勤.千年古村落京西看灵水[N].北京规划建设，80-86.

[22] 安红清.京西古村落——灵水[N].北京档案，2013（3）：45-46.

[23] 刘德才.灵水村传统村落之瑰宝[N].北京观察,2015（4）：30-31.

[24] 业祖润,欧阳文,林川.北京爨底下古山村环境与山地四合院民居探析[J].古建园林技术,1999(02):33-38.

[25] 千年文脉灵水村[N].中国建设信息，2013（9）：42-43.

[26] 孙克勤.爨底下村遗产开发之忧[J].北京规划建设,2005(03):88-91.

[27] 风水宝地——爨底下村[J].小城镇建设,2015(01):15.

[28] 张璇.长城脚下有人家北京市密云区古北口村记[J].中国民族,2017(02):18-21.

[29] 胡杨,苗润莲.北京古北口村：古御道上的文化古镇[J].中国农业信息,2013(17):38.

P+R: 公交优先的另一种表达方式
——以北京郊区三个大型枢纽使用问题调查为例

摘 要 P+R（驻车换乘系统）是一种新兴交通模式，是向全市公交化迈进的过渡阶段，自它在北京投入使用以来，在很大程度上提高了人们选择并使用公共交通的积极性，同时减缓了城市内部交通的压力。与此同时，也出现了 P+R 内"一位难求"的现象，也有停车场内部乱停乱放等诸多问题的出现，在这叫好声的背后存在着难以忽视的城市问题。

基于此，笔者在本文中深入调查 P+R 这种新兴驻车换乘停车场连带的现存问题，针对停车场硬件设施、周边环境和软性管理进行调查研究，立足提高城市整体出行率，对安河桥北站、通州北苑站和天通苑北站的 P+R 停车场进行调研分析，客观总结现实使用中的不足，结合国外优秀案例的经验，提出改善意见，并将此系统大力推广，实现最终的全市公交化。

关键词 P+R；周边环境；硬件设施；管理模式；原因；对策与建议

1 前言

根据笔者搜查资料并通过访谈了解到，自 P+R 开始使用以来，在很大程度上减少了城市外部车辆向内的驶入，其收益究竟如何，对此笔者就目前正在使用 P+R 停车场的人群进行先前出行方式的调查，得出比例数据。由图 1 看出，P+R 开通以来有超过 60% 的人开始使用公交系统，收效显著，但是也相继带来了以下的问题（图 2）。

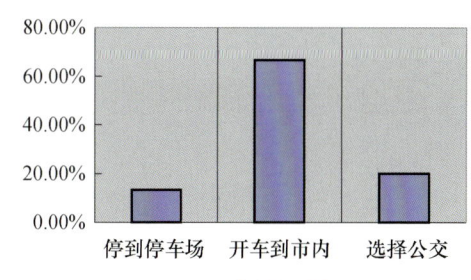

图 1 调查数据分析

图 2 P+R 带来的问题

2 绪论

2.1 调研背景及意义

2.1.1 现状背景

2010年上半年，北京市机动车增加了34.5万辆，其中，每天增加近2000辆，每月增加近6万辆，北京机动车总量已达近440万辆。大量私家车的涌入使得市区内交通拥堵，同时在一些地铁周边的停车场遭遇停车难、停车场收费高的问题，在这种交通软环境下，P+R驻车换乘系统应运而生。2010年市规划委表示，目前北京地铁线路中，大部分都将设P+R停车场，如6号线一期、8号线二期、10号线二期、亦庄线、大兴线、地铁9号线，这6条线路将共设10处P+R停车场（图3）。

图3 地铁线路分布

2.1.2 调研意义

随着经济的繁荣发展，人们的出行环境出现了很多矛盾，道路越建越宽，交通越来越堵，城市综合交通的性能并没有得到充分发挥，北京市近些年在将交通建设从以往的"以车为本"向"以人为本"的方向转移，在此方针下P+R停车场应运而生，同时也是"城市机动性"的充分体现。然而P+R停车换乘系统是指在轨道交通辐射线路的郊区和卫星城的一些轨道交通站点附近精心设计与站点衔接良好的停车设施，引导城市外围地区的居民在进入城区前进行交通方式转换，从而削减中心区的小汽车交通量，减少中心区的交通压力，提高出行效率，使交通系统得到改善，鼓励人们使用公共交通出行，最终实现全市公交化。

2.2 实地调研相关信息

2.2.1 调研范围和现状

北京目前建设并投入使用的P+R停车场只有三处，分别为地铁五号线的终点站天通苑北站、八通线的通州北苑站和四号线的终点站安河桥北站（图4）。这三个地铁站均在北京城市外围，是北京周边城区与市中心相连的公交系统起始点，设置在此也是为了从源头来控制驶入城区内部的私家车数量，减缓城市内部交通压力，但是在使用中出现了停车难、管理不善等一些问题。

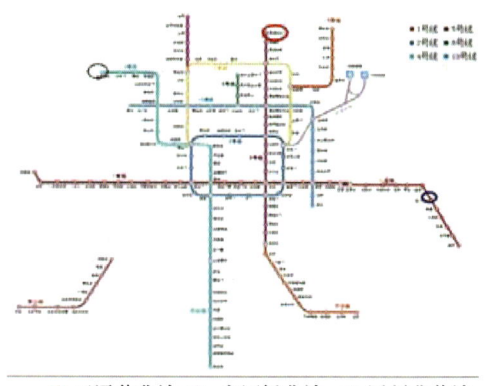

图4 运营线路

2.2.2 调研对象

P+R 停车场的使用者、管理者以及一些 P+R 停车场周边的居民。

2.2.3 调查方法

本次调研通过问卷调查法、访谈法以及建成并投入使用的 P+R 停车场实地考察，并结合查阅文献和对比国内外优秀案例等方法，对停车场的使用及管理情况进行深入调查研究，得出相关数据与结论，发掘现状中存在的问题，结合理论知识，得出解决停车场现存问题的方法。在调查中，我们根据不同人群采用不同的调查方法：对于居民我们采用问卷形式进行调查，采取随机抽样发放的形式，除了现场发放问卷外，我们还通过网络的形式发放问卷；对于停车场管理人员和经营者，我们采用深度访谈的形式进行调查。

2.2.4 调查框架

调查框架图如图 5 所示。

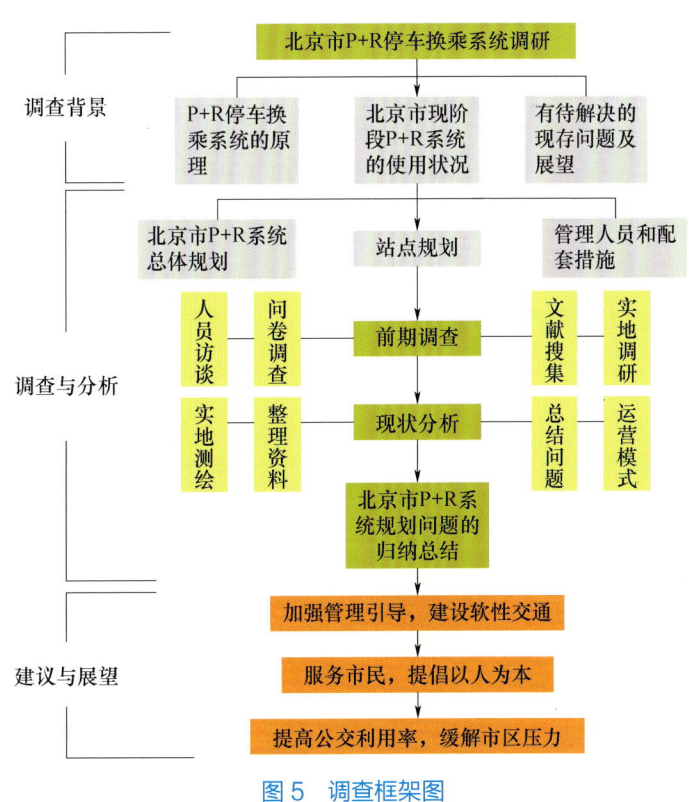

图 5　调查框架图

3　调研及分析

3.1　P+R 停车场站点布置情况调查

通过我们实地调研观察，发现 P+R 停车场的选址布置影响着人们的停车行为，以上三个车站的布置点均距离地铁等公共交通换乘点比较近，这是值得学习的地方，但是在选点布置时，也要注意和公共设施保持一定的距离，比如天通苑北站的停车场入口和人行天桥过近，使得人们在停车时与行人交汇，浪费时间，使原本方便的换乘蒙上了一层等待行人过马路的等待阴影，同时也存在不安全因素（表1）。

表 1　停车场周边情况调查表

P+R 停车场	出入口位置	周边交通	周边公共设施	存在问题
天通苑北站	城市次干道	地铁五号线、城市主干道	有公交车站、人行过街天桥	停车场入口距离人行过街天桥太近，使车辆和人流在此交汇，形成拥堵点，存在不安全隐患
通州北苑站	城市支路	地铁八通线、城市支路	有通州长途客运站和公交车站	停车场入口设置在之路上不方便驾驶者驶入，也不方便寻找
安河桥北站	城市支路	地铁四号线、城市次干道、城市支路	有公交车站	南北向的道路狭窄拥挤，并且道路两旁停车较多，造成交通拥挤

3.2　P+R 停车场硬件设施情况调查

结论：通过表2停车场规模调查表中的数据可以看出，这三个停车场中总面积最大车位数最多的是安河桥北站，而通州北苑站的P+R停车场则相对较小。安河桥北站停车场的规模虽然不能完全满足换乘者停车的需要，但是仍有人将车辆停在道路两旁，造成交通拥挤，车辆行驶极其不便，找车位浪费时间多的问题。虽然鼓励人们停车换乘，但是没有提高人们的出行效率，这是不可取之处，也是应尽快解决之处。

表 2　停车场规模调查表

P+R 停车场	停车场数量（个）	占地面积（平方米）	车位数（个）	出入口数量（个）		设置位置	所属公司
				出口	入口		
天通苑北站	1	8390	436	2	1	地铁天通苑北站B口	公联枢纽
通州北苑站	1	2300	140	1	1	地铁通州北苑站B口	公联枢纽
安河桥北站	4	6680	350	2	1	地铁安河桥北站A口	金威公司
		7500	393	1	1	地铁安河桥北站B口	金威公司
		650	34	1	1	地铁安河桥北站C口	金威公司
		2650	140	1	1	地铁安河桥北站D口	金威公司

通过表3停车场配套措施调查表我们可以了解到，安河桥北站的收费刷卡系统不完善，使用在前

配套措施却没有跟上使用效率的步伐，消防系统及监控设备均不完善，虽然在一定程度上为市民带来了方便，但是也让一些市民因为担心车辆受到刮蹭无人赔偿等情况，而不愿把车停放于此。由此看出，在使用中暴露出了一些弊端，需要解决和完善。

表3 停车场配套措施调查表

P+R停车场	设置位置	收费标牌	刷卡系统	动态停车信息	消防系统	监控设备
天通苑北站	地铁天通苑北站B口	有	有	有	有	有
通州北苑站	地铁通州北苑站B口	有	有	有	有	有
安河桥北站	地铁安河桥北站A口	有	无	无	无	无
	地铁安河桥北站B口	有	无	无	无	
	地铁安河桥北站C口	有	无	无	无	
	地铁安河桥北站D口	有	无	无	无	

3.3 P+R停车场使用人群停车行为调查

由于停车场规模不同，所以早高峰的时间点也不同，大致时间在早8点前。其中，大部分人认为车位还是比较好找的，接近40%的人认为一般，有近10%的人认为很难找到车位，这也造成了大家每天早起开始抢车位的问题，但是也有人表示不愿早起找车位，而把车开进市区（表4、图6）。

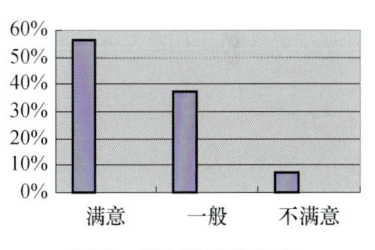

图6 停车满意度调查

表4 停车情况调查表

P+R停车场	停车高峰时段	取车时间段	周末车位情况	工作日车位情况
天通苑北站	早8点多满	16:30—21:00	比较容易找到	比较难找到
通州北苑站	早7:10—7:30满	17:00—19:00	比较难找到	难找到
安河桥北站A口	早9点满	16:30—20:00	挺好找	还行
安河桥北站B口	早7:30满	18:00—19:00	比较容易找到	偶尔能找到
安河桥北站C口	早8:30满	18:00—19:00	能找到	偶尔能找到
安河桥北站D口	早8点多满	20:00—21:00	挺好找	一般能找到

这种现象的出现也再次说明了P+R车位数量少造成的一个弊端，影响了人们的出行效率，浪费人们的出行时间，造成一部分人群的疲累心理，而再次选择将车开进市区，从根本上没有提高人们的出行效率，全市公交化目标的实现，也相对比较困难。

3.4 P+R的引导及宣传度调查

天通苑北站、通州北苑站和安河桥北站均无P+R停车场指引牌，只设有公交站和地铁指引牌，入口处不明显，引导性差。同时一些通往P+R的道路沿途停放很多车辆，造成拥挤，使得可达性不高，降低了人们对P+R系统的热情度，根据调查询问，在使用这些停车场的人群中以周边居民较多，外来人员很难找到 P+R 停车场，使得原本是造福于民的工程却因为缺乏指引而造成对使用者的不便，降低了使用者的热情（图7、图8）。

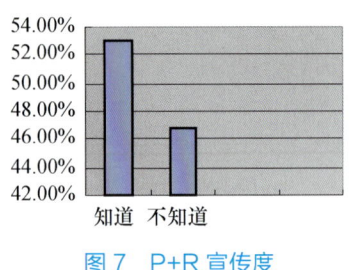

图7　P+R 宣传度

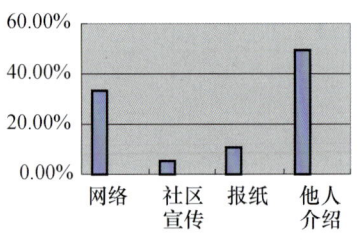

图8　P+R 宣传方式

结论：笔者通过对周边行人和 P+R 的使用者随机选取调查，有 53% 的人知道 P+R 停车场，47% 的人不知道，而这些使用者中 50% 的人是听人介绍，还有一部分人是从网上得知。由此可以看出，P+R 换乘系统的宣传度不高，只为周边的人熟知，没有被更多的人了解并接受使用，这也是它在发展使用中需要改进的地方。

3.5　P+R 管理方式

3.5.1　收费方式

P+R 停车场收费方式为，当车辆进入停车场时，先刷卡记录，机器自动给车辆拍照，记录车牌号等信息，取车时在出口刷卡并收费，收费金额为两元一次（即 4:30 至次日 0:30 之间）。由于收费低廉，在一定程度上鼓舞了市民使用 P+R 停车场的热情，在收费合理的情况下还减少了燃油费，一举两得，这也是 P+R 受到人们欢迎的关键因素（图9）。

图9　收费方式

3.5.2　经营模式

天通苑北站和通州北苑站的 P+R 停车场是北京市发展和改革委员会和北京市交通委员会规划设置，北京市财政局投资建设，北京市运输管理局进行统一管理。这些 P+R 停车场的硬件和配套设施都很齐全，而且做到一车一位，没有超额停车、无乱停乱放现象，同时地面上进行分区，便于找寻停车位，节省出行时间。

安河桥北站的 P+R 停车场是由金威公司与政府联营的，相对存在很多问题，比如停车场内部会超额停车，停车混乱，车辆无安全保障，手撕票收费方式存在弊端，刷卡系统暂时没有设置，这些不足造成人们对 P+R 停车场使用热情降低，没有达到 P+R 停车场设置的目的。

4　分析总结及建议

4.1　P+R 设置的意义

P+R 停车场在设置之初是为了提高人们的出行效率，鼓励城市"以人为本"的出行模式，倡导绿色出行，减少人们的燃油费，促使人们使用公共交通，最终实现全市公交化，开启低碳交通新生活。在投入使用后，在北京的成效，由前面调研可知是很成功的，大家纷纷将车放置于此，并换乘公交系统，减缓城市内部交通压力。

在社会快速发展的今天，城市建设的交通形式也应该从硬件向软件转移，笔者认为，我们不能为了使更多的车辆行驶而建造更宽的马路，这样会形成一个恶性循环，应该从城市的外围来限制流入车辆，从而减缓交通压力，提高整个城市的出行效率。因此，这种新型的软性交通系统是非常值得推行的，而且适用于不同类型的城市，在实现城市低碳高效的交通模式中起到一个过渡作用，只有循序渐进，才能构成顺畅快速的交通网络。

4.2　P+R 问题总结

针对前面的调研分析，造成 P+R 停车场"一位难求"以及换乘耗时费力，人们对 P+R 热情减退的原因，主要有：①停车位不足，停车场规模相对使用人群规模较小；②选址的交通可达性不高，造成车辆行驶缓慢，换乘耗时较长；③指引性不强以及宣传力度不够等。这些问题都会造成人们对 P+R 的推崇度不高，难以达到设置 P+R 的主要目的。

4.3　对 P+R 的改进建议

4.3.1　增加必要的停车位数量

本次调研发现各个停车场都出现了停车位供不应求的现象，因此，笔者认为，要扩大停车位，其中主要有两大途径：

（1）政府部门投入，协调用地，扩大停车位，或在用地紧张的情况下改建多层停车楼、机械停车库和地下停车场，同时挖掘潜在资源（即使在 P+R 系统完善的国外，利用白天闲置的卖场车位与小区车位，也是 P+R 系统的重要组成部分）。如，对拥有大量停车资源的单位，在条件允许的情况下，不妨考虑适当收费，分担停车压力。

（2）鼓励民间投资，在财政政策上针对停车场地的建设费用高、短期投资大、经济效益不明显、政府财政投资不足的情况下，积极鼓励民间投资兴建停车场，并给予税收优惠等积极政策。

4.3.2　布置选点要合理

在进行 P+R 的布置时，要使停车场到换乘站点的步行距离控制在 5 分钟人们心理接受范围之内，停车场入口处应注意选在人车分行的交通线上，避免与行人发生冲突，减少等待时间，保证换乘时间较短，这样才能保证出行效率，才能提高 P+R 的使用率。

4.3.3　强化信息诱导和宣传

从调研中发现，在 P+R 的引导及宣传方面存在很大的弊端，因此应加大信息诱导和宣传，从而使 P+R 系统利用率逐步增大。信息诱导方面，需要在 P+R 停车场周围完善指示标志和停车诱导系统。停车诱导系统在 P+R 系统附近主、次干道及停车场附近安装电子诱导屏，动态发布停车信息，如停车场在区域中的位置、停车场的行车方向以及是否有空车位等，使驾驶员预先很方便地选择有空位的停车场，减少寻找停车空位的时间，从而减少无效交通流，减少驾驶人因 P+R 停车场已无车位造成的空驶所引发的负面情绪，进而抵触 P+R。P+R 措施的宣传方面，应充分利用电视、广播、报纸、网络等媒体，广泛宣传 P+R 措施的好处及停车费优惠政策，引导驾驶人使用 P+R。

参考文献

［1］王雪, 关宏志, 王鑫. 停车换乘设施吸引强度研究 [J], 道路交通与安全.

［2］秦焕美, 关宏志, 李洋. 大城市 P&R 系统选择行为调查初分析——以北京市为例 [J]. 交通运输工程与信息学报, 2004(4)77-83.

［3］熊萍, 王镜. 2010 年世博会停车换乘选择行为影响因素研究 [J]. 交通运输研究, 2008(1)160-165.

［4］梁志林. 城市停车换乘设施规划研究 [J]. 公路. 2009(4)181-186.

［5］武汉建筑材料工业学院, 同济大学, 重庆建筑工程学院. 城市道路与交通 [M]. 北京: 中国建筑工业出版社, 2007.

"不能承受之轻"
——北京市 BRT-2 号线站点效能调研报告

摘 要 我国一些城市开始重视并发展快速公交，以解决城市交通难问题，取得一定效果和经验。但从现实看，城市快速公交建设投入不足、重视不够、规模有限、效能不强等问题依然突出，矛盾没有得到很好的解决。本调研以北京市快速公交2号线站点效能状况为例，重点分析站点结构、功能、布局、系统关联等及对快速公交系统功能的影响，并就完善站点服务功能、建设规划、换乘便捷性等提出建议，为实现城市快速公交真正的"快"和服务的"好"提供建议与参考。

关键词 快速公交；北京 BRT-2 站点；效能；规划与功能；调研

1 概述

1.1 调研背景和意义

在国内外许多城市，BRT（快速公交系统）建设作为发展城市公交的一个有效方案，取得了引人注目的良好效果。北京市政府对公交建设给予了高度重视，快速公交开始起步发展。但面对日益膨胀的交通压力，快速公交的系统优化、设施结构功能、接驳等仍然被关注不够，建设不足，投入之"轻"难以承受交通的负担。如何提高快速公交系统效能，让人们出行更加方便，是当前我国城市规划和公交建设的重大而紧迫的现实课题。快速公交系统效能提升，有赖于系统各要素功能的优化。对首都北京 BRT 站点（图1）调查与分析，对完善北京市的快速公交系统，为我国其他城市 BRT 建设提供示范与借鉴具有重要意义。

> 中央电视台《经济半小时》播出节目《求解"堵"城困局（一）》，中关村白领每天坐6小时车上下班。住北京通州区马桂梅告诉记者，平均时速能达到15千米的公交车，在上下班时间的北京并不是最慢的，自己从家到中关村全程40多千米，坐公交车至少需要3个小时。据采访北京上下班耗费在路途上的2～4小时比较普遍。

> 中科院《2010中国新型城市化报告》北京上班平均花费时间52分钟，居全球、全国之首

> 中科院《2011中国新型城市化报告》对中国50个城市的上班路上平均花费时间进行了排名，北京以38分钟高居榜首

背景调研

图1 BRT线路图

1.2 调研对象与内容

调研以北京东西客流压力较大的BRT-2号线为调研对象，在了解北京BRT宏观建设的前提下，重点对BRT-2号线的站点规划布局、结构功能、系统接驳等做出调查与分析。

1.3 调研方法和体系

通过问卷调查，对乘客与工作人员访谈，对BRT-2站点进行实地考察，并结合查阅文献和对比国内外优秀案例等方法，对站点空间设计与功能等现状做出分析，得出相关数据与结论，发现问题，提出建议（图2）。

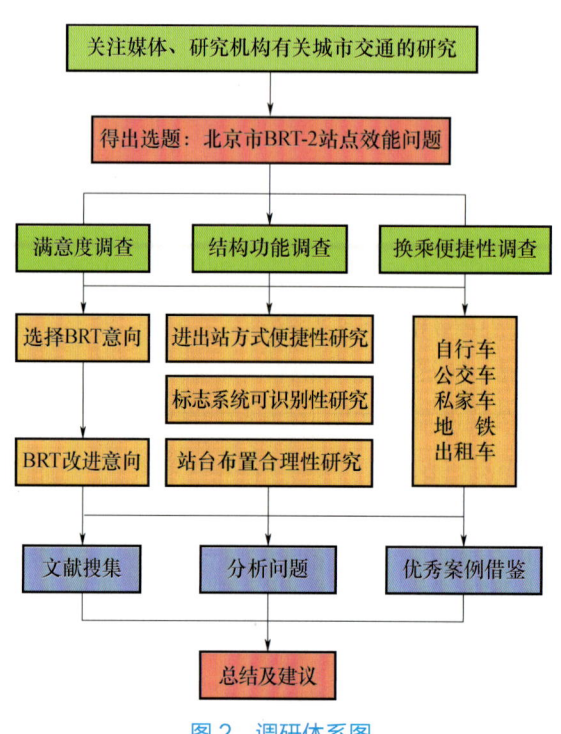

图2 调研体系图

2 调研与分析

2.1 乘客意见调查与结论

BRT-2号线西起朝阳门,东至杨闸,全程16千米,车站21座。站点效能是制约全线的重要因素。

2.1.1 乘坐BRT-2号原因调查

调查乘客选择BRT-2号的原因,其中舒适度、快捷性、经济性、便利性等,分别为72%、65%、90%、83%。这四项指标应作为BRT-2号系统建设的重点,尤为突出便利和经济。

2.1.2 乘客改进意见调查

(1)乘客认为,应该改进BRT-2号系统的换乘衔接和站点的明显换乘标识体系,均占40%,即关于换乘方面的占到80%;(2)在对和其重合的846路公交调查中,有54%的乘客不选择乘坐BRT-2是因为快速公交在高峰时期速度优势不明显,31%的乘客认为换乘不方便(图3);(3)还有许多乘客希望改善站点的舒适度。总的来看,改进意见集中在站点接驳便利、功能和舒适度及速度优势(图4)。

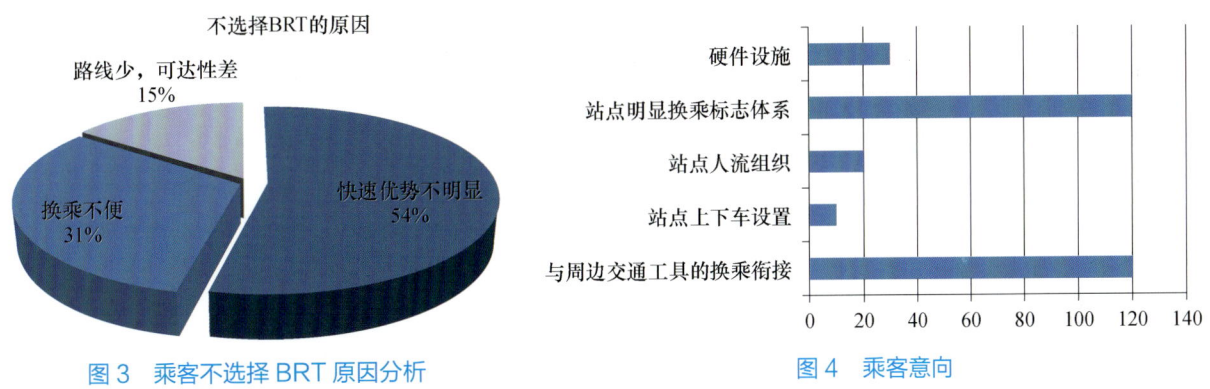

图3　乘客不选择BRT原因分析　　　　图4　乘客意向

2.2 站点效能现状与原因

通过对影响站点效能的站点空间布局、密度、设施功能和服务等因素调查分析,BRT-2号站点总体能正常运营,但也存在瑕疵。

2.2.1 站台与道路平行封闭,须经天桥或穿街进出站,便捷性降低

BRT-2号线道路空间设计上从朝阳门到东大桥东为开放式,常规公交与快速公交共用车道,换乘要穿街绕行。东大桥东到杨闸全为中央专用、双向四车封闭道路,乘客进出站必须要经过天桥,调查中大多数乘客有换乘不便麻烦心理。站点多采用非港湾中间式(图5)。

通过重点对朝阳门、呼家楼东、管庄和杨闸站乘客问卷调查,发现90%的人认为换乘距离过长,换乘较不便。主要原因:①换乘时需要经过天桥,很多人不愿意过天桥(图6);②下天桥还有一段距离才可到达普通公交站点,此种观点乘客占61%;③到达普通公交站点后,还需等待一段时间才能换乘(图7)。

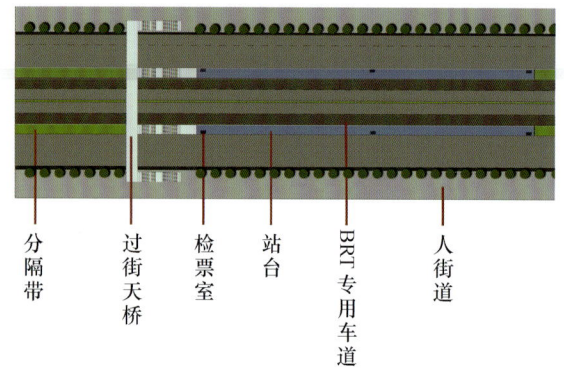

图5 BRT-2号站点及车道平面图

图6 天桥结构图

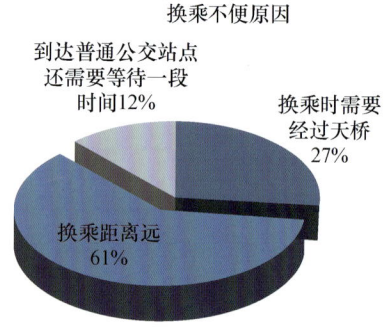

图7 换乘不便原因分析

2.2.2 站点建筑简单，舒适度和服务性逊色，快速公交服务层次打折

从建筑风格看，站点设计简陋。BRT-2号线东向西方向大多数站点均为设有雨棚、大立面广告牌的建筑风格。与周围景观的协调性、识别性较差。开放性设计使其舒适度降低。有65%的乘客认为广告牌式站台设计效果不好。

从售票设施看，侵占候车资源。除了朝阳门和东大桥东站，每个站点建有3个售票亭，但实际使用的只有1个，能满足售票需求，其余2个为工作人员的休息室。而另两个形成了对站点候车空间的侵蚀和浪费（表1）。

表1 BRT站点调研情况

BRT站点	车辆到达时间标志	全程路线动态信息标识	站点换乘车辆标识	售票设施（几个售票亭，几个使用）
朝阳门	有，未使用	有	无	2个，1个使用
东大桥	有，未使用	无	无	3个，1个使用
东大桥东	有，未使用	无	无	1个
呼家楼东	有，未使用	无	无	3个，1个使用
小庄路口东	有，未使用	无	无	3个，1个使用
红庙路口西	有，未使用	无	无	3个，1个使用
英家坟	有，未使用	无	无	3个，1个使用
慈云寺	有，未使用	无	无	3个，1个使用

续表

BRT 站点	车辆到达时间标志	全程路线动态信息标识	站点换乘车辆标识	售票设施（几个售票亭，几个使用）
东八里庄	有，未使用	无	无	3 个，1 个使用
十里堡	有，未使用	无	无	3 个，1 个使用
青年路南口	有，未使用	无	无	3 个，1 个使用
定福庄	有，未使用	无	无	3 个，1 个使用
第二外国语学院	有，已使用	无	无	3 个，1 个使用
朝阳路三间房	有，未使用	无	无	3 个，1 个使用
周家井管庄	有，已使用	无	无	3 个，1 个使用
杨闸环岛西	有，未使用	无	无	3 个，1 个使用
杨闸	有，未使用	无	无	3 个，1 个使用

2.2.3 换乘指示系统标识不明，车流信息效率过低，上下车指示不明

站点信息标识使用率过低。各站点车辆到达时间信息显示屏，除第二外国语学院站和周家井、管庄站均未投入使用，未启用占 90%。站台未进行上下车分流。共用车门的现象造成乘客上下车困难，增加了车辆的停靠等待时间。全程路线图和换乘标识不足。除了朝阳门站外，其他站点均没有车辆全程的行驶路线图。站台信息牌上未标示该站点与其他交通系统的换乘信息，造成乘客换乘公交与地铁的不便。

> 管庄站的老爷爷：这附近几个站点之间的间距太小了，和普通公交站点距离没什么区别。车还没开起来，就已经到下一站了。快速公交的优势几乎没体现出来。
>
> 管庄站访谈

2.2.4 站点均衡距短，与其他交通接驳不够，"快速"优势不明显

BRT-2 号线从西向东全程 21 个站点，平均间隔 720 米，由东向西进城方向 19 个站点，平均间隔 840 米，这种短距离频繁停靠，使快速意义降低。快速公交 2 号线高峰期运行速度约为 15 ~ 16 千米／时，平峰为 18 ~ 20 千米／时，60% 乘客认为快速公交比常规公交时间节省 10 分钟以内，与常规公交速度差别不大（表 2）。实际调研也显示，BRT-2 号与常规公交在高峰及平峰时间差距不大。均衡布局对高密度居住区和客流大的区域有所忽略。快速公交车站与地铁一号线和八通线的站点和常规公交站点接驳不好，乘客感到换乘非常不便。

表 2　BRT-2 与 846 路运行时间对比

公交线路	早高峰	平峰	晚高峰
BRT2 号线	60 分 55 秒	45 分 53 秒	56 分 18 秒
846 路	75 分 30 秒	55 分 10 秒	62 分 35 秒

2.2.5 站点空间和结构致其他交通工具换乘不便

站点附近缺乏自行车停车设施，自行车与 BRT-2 号换乘不便（图 8）。自行车换乘 BRT-2 号的是居住在离站点较远地方的居民，该地无普通公交运行或普通公交站点距居住地较远。这些人一般为收入较低、年龄在 20 ~ 35 岁之间，且出行距离较远的"上班族"；私家车与 BRT-2 号换乘不便。BRT-2 号线五环外站点普遍缺少公共停车设施或 BRT-2 号专用停车场（图 9）。开私家车到快速公交站乘车进城，停车受限；出租车停车困难，距站较远。在站点附近没有设定出租车停靠区域，尤其在市中心区，在高峰时期均存在打车难的问题；公交车换乘绕行，费时不便。目前快速公交与普通

公交的换乘时间相对较长、距离相对较远（表3、图10）。据资料研究表明，将换乘通道的长度控制在60米的范围内的换乘时间是较为合适的；与地铁交会换乘点少，换乘地铁不便。在BRT-2号线中，朝阳门、呼家楼东和东大桥东（图10）分别与地铁2号线、10号线有换乘。乘客反映，希望BRT-2号线沿途设置更多的和地铁相交的站点。BRT-2号线与八通线几近平行布局，这是此系统的一个缺陷。

图8　缺乏自行车停车设施

图9　缺乏私家车停车场

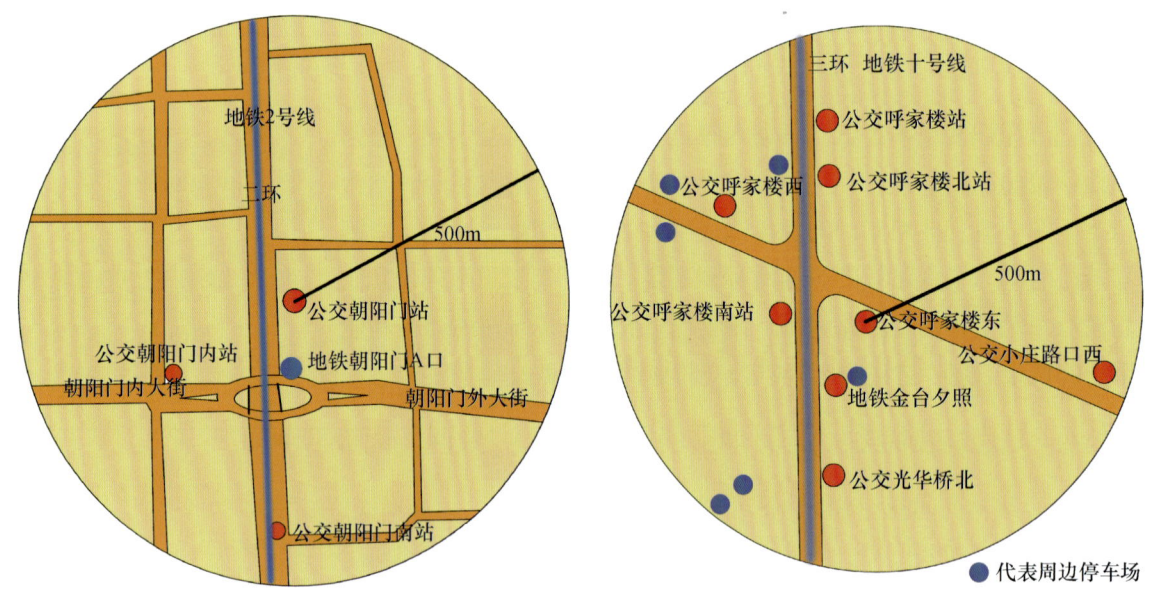

图10　朝阳门和呼家楼东站公交及地铁站点分布（此圆以500米为半径）

表3　四个站点BRT-2号与常规公交换乘统计表

站点	换乘站	换乘距离	换乘时间	换乘线路	
朝阳门	朝阳门南	470米	7分钟	44外、208、特12外、特2、特12内、90内、90外	共7条
	朝阳门北	400米	6分钟	109、101、110、112、202、420、609、619	共8条
呼家楼东	呼家楼北	310米	4分钟	707、113、207、350、402、405、421、440、601、627、686、671、特3、特8外、214、673、运通107	共17条
	呼家楼西	330米	5分钟	615、101、112、118、202、619、快2、快2支、750	共9条
	呼家楼南	570米	8分钟	402、113、207、601、686、729、707、9、974、特3、特8内、488、405、运通107	共14条
	光华桥北	270米	4分钟	113、402、405、421、686、707、974、特3、488、运通107	共10条
管庄	管庄路口北	390米	6分钟	639、364、506、566、488	共5条

续表

站点	换乘站	换乘距离	换乘时间	换乘线路	
杨闸	杨闸西站	500 米	7 分钟	728、312	共 2 条
	杨闸环岛东	270 米	4 分钟	619、648、813、快 2 支	共 4 条
	杨闸环岛西	400 米	6 分钟	532、566、615、619、648、731、快 2 支	共 7 条
	杨闸路口西	400 米	6 分钟	312、666、649、728、813	共 5 条
	杨闸路口东	580 米	8 分钟	342、615	共 2 条
	杨闸路口南	355 米	5 分钟	532、342、731	共 3 条

2.3 国内外公共交通换乘案例分析

（1）国外 P+R 换乘系统。在欧洲许多城市实现了"停车—换乘"（Park-and-Ride）模式且效果显著。即在公共交通辐射线路的郊区和卫星城镇的各个站点附近，精心设置了与站点衔接良好的停车设施，引导外围地区的居民在进入城区前进行交通方式的转换。

（2）旧金山 BRT 换乘模式。旧金山港湾枢纽的立面布局模式分为 6 层，其中地面及其以上有 4 层，地下有 2 层。地面层，通过设置的通道和楼梯可以便捷的选择各种交通方式。此种换乘方式类似于北京"十二五"规划中的立体换乘。

（3）厦门快速公交换乘模式。厦门快速公交与常规公交的衔接采用"短复线、多接驳"的设计思路。"短复线"是指调整或取消与 BRT 线路重复 5 个站点以上的公交线路，使常规公交线路与 BRT 线路复线控制在 3 个左右。"多接驳"是指采取枢纽换乘、同站换乘及就近换乘 3 种换乘方式，加强 BRT 与常规公交的接驳换乘；同时坚持同站换乘的原则，沿 BRT 枢纽及站点全面布设链接线，为 BRT 提供客流喂给。此种模式，既培育了厦门 BRT 客流，又提供了更加方便快捷的换乘方式。

3 结论与建议

3.1 结论

调研发现，BRT-2 号线目前站点效能引发并需重点解决的问题主要有：

（1）速度不快。站点均衡距短，抑制车速，与常规公交差别不大。没有根据区分时段与客流需求划分多层次行车区间。

（2）换乘不便。道路开放与封闭及过街天桥设计，导致换乘穿街过桥十分不安全、不方便。站点与其他交通换乘点距离远。站点附近缺乏公共停车场，自行车、出租车、私家车停靠不便。

（3）功能不全。站点车流信息、换乘指示、上下车引导不明；站台简陋，候车资源有限，舒适度不高。

3.2 建议

（1）加强交通网络系统优化。BRT-2号线不是孤立的。城市交通能力和质量，依赖于整体交通网络的科学和功能优化。目前北京快速公交线有3条，显然资源严重不足。北京市"十二五"规划明确，要大力落实公交优先战略，中心城公共交通出行比例力争达到50%。逐步构建起以轨道交通为骨干、地面公交为主体、换乘高效的"立体化"公共交通网络。建设公交快速通勤网络，实现"多层同站立体"换乘。将BRT-2号线并入快速公交网络系统发挥整体效能。

（2）关于解决速度不快问题。一是在上下班或节假日客流高峰时段，缩短发车间隔，加大发车频率；二是划分区间档次差别，开通停靠距离不等的区间车，增加起终点直达车，远距离停靠的大区间车，中短距离停靠的小区间车等，满足不同客流需求，同时减少停靠，提高车行速度。

（3）关于解决换乘不便问题。现有条件下，一是常规公交与快速在客流密集、换乘枢纽公交同站停靠、同站并线、同站换乘，缩短换乘距离，压缩换乘时间，避免过天桥换乘；二是强化BRT-2号站点与其他换乘工具之间的空间衔接，在站点附近根据客流需要增建自行车、私家车、出租车车场或划定停靠区域，近80%的人均希望在五环外BRT-2号线站点周围增建停车场，在未来快速公交改建和地铁建设中，尽量增加与地铁交会车站，实现无缝衔接，立体换乘；三是在缺乏公交区域和不同交通站点间适当加开循环小公共，实现便捷换乘。

（4）关于站点的功能问题。一是加强管理，完善各种信息指示：建议在BRT-2出站站台设置各方向、各换乘车辆的方位、距离标志箱或标志牌，并在各附近路口设立指示标志，方便乘客迅速换乘，开通电子显示系统，发挥其应有功能；二是完善站点的硬件：BRT-2站点的建筑风格、站点内外部的颜色应与周围景观相协调，并突出站点特征，站台可进行双向站点贯通、钢结构、透明封闭式改造，美化内部环境，更新坐椅，拆除远离进口的两个售票亭，安装上下电梯和空调设备，提高快速公交的服务品味和质量，吸引更多的乘客。

（5）借鉴国内外有益经验。一是借鉴欧洲的P+R即"停车—换乘"系统，既方便了换乘，又限制了私车过多涌入城市中心区，减小城市压力；二是借鉴旧金山BRT换乘模式，未来快速公交应建多层立体换乘枢纽，实现公交、轨道、出租等同站换乘；三是借鉴厦门市"短复线、多接驳"换乘设计思路。

4 结语

通过对BRT-2号线站点调研，笔者感到对快速公交建设关注和投入，以及系统优化和效能完善仍然不足，投入之"轻"难以承载城市发展的需求。面对城市交通的压力和人们对出行便利的期盼，笔者也深深感到作为规划人的那份责任。北京市对"十二五"期间快速公交建设作出了科学规划，相信不远的将来快速公交系统和站点效能将全面跃升，BRT-2号线站点效能引发的速度不快、接驳不便、功能不全等问题会根本解决，促进文明出行，城市和谐。希望笔者的调研和建议对此提供有益参考，发挥积极作用。

参考文献

［1］王海霞.我国大城市 BRT 理论研究——以西安市为例［D］.长安大学,2007.

［2］彭华,马京涛,孙立军.自行车交通与快速公交换乘体系的规划研究［J］.规划师,2010.

［3］刘迁.从库里蒂巴的经验思考北京 BRT 系统建设［J］.城市交通,2005.

［4］伍亚光,王显璞,陈炜.波哥大"新世纪"BRT 系统研究［J］.中外建筑,2010.

［5］王相平,甘军霞,罗楠.BRT 站点布设研究［J］.科技与经济,2007.

［6］刘畅.城市公共交通换乘系统研究［D］.长安大学,2011.

［7］孙明正,刘雪杰,马海红.北京市快速公交 2 号线实施效果分析［J］.城市交通,2009,7(3).

"5+R"
——北京轨道交通"最后一公里"调研

摘　要　城市轨道交通系统，在城市客运交通系统中发挥着不可替代的作用，但轨道交通站点周围交通衔接方式的建设滞后问题越加凸显。本报告以实地调研数据为基础，对调研站点交通衔接状况进行分析，结合轨道站点所处区位特点，依据城市土地利用现状，研究步行、公交、出租车、小汽车、自行车与轨道交通的衔接方式，即"5+R"模式，综合分析对轨道交通与其他交通方式衔接特点的影响，力求为不同类型轨道站点规划设计和站点周围交通组织提供参考。

关键词　轨道交通；最后一公里；换乘衔接

1 调研背景与概念界定

1.1 北京轨道交通系统现状简介

轨道交通具有运量大、准时、安全性高等特点，在城市中长距离出行中发挥着重要作用。至2014年底，北京将形成527千米的轨道交通网络（图1），日均客运量达到1000万人次。要充分发挥轨道交通在城市交通系统中的骨架作用，就需要做好轨道交通与其他多种交通方式的衔接。本次调研则是针对轨道交通终端衔接问题展开。

1.2 "最后一公里"概念解读

"最后一公里"（图2），在英美被称为the Last Mile，原指完成长途跋涉的最后一段里程。交通范畴的"最后一公里"一般指末端交通，如城市轨道交通能够提供快速准点的"站到站"的服务，

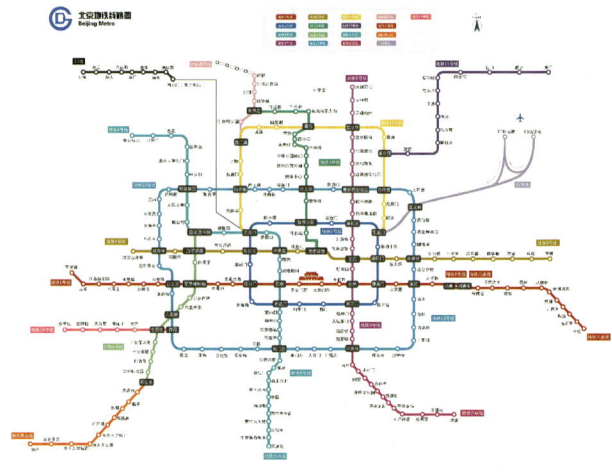

图1　北京地铁13号线站点图

站点"最后一公里"——"站到门"的服务必须通过其他交通方式的衔接才能完成。本文重点研究轨道交通站点与居住地或者工作地之间的出行，以通勤交通为主，将路程中交通衔接方式概括为"5+R"，"5"即步行、公交、出租车、小汽车、自行车不同衔接方式，"R"即轨道交通站点。

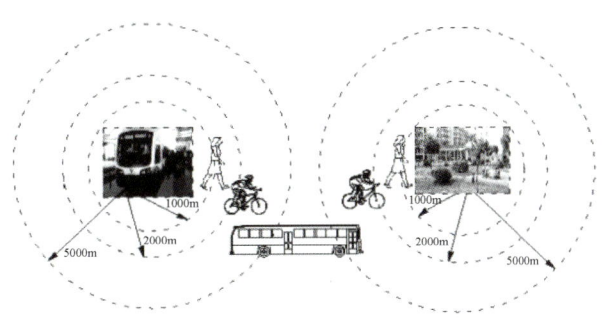

图2 "最后一公里"范围示意图

2 调研线路与站点的选定

2.1 调研地铁线的选择

13号线运行里程长、站点距离远，对沿线地区刺激性与带动性强（图3）。现阶段设置车站16座，另设6个预留车站（图4）。地铁沿线串联许多大型居住区。"最后一公里"交通需求比较大。

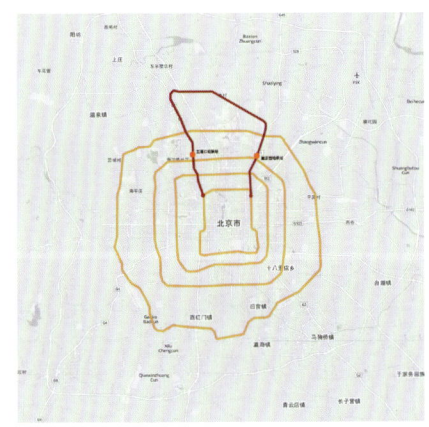

图3 北京地铁13号线线路图

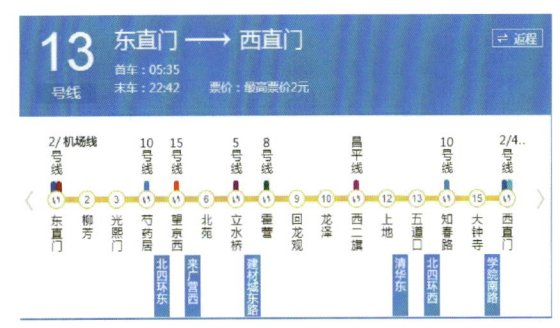

图4 北京地铁13号线线路图

2.2 五道口站与望京西站的现状对比（表1）

表1 五道口站与望京西站的现状对比

地铁站点	地理位置	周边情况	站点特点
五道口站	位于海淀区东升乡，位于北四环与北五环之间，地铁站横跨于成府路之上	周边遍及清华大学、北京大学、中国地质大学、北京语言大学、北京林业大学等多所高校。位于五道口商圈的中心，周边以居住用地、商业用地、教育科研用地为主	有京包线铁路与13号线平行穿过该区域，对车站东西两侧有一定分割作用。五道口站前后的北四环西站、清华东站两个保留车站均未建成，导致五道口周边市民换乘距离较远，"最后一公里"现象严重

续表

地铁站点	地理位置	周边情况	站点特点
望京西站	位于朝阳区望京西南部，位于北四环与北五环之间，地铁线路位于京承高速上下行车道中间，地铁站横跨于京承高速之上	京承高速将车站东西两侧分开，车站东侧遍布望京大面积居住区，并掺杂部分旧城棚户区，有少量商业用地穿插期间；西北侧为现状高尔夫球场，西南侧为居住小区	望京西站前后的北四环东站、来广营西站两个保留车站均未建设，导致望京西站周边市民换乘距离较远，"最后一公里"现象严重

3 调研思路与方法（图5）

资料查阅法：通过各种渠道（如网络，书本，杂志等）搜集五道口、望京西地铁站基础资料及人行道设计等基本信息，以及其人行道被机动车占用的状况。

实地勘探法：主要进行现场勘察工作，五道口地铁站与望京西地铁站附近人们"最后一公里"的出行方式，以及地铁站周围为"最后一公里"设置的基础服务设施现状进行调查。

座谈访问法：为了更深刻地了解五道口地铁站和望京西地铁站的现状，发现存在的问题，笔者在两处地铁站周边和候车大厅，与过往的路人进行交流。

问卷调查法：前后进行两次问卷发放。第一次问卷以简单回答的形式小面积发放，随后针对问卷中的各种问题进行总结和修改；一周后，进行第二次的选择题式的问卷发放。

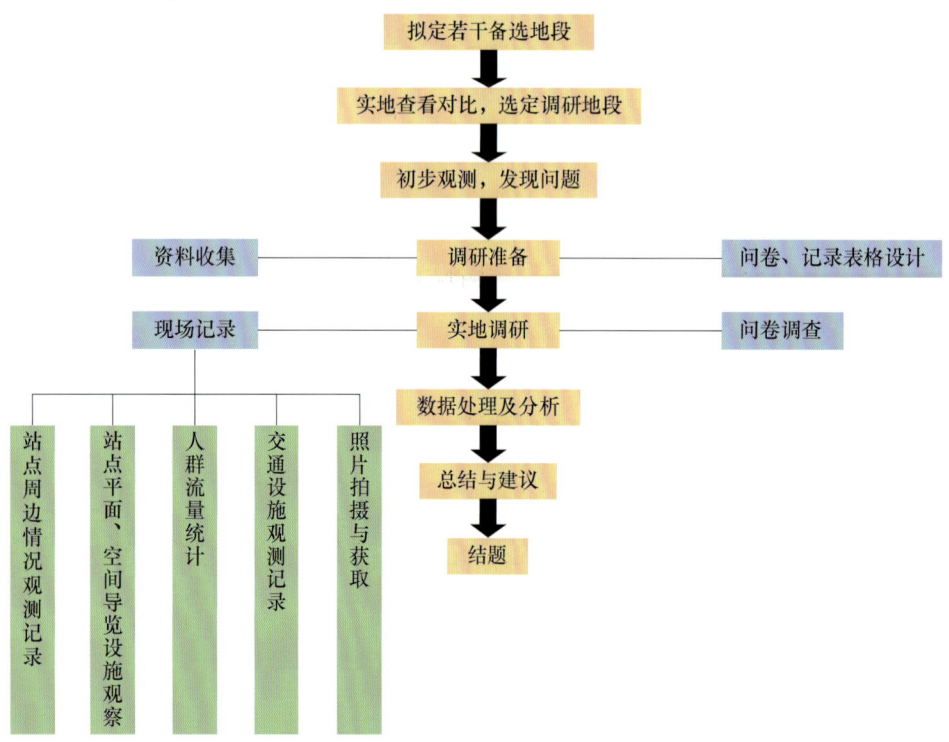

图5 调研思路与方法

4 周边现状调研分析

4.1 周边用地分析

五道口地铁站周边用地：五道口地铁站周边1公里内分布有居住用地、教育科研用地、商业设施用地，更大范围内主要被周边各高校教育科研用地覆盖。学生出行、工作日的出行较多，居民生活性出行数量有限（图6）。

望京西地铁站周边用地：地铁站周边500米范围内是主要是防护绿地。更大范围内居住用地集中，有少量商业用地。周边工作日的出行、居民生活性出行较多（图7）。

图6 五道口站用地性质

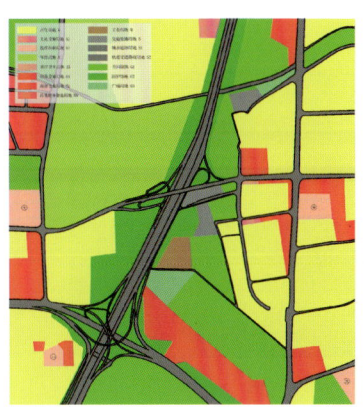

图7 望京西站用地性质

4.2 地铁站周边"5+R"模式现状出行环境（表2）

表2 地铁站周边"5+R"模式现状出行环境

出行模式	Park+Railway（P+R）（开车+地铁）		Bike+Railway（Bi+R）（自行车+地铁）		Walk+Railway（W+R）（步行+地铁）		Bus+Railway（Bu+R）（公交车+地铁）		Taxi+Railway（T+R）（出租车+地铁）	
地铁站点	机动车停车场	机动车出行环境	自行车停车场	自行车出行环境	步行	步行出行环境	公交车	公交车出行环境	出租车	出租车出行环境
五道口站	地铁站西侧有一个较大的停车场，利用率不高，且因为较隐蔽，很多初来者并不知道	早晚高峰时段，地铁站附近车流量比较大，东西向较为拥堵，车流冲突点也较为明显	地铁站最近的两个自行车停车场利用率较高，但对于初来者较为隐蔽。附近部分自行车仍有乱停放现象	人车混行比较严重，导致骑自行车时常避让行人，出行环境欠佳（图9）	地铁站周边选择步行至此的人数众多，且在高峰时段有在地铁站排长队现象	人车混行比较严重，导致行人有与自行车刮蹭的危险。由于来五道口的人目的各不相同，导致步行方向会发生冲突，降低步行出行质量。但总体来说，步行是最方便快捷的出行方式	地铁站附近公交车站显眼且较为聚集，使用较为方便	目前乘坐公交车到达此地铁站较被认同，但也有乘客反映需要转乘公交浪费时间，希望增加更多南北线路	地铁站附近打车问题比较严重，存在拒载和"人多车少"问题	打车人员普遍反映为"人多车少"、不能"招手即停"、信号灯的控制和拥堵导致每次绿灯过来的出租车少，延长了打车时间。总体来说，出租出行体验较差

续表

出行模式	Park+Railway（P+R）（开车+地铁）		Bike+Railway（Bi+R）（自行车+地铁）		Walk+Railway（W+R）（步行+地铁）		Bus+Railway（Bu+R）（公交车+地铁）		Taxi+Railway（T+R）（出租车+地铁）	
望京西站	地铁站一千米范围内几乎没有正规的停车场，最常见的是大范围路边停车（图10）	地铁站周边私家车以上班开车和接送为主。也有黑车招揽生意使行车环境较乱。但往1000米范围靠近，机动车出行环境有缓和	地铁站周边最近的停车场利用率很高（图11），但距离地铁站500米附近的自行车停车场利用率非常低（图12）	地铁站周边自行车出行较为方便，附近步行至地铁站时间较长，附近的小区居民多选择此方式。出行环境较佳	步行至地铁站的比例较高，多为附近居民	步行出行虽为采取比例最高的方式，但受访者表示并不满意步行的出行环境。	乘公交车至此地的比例也较高，多为上班族	公交出行较为方便，线路也比较多。周边几个公交站点利用率很高，居民对此出行环境比较满意。相邻公交车站换乘不便	地铁站附近存在大量"黑车"现象，大多是招揽去酒仙桥（图13、图14）。正规出租车数量非常少	打车最多的就是黑车，要价较高。缺乏正规出租车，使附近居民使用非常不方便，出租车出行环境很差

图 8

图 9

图 10

图 11

图 12

图 13

图 14

4.3 地铁站周边公交线路分布

五道口地铁站附近主要公交线路有：307路；331路；630路；656路；专12路等。途径周边多所大学和写字楼（图15）。

望京西地铁站附近主要公交线路有：928路；946路；985路；905路；987路；882路等。途径周边多个居住小区（图16）。

图15 五道口站周边公交线路

图16 望京西站周边公交线路

5 调研问卷数据分析

5.1 调研数据分析

表3是通过问卷调查和访谈形式市民反映出的5种交通方式存在的问题（图17、图18为五道口站、望京西站300～1000米轨道交通衔接比例示意图），具体如图19、图20所示。

表3 5种交通方式存在的问题

项目	P+R（4.2%乘客选择）	Bi+R（12.7%乘客选择）	W+R（53.5%乘客选择）	Bu+R（29.5%乘客选择）	T+R（未统计）
五道口站	极少乘客选择P+R模式出行，选择的乘客认为这样出行方便，节约时间。但是由于五道口地区高峰期拥堵问题严重，也造成选择这个模式的乘客比较少，同时这里缺乏指示牌设置	有一部分乘客选择这种出行模式，原因为：步行过远，非机动车出行换乘更为方便，同时乘客呼声较高的是自行车停车场与租赁点	大部分乘客选择步行出行，认为在离轨交站点1千米范围内会选择步行。乘客在五道口地区出行目的地为公司，原因为离公司近，步行较为方便	选择本出行模式的乘客普遍认为在五道口地区公交出行比较方便，并且公交站点分布合理。但是在高峰时期堵车问题十分严重，速度慢，并建议增加公交车频率	五道口地区在早晚高分期乘客认为打车难，需要增加出租车泊位也占有一定比例，同时乘客也表示在一般情况下不会选择这个模式，打车费用太贵。但是必要时还是会这么选择
望京西站	部分市民认为地铁站附近缺乏正规的汽车停车场及指示牌	骑车的市民不少，但是正规存车场难找。最好提供公共自行车较方便	周边各种建设导致路面尘土大，路面坑洼不平，缺乏路边绿化	1.高速路边下车难，我们只能翻护栏；2.缺乏小范围公交车联系几个社区和地铁站等	地铁站附近黑车太多，要价高，心里也不踏实

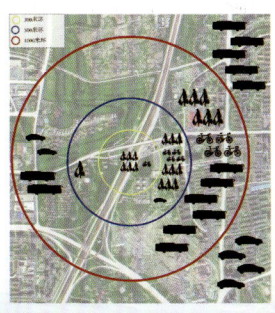

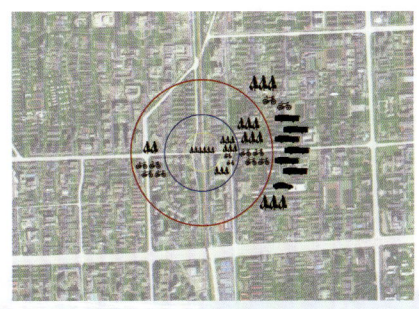

各种换乘衔接方式比例图	
A 步行（W+R）	53.5%
B 公交车（Bu+R）	29.6%
C 非机动车（Bi+R）	12.7%
D 私家车、出租车（T+R P+R）	4.2%

图17 望京西站300～1000米出行方式

图18 五道口站300～1000米出行方式

图19 各种换乘衔接方式比例图

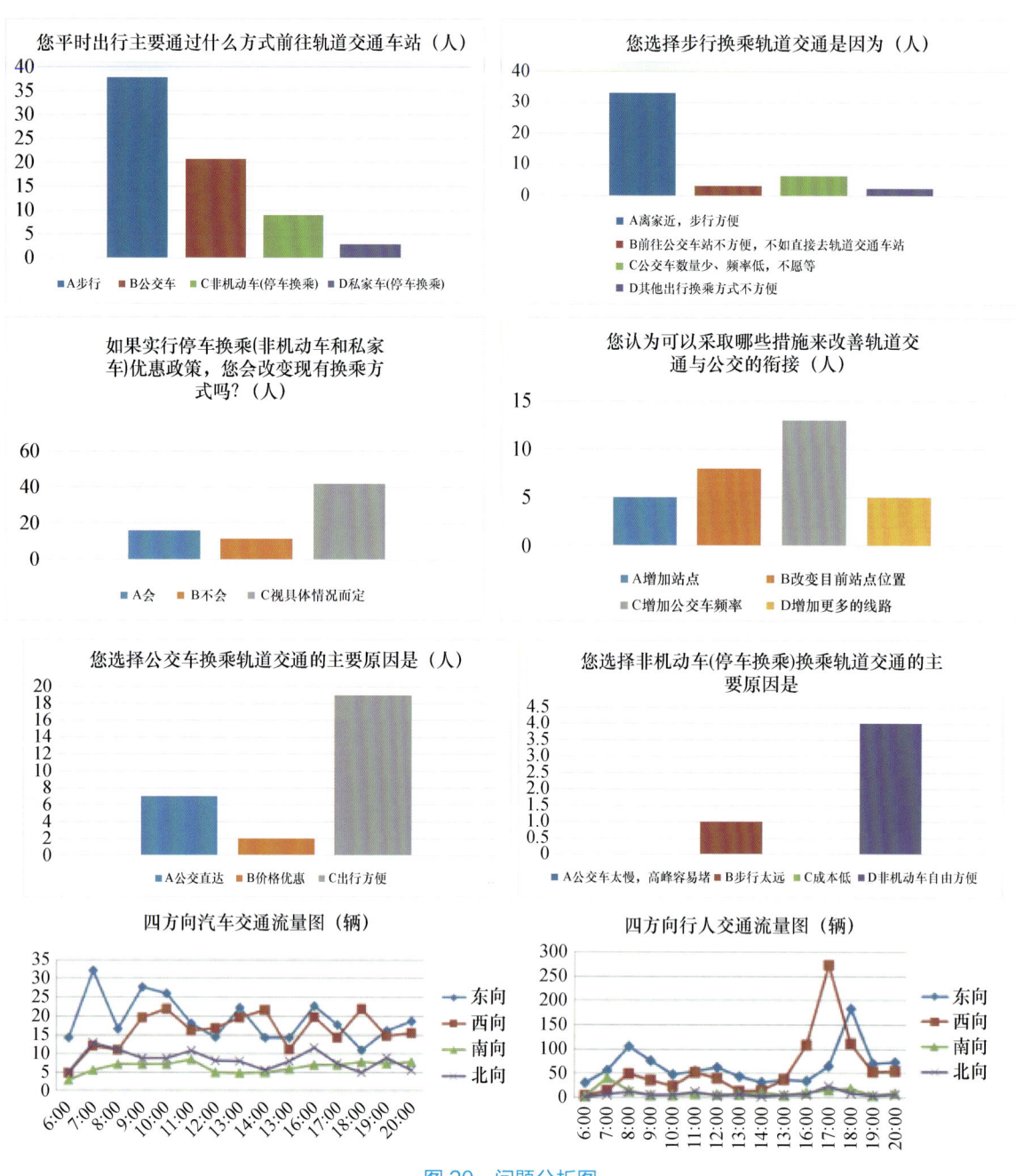

图20 问题分析图

5.2 "5+R"出行模式适应性分析

根据以上市民的建议,笔者归纳出居民出行的"5+R"模式各自的优缺点和适应性见表4。

表4 "5+R"模式优缺点和适应性

W+R Bi+R 出行模式分析		T+R 出行模式分析
优点	1. 步行和自行车交通出行灵活、准时性高	1. 机动灵活、舒适方便,基本可以实现"门到门"的服务
	2. 步行和自行车交通有助于城市交通节能、减少碳排放和细颗粒物(PM2.5)、改善环境	2. 减少了私人汽车的数量,减轻了城市交通基础设施建设的压力
	3. 在资金投入方面,公共自行车项目优于地面公交线路的投入	

续表

	W+R Bi+R 出行模式分析	T+R 出行模式分析
缺 点	1. 不适宜长距离出行；2. 受天气影响因素制约；3. 自行车容易被盗	1. 打车难；2. 车费较昂贵
适应性	1~3 千米短距离出行	近郊或郊区范围换乘
	Bu+R 出行模式分析	P+R 出行模式分析
优 点	1. 常规公交运量较小，机动灵活，主要服务中短距离出行，重点关注服务范围	提高大城市区域间交通可达性，将部分车辆拦截在拥堵区域之外，促使出行者换乘公共交通到达城市中心区域
	2. 穿梭巴士相对于其他出行模式，出行成本低，安全性和舒适性高	
缺 点	1. 换乘不便；2. 等待时间较长；3. 车上拥挤，易发生冲突和偷盗现象	停车占用空间大
适应性	2~5km 距离出行	近郊或郊区范围换乘

6 改进建议

6.1 关于地铁站附近各种衔接方式的改进建议（表5）

表5 改进建议

项目	P+R	Bi+R	W+R	Bu+R	T+R	其他
五道口站	增设明显的小汽车停车场（图21）和相应的指示牌	应加强对公共自行车项目、自行车停车场的建设（图22），引导绿色慢行系统的建成与实施	人行道加宽，路面质量提高（图23），从而提高行人通行率，引导绿色慢行系统的建成与实施	当前应加强南北方向小型循环公交车的投入率，倡导居民文明健康出行	地铁站附近适当增设出租车停靠点（图24），方便乘客换乘，减小现状出租车停靠对于道路交通的影响	1.地铁站出入口改成东西向，面向集散广场，将现状轨道交通桥下的出入口停留空间改成人行通过空间（图25）；2.地铁站周边适当增设指示牌，标明自行车停车场与机动车停车场的位置以及对重要区域的标识
望京西站	考虑P+R系统因素，地铁站附近适当位置增设小汽车停车场（图21）及相应的指示牌	应加强对公共自行车项目、自行车停车场的建设（图22），引导绿色慢行系统的建成与实施	人行道加宽，路面质量提高（图23），从而提高行人通行率，引导绿色慢行系统的建成与实施	地铁站西侧增加小型循环公交路线；高速路边增设长途交通换乘点，如在京承高速辅路增设港湾式公交站点（图26）	地铁站附近适当位置增设出租车停靠点（图24），引导乘客乘坐正规出租汽车，主观杜绝黑车现象	地铁站周边适当增设指示牌，为乘客标明地铁站、公交站的具体位置（图27）

图 21　地铁站附近适当位置增设
小汽车停车场示意图

图 22　地铁站附近适当位置增设
自行车停车场示意图

图 23　人行道加宽，提高行人
通行率示意图

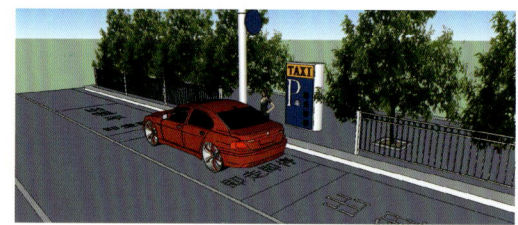

图 24　地铁站附近适当位置增设
出租车停靠点示意图

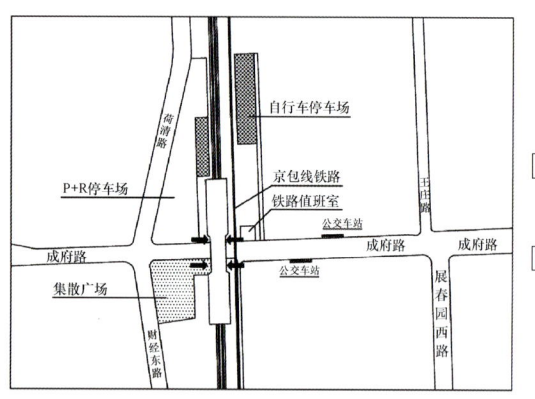

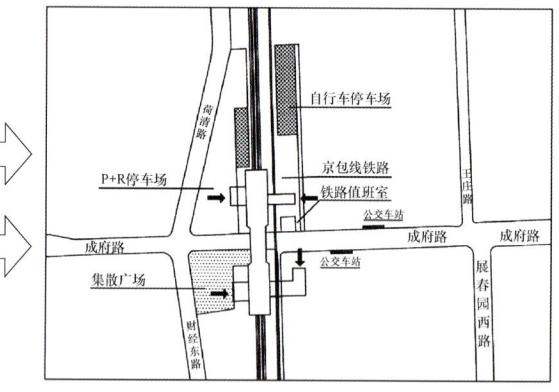

图 25　五道口地铁站出入口位置改造示意图

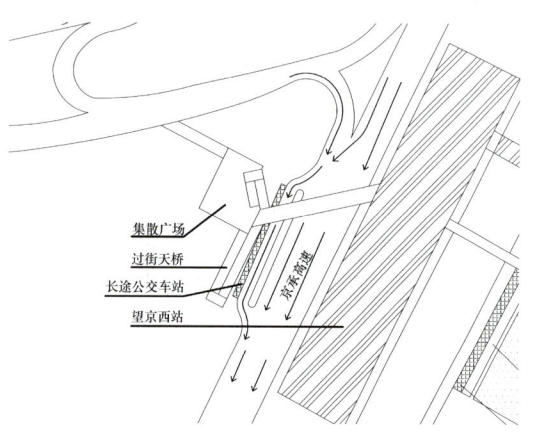

图 26　高速路边增设长途公交换乘点示意图

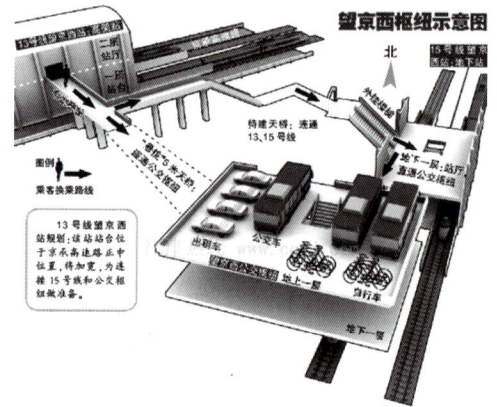

图 27　望京西站改进意向图

6.2　改进建议的普适性分析

北京地铁里程长，设置站点多，站点之间既有相似之处，亦有各自特征。以上站点的改进建议针对北京不同轨道交通站点有一定普适性。望京西站与五道口站问题纷乱，涉及面广，地铁站周边包含用地类型多，开发强度变化范围大，人群类型复杂，从多方面考虑，均具有代表性与可比性。因此，针对以上各方面问题提出的改善建议，具有较强的普遍适用性。

7 展望

对于"最后一公里"这个问题，在北京未来大范围地铁站处可能会更明显，笔者提出如下解决办法，尽量从问题的根源缓解问题：

（1）以"市民顾客"需求为导向，汇总出行需求，积极响应。

可以采取如下创新方式：在有条件的社区，采取市民付费方式由相关部门建立"最后一公里"解决基金，用于向解决城市公共交通问题的部门付费，征求汇总"市民顾客"意见及需求，汇总得出真正有效需求后反馈给政府相关部门。

（2）以"市民顾客"需求为导向，突出公交优先，规划先行。

政府住房建设规划部门在规划新建住宅小区时，预先考虑公共交通设施建设。在有条件地区走访入户，征求"市民顾客"意见。

（3）以"市民顾客"需求为导向，在公共交通工具运营中，引入竞争机制。

如在北京早晚高峰运营时段，一些长期拥挤的公交可以部分刷卡不打折，其他时段恢复打折。让"市民顾客"自由选择出行方式。

（4）以"市民顾客"需求为导向，打通城市交通"微循环"工程。

北京还有很多断头路，应广泛吸纳"市民顾客"需求，打通这些道路建立道路"微循环"，引入更多中小型公交车方便市民出行。

（5）以"市民顾客"需求为导向，引入多种公共交通工具。

目前，在北京市部分社区如双井、劲松社区试点运行社区摆渡车，运营效果比较理想，社会认可度较高。自2010年试点运行社区摆渡车以来，低票价招手即停的便捷乘坐方式给居民的生活提供了方便，"最后一公里"问题迎刃而解。笔者认为，可以根据"市民顾客"需求，采用竞争招标方式，引入多种类型公共交通工具，市民参与解决城市交通"最后一公里"问题。

8 结语

本文以"最后一公里"为题目，以两座地铁站为例，研究北京市轨道交通与其他交通方式的衔接特点。依据选定的轨道站点规模及所处区位特点，分析了不同衔接方式的分布特点和衔接组织过程中存在的问题，并从提高轨道交通与其他交通方式换乘方便的连续性及一体化出发，对目标站点轨道交通与其他交通方式的衔接组织规划提出建议，力求为"5+R"模式提供建议和意见。

参考文献

［1］任伟强，陈艳艳，罗铭.北京轨道交通与其他交通方式的衔接研究［C］.生态文明视角下的城乡规划——2008中国城市规划年会论文集,2008.

［2］武汉建筑材料工业学院，同济大学，重庆建筑工程学院.城市道路与交通［M］.北京：中国建筑工业出版社,2007.

［3］杜彩军，蒋玉琨.城市轨道交通与其他交通方式接驳规律的探讨［J］.都市快轨交通,2005.

［4］刘迁.城市快速轨道交通线网规划发展和存在问题［J］.城市规划,2002.

为共享而生
——"ofo"校园自行车网络即时租赁平台创新实践调研报告

摘　要　本文调研背景基于高校自行车面临的使用率低、停车面积紧张、管理混乱等困境，以北京新出现的"互联网+"共享软件——"ofo"校园自行车共享平台为对象，进行网络即时租赁的交通模式的调研与分析。本调研报告选取北京三所校园面积存在明显差异的高校，对"ofo"在此三所高校运营中的车辆周转率、车辆回校率、使用者平均出行时间、出行OD图等数据进行调研与分析，探究其环保性、机动性，以及对校园停车面积核减的贡献。通过此"ofo"模式分析，提出现状及未来改进建议，以期在国内其他高校校园自行车保有量高及环保性上做出有益借鉴。

关键词　"ofo"；共享理念；租赁平台；移动互联网；校园

💧 1　调研背景

自行车作为大学校园中最普遍的代步工具，在带来便利的同时也存在三方面弊端，即面积紧张、资源浪费、管理混乱。

基于此困境，"ofo"校园自行车共享租赁模式针对解决校园自行车的问题开始运营。

💧 2　调研步聚

3 项目介绍

3.1 项目背景

"ofo"是一个基于自行车共享理念的网络租赁平台。针对高校学生，让有车同学共享自己的单车换取全部共享单车的使用权，让无车同学以低廉的价格付费使用共享单车。所有共享单车在校园内自由流动，并由"ofo"校内常驻维修点管理维护。

"ofo"无实体的租赁归还点，随见随用，使用前需扫码关注公众号或下载app，进行用户注册并对高校师生身份进行认证。对使用者而言，网络的付费方式与校园内单车的高流动性使"ofo"的使用更快速便捷，减少了校园内的步行时耗。

3.2 使用步骤

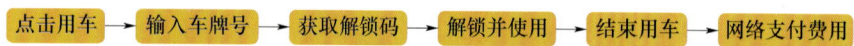

3.3 项目模式（图1）

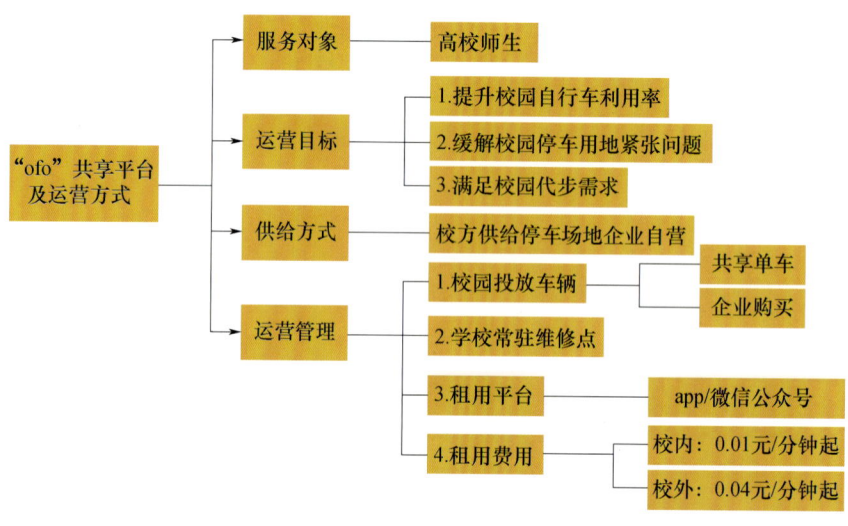

图1 "ofo"运营模式

4 运营特征

4.1 校内OD分布

考虑到校园面积较大的学校学生会有更多使用"ofo"代步的需求,选取北大调研校内OD图(图2),得出OD点按流量由大到小排序有西南侧食堂宿舍区、东侧教学区、东南侧操场区、西门、北侧风景区、东北侧校医院区；OD 量由大到小排序为食堂宿舍区—东侧教学区、食堂宿舍区—东南侧操场区。由此说明学校内的 OD 量主要集中在教学楼、食堂、宿舍等没有学生需求差异的地区，"ofo"的车辆在这些地点最为集中。

4.2 回校率

"ofo"自由流通、无实体监管的的运营模式导致回校率难以保障。根据在北京已推广的 24 所高校"ofo"校内外流通量数据统计出回校率分布图，回校率 100% 以上表示校内车辆骑回校数量多于出校数量使校内"ofo"呈递增趋势；反之则校内"ofo"车辆数不断减少。目前回校率 90% 以上的仅占总学校数量一半左右，长此以往将会导致"ofo"的校内存留量持续走低（图 3）。

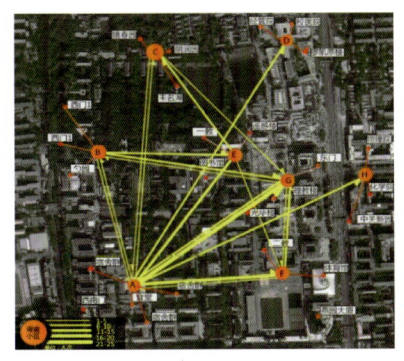

图 2　北大校内"ofo"OD 图

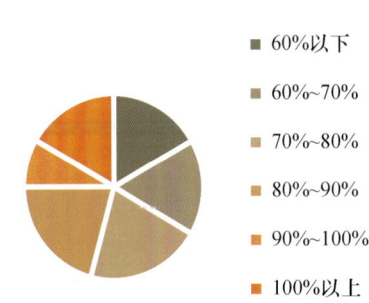

图 3　北京 24 所高校"ofo"回校率

4.3 使用量周期

将"ofo"在 2016 年 2 月 4 日至 4 月 8 日期间的每日订单量以周为单位划分为六个周期（红线处为周一），每个周期中均呈现工作日间维持高订单量，周末、节假日间低订单量的规律。据此，"ofo"针对高校师生运营的特点决定了订单量与学校作息周期相关的使用特征（图 4）。

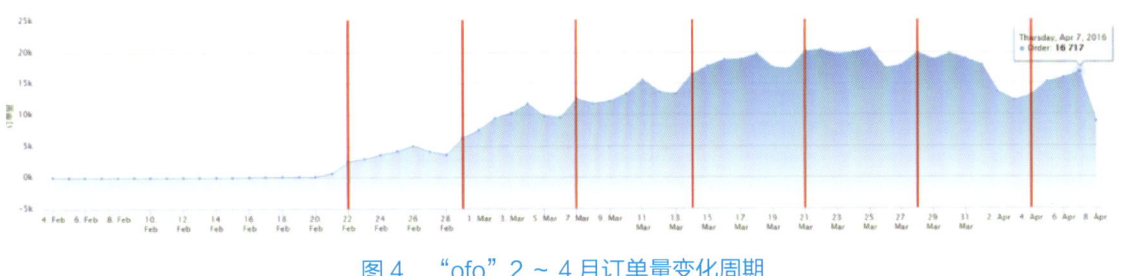

图 4　"ofo"2 ~ 4 月订单量变化周期

5 调研分析

5.1 概述

通过对北京大学、北京交通大学、中国农业大学 2 ~ 4 月份的"ofo"后台数据整理、实地调研测量结果、发放问卷数据统计等数据,从校园停车面积的节约以及高校大学生出行时间的节约、出行频率的增加两方面分析"ofo"出行带来的环保性和机动性。

5.2 环保性分析

5.2.1 周转率

将三所高校中"ofo"两个月内的运营数据通过公式①计算出一辆"ofo"平均每天的周转率为12.51(次/辆),"ofo"在三所学校的周转率与私人自行车周转率相比平均提高了913.3%,意味着每辆车通过提升校园车辆利用率满足了更多人的使用需求(表1)。

表1 私人自行车与"ofo"周转率对比

项目	私人自行车周转率	"ofo"车辆周转率
北大	1.36	11.27
交大	1.21	18.33
农大	1.14	7.93
平均值	1.24	12.51

5.2.2 校园停车面积核减

"ofo"具有的高车辆周转率保证了每辆"ofo"可以供多人使用的特征。应用如下推导核算"ofo"对自行车购买量及其停车面积减少的影响:假设每位使用者都有买车的需求,见表2,结合公式②可计算出一辆"ofo"平均可以代替7辆私人自行车的使用需求。

表2 ofo同等使用量私人车辆数

项目	被使用车辆量(辆)	日均用户数(人)	同等使用量私人车辆数(辆)
北大	393	2087	5.31
交大	137	1199	8.75
农大	108	497	4.60
平均值	177	1261	7.12

公式:

① 总订单量/使用车辆总数=车辆周转率

② 平均每日用户数/平均每日使用车数=平均每辆车使用人数

③(平均每辆车使用人数 −1)× 被使用车数 × 每辆车停车面积/校园停车面积=节约停车面积率

根据以上结论,通过公式③可得三个调研高校运营的"ofo"车辆代替私人自行车购买量所节约的校园停车面积约占总面积的23.3%左右(图5、表3)。

表3 "ofo"节约停车面积

项目	停车面积（平方米）	节约面积（平方米）	节约用地率（%）
北大	8697.2	2037.1	23.62%
交大	5309.4	1274.1	24.0%
农大	2751.2	466.6	16.97%
平均值	5585.9	1259.3	21.5%

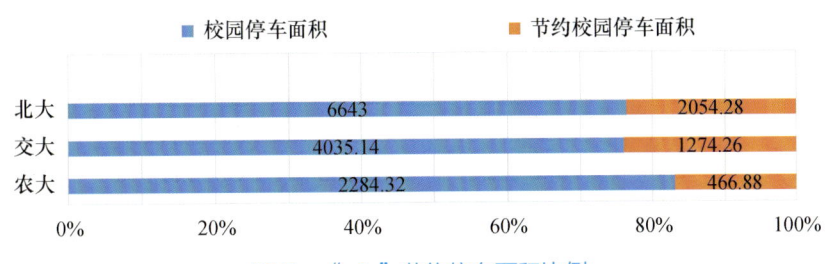

图5 "ofo"节约停车面积比例

5.2.3 校园周边交通覆盖率影响

以北大的校外各交通方式出行OD图为例研究"ofo"对校园周边交通的影响。根据图6统计得出的交通覆盖率，"ofo"的覆盖率在3.6千米处最高为40%并向两侧递减，在7.6千米以外的目的地则没有"ofo"的使用，可知"ofo"对周边直径约7.6千米的范围内有出行交通覆盖率，在直径为3.6千米以内覆盖率平均为33.1%，对此范围内的其余交通有明显替代作用，能在一定程度上缓解学生出行对此范围内带来的交通压力（图6、表4）。

图6 北大校外出行OD图

表4 "ofo"节约停车面积

项目	D1	D2	D3	D4	D5	D6	D7	D8	D9
北大 O1	中关村	蓝旗营	五道口	颐和园	国图	西直门	奥森	金融街	西单
期望线距离	1.1千米	1.3千米	2.5千米	3.6千米	5.7千米	6.5千米	7.6千米	9.3千米	10.9千米
出行方式	A/B/C/D	B/C	A/B/C/D	B/D	A/B/D	B/D	B/D	D	D
出行比	35.4%	7.5%	27.8%	6.3%	3.8%	5.0%	7.6%	2.5%	3.8%
ofo覆盖率	28.6%	33.3%	31.8%	40.0%	33.3%	25.0%	16.7%	0%	0%

5.3 机动性分析

5.3.1 校内出行时间分析

大学生校内出行主要以步行与自行车为主。以不同面积的三所学校为例，计算"ofo"相较于步行，平均所节省的时间（图7）。

① 小面积学校（农大）中，学生以短距离（0.25～1千米）出行为主，使用"ofo"平均可节省37.3%的时间。

② 中面积学校（交大）中，学生以中短距离（0.5～1.5千米）出行为主，使用"ofo"平均可节省42.9%的时间。

③ 大面积学校（北大）中，学生以中长距离（0.75～2千米）出行为主，使用"ofo"平均可节省59.5%的时间。

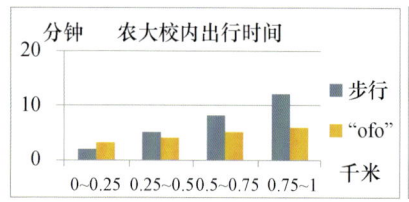 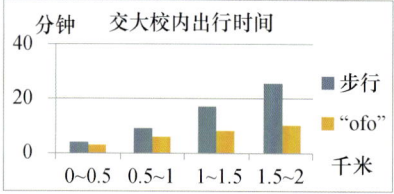 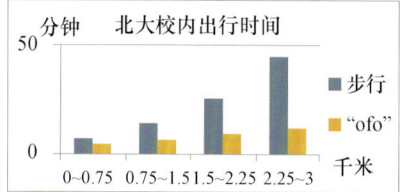

图7　校内出行时间

5.3.2　校外出行时间分析

大学生校外出行主要以步行、公共交通和自行车为主。通过计算三所学校的平均校外出行时间得出（图8）：

① 在短距离（0～1千米）出行中，相较于公共交通，"ofo"平均可节省40%的时间；相较于步行，平均可节省50%的时间。

② 在中距离（1～3千米）出行中，相较于有一定的候车时间的公共交通，"ofo"平均可节省52%的时间；相较于步行，平均可节省65.7%的时间。

③ 在长距离（>3千米）出行中，步行已超过人体舒适范围。相较于在长距离出行中有一定拥堵与滞留的公共交通，"ofo"平均可节省56.3%的时间。

综上，"ofo"在校外出行中平均可节省大约50%的出行时间。

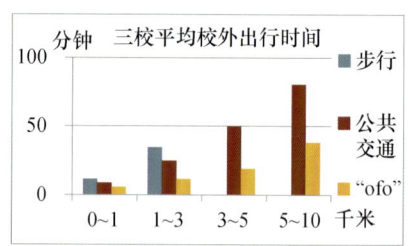

图8　校外出行时间

5.3.3　出行频率分析

通过对三所学校的学生校外出行情况调查发现，非"ofo"用户群体平均每周校外出行次数为1.37，"ofo"用户群体平均每周校外次数为1.83，校外出行频率平均提高32.9%。"ofo"在一定程度上提高了大学生的出行意愿（图9）。

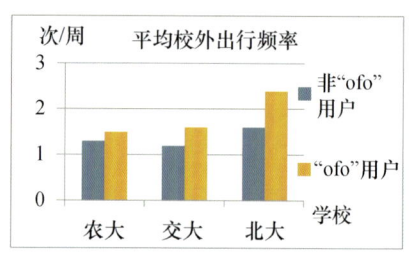

图9　出行频率分析

5.4　小结

"ofo"对比其他交通工具，在环保性与机动性两方面具有以下优势：

6 总结与建议

6.1 总结

S	1. 互联网思维下的便捷支付方式与租用方法 2. 提出共享理念，提高校园车辆利用率 3. 改善校园交通停车环境 4. 高校群体集中，满足大量服务人群交通需求	W	1. 车辆流向不确定，需工作人员定期整理停放点 2. 监控制度的缺失导致大量车辆流失 3. 车内无定位系统，找车靠运气
O	1. "ofo"、学校、学生三方合作，将校园大量僵尸车修整为"ofo"车辆 2. 在校外公交站点设置集中停放点，促进返校交通 3. 移动互联网的发展潜力巨大，能与多商业结合	T	1. 运营维护制度的不完善与线下人力监管的缺乏 2. 商业项目进入学校后遭遇到的校方监督管理 3. 升级车辆需要大量资金并且仍有丢失的巨大风险

（1）"ofo"具有高效的控制校园非机动车停车面积的能力

仅占总停车面积4%的"ofo"车辆可节约占总面积20%的停车面积，体现了其环保性与高转换率车辆所具备的机动性。

（2）"ofo"具有创造多元出行模式的能力，满足了高校师生的交通需求

最高日订单量突破2万辆次，平均一辆车的日均使用次数为5次，主要满足了校园内的日常作息交通需求，一定程度上满足了1～1.5千米范围的校外出行与公交换乘需求，局部满足了3～5千米范围内的他校拜访、节假日出游需求。

（3）"ofo"的高效益基于其共享性

其发展速度与规模取决于学校提供停车面积的意愿与学生的共享自行车的意愿，是各方利益（校方、学生、"ofo"平台）的妥协。

6.2 未来发展建议

6.2.1 提升回校率是保证"ofo"共享性的前提

对车辆实行校园内骑行车辆和校园外骑行车辆分类管理，保证校内车辆能满足校内代步需求，对

校外车辆颁布强制与监管政策防止丢失。

6.2.2 在最大吸引点设立专用车位保障使用需求

根据统计的校内使用 OD 图按流量比例分配校园内各 OD 点需投放的"ofo"数量，同时选取交通量大的交通小区设置"ofo"停车区，一旦停车区内"ofo"少于一定数量，则有工作人员进行车辆补充确保不会出现车辆分布不均不能满足使用需求的情况。

6.2.3 对出行周期采取补偿经济政策

根据车辆需求、上课周期相关的特性，建议减少"ofo"投放车辆的数量，在周末以及节假日开放活动鼓励出行，在非周末时增加投放量以平衡出行周期内的使用需求。

6.2.4 建立与城市公用自行车交通对接机制

将用车、用地、监管三个方面与公共自行车租赁系统整合，建立校内"随用随停"，校外"即取即用"的互补的共享租赁模式，形成区域性公共自行车共享租赁服务网络，让市民的出行方式更加多样化，让"ofo"的共享性走向更稳定、更广阔的发展层面。

单双号区分校内外出行

参考文献

[1] 校园自行车管理杂乱无序如何解决？[EB/OL].http://www.vccoo.com/v/82a53f.

[2] 徐循初. 城市道路与交通规划（下册）[M]. 北京：中国建筑工业出版社, 2007.

[3] 停车场规划设计规范（试行）.